Kohlhammer

# Inhalt

Vorwort .................................................... 9

I. Einführung .............................................. 11
1. Spannungsverhältnis Recht und Soziale Arbeit ..................... 11
2. Recht als Rahmenbedingung und Grundlage Sozialer Arbeit .......... 12
3. Recht und Demokratie ........................................ 13
4. Definition von Recht ......................................... 16
5. Öffentliche Verwaltung ....................................... 20
6. Ethische Wertvorstellungen ................................... 22

II. Allgemeine Grundsätze ................................... 25
1. Rechtsanwendung ............................................ 25
   Vertragsauslegung ........................................... 25
   Anwendung von Gesetzen (Subsumtion) .......................... 26
2. Verfassungsrechtliche Grundlagen .............................. 29
   Bedeutung der Grundrechte ................................... 30
   Menschenrechte ............................................. 30
   Funktionen der Grundrechte .................................. 31
   Aktuelle Bezugspunkte/Unzulänglichkeiten ...................... 36
   Sonderrechtsverhältnisse ..................................... 36
   **Verfassungsprinzipien** .................................... 37
   Rechtsstaatsprinzip .......................................... 37
   Bindung an das Gesetz ....................................... 38
   Gleichbehandlungsgrundsatz .................................. 40
   Weltanschauliche Neutralität ................................. 42
   Verhältnismäßigkeitsgrundsatz ................................ 43
   Sozialstaatsprinzip .......................................... 45
   Subsidiaritätsprinzip ........................................ 46
3. Abgrenzung öffentliches Recht und Privatrecht ................... 46
   Öffentliches Recht .......................................... 46
   Privatrecht/Zivilrecht ....................................... 48
   Überschneidungen beider Bereiche ............................ 50
   Tendenzen .................................................. 51
   Beispiel Heimgesetz ......................................... 52

Inhalt

| | | |
|---|---|---|
| III. | **Rechtsfähigkeit, Handlungsfähigkeit, gesetzliche Vertretung, juristische Personen** | 54 |
| 1. | Rechtsfähigkeit | 54 |
| 2. | Geschäftsfähigkeit | 55 |
| 3. | Deliktfähigkeit | 56 |
| 4. | Gesetzliche Vertretung | 60 |
| | Minderjähriger | 60 |
| | Volljähriger | 62 |
| | *Geschäftsunfähigkeit* | 62 |
| | *Rechtliche Betreuung* | 62 |
| | *Zwangsbefugnisse/Unterbringung* | 65 |
| 5. | Juristische Personen | 67 |
| | BGB-Gesellschaft | 67 |
| | Verein | 68 |
| | Rechtsfähiger Verein | 70 |
| | Andere Rechtsträger | 70 |
| | | |
| IV. | **Verwaltungshandeln** | 72 |
| 1. | Einheitlichkeit der Regelungen | 72 |
| 2. | Freie und gebundene Verwaltung | 73 |
| | Überblick | 73 |
| | Unbestimmte Rechtsbegriffe | 74 |
| | Beurteilungsspielraum | 75 |
| | Ermessensspielraum | 77 |
| 3. | Der Verwaltungsakt | 79 |
| | Verwaltungsakt und öffentlich-rechtlicher Vertrag | 80 |
| | Definition Verwaltungsakt | 81 |
| | Nebenbestimmungen | 85 |
| | Inhalt und Form des Verwaltungsaktes | 85 |
| | Rechtsbehelfsbelehrung | 86 |
| | Fehlerhafte Verwaltungsakte | 87 |
| | Rücknahme und Widerruf eines Verwaltungsaktes | 88 |
| 4. | Verwaltungsvorschriften | 90 |
| | | |
| V. | **System der Sozialen Sicherung in Deutschland** | 91 |
| 1. | Überblick | 91 |
| 2. | Private Absicherung | 91 |
| 3. | Pflichtversicherungen | 92 |
| 4. | Regelnde Funktion des Staates | 93 |
| 5. | Wohlfahrtsverbände | 93 |
| 6. | Staatliche Leistungen | 93 |
| 7. | Notwendigkeit einheitlicher Strukturen | 94 |
| 8. | Das Sozialgesetzbuch | 95 |
| 9. | Leistungsträger | 98 |

## VI. Rechtsstellung und Bedeutung freier Träger ................ 101

1. Rechtsstellung .................................................. 101
2. Unterschiedlichkeit der freien Träger – Rechtsformen ............. 103
3. Das sozialrechtliche Dreiecksverhältnis .......................... 104
4. Finanzierung .................................................... 106
   Möglichkeiten ................................................... 106
   Öffentliche Mittel .............................................. 107
   *Zuwendungen* ................................................... 107
   *Leistungsvereinbarung zwischen öffentlichen und freien Trägern* .... 109
   *Kostenerstattung/Aufwendungsersatz* ............................ 113

## VII. Aufbau und Funktionsweise des Staates ...................... 115

1. Zuständigkeit für Gesetzgebung .................................. 115
2. Zuständigkeit für die Ausführung der Gesetze .................... 117
   Gemeinsame Verwaltungsbehörden .................................. 117
   Dienst-, Fach- und Rechtsaufsicht ............................... 118
3. Mittelbare und unmittelbare Staatsverwaltung .................... 122
4. Kommunale Selbstverwaltung ...................................... 124
5. Das Jugendamt als Behörde eigener Prägung ....................... 130
6. Neue Steuerungsmodelle .......................................... 133

## VIII. Rechtsverwirklichung ...................................... 137

1. Das sozialrechtliche Verwaltungsverfahren ....................... 137
   Allgemeine Grundsätze ........................................... 138
   Untersuchungsgrundsatz .......................................... 143
   Mitwirkungspflichten des Sozialleistungsberechtigten ............ 144
2. Rechtsschutzmöglichkeiten ....................................... 147
   Formlose Rechtsbehelfe .......................................... 147
   Petitionen, Bürgerbegehren, Volksentscheid ...................... 148
   Förmliche Rechtsbehelfe ......................................... 148
3. Widerspruch ..................................................... 149
4. Gerichtsverfahren ............................................... 151
   Zuständigkeiten ................................................. 151
   Einstweiliger Rechtsschutz (Eilverfahren) ....................... 153
   Kosten .......................................................... 154
5. Unzulänglichkeiten bei der Rechtsverwirklichung ................. 156
6. Sozial- und Rechtsberatung ...................................... 158
7. Das „doppelte Mandat" des Sozialpädagogen/Sozialarbeiters ....... 161

## IX. Datenschutz in der Sozialen Arbeit .......................... 164

1. Überblick ....................................................... 164
   Eigener Rechtsbereich ........................................... 164
   Informationelle Selbstbestimmung als Grundrecht ................. 164
   Besondere Bedeutung für die Soziale Arbeit ...................... 165

Inhalt

2. Grundsätze des Sozialdatenschutzes ............................. 166
    Generalnorm im SGB I ....................................... 166
    Übermittlung als Ausnahme .................................. 166
    Spezialbestimmungen im SGB X .............................. 167
    Schutzbereich ............................................... 168
    Einwilligung des Betroffenen ................................. 169
3. Informationsinteressen anderer Behörden (§ 68 ff SGB X) ......... 169
4. Datenschutz bei freien Trägern .................................. 174
5. Berufspflichten des Sozialarbeiters/Sozialpädagogen .............. 175
    Strafbarkeit von Fehlverhalten ............................... 176
6. Notstand/Notwehr ............................................. 177
7. Folgen bei Verstößen gegen Datenschutz ........................ 178
8. Zeugenaussagen vor Gericht ................................... 179
9. Schweigerecht gegenüber Eltern ............................... 180

Fälle und Lösungsskizzen ........................................ 183

Fall  1: Eine ganz normale Familie ................................. 185
Fall  2: Der hilfsbereite Student .................................... 190
Fall  3: „Auffällig!" ................................................ 197
Fall  4: Der Schuhstreit von Lörrach ............................... 201
Fall  5: Selbständigkeit im Alter ................................... 204
Fall  6: Gefährdung der Existenzgrundlagen ........................ 208
Fall  7: Unklarheiten im Sozialamt ................................. 213
Fall  8: Gestaltungsfreiheit der freien Träger ........................ 216
Fall  9: Misshandelt ............................................... 219
Fall 10: Der freundliche Polizist .................................... 225
Fall 11: Erziehungsverantwortung der sozialpädagogischen Fachkraft .... 228

Literaturverzeichnis .............................................. 235
Stichwortverzeichnis ............................................. 239

# Vorwort

Das Recht gibt Strukturen vor, die in allen Bereichen Sozialer Arbeit von Bedeutung sind. Nicht nur Einschränkungen, sondern vor allem auch vielfältige Ansprüche auf Sozialleistungen ergeben sich aus rechtlichen Bestimmungen. An der Relevanz des Rechts, als Grundlage und Rahmenbedingung Sozialer Arbeit, kann deshalb kein Zweifel bestehen. Dennoch finden Studierende, Betroffene und Mitarbeiter von Sozialeinrichtungen häufig nur schwer einen Zugang zu dieser Materie. In der praktischen Arbeit ist es aber weder möglich noch sinnvoll, sich vollständig auf den Rat sogenannter „Experten" zu verlassen. Eigene Rechtskenntnisse erhöhen vielmehr die Handlungskompetenz in allen sozialen Handlungsfeldern erheblich.

Das vorliegende Buch gibt eine Einführung, die sich in erster Linie an angehende Sozialpädagoginnen und Sozialarbeiter richtet. Es geht um eine möglichst ansprechende Vermittlung rechtlicher Grundstrukturen im Kontext Sozialer Arbeit. Besonderer Wert wurde deshalb auf eine verständliche Darstellung und eine Beschränkung auf das Notwendige gelegt. Zahlreiche Schaubilder erleichtern den Überblick und die Wiederholung. Umfangreich vorhandene Spezialliteratur kann durch dieses Studienbuch nicht ersetzt, sondern der Zugang hierzu soll erleichtert werden. Am Ende der einzelnen Kapitel wird auf weiterführende Titel hingewiesen.

Aufgrund der grundlegenden Bedeutung öffentlicher Leistungen sowohl für die Betroffenen als auch für die im sozialen Bereich Tätigen steht die Darstellung der öffentlich-rechtlichen Grundlagen im Mittelpunkt.

Hervorgegangen ist das Manuskript aus einer mehrjährigen Lehrtätigkeit an der Universität Freiburg i. Br., der Hochschule für Sozialwesen Esslingen und der Berufsakademie Heidenheim. Dabei hat sich gezeigt, dass Rechtsgebiete nachhaltig nur erschlossen werden können, wenn sowohl der theoretische Zusammenhang verdeutlicht als auch die praktische Relevanz anhand praktischer Beispiele eingeübt wird. Im zweiten Teil des Buch befinden sich deshalb Übungsfälle mit Lösungsskizzen, die sich auf die im ersten Teil behandelten Themen beziehen.

Anregungen und Kritik sind im Interesse späterer Nutzerinnen und Nutzer ausdrücklich erwünscht (E-Mail: falterbaum@ba-heidenheim.de).

Tübingen, im August 2003　　　　　　　　　　　　　　　　Johannes Falterbaum

# I. Einführung

Zu Kapitel I: Übungsfall 1 (Eine ganz normale Familie) Seite 185 ff.

## 1. Spannungsverhältnis Recht und Soziale Arbeit

In der Sozialen Arbeit geht es um Hilfe-Handeln zum Wohle einzelner Menschen und um die Schaffung gesellschaftlicher Bedingungen, die den Menschen angemessene Lebensverhältnisse ermöglichen. Recht mit seinen abstrakten generalisierenden Normen wird in diesem Zusammenhang häufig als Fremdkörper empfunden. Auch bei Studentinnen/Studenten der Sozialarbeit/Sozialpädagogik stehen Rechtsfragen in aller Regel nicht im Mittelpunkt des Interesses. Die rechtliche Ebene wird oft als unmenschlich, störend oder zumindest lästig empfunden.

Wer in der Sozialen Arbeit beruflich oder ehrenamtlich tätig ist, sieht sich allerdings immer wieder vor Fragen gestellt wie: Darf ich hier Leistungen erbringen? Hat der Betroffene einen Anspruch auf Hilfe? Wer ist für dieses Anliegen zuständig? Wie kann man gegen Unrecht vorgehen? Für die berufliche Praxis ist deshalb von zentraler Bedeutung, bestehende Rechtsnormen für soziale Belange nutzbar machen zu können. Von Vorteil ist auch zu wissen, wie man unzulänglichen oder kontraproduktiven Rechtsnormen begegnen kann. *Rechtsanwendungskompetenz* der sozialpädagogischen Fachkraft ist weitgehend Voraussetzung für erfolgreiche Sozialarbeit.

Recht ist allerdings ein gesellschaftlich gewachsenes *Kulturprodukt,* welches nach *eigenen Gesetzmäßigkeiten* funktioniert. Deswegen sind gewisse Vorbehalte durchaus verständlich. Will man die Beantwortung für Soziale Arbeit relevanter Fragen nicht anderen Personen mit möglicherweise anderen Interessen überlassen, muss man sich zunächst – wohl oder übel – mit der Funktionsweise des Rechts vertraut machen. Einzelfragen können sich schnell ändern und werden erfahrungsgemäß auch schnell wieder vergessen. Das Sozialrecht ist in den letzten Jahren aber auch derart umfangreich geworden, dass eine umfassende Darstellung das Fassungsvermögen eines Lehrbuches übersteigen würde. Im Mittelpunkt steht deshalb die Vermittlung solider Grundkenntnisse; auf dieser Basis kann sich auch der juristische Laie bei Bedarf relativ schnell Einzelfragen aneignen.

Im Dienste sozialer Aufgaben kommt es zunächst nicht darauf an, ob die relevanten rechtlichen Normen „gut oder schlecht", „interessant oder langweilig", „einfach oder schwierig" sind. Es geht in erster Line um anwendungsbezogene Information. Je nach Standpunkt und Haltung des Betrachters werden die Bewertungen unterschiedlich ausfallen. Da Gesetzmäßigkeiten des Rechts nicht identisch sind mit denen der Sozialen Arbeit, muss bei aller Nutzanwendung eine kritische Haltung keineswegs aufgebeben werden. Unter den genannten Prämissen wird sich (hoffentlich) trotz allem zeigen, dass das Recht der Sozialen Arbeit nicht ganz so starr, lebensfern und langweilig ist, wie es für Außenstehende oft den Anschein hat.

## 2. Recht als Rahmenbedingung und Grundlage Sozialer Arbeit

In der deutschen Rechtsordnung, in der die *Freiheitlichkeit* jedes Menschen betont wird, ist nicht von einer „Allzuständigkeit" des Staates auszugehen, sondern im „Normalfall" handelt der Bürger eigenverantwortlich und selbständig. So ist das soziale wie das gesellschaftliche Leben grundsätzlich frei von staatlicher Kontrolle und gesetzlicher Reglementierung. Soweit keine besonderen Regelungen bestehen, ist auch in der Sozialen Arbeit von der *Selbstversorgung* und *Eigenverantwortung* der Menschen auszugehen.

Die Realität, jedenfalls soweit es um professionelles Handeln geht, sieht allerdings in vielen Bereichen anders aus. Der Grund hierfür ist, dass eine soziale Absicherung und Förderung auf dem Niveau der Bundesrepublik Deutschland nur durch *staatliche Leistungen* und allgemein verbindliche *Rahmenbedingungen* aufrecht erhalten werden kann. Entscheidend kommt es auf die Definition an, *welche Standards* durch die Gemeinschaft garantiert werden und was der Eigenverantwortung überlassen bleibt. Dies unterliegt der ständigen Wandlung und ist von den wirtschaftlichen Möglichkeiten und der jeweils aktuellen politischen Diskussion abhängig. Über den *Gesetzgeber* (Parlamente) werden hieraus Rechtsnormen, die die soziale Praxis bestimmen. Inwieweit Maßstäbe und Ziele der Sozialarbeit im Einzelnen rechtlicher Festschreibung bedürfen, ist immer wieder neu auszuhandeln und immer wieder Gegenstand heftiger sozialpolitischer Auseinandersetzungen. Sozialrecht kann darum keine statische Materie sein, sondern ist abhängig von sich ständig wandelnden Wertvorstellungen, finanziellen Ressourcen und vor allem politischen Entscheidungen.

Durch die gesetzliche Festschreibung wird der Umfang staatlich garantierter Sozialleistungen und der Spielraum für die inhaltliche Gestaltung von Leistungen (bis zu einer möglichen Gesetzesänderung) zu einer verbindlichen Rahmenbedingung für Soziale Arbeit. Dies ist die Grundlage für mittel- und langfristige Planungen, bietet aber auch Sicherheit für die in diesem Bereich Tätigen. Darüber hinaus ist aber stets zu prüfen, wieweit Spielräume vorhanden sind für weitergehende Leistungen und spezifische Gestaltungsmöglichkeiten. Dies hängt zu einem großen Teil von der Frage ab, durch *welche Personen* und durch welche *Einrichtungen* soziale Leistungen erbracht werden. In Deutschland besteht ein vielfältiges sich wechselseitig ergänzendes System.

Einerseits entfaltet das Recht einen absoluten Geltungsanspruch (soweit Regelungen erlassen wurden), andererseits ist es zu relativieren, weil damit niemals die gesamte Wirklichkeit, jede individuelle Situation erfasst wird. Wichtig bleibt bei aller Beschäftigung mit dem Recht, dass es keineswegs einziger Bezugspunkt für Soziale Arbeit ist, sondern *einer neben anderen*. Andere Qualifikationen wie *sozialwissenschaftliche, pädagogische, psychologische, persönliche Qualifikationen und ethische Ziele* haben je nach Tätigkeitsschwerpunkt ebenso große oder größere Bedeutung.

Es gibt auch Situationen, in denen die persönlich-fachliche Auffassung unvereinbar zu sein scheint mit der geltenden Rechtslage. Wichtig ist in diesen Fällen zunächst eine genaue Prüfung der Rechtslage. Daraus kann sich ergeben, dass Rechtsnormen unzweckmäßig oder unzutreffend angewendet wurden. Häufig helfen auch

Ausnahmeregelungen, Anwendungs- oder Ermessensspielräume weiter. Das Recht gibt fraglos auch eindeutige Grenzen sozialen Handelns vor. Es hat Vor- und Nachteile, dass längst nicht alles rechtlich geregelt ist.

---

**Bedeutung des Rechts für Soziale Arbeit**

**Ökonomisierung** ⇒ Mittels Recht wird die Aufbringung und Verteilung des Geldes geregelt, welches für die Erbringung sozialer Leistungen notwendig ist.

**Institutionalisierung** ⇒ Mittels Recht werden Institutionen geschaffen und deren Handlungsweise geregelt. Soziale Leistungen werden dadurch berechenbar, planbar und steuerbar.

**Konfliktsteuerung** ⇒ In Konfliktsituationen wird mittels Recht eine für alle Beteiligten verbindliche Klärung herbeigeführt.

**Qualitätssicherung** ⇒ Mittels Recht werden Qualitätsstandards beschrieben. Unter anderem geschieht dies durch Leistungsvereinbarungen, Ausbildungsordnungen und arbeitsrechtliche Regelungen.

---

## 3. Recht und Demokratie

Auch wenn dies an dem Geltungsanspruch des Rechts in konkreten Situationen nichts ändert, sollte man sich vor Augen halten, dass Rechtsnormen nicht „vom Himmel" fallen, sondern zeitbedingten Wandlungen unterliegen und auch immer wieder in grundlegender Weise geändert werden. Der Entstehungsprozess von Rechtsvorschriften ist in klaren Verfahren (*Gesetzgebungsverfahren*) geregelt. Bereits bei der Vorbereitung von Gesetzesentwürfen und beabsichtigten Gesetzesänderungen werden die unterschiedlichsten Experten, darunter auch die Wohlfahrtsverbände und andere Träger sozialer Einrichtungen, beteiligt. In den verschiedenen Parlamenten, Bundestag (teilweise mit Zustimmung des Bundesrates), den verschiedenen Landtagen und den Stadt- und Gemeinderäten werden die Gesetze beraten und verabschiedet (*Legislative*). Hier entstehen die Gesetze, die durch die Regierungen (*Exekutive*) umgesetzt werden. Die Verwaltung und nicht zuletzt die Gerichte (*Judikative*) sorgen dafür, dass die Vorschriften tatsächlich Anwendung finden und die abstrakten Vorschriften umgesetzt werden. In diesen geregelten Strukturen der *Gewaltenteilung* wird Recht konkret. Seine Entstehung ist aber abhängig von Wahlen, Gesprächen mit den Volksvertretern und Stellungnahmen von Experten und auch Bürgerinitiativen und Öffentlichkeitsarbeit von Interessengruppen.

Unterschiedliche Interessen und divergierende Wertvorstellungen lassen sich hierdurch allerdings nicht vollständig zusammenführen. Bestehen gebliebene gegensätzliche Auffassungen können in Rechtsnormen aber Berücksichtigung finden und so entschärft werden. Eine wesentliche Bedeutung des Rechts besteht darin, dass ganz unterschiedliche Lebenssituationen (Arbeitsloser – Arbeitgeber, Alleinstehen-

Einführung

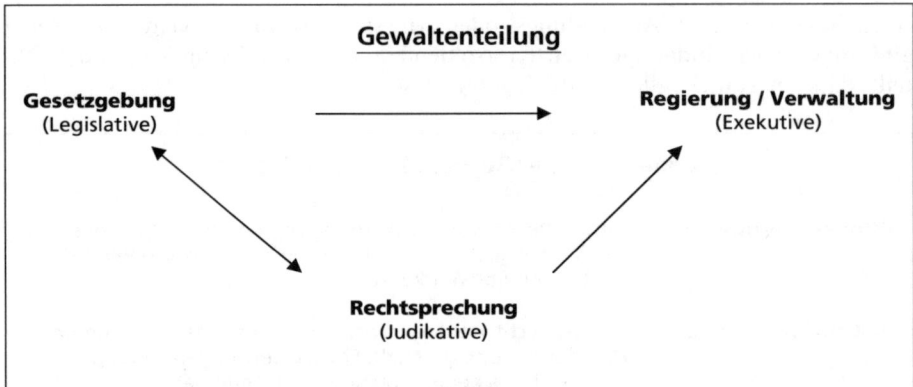

- Die staatliche Macht ist auf drei „Gewalten" mit getrennten Zuständigkeiten aufgeteilt.
- Gesetzgebung, Verwaltung und Rechtsprechung sind aufeinander angewiesen und kontrollieren sich gegenseitig.
- Gesetze sind der entscheidende, verbindliche Bezugspunkt für alle drei Gewalten.
- Der Grundsatz der Gewaltenteilung ergibt sich aus Art. 20 Abs. 2 Grundgesetz.

der – kinderreiche Familie, Sportass – Behinderter) miteinander in Beziehung gesetzt werden. Durch die Gesamtheit der Rechtsordnung werden die unterschiedlichen Interessen und Realitäten der gesamten Gesellschaft in den Blick genommen und es wird versucht, sie in angemessener Weise (was immer das konkret heißen mag) zum Ausgleich zu bringen. So gesehen sind Rechtsfragen Kristallisationspunkte *innergesellschaftlichen Ausgleichs* und als solche Anlass, die eigenen Interessen und Rechte im Verhältnis zu denen anderer Personen und Gruppen zu sehen.

Da solche gesellschaftlichen und demokratischen Prozesse einschließlich meist langwieriger Gesetzgebungsverfahren viel Zeit in Anspruch nehmen, hinkt das Recht aktuellen Entwicklungen fast immer hinterher. Gerade wenn sich Rechtsstrukturen oft über Jahrzehnte eingespielt haben wird erkennbar, dass Recht prinzipiell *konservativ* ist und konservierende Eigenkraft entfaltet. Gleichzeitig wird durch das Recht aber das Zusammenleben der Menschen verbindlich geordnet und damit verlässliche Lebensplanung erst möglich.

# Recht und Demokratie

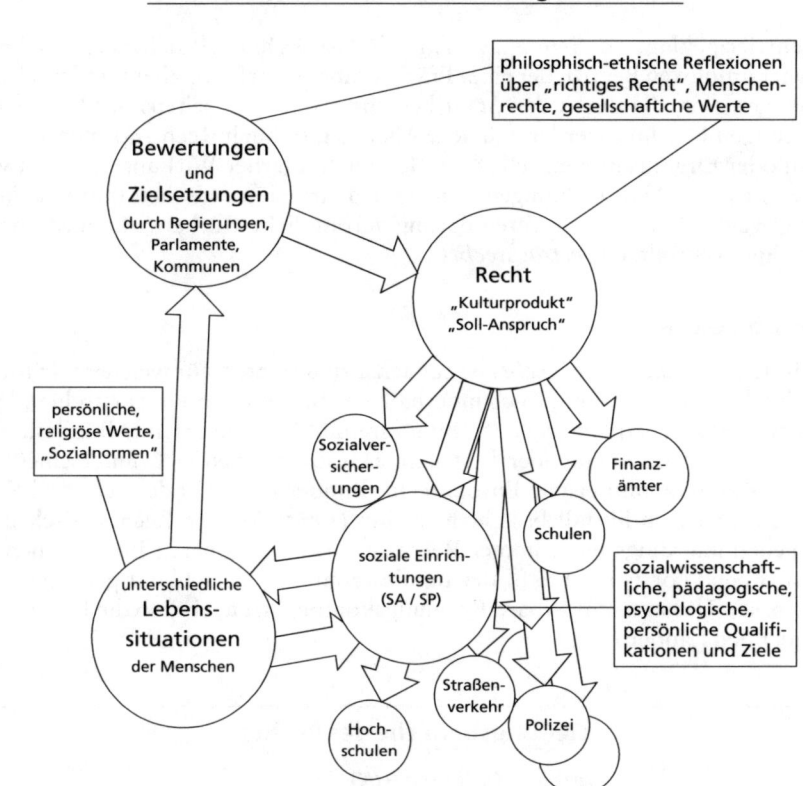

- Recht zielt auf allgemeine Durchsetzung.
- Rechtsnormen werden ständig geändert (z. B. entsprechend den aktuellen Vorstellungen von Familie, sozialen Bedürfnissen etc.).
- Recht setzt unterschiedliche Lebensbereiche, Weltanschauungen, Generationen, soziale Schichten verbindlich in Beziehung zueinander.
- Konflikte mit Rechtsnormen sind unvermeidlich. Etwa bei Wandlung der Lebensverhältnisse (Rechtsanpassung braucht Zeit), Gesetzeslücken, normabweichenden individuellen Interessen oder Vorstellungen.
- Bei der Umsetzung von Rechtsnormen, der Nutzung von Gestaltungsspielräumen hat der SA/SP teil an der Gestaltung der Rechtswirklichkeit. Die Kenntnis der rechtlichen Möglichkeiten – als Rahmenbedingung und Grundlage sozialer Arbeit – ist hierzu unverzichtbar.
- Die Bedeutung des juristischen „know-how" – neben den sozialwissenschaftlichen, pädagogischen, psychologischen und persönlichen Qualifikationen – ist wesentlich abhängig von der konkreten beruflichen Position.
- Durch Einflussnahme als Bürger, Institution oder Experte auf politische Entscheidungsträger können – gerade auf kommunaler Ebene – rechtliche Rahmenbedingungen mitgestaltet werden.

## 4. Definition von Recht

Es ist schwierig, klar zu definieren, was „Recht" ist. Es handelt sich hierbei vielmehr um einen komplexen Begriff, der einer Präzisierung bedarf. Vor allem sind mit Recht Normen gemeint, die durch den *Staat* bestimmt sind und seitens der Bürger und Einrichtungen beachtet werden müssen. Aber es gibt auch Rechtsnormen, die von Bürgern oder Organisationen selbst, mit lediglich interner Wirkung, erlassen werden (Vereinsrecht, Hausordnungen) und Vereinbarungen zwischen Bürgern/Unternehmen, welche Kraft dieser Vereinbarung verbindliche Rechtswirkungen nur für die Beteiligten entfalten *(Vertragsrecht)*.

### Geltungsbereiche

Hinsichtlich des *staatlichen Rechts* ist zunächst zu beachten, für welches territoriale Gebiet Rechtsnormen gelten. Auch innerhalb der Bundesrepublik Deutschland gibt es unterschiedliche *Hoheitsgebiete* (Bundesrepublik Deutschland, Bundesländer, Kommunen), die nebeneinander bestehen. Daraus ergeben sich unterschiedliche Zuständigkeiten. Zum Beispiel Europarecht, Bundesrecht, Landesrecht und Kommunalrecht. Im Konfliktfall besteht hier eine *Hierarchie* der Rechtsvorschriften. Dabei gehen allerdings nicht immer Rechtsnormen der höheren Ebene denen der niederen Ebene vor (so hat z. B. die Bundesrepublik Deutschland gegenüber der Europäischen Union unantastbare Regelungskompetenzen; ebenso die Kommunen gegenüber den Ländern).

---

**Geltungsbereiche des Rechts**

*Vereinte Nationen (UN)*
*Europäische Union*
*Bundesrepublik Deutschland*
*Bundesländer*
*Kommunen (Städte und Gemeinden)*

- Stets ist zu prüfen, für welches Personen und welches Territorium Rechtsnormen gelten *(Geltungsbereich)*.
- Wenn sich Vorschriften unterschiedlicher Ebenen widersprechen, spricht man von *Gesetzeskonkurrenz*.
- Vorschriften der übergeordneten Ebene haben keineswegs immer Vorrang. So bestehen z. B. unantastbare Zuständigkeiten für den Bund (gegenüber der EU und UN), aber auch der Kommunen (gegenüber Bund und Land), vgl. Art. 28 II GG.

---

### Inhaltliche Unterscheidung

Weiter kann man unterscheiden zwischen unterschiedlichen *Gegenstandsbereichen*, in denen die jeweiligen Rechtsnormen Anwendung finden. Zum Beispiel unterscheidet man zwischen Familienrecht, Strafrecht, Baurecht, Bankrecht, Kinder- und

# Definition von Recht

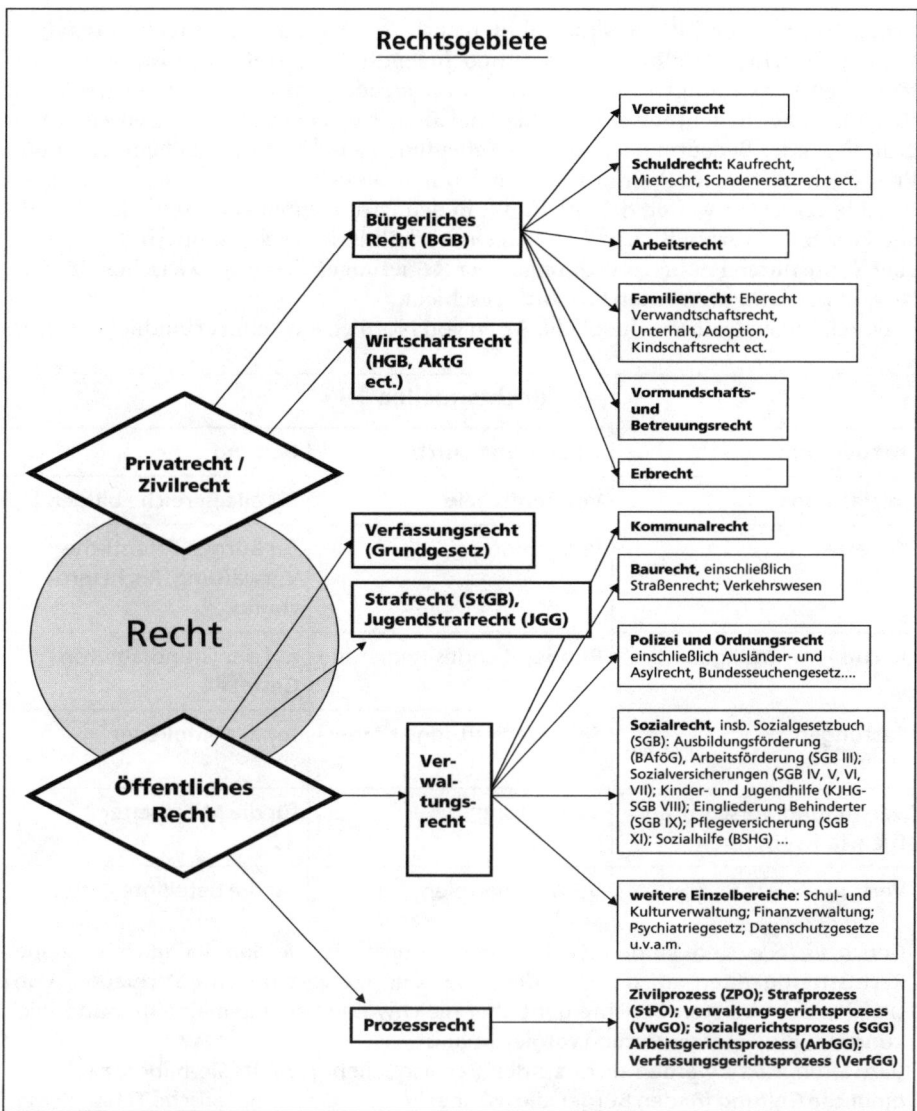

Jugendhilferecht, Sozialversicherungsrecht, Sozialhilferecht und anderem. Diese verschiedenen Rechtsbereiche haben unterschiedliche Zielsetzungen, weshalb in den jeweiligen Einzelgesetzen/Gesetzbüchern spezielle Bestimmungen geregelt sind, die nicht auf andere Rechtsbereiche übertragbar sind.

Diese Rechtgebiete stehen allerdings nicht beziehungslos nebeneinander, sondern greifen in vielfältiger Weise ineinander. So ist etwa das Arbeitsrecht teilweise im BGB geregelt (*Individualarbeitsrecht*), wesentliche Teile gehören aber auch zum öffentlichen Recht (*kollektives Arbeitsrecht*). Das Sozialrecht ist ein weit verzweigter Gegenstandsbereich mit Regelungen im Zivilrecht (z. B. Arbeitnehmer-, Mieter- und Verbraucherschutzbestimmungen) wie im öffentlichen Recht (vom Steuerrecht bis

# Einführung

zum Ausländer- und Prozesskostenhilferecht). Das Sozialleistungsrecht (Sozialversicherungsrecht, Sozialhilfe, Kinder- und Jugendhilfe, BAföG ect.) ist Teil des öffentlichen Verwaltungsrechts. Das Verfassungsrecht gehört zwar zum Öffentlichen Recht hat aber Bedeutung auch für das viel ältere und eigenständige Zivilrecht. Von grundlegender Bedeutung ist die Unterscheidung zwischen Öffentlichem Recht und Privatrecht/Zivilrecht (hierzu ausführlich unten Seite 46 ff).

Zu beachten ist weiter, dass nicht nur in den Parlamenten verabschiedete förmliche Gesetze in verbindlicher Weise Rechtsverhältnisse regeln, sondern dies in gleicher Weise durch Rechtsverordnungen der Regierungen, Verträge zwischen Bürgern bzw. Bürger und staatlichen Organen geschieht.

Durch folgende unterschiedliche Arten von Normen entsteht verbindliches Recht:

| Rechtsquellen | | |
|---|---|---|
| Art der Norm | Entstehung durch | Geltung |
| Verfassung | Volksentscheid | für alle Bereiche bindend |
| Gesetze | Parlamente | für Bürger, öffentliche Verwaltung, Rechtsprechung |
| Rechtsverordnungen | Bundes-/Landes-Regierungen | auf der Grundlage von Gesetzen |
| Satzungen | Selbstverwaltungs-Körperschaften | für die Mitglieder |
| Verwaltungsvorschriften/ Dienstanweisungen | Verwaltung | für die Mitarbeiter |
| Verträge | Vertragsparteien | für die beteiligte Parteien |

*Gerichtsurteile* sind keine Rechtsnormen. Durch sie werden lediglich einzelne Rechtsstreitigkeiten auf der Grundlage der Gesetze verbindlich entschieden. Von Urteilen der obersten Gerichte geht aber gleichwohl eine allgemeine Bindungswirkung aus, die Gesetzesnormen vergleichbar ist.
*Verwaltungsakte* werden nicht zu den Rechtsquellen gezählt. Sie haben zwar verbindliche Geltung für den Bürger, dies ist aber keine rechtsschöpferische Tätigkeit der erlassenden Behörde, sondern Ausführung der bestehenden Gesetze.
*Richtlinien* haben eine Orientierungsfunktion, begründen aber alleine keine rechtliche Verbindlichkeit.
*Erlasse* sind Verwaltungsvorschriften einer obersten Behörde (Ministerien) mit internerer Verbindlichkeit für die untergeordneten Stellen und Bediensten.

## Objektives/subjektives Recht

Zu unterscheiden ist weiter zwischen *objektivem Recht und subjektivem Recht*. Zum objektivem Recht gehört die Summe aller Rechtsnormen, die in irgendeiner Weise das Verhalten der Menschen regeln. Davon zu unterscheiden ist das subjektive Recht, wozu lediglich die Vorschriften gehören, die dem Einzelnen (dem Rechtssubjekt) einen konkreten Herrschaftsbereich, vor allem Rechtsansprüche auf Leistungen oder Abwehransprüche gegen Eingriffe, gewährleisten. Mit dieser Unterscheidung wird deutlich, dass es Rechtsvorschriften gibt, die Lebensverhältnisse und Verwaltungshandeln (objektiv) ordnen, *ohne* dass der Einzelne erwirken kann, dass diese Vorschriften auch eingehalten werden. Subjektive Rechte sind hingegen stets damit verbunden, dass der Einzelne die Beachtung bestehender Vorschriften beanspruchen kann. Bei Verstößen können subjektive Rechte (und in aller Regel nur solche) im Klageverfahren durchgesetzt werden. Gerade im sozialen Bereich gibt es zahlreich Vorschriften, die die Verwaltung objektiv-rechtlich zu bestimmten Verhaltensweisen im Interesse der Bürger verpflichten, auch ohne dass der Bürger einen subjektiv-rechtlichen hierauf hat (z. B. die Art und Weise der Amtsausübung). Für die Soziale Arbeit ist von erheblicher Bedeutung, im Einzelfall unterscheiden zu können, welche rechtlichen Regelungen mit einem konkreten Leistungs- oder Unterlassungsanspruch für die Betroffenen verbunden sind.

> *objektives Recht* = *geltende Rechtsnormen*
> *subjektives Recht* = *Rechtsanspruch einer bestimmten Person(engruppe)*
> - Zum objektiven Recht gehören alle Rechtsnormen, die im gesetzmäßigen Verfahren zustande gekommen sind. Lediglich Rechtsnormen, die rechtswidrig sind (z. B. aus formalen Gründen) oder nur Definitionen enthalten, gehören nicht zum objektiven Recht.
> - Nur wenn und soweit aufgrund objektivem Recht einer bestimmten Person konkrete Rechtspositionen zustehen, hat diese entsprechende subjektive Rechte bzw. kann sich gegen eine Verletzung ihrer subjektiven Rechte wehren.
> - Leistungsansprüche kann grundsätzlich nur derjenige geltend machen, dem diese subjektiven Rechte zustehen. Ebenso kann sich nur derjenige gegen Unrecht wehren, der in seinen subjektiven Rechten verletzt ist.

Vor allem im Zivilrecht, aber auch im öffentlichen Leistungsrecht ist diese „subjektive Betroffenheit" von entscheidender Bedeutung (andere Grundsätze gelten im Polizei- und Strafrecht). Macht z. B. ein Vermieter eine Miterhöhung geltend, die das gesetzlich zulässige Maß übersteigt, so kann keine andere Person als der Mieter sich hiergegen rechtlich wirksam wehren. Ist der Mieter bereit zu zahlen, gleich ob aus Gutmütigkeit oder Unwissenheit, hilft die Klage eines altruistisch handelnden Nachbarn nicht weiter. Eine solche Klage würde als unzulässig abgewiesen, auch wenn sie in der Sache begründet ist. Der Vermieter verstößt zwar gegen objektives Recht, betroffen und damit subjektiv berechtigt dagegen vorzugehen ist aber lediglich der Mieter. Etwas anderes gilt nur, wenn der Betroffene ausdrücklich einen anderen (z. B. einen Rechtsanwalt) beauftragt: dann nimmt der Betroffene seine Rechte wahr, wenn auch vertreten durch einen anderen (Vertreter). Die *problematischen* Konsequenzen werden unter anderem deutlich bei alten und behinderten

# Einführung

Menschen, die ihre Interessen nicht mehr selbst wahrnehmen können. Die rechtlichen Möglichkeiten (insbesondere Bestellung einer rechtlichen Betreuung und Regelungen im Heimgesetz) gleichen diese Defizite nur sehr unzulänglich und punktuell aus. Unsere Rechtsordnung geht davon aus, dass grundsätzlich jeder seine Rechte selbst wahrnimmt. In Deutschland gibt es keine *Popularklage*. Mit einer grundsätzlichen Änderung würde die Verantwortung des Staates steigen, er müsste verstärkt Zugang haben in private Lebenszusammenhänge, wodurch neue Probleme entstehen würden (Stichwort: „Überwachungsstaat"). Ist der Bürger nicht in seinen subjektiven Rechten verletzt, stehen ihm lediglich „*formlose Rechtsbehelfe*" zur Verfügung (hierzu unten Seite 147 ff)[1].

## Formelles/materielles Recht

Schließlich ist auf die Unterscheidung zwischen *formellem* und *materiellem* Recht hinzuweisen. Das materielle Recht bezieht sich auf die inhaltliche Gestaltung der Rechtsordnung, also darauf, was innerhalb eines Rechtsgebietes Recht und was Unrecht sein soll. Unter formellem Recht versteht man die Verfahrensvorschriften, mit deren Hilfe das materielle Recht umgesetzt wird. Die Bedeutung des formellen Rechts wird bei Nichtjuristen häufig unterschätzt, obwohl die entsprechenden Regelungen, angefangen von Fristen, Prozesskostenhilfe bis hin zur sachlichen und örtlichen Zuständigkeit eines Gerichts, von erheblicher Bedeutung sind für die Durchsetzung eines bestehenden (materiellen) Anspruchs.

## 5. Öffentliche Verwaltung

Für den gesamten, vielfältigen Bereich Sozialer Arbeit ist von grundlegender Bedeutung, ob dieses Handeln öffentlich, also durch den *Staat* verantwortet wird oder durch *Privatpersonen* bzw. Zusammenschlüsse von Privatpersonen (z. B. Vereine, GmbHs, BGB-Gesellschaften, aber auch die großen Wohlfahrtsverbände). Die staatliche Verantwortung für soziale Belange hat bis in die jüngste Vergangenheit ständig zugenommen. In den letzten Jahren wird allerdings eine umgekehrte Tendenz immer deutlicher sichtbar.

Nur zu einem geringen Teil handelt es sich hierbei aber um *staatliches Handeln* im eigentlichen Sinn. Zu einem großen Teil erfolgt soziale Sicherung durch die *Kommunen* und die *Sozialversicherungssysteme*. Diese sind aber nicht Teil des Staates im Rechtssinne, sondern haben eigene Strukturen der *Selbstverwaltung*, was zu einer relativen Eigenständigkeit gegenüber staatlicher Macht führt. Dies wird unter anderem daran deutlich, dass sich insbesondere die Sozialversicherungen weitgehend nicht aus Steuern, sondern aus *Mitgliedsbeiträgen* finanzieren. Der Leistungsumfang, die Standards und Rahmenbedingungen werden aber auch hier vom Gesetzgeber vorgegeben – auch wenn die Leistungen nicht unmittelbar durch Organe des

---

[1] Nach langem Ringen wurden im Bundesnaturschutzgesetz und im Behindertenrecht (vgl. § 63 SGB IX) Klagen durch Interessenverbände (sog. *Verbandsklagen*) zugelassen. Die Befugnisse dieser Verbände sind aber mit erheblichen Einschränkungen verbunden, so dass hierdurch die genannten Grundsätze bisher nicht wirklich in Frage gestellt werden.

## Öffentliche Leistungen im sozialen Bereich

**privatrechtliche Träger**
⇒ Selbstverantwortung
⇒ evtl. interne (z. B. vereinsrechtliche) Vorgaben
- Privatpersonen
- Ehrenamtliche
- Selbständige
- Wohlfahrtsverbände
- andere Zusammenschlüsse

**öffentlich-rechtliche Träger**
⇒ hoheitlicher Macht
⇒ öffentlich-rechtliche Pflichten

| Staatsverwaltung | andere öffentliche Träger (staatl. Vorgaben, rechtlich eigenständig) |
|---|---|
| • Bund | |
| • Länder | • Kommunen |
| • Europäische Union | • Sozialversicherungen |
| | • u. a. |

Staates erbracht werden. Soweit das Gemeinwesen durch verbindliche Regelungen bestimmt wird (z. B. Pflichtmitgliedschaft bei Sozialversicherungen) und die zuständige Behörde mit „*hoheitlicher Macht*" ausgestattet ist, d. h. Aufgaben einseitig und notfalls mit Zwang erfüllt werden können, spricht man von „*Öffentlichem Recht*", „*Öffentlicher Verwaltung*", „*Öffentlicher Hand*" oder „*Öffentlichen Angelegenheiten*" und „*Öffentlichem Interesse*".

Eine griffige Definition, welche Bereiche zur „Öffentlichen Verwaltung" gehören, gibt es nicht. Die Begrifflichkeit hat sich aber vor allem aber im rechtlichen Kontext durchgesetzt, auch wenn mit „öffentlich" oder „Öffentlichkeit" häufig ganz andere Zusammenhänge umschrieben werden als die des „Öffentlichen Rechts" oder der „Öffentlichen Verwaltung". Damit ist aber auch klar, dass der „öffentliche Rechtsbereich" nicht allein durch staatliche Macht bestimmt sein kann, sondern auf vielfältige gesellschaftliche Partizipation angelegt ist.

Zur Verwirklichung der Staatszwecke, insbesondere zur Gestaltung des Sozialwesens und der Erbringung von Dienstleistungen, aber auch zur hoheitlichen Kontrolle und Erfüllung polizeilicher Aufgaben, bedient sich der Staat eigener *Organisationsstrukturen*. Innerhalb der Öffentlichen Verwaltung, aber auch im Verhältnis zu den Bürgern gelten weitgehend eigene Regeln, die deutlich abweichen von der grundsätzlich freien Rechtsgestaltung zwischen Privatpersonen und Firmen (zur genaueren Unterscheidung zwischen Öffentlichem Recht und Privatrecht unten Seite 46 ff).

Dieser große Bereich öffentlicher Verwaltung, der teilweise staatlich und teilweise durch Mitglieder finanziert, in jedem Fall staatlich verantwortet und kontrolliert wird, ist zu unterscheiden von *nicht-öffentlicher* (privater) Verwaltung z. B. in Wirtschaftsunternehmen, Verbänden oder privater Finanzverwaltung. Auch kirchliche Sozialeinrichtungen (Caritas und Diakonie) unterliegen nicht dem staatlichen öffentlichen Recht. Diese karitativen Einrichtungen handeln zwar auch im *öffentlichen Interesse*, für sie gelten aber eigene kirchenrechtliche Bestimmungen, die staatlicherseits respektiert werden (*Selbstbestimmungsrecht der Kirchen*, vgl. unten Seite 43, Seite 103). Für weitere Verwirrung sorgt, dass sich für diese Einrichtungen die Bezeichnung „nichtstaatliche Träger" eingebürgert hat. Denn der Unterschied zu

## Einführung

den Kommunen und Sozialversicherungen, die ebenfalls nichtstaatlich sind, aber dem öffentlichen Recht unterliegen, wird damit nicht deutlich.

Gerade im Bereich der sozialen Dienstleistungen zeigt sich auch, dass heute eine strenge Trennung zwischen öffentlicher Verwaltung und privaten, wirtschaftlichen und freigemeinnützigen Leistungserbringern nicht immer möglich ist. Denn in erheblichem Umfang werden soziale Leistungen, für die der Staat letztlich verantwortlich ist und die auch von ihm finanziert werden, von nichtstaatlichen Einrichtungen erbracht. Ob eine Einrichtung, etwa der Jugendhilfe oder eine Sozialstation, in staatlicher oder privater Trägerschaft besteht, ist gleichwohl von entscheidender Bedeutung. Soweit sie nicht zur öffentlichen Verwaltung gehören, sind sie z. B. wesentlich freier in der Entscheidung, welche Leistungen sie an wen bringen. Auch die interne Organisation, Art der Leistungserbringung, Zusatzleistungen und ggf. weltanschauliche Prägung liegen in ausschließlicher Verantwortung des nichtstaatlichen (freien) Trägers (hierzu ausführlich unten Seite 101 ff).

Außerdem gibt es Bereiche, in denen Aufgaben der öffentlichen Verwaltung an private Unternehmen übertragen wurden. So ist häufig die Müllentsorgung in Städten geregelt; in jüngster Zeit gibt es sogar privat geführte Strafvollzugsanstalten. Im sozialen Bereich hat diese Mischung aus staatlicher und nichtstaatlicher Verantwortung und entsprechende Kooperationen eine lange Tradition. An vielen Stellen greift öffentliche Verwaltung und privates, privatwirtschaftliches und freigemeinnütziges Handeln ineinander. Man spricht heute in weiten Bereichen von einem „welfare mix". Auch wenn nach außen diese unterschiedlichen Rechtsstrukturen oft nicht deutlich werden, ist für die Entscheidung konkreter Rechtsfragen häufig von erheblicher Bedeutung, ob Vorschriften des öffentlichen Rechts Anwendung finden.

## 6. Ethische Wertvorstellungen

Bisher ging es – und dies wird auch den weiteren Fortgang der Abhandlung bestimmen – um die Relevanz *geltender* Rechtsnormen für Soziale Arbeit, ohne die Frage zu stellen, ob diese Normen *ethischen Maßstäben* genügen. Nicht nur aufgrund der extremen historischen Erfahrungen in Deutschland, sondern auch aus den alltäglichen Erfahrungen der praktischen Arbeit steht außer Frage, dass Rechtsnormen ungerecht, unsinnig und auch menschenverachtend sein können. Es kann sein, dass geltendes Recht in einzelnen Bestimmungen oder als Ganzes den Namen Recht nicht verdient. Unsere Rechtsordnung ist zwar in eindeutiger Weise an ethischen Maßstäben, wie sie im Grundgesetz unter Bezugnahme auf universell gültige Menschenrechte konkretisiert sind, orientiert. Immer neu ist aber zu prüfen und darüber zu reflektieren, ob das geltende Recht in seinen einzelnen Bestimmungen diesen ethischen Maßstäben genügt bzw. ob es schlicht (noch) sachgerecht ist. Ein kritischer Umgang mit staatlicher Gewalt und rechtlichen Vorschriften ist ethisch geboten und eröffnet die Perspektive für ständig notwendigen Verbesserungen der bestehenden Rechtsvorschriften.

Ebenso wie auf der politischen Ebene Rechtsnormen an Wertmaßstäben und Ethik zu messen sind, kommt auch das individuelle berufliche Handeln ohne persönliche Wertmaßstäbe und ein berufliches Ethos nicht aus. Erst hierdurch bekommt Soziale Arbeit ein menschliches Gesicht. Recht darf nicht darauf abzielen dies zu

> **Spannungsfelder des Rechts**
>
> geltendes Recht ⇔ ethisch-philosphische Erkenntnis
> generelle Normen ⇔ individuelle Auffassungen
> allgemeingültige Gesetze ⇔ nicht beachteter Einzelfall
> Durchsetzung mit staatlicher Gewalt ⇔ Eigenverantwortung / Freiheit
> Rechtssicherheit ⇔ gesellschaftlicher Wandel

verhindern, ebenso wie auch der Sozialarbeiter/die Sozialpädagogin nicht der Versuchung erliegen sollte, sich völlig hinter Rechtsvorschriften zu verstecken. Diese Zusammenhänge sind Grundlage für ein rechtes Verständnis der Sozialarbeit und sollten bei der Beschäftigung mit Rechtsfragen und Rechtsanwendung stets präsent sein. Rechtsvorschriften unterschiedlichster Art sind Grundlage und Rahmenbedingung Sozialer Arbeit – nicht mehr und nicht weniger.

Diese philosophische, politische und ethische Frage nach den „richtigen Normen" ist aber zu unterscheiden von dem in einer konkreten Situation verbindlich geltenden Recht. Soweit begünstigende Leistungen und einschränkende Maßnahmen in Rechtsvorschriften geregelt sind, ist jede abweichende Handhabung rechtswidrig. Jedes funktionierende Rechtssystem verlangt nach Beachtung rechtlicher Vorschriften (*Rechtsdurchsetzung*). Durch die allgemeine Gültigkeit und die zuverlässige Anwendung rechtlicher Normen wird Recht der Beliebigkeit entzogen, was Voraussetzung ist für *Rechtssicherheit* und *Gerechtigkeit*. Dabei ist von entscheidender Bedeutung, dass die Gesetze in der Demokratie in einem geordneten Verfahren durch die gewählten Vertreter der Bevölkerung zustande kommen. Hier spielen ethische Fragen eine wichtige Rolle, und die Allgemeinheit ist auf diesem Wege an der Rechtsbildung beteiligt. Zwischen dem Entstehungs- (bzw. Veränderungs)prozess, der ethischen Begründung und der praktischen Anwendung von Rechtsnormen ist stets zu unterscheiden. Weil es aber unmöglich ist, eine unabsehbare Zahl von Einzelfällen durch abstrakte Normen angemessen zu regeln, hat der Gesetzgeber bewusst darauf verzichtet, alle Lebensbereiche vollständig zu regeln. Auf eine Beurteilung „innerer Werte" verzichtet das Recht vollständig und nimmt allein Bezug auf äußere Verhaltensweisen. Außerdem werden die an sich starren Normen durch Ermessensspielräume, allgemeine Prinzipen und der vorrangigen Bedeutung der Menschenrechte und sich daraus ergebende Handlungsfreiräume relativiert. Die allgemeinen Rechtsnormen bedeuten keine Negierung ethischer Maßstäbe, sondern sind Konsequenzen kollektiver Wertmaßstäbe, wobei gleichzeitig erheblicher Raum bleibt für persönliche Verantwortung bzw. unterschiedliche Leitbilder sozialer Einrichtungen. Das geltende Recht, welches im Folgenden bezogen auf soziale Arbeitsbereiche dargestellt wird, gibt den derzeitigen Stand der gesellschaftlichen und ethischen Prozesse wieder, die durch die rechtliche Festlegung allgemeingültige Wirkung beanspruchen. Als Kulturprodukt ist es wandelbar und wertorientiert zugleich. Unterliegt aber auf Grund des demokratischen Gesetzgebungsverfahrens nicht der Beliebigkeit des Einzelnen.

**Literaturhinweise zur Vertiefung:**

*Burghardt, Heinz:* Recht und Soziale Arbeit (2001).
*Klie, Thomas u. a.:* Verwaltungswissenschaft. Eine Einführung für soziale Berufe (1999).
*Kulbach, Roderich u. a.:* Öffentliche Verwaltung und Soziale Arbeit (1994).
*Quambusch, Erwin:* Einführung in das Recht (2000).

# II. Allgemeine Grundsätze

Zu Kapitel II: Übungsfall 2 (Der hilfsbereite Student) Seite 190 ff., Übungsfall 3 („Auffällig"!) Seite 197 ff. und Übungsfall 4 (Der Schuhstreit von Lörrach) Seite 201 ff.

## 1. Rechtsanwendung

Längst nicht jede Aktivität von Menschen oder Organisationen ist rechtlich von Bedeutung. Wenn im sozialen Bereich ehrenamtlich soziale Dienste und Leistungen angeboten werden, stellt sich die Frage nach der Rechtslage in aller Regel nicht. Das Recht kommt dann ins Spiel, wenn bestimmte Leistungen eingefordert werden oder sich jemand gegen ein bestimmtes Verhalten wehren möchte.

Im Unterschied zu ethischen Maßstäben liegt rechtlich relevanten Rechten und Pflichten immer eine *Rechtssetzung* zu Grunde. Soweit Recht nicht formuliert wurde, bestehen auch keine rechtlichen Pflichten. Nicht was geregelt werden *müsste*, sondern das, was tatsächlich geregelt wurde, ist Bezugspunkt für das Recht. Solche Rechtsetzung erfolgt durch staatliche Gesetze und private Vereinbarungen (*Verträge*) (vgl. auch oben Seite 18). Da es deshalb von entscheidender Bedeutung ist feststellen zu können, was wie genau geregelt wurde, ist in vielen Fällen eine schriftliche Formulierung sinnvoll und oft auch vorgeschrieben (bei Gesetzen immer). Dieser *Rechtspositivismus* hat zur Folge, dass Ansprüche, die nicht positiv begründet werden können, weil es an einer wirksamen Regelung fehlt (z. B. Gesetzeslücken, nichtige Verträge), rechtlich keine Relevanz haben.

### Vertragsauslegung

Für die Bürger besteht im freiheitlichen Staat grundsätzlich Vertragsfreiheit. Das heißt, rechtliche Verbindlichkeiten können grundsätzlich mit beliebigem Inhalt mit jedermann frei eingegangen werden. Eine Beschränkung dieser *Vertragsfreiheit* ist systematisch betrachtet die Ausnahme, auch wenn der Gesetzgeber z. B. im Mietrecht, Arbeitsrecht und beim Verbraucherschutz weitgehende Vorgaben gemacht hat.

Verträge sind im *Zivilrecht* typische Grundlage für einseitige oder wechselseitige Ansprüche. Man spricht von *Anspruchsgrundlagen*. Neben Verträgen kann im Zivilrecht ausnahmsweise ein Anspruch auch durch eine gesetzliche Norm begründet sein (Schadenersatz wegen unerlaubter Handlung oder Herausgabe wegen ungerechtfertigter Bereicherung). In der Regel gibt das Gesetz im Privatrecht aber lediglich Modalitäten vor, was bei Abschluss eines Vertrag zu beachten ist und in welcher Weise er zu erfüllen ist. Im öffentlichen Recht ist dies genau umgekehrt: in der Regel ergeben sich öffentlich-rechtliche Ansprüche aus einer Gesetzesnorm und nur ausnahmsweise aus einen Vertrag. In beiden Rechtsbereichen gilt, dass nur der einen rechtlich durchsetzbaren Anspruch auf Leistungen hat, der diesen auf eine *Anspruchsgrundlage* (vertraglicher oder gesetzlicher Natur) stützen kann (Gedanke des Rechtspositivismus, vgl. oben). Ebenso gilt umgekehrt, dass man nur dann einen Eingriff in seine Rechtssphäre dulden muss, wenn die Gegenseite (Privatperson oder öffentliche Hand) hierfür durch eine Anspruchsgrundlage ermächtigt ist.

Soweit Verträge maßgeblich sind, muss in Streitfällen im Wege der *Auslegung* festgestellt werden, was die Parteien geregelt haben. Auch die Zivilgerichte, die zur Streitschlichtung angerufen werden können, haben sich an dem Willen der Vertragspartner zu orientieren. Vor unsinnigen Geschäften und Übervorteilung ist der Bürger nur in dem Rahmen geschützt, wie entsprechende Schutzgesetze vorhanden sind. Ein Verstoß gegen „gute Sitten" bedeutet nur in extremen Fällen eine Grenze der Vertragsfreiheit (hierzu unten Seite 34).

## Anwendung von Gesetzen (Subsumtion)

Bei der Anwendung von *Gesetzen* gelten andere Grundsätze. Gesetze, Rechtsverordnungen und Satzungen werden grundsätzlich *einseitig* durch den Gesetzgeber erlassen. Sie sind abstrakt-generell, also allgemeingültig und nicht bezogen auf einen konkreten Einzelfall formuliert. Sie sind aber von jedermann unbedingt zu beachten. Es besteht die Pflicht, sich selbst über die Rechtslage kundig zu machen (Unkenntnis schützt vor Pflichten nicht). Außerdem haben öffentliche Einrichtungen entsprechende Informationspflichten.

Auch bei Gesetzen ist für den Bürger und den Rechtsanwender aber häufig unklar, ob in einer konkreten Situation eine Norm zur Anwendung kommt. Deshalb ist es nötig, sich damit vertraut zu machen, wie Rechtsnormen anzuwenden sind. (Die Frage nach der Gesetzgebungs*befugnis* wird hier vernachlässigt, hierzu unten Seite 37 ff und Seite 115 ff).

Zunächst wird dargestellt, in welcher Weise die Regelungen des Gesetzgebers typischer Weise anzuwenden sind. Von besonderer Bedeutung sind Rechtsnormen, die auf Bürger bezogene Regelungen enthalten, also *Ansprüche* oder *Pflichten* des Bürgers begründen. Hierzu bedarf es zu Gunsten des Bürgers (bei Rechten) oder zu Gunsten der Verwaltung (bei Pflichten) einer *Anspruchsnorm* als Anspruchsgrundlage. Anspruchsnormen sind die entscheidenden Bezugspunkte für alle Rechtsverhältnisse zwischen öffentlicher Hand und Bürger. Normen, die lediglich Definitionen, Verweisungen, Ausnahmen oder Erläuterungen enthalten, bleiben hier unbeachtet (vgl. aber die ausführlichen Beispiele unten Seite 74 ff).

Anspruchsnormen bestehen aus zwei Teilen, der Beschreibung eines *Tatbestandes*[2] und einer *Rechtsfolge*, die in einem kausalen Verhältnis zueinander stehen. Bei dem Tatbestand handelt es sich um die verallgemeinernde Beschreibung einer unbestimmten Anzahl von Lebenssituationen (*Sachverhalten*). Liegen diese vor, so wird durch die Vorschrift eine ganz bestimmte Rechtsfolge ausgelöst. Diese durch das Recht umschriebene Folge (*Rechtsfolge*) liegt nicht „in der Natur der Sache" (dann würde es der Rechtsnormen nicht bedürfen), sondern wird gerade *durch* die Rechtsnorm als Teil der rechtlichen *Wertordnung/Sollensordnung* bewirkt.

Dies sei an einem Beispiel erläutert:

Art. 16a I GG lautet: „Politisch Verfolgte genießen Asylrecht". Hier ist klar umschrieben, dass unter einer bestimmte Voraussetzung (politische Verfolgung) eine bestimmte Rechtsfolge (Recht auf Asyl) eintritt (*„wenn"* . . . *„dann" Verknüpfung*).

---

[2] Der Begriff „Tatbestand" wird entgegen einer verbreiteten Meinung nicht lediglich im Strafrecht verwandt. Er hat allerdings dort seinen Ursprung und hier wird in besonders klarer Weise deutlich, dass Vorrausetzung für die Rechtsfolge (hier: Strafe) die Erfüllung der abstrakt umschriebenen Tatbestandsmerkmale (hier: aus dem StGB) ist.

```
┌─────────────────────────────────────────────────────────────┐
│                        Subsumtion                            │
│                                                              │
│          Tatbestand                    Rechtsfolge           │
│      (politische Verfolgung)         (Recht auf Asyl)        │
│                                                              │
│            wenn            ⟹             dann               │
│                                                              │
│              s           m                                   │
│              u           t                                   │
│              b    ⇑⇓     i                                   │
│              s           o                                   │
│              u           n                                   │
│                                                              │
│          Sachverhalt                                         │
│    (Flüchtlingsfamilie aus dem Kosovo)                       │
└─────────────────────────────────────────────────────────────┘
```

Wenn der beschriebene Tatbestand vorliegt, hat als Konsequenz – quasi unausweichlich – die beschriebene Rechtsfolge einzutreten. Sucht etwa eine Familie aus dem Kosovo eine neue Heimat in Deutschland, ist zu prüfen, ob sie in ihrem Heimatland politisch verfolgt wurde. Den Vorgang der Überprüfung, ob ein bestimmter, konkreter (Lebens)*sachverhalt* der abstrakten Tatbestandsbeschreibung zuzuordnen ist, nennt man *Subsumtion*.

Hierzu muss die konkrete (immer einmalige) Situation auf die Merkmale „abgeklopft" werden, die für die Tatbestandsbeschreibung erheblich sind. Im Beispiel ist also zu prüfen, ob eine *politische Verfolgung* vorliegt. Nur auf diese im gesetzlichen Tatbestand formulierten Kriterien kommt es bei der rechtlichen Betrachtung an. Wirtschaftliche Notsituationen etwa oder Verfolgung aus anderen als politischen Gründen finden durch dieses Rechtsnorm keine Beachtung, sind also für die Anwendung der Rechtsnorm nicht relevant. Subsumtion bedeutet letztlich immer Selektion umfassender Wirklichkeitserfahrungen auf das *rechtlich* Erhebliche. Ist diese Subsumtion erfolgt, ergibt sich die Rechtsfolge aus dem Gesetz (hier: Recht auf Asyl). Ein abweichendes Verhalten/eine abweichende Handhabung wäre rechtswidrig.

Die Aufgabe des Gesetzesanwenders besteht somit darin festzustellen, ob durch einen bestimmten Lebenssachverhalt ein Gesetzestatbestand erfüllt und ggf. die beschriebene Rechtsfolge herbeizuführen ist. Nicht aber geht es darum zu beurteilen, ob ein rechtlich umschriebenen Tatbestand auch auf andere Situationen angewendet werden *sollte* (z. B. auch auf wirtschaftliche Notsituationen, Folterung ect.) oder eine andere Rechtsfolge angemessen wäre (z. B. Recht auf Einbürgerung). Diese Aufgabe kommt vielmehr allein dem Gesetzgeber zu.

Nicht alle Rechtsnormen sind in dieser klaren Weise wie das Grundrecht auf Asyl als Tatbestand und Rechtsfolge formuliert. Oft hilft eine Umformulierung, um diese „*Wenn-Dann Struktur*" zu erkennen. Z. B. die Formulierung „Sozialdaten sind beim Betroffenen zu erheben" (§ 67a II SGB X) ist zu lesen: Wenn Sozialdaten zu erheben sind, müssen sie beim Betroffenen erhoben werden. Hinsichtlich der Hilfe zum Lebensunterhalt nach dem BSHG ergibt sich der Tatbestand aus mehreren Normen (§§ 11, 12, 22, 23 BSHG und der Rechtsverordnung zu § 22 BSHG).

Bei der Prüfung der Rechtslage bezogen auf einen konkreten Fall arbeitet man in der Regel zielorientiert. Dass heißt, man versucht zunächst Vorschriften zu finden, die eine gewünschte Rechtsfolge vorgeben (Wie kann der Familie ein Aufenthalt in Deutschland ermöglicht werden?). Erst dann prüft man, ob sämtliche im Gesetz geregelten Tatbestandsmerkmale im konkreten Fall erfüllt sind. Häufig wird man erst durch diese Subsumtionsbemühungen veranlasst, die genaueren, tatbestandsrelevanten Umstände des Sachverhalts aufzuklären (detaillierte Befragung aller Familienmitglieder nach Umständen, die eine politisch Verfolgung bedeuten könnten).

Diese Anwendung des Tatbestands auf einen konkreten Lebenssachverhalt ist längst nicht immer in einer so eindeutigen und nachvollziehbaren Weise möglich, wie es nach der bisherigen Darstellung den Anschein haben könnte. Dies schon deshalb, weil die Subsumtion häufig von *Begriffen* abhängig ist, deren Bedeutung durch den Gesetzestext allein *nicht eindeutig* bestimmbar ist. So ist in Art. 16a GG der Begriff „politische Verfolgung" in seinem Ursprung kein Rechtsbegriff und erhält seine juristische Bedeutung erst durch eine Interpretation, die über die rein juristische Argumentation hinausgeht (zur Problematik unbestimmter Rechtsbegriffe unten Seite 74).

Häufig ergibt sich aber auch erst aus dem *Gesetzeszusammenhang* oder anderen Rechtsnormen (*Definitionsnormen, Ergänzungsnormen*) die Bedeutung einer bestimmten Vorschrift. Bezogen auf das Grundrecht auf Asyl ergeben sich aus Abs. 2 und 3 des Art. 16a GG Konkretisierungen des Asylrechts (Einschränkungen), die durch den Gesetzgeber verbindlich vorgegeben sind. Es ist nicht die Aufgabe des Rechtsanwenders, diese gesetzlich vorgegebenen Konkretisierungen zu beurteilen. So ist es zwar beim Thema Asyl durchaus fraglich, ob es sinnvoll und verfassungsgemäß ist, die Gewährung des Grundrechts davon abhängig zu machen, aus welchem Land der Flüchtling einreist (Art. 16a Abs. 2 GG) und ob der Gesetzgeber „politische Verfolgung" in bestimmten Staaten generell auszuschließen kann (Art. 16a Abs. 3 GG). Die unbestimmten Rechtsbegriffe sind aber immer in der Auslegung anzuwenden, die das Gesetz durch *dessen Sinnzusammenhang* vorgibt. Die politische Diskussion über die mögliche Änderung von Gesetzten (auch die Frage, ob nichtstaatliche Verfolgung auch ein Asylgrund sein kann) ist an anderer Stelle (im Parlament) zu führen.

Weiter ist zu beachten, dass gesetzliche Bestimmungen häufig durch Ausnahmeregelungen (*Gegennormen*) relativiert werden. So regelt § 67a Abs. II SGB X durch Aufzählung mehrere Sondersituationen, wann Sozialdaten in anderer Weise als beim Betroffenen erhoben werden dürfen.

Diese Methode der Rechtsanwendung macht deutlich, dass die Anwendung rechtlicher Normen nicht abhängig sein soll von subjektiven Interpretationen und situationsbedingter freier Rechtsgestaltung. Einen solchen Umgang mit dem Recht muss man einüben. Allzu viel „Flexibilität" würde vor einer rechtlichen Überprüfung keinen Bestand haben. Weiter unten (Seite 73 ff) werden weitere Grundregeln der Rechtsanwendung beschrieben.

Diese deduktive, an den Gesetzen der Logik orientierte Methode der Subsumtion (Schluss vom allgemeinen Grundsatz auf den Einzelfall) wird auch in grundsätzlicher Weise in Frage gestellt. So gibt es zahlreiche Vorschriften, in denen nach einhelliger Meinung nicht die im Gesetz verwendeten Begriffe der letztlich entscheidende Maßstab sind, sondern auch auf den *Zweck* der Vorschrift bzw. die rechtlich *erheblichen Interessen* abzustellen ist (*teleologische Auslegung*).

Beispiel: § 25 I 1 BSHG: „Wer sich weigert, zumutbare Arbeit zu leisten oder zumutbaren Maßnahmen nach §§ 19 und 20 nachzukommen, hat keinen Anspruch auf Hilfe zum Lebensunterhalt". Hierzu hat das Bundesverwaltungsgericht entschieden, dass der Hilfesuchende auch dann, wenn er eine zumutbare Arbeit nicht aufnimmt, nicht aus der Obhut des Sozialhilfeträgers entlassen wird. Er bekommt also weiter Hilfe, auch wenn er keinen Rechtsanspruch darauf hat und sie im Umfang deutlich reduziert wird. Dies hat seinen Grund darin, dass nach dem Ziel und Zweck des BSHG jedem in Deutschland lebendem Menschen das zum Leben Notwendige – unabhängig vom Verschulden der Notlage – zur Verfügung stehen soll.

Diese *teleologischen* (am Ziel und nicht am Wortlaut des Gesetzes orientierten) Ansätze sind aber insgesamt für die Rechtsverwirklichung nicht bestimmend geworden, sondern haben lediglich korrigierende und ergänzende Funktionen für einzelne Normen. So kann in dem angeführten Beispiel aus dem BSHG im Wege einer teleologischen Auslegung zwar die Anwendbarkeit der Norm eingeschränkt werden (Beurteilung welche Arbeit zumutbar ist, wann eine Arbeitsverweigerung vorliegt, Dauer der Kürzung). Kommt aber die Vorschrift zur Anwendung, kann die Kürzung der Hilfe zum Lebensunterhalt – jedenfalls in einer ersten Stufe – nicht geringer als 25 % ausfallen, da ein dem Gesetz widersprechendes Verhalten unzulässig ist.

Bei einer rechtlichen Argumentation muss man sich immer zunächst auf die Subsumtionsmethode einlassen. Es ist zu unterscheiden zwischen der Auslegung eines gesetzlichen Tatbestands, der Deutung eines Lebenssachverhalts, mit dem man konkret befasst ist, und der Umsetzung der Rechtsfolge. Nur wenn so ein sinnvolles Ergebnis schlechterdings nicht zu erreichen ist, kann in Ausnahmefällen eine Argumentation herangezogen werden, die diese abstrakt-generalisierende Subsumtion überschreitet. Die Grundsätze der Verhältnismäßigkeit und von Treu und Glauben können ein Abweichen von dieser starren Gesetzesanwendung in *Einzelfällen* erfordern (hierzu unten Seite 43 und Seite 34 f).

## 2. Verfassungsrechtliche Grundlagen

Die Verfassung, das Grundgesetz der Bundesrepublik Deutschland, hat grundlegende Bedeutung für alle Bereiche des deutschen Rechts. Die dort festgeschriebenen Maßstäbe bestimmen das Verständnis des gesamten deutschen Rechts und seine Funktionsweise. Wichtigster Teil der Verfassung sind die Grundrechte. Aus der Verfassung ergeben sich nicht nur grundlegende Rechte und Pflichten der Bürger, sondern auch die Befugnisse des Staates und dessen Grenzen. Hieraus ergeben sich die Leitlinien für die gesamte öffentliche Verwaltung, einschließlich der Sozialverwaltung. An dem historisch gewachsenen *Spannungsverhältnis* zwischen individuellen Freiheitsrechten und staatlicher Verantwortung, wie es das Grundgesetz widerspiegelt, werden die Grundprinzipien unsere Sozialordnung verständlich.

Allgemeine Grundsätze

## Bedeutung der Grundrechte

### Menschenrechte

Die rechtliche Bedeutung der Grund-/Menschenrechte erschließt sich durch ihre Entstehungsgeschichte. In der Französischen Revolution (1789–1799) und der amerikanischen Virginia Bill of Rights (1776) wurde erstmals proklamiert, dass *jeder Mensch* unveräußerliche Rechte hat. Es ging darum staatliche Macht, mit einem uneingeschränkten Machtanspruch gegenüber seinen Bürgern (totalitärer Staat), zu begrenzen. Das Bekenntnis zu den Menschenrechten bedeutet, dass jedem Menschen von Natur aus, unabhängig von seiner Abstammung, Rasse, Religion, Geschlecht oder anderen Merkmalen, gleiche Freiheitsrechte zustehen, die durch staatliche Macht nicht aufgehoben werden dürfen (*vorstaatliche, unveränderliche Rechte*). Hierbei handelte es sich zunächst um eine *philosophisch-ethische* Proklamation, die der rechtlichen Durchsetzung bedarf.

Im Rahmen des Grundgesetzes wurden sie zu *Grundrechten*, die für die gesamte staatliche Ordnung grundlegende und verbindliche Bedeutung haben. Die hinter den Menschenrechten stehende anthropologische Sichtweise ist verbindliche Orientierung für jedes staatliche Handeln. Hierdurch wird einerseits das Demokratieprinzip begrenzt (ein Gesetz, welches die Persönlichkeitsrechte eines Menschen oder einer Gruppe ignoriert, wäre verfassungswidrig). Gleichzeitig kommt hierin zum Ausdruck, dass wesentliche Bereiche des menschlichen Lebens auch für den Staat nicht verfügbar sind und dessen Handeln einer institutionalisierten Kontrolle bedarf (Prinzip der Gewaltenteilung, insbesondere Unabhängigkeit der Gerichte). Die sich daraus ergebende Absage an eine umfassende staatliche Verantwortlichkeit, die Betonung der Freiheitlichkeit und Eigenverantwortlichkeit jedes Menschen sind bis heute prägend für die Rolle des Staates und haben erhebliche Auswirkungen auf die Struktur des Sozialwesens.

Durch die Erfahrungen des Nationalsozialismus wurde die Notwendigkeit einer zuverlässigen Beschränkung staatlicher Macht erneut bewusst und die Betonung der Freiheitsrechte weiter gefördert. Darüber hinaus gibt es zahlreiche internationale Pakte zum Schutze der Menschenrechte. Insbesondere sind dies die *Menschenrechtskonventionen* der Europäischen Union und der Vereinten Nationen. Auf diesem Wege haben sich die meisten Staaten der Welt zur Beachtung von Menschenrechten verpflichtet. Ein grundlegendes Problem besteht allerdings darin, dass die internationalen Strukturen zur Durchsetzung dieser Bürgerrechte schwach ausgeprägt sind. Ein weiteres Problem ergibt sich daraus, dass über die *Substanz* der Menschenrechte keineswegs Einigkeit besteht. Im Laufe der Geschichte haben sich vielmehr unterschiedliche Sichtweisen und Verständnisse herausgebildet. Auch die Grund- und Menschenrechte unterliegen einem Bedeutungswandel. So haben sich das Bundesverfassungsgericht und der Europäische Gerichtshof immer wieder damit zu beschäftigen, welche konkreten Rechtsansprüche aus den Grund-/Menschenrechten herzuleiten sind (z. B. steuerliche Vergünstigungen für Familien, Zugang zur Bundeswehr für Frauen, Abhören von Telefongesprächen zwecks Terrorbekämpfung u. a.). Die im Jahr 2000 in Kraft getretene Grundrechtscharta der Europäischen Union enthält Grundsätze, die in Deutschland – im Gegensatz zu anderen europäischen Ländern – so bisher nicht anerkannt waren. Unter anderem werden hier garantiert ein Grundrecht auf Arbeit (Art. 15), Rechte des Kindes auf

Schutz und Fürsorge (Art. 24), Rechte alter Menschen auf würdiges Leben (Art. 26) und das Recht auf eine gute Verwaltung (Art. 41).

Das Grundgesetz hat nach wie vor grundlegende Bedeutung. In Art. 1–19 GG wird unter anderem garantiert: das Grundrecht auf Leben, körperliche Unversehrtheit und Freiheit der Person (Art. 2 GG), Gleichberechtigung von Männern und Frauen (Art. 3), Schutz von Ehe und Familie (Art. 6), Vereinigungs- und Koalitionsfreiheit (Art. 9), Schutz des Brief-, Post- und Fernmeldegeheimnisses (Art. 10), Berufsfreiheit (Art. 12), Unverletzlichkeit der Wohnung (Art. 13) und das Grundrecht auf Asyl (Art. 16a). Im Zentrum steht die Würde eines jeden Menschen (Art. 1 GG). Über diese Grundrechte kann der Staat grundsätzlich nicht verfügen, dennoch gelten sie aber auch nicht völlig uneingeschränkt. Insbesondere wenn die Grundrechtsausübung einzelner Personen andere in ihren Rechten beeinträchtigt oder wichtige Gemeinschaftsinteressen berührt sind, ist eine *Güterabwägung* und teilweise Einschränkung der Grundrechte des Einzelnen unvermeidlich (z. B. Versammlungsfreiheit gegenüber Gefährdung anderer Menschen und Sachen). Es muss immer wieder neu geklärt werden, welcher Kernbereich tatsächlich unantastbare Gültigkeit beansprucht und welche Bereiche zur politischen Disposition stehen (vgl. z. B. die Diskussion über das Grundrecht auf Asyl, Datenschutz, Demonstrationsfreiheit).

Fest steht, dass die Grundrechte weder grenzenlos noch beliebig eingeschränkt werden dürfen. Der Staat ist vielmehr in grundlegender Weise auf die Beachtung und Verwirklichung der Menschenrechte in der Fassung der Grundrechte verpflichtet. Sie haben damit vorrangige Bedeutung vor allen anderen Rechtsnormen und sind deren Maßstab. Für die Soziale Arbeit werden durch sie Ziele vorgegeben. Die öffentliche Verwaltung ist als vollziehende Gewalt in all ihren Bereichen verpflichtet, bei jeder Verwaltungshandlung die Grundrechte zu achten und zu fördern. Deshalb dürfen zum Schutz der Persönlichkeitsrechte z. B. Daten von Klienten nicht ohne weiteres weitergeleitet werden, und zur Feststellung oder Überprüfung eines Anspruchs auf Sozialleistungen ist das Betreten einer Wohnung ohne Zustimmung des Bewohners unzulässig. Soweit Sozialarbeiter/Sozialpädagogen in der öffentlichen Verwaltung arbeiten, sind sie unmittelbar an die Grundrechte gebunden. Verstoßen Maßnahmen der Verwaltung gegen die Grundrechte, können die Betroffenen dagegen mit Rechtsmitteln, bis hin zur Verfassungsbeschwerde vorgehen (hierzu ausführlich unten Seite 148 ff).

**Funktionen der Grundrechte**

Ein Blick ins Grundgesetz führt zu Fragen, wie diese Normen zu verstehen sind und wie die Umsetzung im Einzelnen zu erfolgen hat. Ohne große Mühe ist aber auch ein Widerspruch zwischen den Formulierungen und der Wirklichkeit festzustellen. Etwa Art. 1 Grundgesetz (GG) lautet „die Würde des Menschen ist unantastbar", obwohl tagtäglich auch in Deutschland die Würde von Menschen verletzt wird. In Art. 2 GG heißt es, „jeder hat das Recht auf die freie Entfaltung seiner Persönlichkeit", obwohl jedem von uns häufig die Grenzen der eigenen Entfaltung viel bewusster sind als deren Möglichkeiten. In Art. 6 GG ist bereits unklar, was unter dem Begriff „Familie" heute zu verstehen ist. Gehören auch sogenannte Einelternfamilien, unverheiratete Paare mit Kindern und gleichgeschlechtliche Partnerschaften dazu? Bei der Betreuung pflegebedürftiger Menschen oder bei der Feststellung des Hilfebedarfs nach dem BSHG stellt sich die Frage, wie hier die in Art. 13 GG garantierte Unverletzlichkeit der Wohnung zum Tragen kommt. Im Zusammenhang

## Allgemeine Grundsätze

mit Art. 12 GG schließlich stellt sich die Frage, wie es mit dem Recht auf Berufsfreiheit bei vergeblich Arbeit suchenden Menschen bestellt ist.

Es wird zwischen folgenden Funktionen der Grundrechte unterschieden:

### 1. Abwehrfunktion

Aus der geschichtlichen Entstehung der Grund- und Menschenrechte ergibt sich, dass die in Art. 1 ff Grundgesetz genannten Grundrechte vorrangig den Bürger vor unrechtmäßigen *Eingriffen des Staates* in seine Persönlichkeitssphäre schützen. Diese Abwehrfunktion der Grundrechte ergibt sich unmittelbar aus der Entstehungsgeschichte der Grund- und Menschenrechte (vgl. oben) und wird deshalb auch die *primäre Funktion* der Grundrechte genannt. In ihrer zentralen Bedeutung ist diese Abwehrfunktion der Grundrechte allgemein anerkannt. Besondere Bedeutung hat sie für die freie Entfaltung der Persönlichkeit (Art. 2 GG), ungestörte Religionsausübung ohne staatliche Beeinflussung (Art. 4 GG), die Versammlungsfreiheit (Art. 8 GG) und den geschützten Wohnraum (Art. 13 GG). Den Menschen wird hierdurch ein *staatsfreier* Bereich gesichert, in dem sie ihre individuellen Rechte frei von staatlichem Einfluss entfalten können. So verstößt es z. B. gegen Art. 2 Abs. 1 GG, wenn einem Obdachlosen verboten wird, in einer Notunterkunft Besuch zu empfangen, oder wenn persönliche Daten eines Klienten länger als unbedingt notwendig gespeichert werden. Ebenso kann ein Mitarbeiter des Sozialamtes, aufgrund Art. 13 GG, nicht von einem Sozialhilfeempfänger Zutritt zur Wohnung verlangen, um dessen Bedürftigkeit überprüfen zu können (allerdings kann fehlende Mitwirkung Einschränkungen der Leistung zur Folge haben). Insoweit ergibt sich unmittelbar aus den Grundrechten ein einklagbarer Rechtsanspruch auf umfassenden Schutz vor staatlichen Eingriffen.

### 2. Wertentscheidende Grundsatznormen

Die Grundrechte garantieren aber nicht nur eine Unabhängigkeit von staatlichem Einfluss, sondern sind auch als *Werteordnung* zu verstehen. Staatliches Handeln ist hierdurch insoweit gebunden, dass jedenfalls bei Ermessensentscheidungen und jeder Auslegung von Rechtsbegriffen die Wertungen der Grundrechte zu berücksichtigen sind. Aus dieser wertentscheidenden Funktion der Grundrechte ergeben sich Pflichten des Staates zur aktiven Einflussnahme und zur Umsetzung in allen Rechtsbereichen. So gewährleistet z. B. das Strafrecht einen weitgehenden Schutz vor Persönlichkeitsverletzungen (Sachbeschädigung, Körperverletzung, Hausfriedensbruch, Sexualdelikte ... ) und aus dem Zivilrecht ergeben sich Schadensersatzansprüche bei Beschädigung entsprechender Rechtsgüter (§§ 823 ff BGB).

### 3. Institutionelle Gewährleistungen

Als Folge der wertentscheidenden Bedeutung sichern die Grundrechte bestimmte *Rechtsinstitute*, ohne welche die Wertordnung nicht bestehen kann. So müssen Eigentumsrechte und das Erbrecht gesichert sein (vgl. Art. 14 GG), Strukturen vorhanden sein, die die Familienbildung in geordneter Weise ermöglichen (Art. 6 GG) und Wissenschaftsfreiheit muss gewährleistet sein (Art. 5 Abs. 3 GG). Der Staat ist nach herrschender Meinung verpflichtet, Maßnahmen zur Erhaltung und zum Schutz dieser Institute zu treffen.

Das Verständnis dieser Institutionen kann allerdings einem erheblichen Bedeutungswandel unterliegen. So begründet der institutionelle Schutz von Ehe und Familie unter anderem steuerliche Begünstigung von Ehepartnern und zahlreiche Vergünstigungen für Familien mit Kindern. Diese Förderungspflicht des Staates hat das Bundesverfassungsgericht immer wieder bestätigt. In der rechtlichen Beurteilung hat sich der Begriff der Familie aber erheblich gewandelt. So ist hierunter längst nicht mehr die Großfamilie zu verstehen, aber auch eine Ehe zwischen Mann und Frau muss nicht mehr Grundlage jeder Familie im rechtlichen Sinn sein. Bei vielen Sozialleistungen wird vielmehr auf die Sorgeverantwortung für Kinder abgestellt, so dass auch sogenannte „Restfamilien" und unverheiratete Eltern erfasst werden. Hier zeigt sich, dass die Inhalte der Werteordnung einer allmählichen Wandlung unterliegen. Die weitgehende Gleichstellung von gleichgeschlechtlichen Partnerschaften ist ein weiteres Zeichen für diese Entwicklung.

### 4. Teilhabe an staatlichen Leistungen

Der Staat ist verpflichtet, dem Bürger die *Teilhabe* an staatlichen Leistungen zu ermöglichen, wenn nur durch Leistungen des Staates die Ausübung von Grundrechten möglich ist. Insbesondere in den Bereichen, in denen der Staat ein Monopol hat, ist diese Funktion der Grundrechte von Bedeutung. Im Mittelpunkt steht hier die allgemeine Zugangsmöglichkeit zu staatlichen Einrichtungen (z. B. Hochschulen). Ebenso gehört hierzu das Recht der in Sozialversicherungen Versicherten, sich durch Wahlen an der Selbstverwaltung der Sozialversicherungen beteiligen zu können. Teilweise wird auch gefordert, dass Leistungssuchende und Leistungsempfänger hinsichtlich der Auswahl bestimmter Sozialleistungen einen Anspruch auf Teilhabe an der Entscheidungsvorbereitung und Entscheidungsfindung haben. Insoweit bestehen nicht immer einklagbare subjektive Rechte für den Bürger, aber die öffentliche Verwaltung ist verpflichtet, Teilhabe an Grundrechten möglichst weitgehend zu verwirklichen und individuell zu gestalten.

### 5. Grundrechte als Anspruchsnormen

In diesem Zusammenhang, aber weitergehend, stellt sich die Frage, ob der Staat auf der Grundlage der Grundrechte verpflichtet ist, bestimmte Leistungen, insbesondere Sozialleistungen, in einem bestimmten Mindestumfang zu erbringen (z. B. Wohngeld, Kindergeld, Sozialhilfe). Als Argument wird angeführt, dass persönliche Entfaltung im Sinne der Menschenrechte überhaupt erst möglich ist, wenn die notwendigen materiellen, aber auch sozialpädagogischen und therapeutischen Voraussetzungen gegeben sind. Dagegen wird eingewandt, dass mit dieser Argumentation Leistungsansprüche ins Uferlose wachsen würden. Vor allem lässt sich aus der primären Schutzpflicht vor staatlicher Einmischung (Abwehrfunktion der Grundrechte) ein Recht auf soziale Leistungen nicht ohne weiteres herleiten.

Ob und wieweit der Staat verpflichtet ist, Daseinsvorsorge zu sichern, hat immer wieder die Gerichte beschäftigt. Das Bundesverfassungsgericht hat entschieden, dass die Bedrohung der menschlichen Existenz gem. Art. 1 GG zu einem Anspruch auf Sicherung der minimalen Lebensgrundlagen durch die staatliche Gemeinschaft führt – *solange* der Staat leistungsfähig ist.[3] Dies ergibt sich aus den Grundrechten im

---

[3] Diese Auffassung ist nicht unbestritten, vgl. aber etwa BVerfGE 40,121; BVerwGE 1, 159; 28, 222; *Birk, U.-A.*, in: LPK-BSHG, zu § 1 Rz. 7; *Neumann, V.*, Menschenwürde und Existenzminimum, in: NVwZ 1995, 426 ff; *Roscher, F.*, in: LPK-BSHG zu § 22, Rz. 20, 24 f; ferner NJW 1954, 1541.

Zusammenwirken mit dem ebenfalls im Grundgesetz (Art. 20 Abs. 1 GG) grundgelegten Sozialstaatsprinzip (hierzu unten Seite 45). Im Übrigen ist aber nach der herrschenden Meinung aus den Grundrechten ein Anspruch auf Einzelleistungen nicht herleitbar.[4]

Wenn und soweit gesetzliche Bestimmungen durch die Gesetzgeber in Kraft gesetzt wurden, hat der Bürger einen Anspruch darauf, dass entsprechende Leistungen auch erbracht werden und kann die Erfüllung dieser gesetzlichen Pflichten (nicht aber eine Änderung der Gesetze) einklagen.

### 6. Drittwirkung der Grundrechte

Bei den bisher genannten Funktionen geht es um die Gestaltung des Rechtsverhältnisses Staat – Bürger. Soweit die Grundrechte auch Auswirkungen auf die *Rechtsverhältnisse zwischen Bürgern* (auch Unternehmen und Vereine) haben, spricht man von einer *Drittwirkung der Grundrechte*. Umstritten ist, wieweit die Grundrechte nicht nur im Verhältnis Staat – Bürger gelten, sondern auch im Verhältnis unter Bürgern und im Verhältnis der Bürger zu nichtstaatlichen Einrichtungen. Traditionell geht von den Grundrechten eine solche Drittwirkung (über die primäre Bedeutung Bürger – Staat hinaus) nicht aus. Denn der Rechtsverkehr unter den Bürgern ist von wechselseitiger Freiheit und Unabhängigkeit geprägt, nicht aber von Schutzpflichten, Strukturen der Daseinsvorsorge und Gleichbehandlung. Die Grundrechte sind deshalb wenig geeignet, die Rechtsverhältnisse unter Bürgern zu beschreiben. Menschen und private Einrichtungen erhalten durch die Grundrechte Rechte, während sich hierdurch Verpflichtungen für staatliche Macht ergeben.

So sind die Menschen aufgrund der Religionsfreiheit (Art. 4 GG) befugt, sich ohne jede staatliche Kontrolle zu Religionsgemeinschaften zusammenzuschließen und von den Mitgliedern eine bestimmte Weltanschauung zu verlangen. Die religiöse Gemeinschaft darf – anders als der zur religiösen Neutralität verpflichtete Staat – Personen mit abweichender Glaubenshaltung ausschließen. Es wäre widersinnig, wenn auch innerhalb der Religionsgemeinschaft Glaubensfreiheit bestehen müsste. Ebenso gilt im privaten und geschäftlichen Leben der Gleichbehandlungsgrundsatz (Art. 3 GG) nicht. Jedermann kann sich aufgrund der Vertragsfreiheit seinen Geschäftspartner frei auswählen und Personen nach eigenem Belieben beschenken. Lediglich staatliche Gewalt ist zu Gleichbehandlung durch objektiv nachvollziehbare Kriterien verpflichtet. Ebenso kann der freie nichtstaatliche Träger seine Klienten und Mitarbeiter wesentlich freier auswählen als die öffentliche Hand.

Allerdings wird heute nicht mehr angenommen, dass die Grundrechte im Zivilrecht keinerlei Bedeutung hätten. Denn aufgrund der Funktion der Grundrechte als wertentscheidende Grundsatznorm (hierzu oben) in Verbindung mit dem Rechtsstaatsprinzip (hierzu unten) muss die ethische Orientierung des Staates *Auswirkungen auf das gesamte gesellschaftliche Leben* haben. Die Grundrechte gelten deshalb nach heute herrschender Meinung *eingeschränkt* auch im Zivilrecht. Aus diesem Grund sind z. B. soziale Gesetze, die die Freiheit der Vertragsparteien im Arbeits- und Mietrecht einschränken, verfassungsgemäß. Ein Geschäftsbetrieb darf nicht

---

[4] Daran ändern auch Formulierungen in einzelnen Länderverfassungen nichts: „Recht auf Arbeit" (Art. 166 Abs. 2 Bayrische Verfassung, Art. 53 Abs. 2 Verfassung Rheinland-Pfalz), „Recht auf Naturgenuß" (Art. 141 Abs. 3 Bayrische Verfassung), „Recht auf Erziehung und Ausbildung" (Art. 11 Abs. 1 Verfassung Baden-Württemberg).

## Verfassungsrechtliche Grundlagen

offensichtlich bestimmte Bevölkerungsgruppen diskriminieren (z. B. durch ein Schild in einem Lokal „Ausländer werden hier nicht bedient"). Bei einer Vertragsauslegung sind die verfassungsrechtlichen Grundsätze heranzuziehen und ein grober Verstoß hiergegen führt (z. B. bei Wucher) zur Nichtigkeit (vgl. §§ 138, 242, 315 BGB) und zu Schadenersatzpflichten (§ 826 BGB). Die im Zivilrecht geltende *Vertragsfreiheit* der Bürger wird durch diese Drittwirkung der Grundrechte *begrenzt*.

---

**§ 138 BGB (Sittenwidriges Rechtsgeschäft – Wucher):**
(1) Ein Rechtsgeschäft, das gegen die guten Sitten verstößt, ist nichtig.
(2) Nichtig ist insbesondere ein Rechtsgeschäft, durch das jemand unter Ausbeutung der Zwangslage, der Unerfahrenheit, des Mangels an Urteilsvermögen oder der erheblichen Willensschwäche eines anderen sich oder einem Dritten für seine Leistungen Vermögensvorteile versprechen oder gewähren lässt, die in einem auffälligen Missverhältnis zur Leistung stehen.
**§ 242 BGB (Treu und Glauben):**
Der Schulder ist verpflichtet, die Leistung so zu bewirken, wie Treu und Glauben mit Rücksicht auf die Verkehrssitte es erfordern.

---

Aus der Drittwirkung der Grundrechte können sich ausnahmsweise auch ohne Vertragbeziehung Pflichten zwischen Bürgern ergeben. So sind Eltern aufgrund des Post- und Briefgeheimnis (Art. 10 GG) auch innerhalb des häuslichen Bereichs nicht befugt, die Post ihrer heranwachsenden Kinder ohne deren Einverständnis zu lesen.

Trotz alledem ist zu beachten, dass eine solche Drittwirkung der Grundrechte nur sehr eingeschränkt im nichtstaatlichen Bereich gilt. Die Grundrechte bestimmen in erster Linie das Verständnis und die Pflichten des Staates.

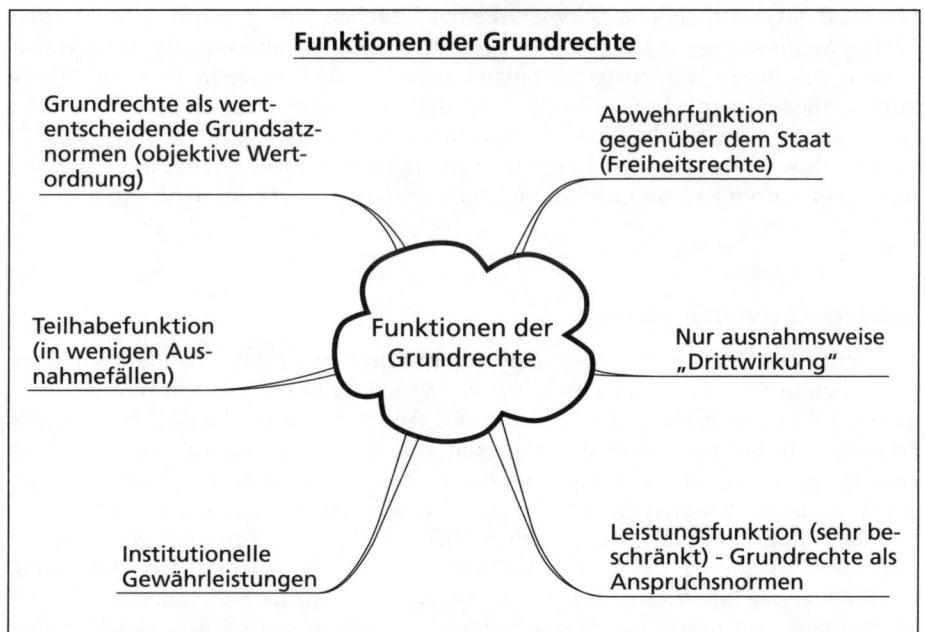

## Allgemeine Grundsätze

### Aktuelle Bezugspunkte/Unzulänglichkeiten

Zahlreiche Grundrechte sind im Grundgesetz als Staatsbürgerrechte, also als Grundrechte für Deutsche, formuliert (Art. 8, 9, 11, 12, 16 GG: „Jeder Deutsche hat das Recht ..."). Da die grundlegenden Freiheitsrechte (Art. 1–6 GG) aber als „Jedermannrechte" gefasst sind, wird allgemein gefolgert, dass auch Ausländern *alle* Grundrechte zustehen, sofern nicht sachliche Gründe eine Unterscheidung rechtfertigen (z. B. bedarf der Aufenthalt und Arbeitsaufnahme in Deutschland einer speziellen Erlaubnis).

Normalerweise sind die Grundrechte im Alltag der Sozialen Arbeit nicht unmittelbar heranzuziehen. Gesetze und Verwaltungsvorschriften sind wesentlich konkretere Maßstäbe. In Konfliktsituationen kann es aber wichtig sein zu wissen, dass die Grundrechte immer vorrangig zu beachten sind und ggf. niederrangige Rechtsvorschriften und Anweisungen damit unwirksam sein können. Die Grundrechte mit ihren verschiedenen Funktionen stehen immer im Hintergrund. In Grundrechtspositionen, also insbesondere die Freiheitssphäre eines Menschen, darf überhaupt nur eingegriffen werden, wenn dies in einem Gesetz vorgesehen ist (zum Gesetzesvorbehalt vgl. unten Seite 38) und dies nicht dem Wesen des Grundrechts widerspricht (vgl. Art 19 GG). Selbst dann darf der Eingriff nicht zu unverhältnismäßigen Einschränkungen führen.

Die Bedeutung der Grundrechte liegt gerade darin, dass die Rechtsordnung naturgegebene Rechte unabhängig von der persönlichen Reife und der Geschäftsfähigkeit des Menschen anerkennt. Die rechtlichen Bestimmungen lassen sich oft unschwer feststellen. So ist es z. B. rechtswidrig, einen Menschen gegen seinen Willen in einem Heim unterzubringen (Art. 2, 13 GG), die Post von Heimbewohnern zu öffnen (Art. 10, 13 GG). Ebenso haben Bewohner von Alten-, Kinder- und Behindertenheimen einen Anspruch auf menschenwürdige Versorgung und Betreuung (Art. 1, 2 GG). Erhebliche Schwierigkeiten bestehen jedoch darin, eine entsprechende *Realisierung* für Jedermann zu gewährleisten. Die Instrumente, etwa Verletzungen des Brief- und Postgeheimnisses oder der Bewegungsfreiheit zuverlässig auszuschließen, sind sehr unzulänglich. Deshalb kommt es in diesen Bereichen leider relativ häufig zu Grundrechtsverletzungen, ohne dass diese geahndet würden. Es fehlt nach wie vor an hinreichend institutionalisierten Strukturen, damit Fehlverhalten von einzelnen Personen hinreichend bekannt und verfolgt wird.

### Sonderrechtsverhältnisse

In bestimmten Bereichen wie Strafvollzugsanstalten und psychiatrischen Kliniken, aber auch in Schulen, in Hochschulen und gegenüber Obdachlosen und Beamten gelten die Grundrechte nur eingeschränkt. Aus ganz unterschiedlichen Gründen besteht hier eine besondere Abhängigkeit von staatlicher Verwaltung. Für diese Personengruppen gilt nicht das von Distanz zum Staat geprägte „allgemeine Gewaltverhältnis", sondern die hiervon betroffenen Personen stehen in einer besonderen Beziehung zum Staat, woraus sich der Begriff „*Sonderrechtsverhältnis*" herleitet (frühere Bezeichnung: *besonderes Gewaltverhältnis*). So wird in einer Haftanstalt die Freiheit der Inhaftierten erheblich eingeschränkt. Unter anderem darf hier zur Vermeidung von Konspiration mit anderen Straftätern, zum Schutz des Häftlings

## Verfassungsrechtliche Grundlagen

und zwecks Vermeidung von Ausbrüchen die Post (Art. 10 GG) kontrolliert und falls erforderlich gelesen werden (vgl. §§ 28–31 i.V.m. § 196 StVollzG). Ein Beamter ist im dienstlichen und privaten Bereich dem Staat zu besonderer Loyalität verpflichtet, weshalb ihm generell das Streikrecht vorenthalten wird und seine Meinungsäußerungsfreiheit (Art. 5 GG), vor allem im Dienst, Einschränkungen unterliegt (keine Werbung für Parteien oder religiöse Bekenntnisse).

Auch in einem solchen Rechtsverhältnis bleiben die betroffenen Personen aber Grundrechtsträger. Eingriffe in die Grundrechte dürfen – auch im Sonderrechtsverhältnis – nur erfolgen, wenn und soweit dies in einem Gesetz ausdrücklich vorgesehen ist (*Gesetzesvorbehalt*, vgl. unten Seite 38 ff.). Auch wenn dies der Fall ist, müssen die Eingriffe entsprechend dem *Verhältnismäßigkeitsgrundsatz* (vgl. unten Seite 43) immer so gering wie möglich ausfallen (Einzelfallprüfung). Deshalb wäre eine Dienstanweisung, die ohne nähere Prüfung generell die Postkontrolle bei allen Strafgefangenen vorsieht, rechtswidrig.

Abgesehen von den genannten Bereichen gibt es *keine* Sonderrechtsverhältnisse. Insbesondere gibt es keine Gesetze, die solche Eingriffe in Heimen für Kinder und Jugendliche, Einrichtungen der Behindertenhilfe oder Altenpflege generell, etwa im Ermessen der betreuenden Personen, zulassen würden. Freiheitsentziehende Maßnahmen oder fehlender Schutz der Intimsphäre sind vielmehr in sozialen Einrichtungen regelmäßig rechtswidrig. Es gibt nur ganz wenige Ausnahmen, die speziell gesetzlich geregelt sind und einer richterlichen Anordnung bedürfen (zu Zwangsbefugnissen bei rechtlicher Betreuung vgl. z. B. unten Seite 65 f.). Aufgrund der zentralen Bedeutung der Freiheitsrechte ist gerade öffentliche Verwaltung vielmehr in zentraler Weise auf die Förderung der Eigenverantwortung der Bürger verpflichtet – auch wenn dies einen erheblichen Mehraufwand oder Mehrkosten verursacht. Die Freiheitsrechte sind auch der Grund, warum es in der Sozialen Arbeit vorrangig um die Bereitstellung von Leistungsangeboten geht, deren Annahme freiwillig ist und Kooperationsbereitschaft bei den Betroffenen voraussetzt.

## Verfassungsprinzipien

Neben den Grundrechten gibt es eine Reihe weiterer grundlegender Bestimmungen, die sich aus der Verfassung (Grundgesetz) ergeben und für alle Bereiche des Rechts von zentraler Bedeutung sind. Diese Verfassungsprinzipien ergeben sich aus den Grundrechten und sind mit diesen untrennbar verbunden.

### Rechtsstaatsprinzip

Das *Rechtsstaatsprinzip* garantiert, dass staatliche Gewalt (Gesetzgeber, Verwaltung und Rechtsprechung) an die Verfassung gebunden sind. Der Staat ist weder allmächtig noch darf er willkürlich handeln. Der Bürger ist nicht Untertan des Staates, sondern der Staat ist einzig dazu da, die Rechte und Interessen des Bürgers zu schützen und zu fördern. Diese Verpflichtung des Staates bedarf klarer Strukturen, damit staatliche Macht sich nicht aufgrund der vielfältigen Abhängigkeit des Bürgers vom Staat – entgegen allen Absichtserklärungen – allmählich verselbständigt. Der Bürger hat deshalb nicht nur in Auseinandersetzungen mit anderen Bürgern, sondern auch bezogen auf sämtliches staatliches Verhalten Anspruch auf einen

## Allgemeine Grundsätze

*effektiven Rechtsschutz* durch unabhängige Gerichte (Art. 19 Abs. 4 GG) (im Einzelnen hierzu unten Seite 148 ff).

Ermöglicht wird eine solche geregelte Kontrolle staatlicher Macht durch das Prinzip der *Gewaltenteilung*, wonach Gesetzgebung, öffentliche Verwaltung und Rechtsprechung durch von einander unabhängige Organe ausgeübt wird (Art. 20 Abs. 2 GG). Die wechselseitige Kontrolle staatlicher Macht ist wesentliche Grundlage des *Rechtsstaats* (vgl. zur Gewaltenteilung auch oben Seite 13 f.). Damit wird der Erfahrung Rechnung getragen, dass bedingungsloses Vertrauen gegenüber staatlichem Handeln nicht angebracht ist und eine fehler- und konfliktfreie Verwaltung ebenso wenig realisierbar ist wie eine fehlerfrei Gesetzgebung.

### Bindung an das Gesetz

Zu den Wesensmerkmalen jeder Rechtsordnung gehört, dass Rechtsnormen nicht nur aufgestellt werden, sondern auch verbindlich sind. Im demokratischen Rechtsstaat bedeutet dies, dass durch die Parlamente legal erlassene Gesetze von jedermann zu beachten sind. Von Gesetzen geht eine Bindungswirkung aus, der man sich (legal) nicht entziehen kann (*Legalitätsprinzip*). Diese Gesetzesbindung kann unterschiedlich gestaltet sein:

Es ist zu unterscheiden zwischen dem „*Vorrang des Gesetzes*" und dem „*Vorbehalt des Gesetzes*". Die Verfassung und die durch ein Parlament erlassenen Gesetze gehen allen anderen Formen der Rechtsetzung – die in der Hierarchie der Rechtsnormen weiter unten stehen (Rechtsverordnungen, Satzungen, Verträge, Einzelanweisungen) – und jeder anderen staatlichen Willensäußerung (Einzelanordnungen wie Verwaltungsakte oder verwaltungsinterne Regelungen) grundsätzlich vor. Diese rechtliche Überlegenheit des Gesetzes wird als *Vorrang des Gesetzes* bezeichnet. Die Folge ist, dass von einem Gesetz abweichendes Verhalten stets rechtswidrig ist. Soweit im Gesetz selbst keine Ausnahmeregelungen vorgesehen sind, bedarf es für eine Abweichung einer Änderung oder Aufhebung des Gesetzes im geregelten Gesetzgebungsverfahren. Soweit allerdings gesetzliche Regelungen nicht vorliegen, besteht Handlungsfreiheit. Dieser Vorrang des Gesetzes gilt vor allem im Rechtsverkehr unter Bürgern. So sind z. B. bei einem Kaufvertrag bestehende Vorschriften zu beachten (zum Erwerb eines Grundstücks bedarf es z. B. eines notariell beurkundeten Vertrags und bei Haustürgeschäften besteht immer ein Widerrufsrecht). Soweit der Gesetzgeber keine Regelungen getroffen hat, besteht Vertragsfreiheit. Es besteht *keine* umfassende staatliche Kontrolle oder Reglementierung. D. h. man darf sich z. B. als Gegenleistung für einen Computer zu Gartenarbeit verpflichten oder einen Verein gründen, um speziellen sozialen Problemen zu begegnen, die durch öffentliche Leistungen nicht abgedeckt werden.

Durch den Vorrang des Gesetzes wird Rechtsklarheit nur insoweit hergestellt, wie Regelungen bestehen; im Übrigen besteht Gestaltungsfreiheit. Der *Vorbehalt des Gesetzes* geht weiter. Soweit der Vorbehalt des Gesetzes gilt, ist ein wie auch immer geartetes Verhalten nur zulässig, wenn hierfür eine entsprechende gesetzliche Regelung besteht. Eine gesetzliche Regelung ist hier zwingende Voraussetzung dafür, dass man überhaupt tätig werden darf. Dieser Vorbehalt des Gesetzes hat in allen Bereichen staatlicher Verwaltung große Bedeutung. Die Konsequenz ist, dass öffentliche Verwaltung nicht, wenn gesetzliche Regelungen fehlen, entsprechende Sachverhalte als „rechtsfreien Raum" selbst gestalten darf.

```
┌─────────────────────────────────────────────────────────────────────────┐
│                         Bindung an das Gesetz                           │
│                              ◄────┴────►                                │
│  Vorrang des Gesetzes                    Vorbehalt des Gesetzes         │
│  • Gesetze müssen beachtet werden        • Gesetze müssen beachtet werden│
│  • Soweit keine gesetzlichen Regelungen  • Soweit keine gesetzlichen    │
│    gegeben sind, besteht Gestaltungs-      Regelungen bestehen, darf    │
│    freiheit                                nicht gehandelt werden       │
│                                                                         │
│  ⇒ im Zivilrecht                         ⇒ im Verhältnis Staat - Bürger:│
│  ⇒ im Europäischen Recht                   - Eingriffe in Grundrechte   │
│  ⇒ interne Organisation von Behörden       - öffentliches Sozialleistungs-│
│                                              recht                      │
│                                            - Strafrecht                 │
└─────────────────────────────────────────────────────────────────────────┘
```

Sozialverwaltung, wie öffentliches Handeln überhaupt, erfolgt damit nicht nach eigenen, möglicherweise von ihr selbst entwickelten Gesetzmäßigkeiten, sondern ist an die geltenden Gesetze gebunden. Diese Gesetzesbindung der Verwaltung wird häufig wegen sich daraus leicht ergebender Obrigkeitshörigkeit und fehlender Flexibilität kritisiert. Sinn der strengen Gesetzesbindung ist aber, dass Verwaltung in einen unmittelbaren Zusammenhang zur *demokratischen Willensbildung* in den Parlamenten gestellt wird. Die Gesetzesbindung ist letztlich Garant für eine demokratische Bestimmung des Verwaltungshandelns und eine entsprechende parlamentarische Kontrolle. Gleichzeitig werden hierdurch Willkür und unkontrollierbare Eigengesetzlichkeiten in der Verwaltung verhindert. Eine weitere Folge ist, dass das Handeln der Verwaltung für den Bürger dadurch voraussehbar und berechenbar wird (*Rechtssicherheit*) und eine Gleichbehandlung aller Bürger (hierzu unten) garantiert werden kann. Ein öffentlicher Sozialleistungsträger kann deshalb – im Unterschied zu privaten Initiativen – nur dann und soweit Leistungen erbringen, wie er hierzu gesetzlich ermächtigt ist. Geringe Flexibilität und manchmal langes Warten auf notwendige Gesetzesänderungen sind der Preis für diese Rechtssicherheit. In der Sozialen Arbeit Tätige sollten wegen des Gesetzesvorbehalts stets über die aktuellen gesetzlichen Grundlagen informiert sein.[5]

Dieser Vorbehalt des Gesetzes gilt generell im Verhältnis öffentlicher Verwaltung *zum Bürger*. Lediglich soweit durch ein Handeln der Verwaltung die Beziehung zum Bürger *nicht* berührt ist, gilt auch der Gesetzesvorbehalt nicht. D. h. *interne Behördenstrukturen* und Verwaltungsabläufe kann eine Behörde frei gestalten – soweit gesetzliche Bestimmungen nicht entgegenstehen (Vorrang des Gesetzes). Man spricht von einer weitgehenden *Organisationsfreiheit* der Behörden. Unter anderem Jugend- und Sozialämter wissen diese durchaus beachtliche Eigenverantwortung in organisatorischen Belangen zu schätzen, um flexibles und situationsgerechtes Verwaltungshandeln zu ermöglichen. Unter den Stichworten *Deregulierung* und *Neue Steuerungsmodelle* werden bestehende Vorschriften abgebaut, um die Eigenverantwortung hinsichtlich interner Verwaltungsabläufe zu stärken (hierzu unten Seite 135 f). Diese Gestaltungsspielräume können aber auch von übergeordneten Behörden oder durch den Behördenleiter ausgeübt werden und bedeuten dann eine ver-

---

[5] Empfehlenswert sind die speziellen Gesetzessammlungen für Sozialberufe von S. Gastiger (Lambertus-Verlag), T. Klie (Vincentz Verlag) und U. Stascheit (Nomos Verlag).

## Allgemeine Grundsätze

stärkte Weisungsabhängigkeit (vgl. unten Seite 90 f). Die Unterscheidung zwischen „Gesetzesvorbehalt" und „Vorrang des Gesetzes" ist von grundlegender Bedeutung, um die Relevanz von Gesetzen in einem bestimmten Handlungsfeld zu verstehen.

Bedauerlicherweise gibt es *keine klare Regelung*, wann auch ohne gesetzliche Ermächtigung Verwaltungsbehörden selbständig rechtsgestaltend tätig werden können. Generell kann man nur sagen, dass sobald hierdurch die Freiheit eines Menschen beeinträchtigt wird (Art. 2 Abs. 1 GG) oder in seine Eigentums- und vermögenswerten Rechte (Art. 14 GG) eingegriffen wird, dies nur auf der Grundlage eines Gesetzes in Betracht kommt. Hinsichtlich der öffentlichen Sozialleistungen ist in § 31 SGB I klar geregelt, dass „Rechte und Pflichten (gegenüber dem Bürger) nur begründet, festgestellt, geändert oder aufgehoben werden, soweit ein Gesetz es vorschreibt oder zulässt". Nicht nur Eingriffe in die Rechte des Bürgers, sondern auch die Erbringung von Leistungen ist im sozialen Bereich deshalb nur auf der Grundlage eines Gesetzes zulässig.

Die in zahlreichen Vorschriften enthaltenen *Beurteilungs-* und *Ermessensspielräume* (hierzu ausführlich unten Seite 74 ff) zugunsten der Eigenverantwortlichkeit der Verwaltungseinrichtung stehen nicht im Widerspruch zur Gesetzmäßigkeit der Verwaltung, sondern sind eine besondere Form der Gesetzesbindung. Denn auch solche gesetzlichen Regelungen bestimmen eindeutig – wenn auch unter Einräumung von Spielräumen –, welches Handeln der Verwaltung rechtmäßig ist. Die Behörde ist dann als Rechtsanwender verpflichtet, auf der Grundlage des Gesetzes eine eigenständige Beurteilung vorzunehmen.

Bestehen Zweifel an der Rechtmäßigkeit von Verwaltungshandeln, so ist zu prüfen, ob es im Widerspruch steht zu einer gesetzlichen Vorschrift (Vorrang des Gesetzes) oder ob aufgrund des Fehlens einer entsprechenden gesetzlichen Grundlage (Vorbehalt des Gesetzes) die Maßnahme rechtswidrig ist. Handelt es sich um den staatlichen Wirkungskreis, ist Handeln gegenüber Bürgern, welches nicht auf einer benennbaren gesetzlichen Grundlage beruht, in aller Regel rechtswidrig. Handeln hingegen Privatpersonen oder entsprechende Vereinigungen, ist das Handeln nur rechtswidrig, wenn es gegen eine bestehende Rechtsnorm verstößt.

## Gleichbehandlungsgrundsatz

Der *Gleichbehandlungsgrundsatz* (etwas missverständlich auch *allgemeiner Gleichheitssatz* genannt) gilt ebenso wie der Verhältnismäßigkeitsgrundsatz (hierzu unten Seite 43) nur für den öffentlichen (staatlichen) Bereich. Der Gleichbehandlungsgrundsatz führt zu einer weiteren Bindung öffentlicher Verwaltung über die gesetzlichen Vorgaben hinaus.

Während die einzelnen Menschen von ihren Freiheitsrechten (Grundrechten) Gebrauch machten können und niemandem gegenüber Rechenschaft ablegen müssen, mit wem sie aus welchen Gründen Verbindlichkeiten eingehen, sind alle öffentlichen Einrichtungen verpflichtet, alle Bürger/Klienten *gleich* zu behandeln. In Art. 3 Abs. 1 GG heißt es deshalb: alle Menschen sind „vor dem Gesetz" gleich. Der Staat ist nicht berechtigt, einzelne Menschen zu bevorzugen oder zu benachteiligen. Er muss vielmehr durch aktives Handeln sicherstellen, dass Ungerechtigkeiten vermieden werden. Bürger und private Initiativen sind hingegen in ihrer Entscheidung grundsätzlich frei, mit welchen Personen sie Verträge abschließen und wen sie z. B. durch Zuwendungen begünstigen wollen.

## Verfassungsrechtliche Grundlagen

Die Anwendung dieses Grundsatzes ist allerdings mit erheblichen Schwierigkeiten verbunden. Denn der Gleichheitssatz geht nicht soweit, dass etwa der Staat verpflichtet wäre, finanzielle Ungleichheiten zwischen armen und reichen Bürgern vollständig abzubauen. Auch staatliche Sozialleistungen werden nicht ohne Unterschied allen Bürgern in gleichem Umfang zuteil. Die Anwendung des Gleichbehandlungsgrundsatzes ist vielmehr mit Bewertungen und Differenzierungen verbunden. So haben Kinder im allgemeinen Rechtsverkehr nicht die gleichen Rechte wie Erwachsene, und im Steuerrecht führt gerade die unterschiedliche, einkommensabhängige Besteuerung zu *gerechten* Ergebnissen.

Das Bundesverfassungsgericht hat formuliert, dass Art. 3 GG dann verletzt ist, „wenn der Staat eine Gruppe von Normadressaten im Vergleich zu anderen Normadressaten ungleich behandelt, obwohl zwischen beiden Gruppen keine Unterschiede von solchem Gewicht bestehen, dass diese eine ungleiche Behandlung rechtfertigen könnten" (BVerfGE, in: NJW 1992, 2869). Mit dem Gleichheitssatz ist also nicht gemeint, dass alle Menschen nach dem „Gießkannenprinzip" identisch behandelt werden müssen, sondern Gerechtigkeit soll in einem differenzierteren Sinn hergestellt werden. Es sind Kriterien notwendig, aus denen sich ergibt, was *gleich* und was *ungleich* zu behandeln ist.

Bei der Herausbildung dieser Kriterien hat der Gesetzgeber einem erheblichen Entscheidungsspielraum, indem er z. B. bestimmten Personengruppen Vergünstigungen gewährt und anderen Belastungen auferlegt. Die Kriterien der Gleichbehandlung sind also nicht für alle Zeiten vorgeben, müssen aber vor dem Hintergrund der Verfassung nachvollziehbar und vertretbar sein. Lediglich hinsichtlich der Behandlung von Männern und Frauen (Art. 3 Abs. 2 GG) ethnischer, kultureller und religiöser Unterschiede (Art. 3 Abs. 3) ist eine Pflicht zur Gleichbehandlung durch den Verfassungstext vorgegeben. Hinsichtlich behinderter Menschen ist aufgrund des Wortlauts des Gesetzes eine Bevorzugung zulässig, lediglich eine Benachteiligung wäre verfassungswidrig. Dies ist deshalb angemessen, weil diese Personengruppe im Vergleich zu anderen Menschen ohnehin in vielfältiger Weise besonderen Belastungen und Benachteiligung ausgesetzt ist.

---

**Artikel 3 GG lautet:**

(1) Alle Menschen sind vor dem Gesetz gleich.
(2) Männer und Frauen sind gleichberechtigt. Der Staat fördert die tatsächliche Durchsetzung der Gleichberechtigung von Frauen und Männern und wirkt auf die Beseitigung bestehender Nachteile hin.
(3) Niemand darf wegen seines Geschlechtes, seiner Abstammung, seiner Rasse, seiner Sprache, seiner Heimat und Herkunft, seines Glaubens, seiner religiösen oder politischen Anschauungen benachteiligt oder bevorzugt werden. Niemand darf wegen seiner Behinderung benachteiligt werden.

---

Eindeutig verbietet der Gleichheitsgrundsatz jedes willkürliche – d. h. vernünftigerweise nicht begründbares – Verhalten (*Willkürverbot*).

Bei der Beurteilung der Frage, welche Fälle vergleichbar sind, sind in erster Linie die Vorgaben des Gesetzes zu beachten. Darüber hinaus bindet sich die Verwaltung aber durch eine gleichförmige Praxis und eine übliche Ermessensbetätigung auch

## Allgemeine Grundsätze

selbst. Diese *Selbstbindung der Verwaltung* durch bestimmtes (rechtmäßiges) Verhalten von einiger Dauer in einer Mehrzahl von Fällen verbietet eine Abweichung im Einzelfall. Der Gleichbehandlungsgrundsatz führt auch hier zu einem subjektiven Rechtsanspruch des Einzelnen auf Gleichbehandlung. In der Praxis heißt dies, dass bei der Beurteilung eines Einzelfalles immer auch zu prüfen ist, wie in *vergleichbaren* Fällen tatsächlich verfahren wurde.

Häufig ist umstritten, wann eine Ungleichbehandlung gerechtfertigt ist. So sind regionale Unterschiede teilweise als gerechtfertigt anzusehen (z. B. aufgrund unterschiedlicher Finanzkraft der Kommunen). Nach herrschender Meinung ist auch dann ein sachlicher Grund für eine Ungleichbehandlung gegeben, wenn ein vorher im Haushaltsplan vorgesehener Betrag für bestimmte Maßnahmen verbraucht ist und aus diesem Grund ein Antragsteller keine Zuwendungen erhält (dies gilt allerdings nur soweit ein Ermessensspielraum besteht, nicht aber für „Muss"-Leistungen!). Eine üblich gewordene Handhabung kann durch eine grundsätzliche Neuregelung (z. B. eine interne Dienstanweisung) geändert werden. Dadurch wird dann die Selbstbindung der Verwaltung aufgehoben. Problematisch ist die Beurteilung der Frage, ob im Einzelfall – entgegen einer langjährigen Praxis – die Förderung bestimmter nichtstaatlicher Sozialeinrichtungen aus finanziellen Gründen auf einige wenige beschränkt werden darf. Grundsätzlich haben alle Freien Träger einen Anspruch auf Gleichbehandlung. Ausnahmsweise kann aber etwas anderes gelten, wenn dadurch eine effektive Verwendung der vorhandenen Mittel gefährdet ist oder ohnehin der Fortbestand der nicht geförderten Einrichtungen sehr fraglich ist.

In keinem Fall kann aus der Pflicht zur Gleichbehandlung abgeleitet werden, dass eine Behörde durch vorausgehendes rechtswidriges Verhalten gebunden wäre, sich auch in Zukunft rechtswidrig zu verhalten. Es besteht in keinem Fall ein Anspruch auf „*Gleichbehandlung im Unrecht*".

Die Verpflichtung öffentlicher Einrichtungen zur Gleichbehandlung hat auch unerwünschte Auswirkungen. Denn hierdurch werden die Möglichkeiten einer manchmal ethisch gebotenen Einzelfallgerechtigkeit eingeschränkt. Häufig wird auch eine im Einzelfall sinnvolle Maßnahme nicht gewährt, weil dies zu unübersehbaren Verpflichtungen in anderen Fällen führen kann.

---

**Maßstäbe der Gleichbehandlung**

1. Vorgaben in der Verfassung
2. Vorgaben durch einzelne Gesetze
3. Selbstbindung durch vorausgehende Handhabung der Verwaltung

Verbleibende Spielräume sind nach „Sinn und Zweck" dieser Vorgaben zu gestalten.
Persönliche Wertvorstellungen des Rechtsanwenders dürfen keine Rolle spielen.

---

### Weltanschauliche Neutralität

Der Staat und damit die gesamte öffentliche Verwaltung ist in religiösen und weltanschaulichen Fragen zur strengen Neutralität verpflichtet (*Neutralitätspflicht des Staates*). Dies ergibt sich unmittelbar aus den Grund- und Menschenrechten. Da die

Bürger berechtigt sind, ihre Überzeugungen in ganz unterschiedlicher Weise ungestört zu entfalten (Religionsfreiheit, Meinungsäußerungsfreiheit), kann es insoweit *keine* staatlichen *Vorgaben* geben. In Verbindung mit der Verpflichtung zur Gleichbehandlung ergibt sich daraus ein Verbot für alle Arten einer Bevorzugung bestimmter weltanschaulicher Überzeugungen.

Allerdings kann der Staat nicht in jeder Hinsicht völlig neutral sein. Wie dargelegt, gründen bereits die Grundrechte auf dem ethischen Bekenntnis zu einer bestimmten Vorstellung vom Menschen. Aber auch die anderen Prinzipien des Staates, wie Rechtsstaatsprinzip, Toleranzgebot, Subsidiarität oder spezifische soziale Leistungen, sind nicht Ausdruck grenzenloser Neutralität, sondern sehr konkreter *Wertentscheidungen*. Es besteht somit ein Spannungsfeld zwischen der Neutralitätspflicht und den anderen staatlichen Prinzipien.

Fest steht, dass die Neutralität nicht zugunsten einer bestimmten religiösen Richtung durchbrochen werden darf. Denn ein bestimmtes religiöses Bekenntnis gehört in Deutschland wie in Europa (im Unterschied zum Mittelalter) nicht zu den Grundlagen der staatlichen Macht. Fest steht ebenso, dass Wertungen soweit sie von öffentlicher Seite getroffen werden, immer von Toleranz geprägt sein müssen und ein weiter Rahmen für individuelle Entfaltung *unterschiedlicher Lebensentwürfe* bestehen bleiben muss. Andererseits darf der Staat zum eigenen Schutz extreme, staatsgefährdende Gruppierungen ebenso verbieten wie Gruppierungen, die die Menschenrechte anderer Menschen beeinträchtigen (*Grenzen der Freiheitsrechte*).

Dies bedeutet aber keine Missachtung oder Geringschätzung weltanschaulicher Positionen der Menschen oder gegenüber der Herausbildung entsprechender gesellschaftlicher Strukturen. Im Gegenteil: Da Freiheit zur Entfaltung des Menschen gehört und auch der Staat auf sich daraus ergebende Formen *gesellschaftlicher Selbstorganisation* angewiesen ist, steht er religiösen und weltanschaulichen Gruppierungen grundsätzlich positiv gegenüber. Aber eben ohne selbst Stellung zu beziehen oder einzelne Gruppierungen bevorzugen zu dürfen. Dies ist z. B. Grundlage für eine enge *Kooperation* mit den großen christlichen Kirchen unter gleichzeitiger Respektierung deren Eigenständigkeit und Selbstverwaltung. Dies kommt in Art. 140 GG zum Ausdruck.[6] Für die Soziale Arbeit bedeutet dies, dass staatlicherseits eine Kooperation und Förderung unterschiedlicher freier, nicht staatlicher Träger zu erfolgen hat (hierzu ausführlich unten Seite 101 ff).

### Verhältnismäßigkeitsgrundsatz

Zu den Grundsätzen des Rechtsstaats gehört weiter, dass alle Maßnahmen staatlichen Handelns *verhältnismäßig* sein müssen. Dieser Grundsatz trägt der Tatsache Rechnung, dass abstrakte Rechtsnormen nicht in allen Einzelfällen zu Ergebnissen führen, die dem Prinzip der Billigkeit genügen. Vor allem bei Entscheidungen, die im Ermessen einer Behörde stehen, also wenn unterschiedliche oder unterschiedlich weit gehende Maßnahmen in Betracht kommen, hat die Behörde darauf zu achten,

---

[6] Daraus ergeben sich eine Vielzahl schwieriger und kontrovers diskutierter Fragen. Z. B. die Frage, wie Religionsunterricht in Schulen und Seelsorge in Krankenhäusern zu verantworten und finanzieren ist. Hier greifen öffentliche und kirchliche Angelegenheiten ineinander. Grosse aktuelle Bedeutung hat auch die Frage einer stärkeren Kooperation mit nicht christlichen, vor allem islamischen, Religionsgemeinschaften.

## Allgemeine Grundsätze

dass der Bürger hierdurch nicht unverhältnismassig belastet wird (*Übermaßverbot*). Denn vor dem Hintergrund der Grundrechte verbietet sich eine Normanwendung, die zu unmenschlichen Ergebnissen führen könnte. Wenn eine an sich gesetzlich eindeutig vorgeschriebene Maßnahme im Einzelfall zu einer *unverhältnismäßigen Härte* führt, ist diese Maßnahme – entgegen der abstrakt geltenden Rechtslage – zu unterlassen bzw. eine Maßnahme zu wählen, die den Bürger weniger belastet.

Hierdurch soll aber nicht die strenge Gesetzesbindung, die normative juristische Methode (Subsumtion) und die generelle Verpflichtung zur Gleichbehandlung zugunsten einer Einzelfallgerechtigkeit aufgehoben werden. Nur in sehr engen Grenzen werden die oben geschilderten starren Prinzipien des Rechtsstaats durch den Verhältnismäßigkeitsgrundsatz ergänzt. Es müssen ganz besondere Gründe vorliegen, damit eine Gesetzesanwendung im Rechtsinne unverhältnismäßig und damit rechtswidrig ist. Für die rechtliche Prüfung wurden verbindliche Kriterien entwickelt:

So muss geprüft werden, ob die gesetzlich vorgeschriebene Maßnahme in der konkreten Situation überhaupt *geeignet* ist, das durch das Gesetz angestrebte Ziel zu erreichen. Als nächstes ist zu prüfen, ob die gesetzlich vorgesehene Maßnahme hierzu auch *erforderlich* ist. Möglicherweise kann das Ziel auch durch andere Maßnahmen oder Mittel erreicht werden, die den Betroffenen oder die Allgemeinheit weniger beeinträchtigen. Dann ist dieses Mittel zu wählen. Als Drittes ist schließlich auf der Grundlage einer Interessenabwägung zu prüfen, ob die Vorteile, die durch die Maßnahme erreicht werden, die Belastung für den Betroffenen in solcher Weise überwiegen, dass die Maßnahme unter Berücksichtigung aller Umstände für den Betroffenen *zumutbar* ist. Nur wenn nach dieser Prüfung der *Geeignetheit*, Erforderlichkeit und Zumutbarkeit das Handeln gerechtfertigt ist, ist es verhältnismäßig und damit rechtmäßig. Nach der Rechtsprechung ist z. B. unverhältnismäßig, wenn ein Sozialamt von jedem Hilfeempfänger (ohne konkreten Verdacht) verlangt, seine Bank von der Schweigepflicht zu entbinden, um Angaben über Spargutaben überprüfen zu können (fehlende Zumutbarkeit). Ebenso darf die Polizei eine öffentliche Veranstaltung (z. B. Demonstration) wegen Beeinträchtigung öffentlicher Interessen nicht vollständig verbieten, wenn die Interessen der Allgemeinheit auch durch eine zeitliche oder örtliche Begrenzung der Veranstaltung gewahrt werden können (fehlende Erforderlichkeit).

Diese individuelle Abwägung darf allerdings – entsprechend dem Grundsatz der Gesetzmäßigkeit der Verwaltung (hierzu oben Seite 38 f) – *nicht im Widerspruch* zur Zielsetzung der gesetzlichen Regelung erfolgen. Voraussetzung für eine Abweichung von der Regelung im Gesetz ist vielmehr, dass die Interessenabwägung des Gesetzgebers den betreffenden Einzelfall nicht mit erfassen wollte oder konnte. Durch den Verhältnismäßigkeitsgrundsatz kann die Rechtslage in engen Grenzen bestimmten Lebensverhältnissen angepasst werden, selbst wenn eine Änderung bzw. entsprechende Differenzierung im Gesetz (noch) nicht erfolgt ist. Für eine Abwägung nach dem Verhältnismäßigkeitsgrundsatz ist überhaupt nur Raum, sofern nicht andere rechtliche Vorschriften herangezogen werden können, um den unverhältnismäßigen Eingriff in die Rechte des Bürgers abzuwehren.

Erst im Laufe der Zeit hat das Verhältnismäßigkeitsprinzip eine zentrale Bedeutung für alle Bereiche und Ebenen der Verwaltung erlangt. Heute muss es zur Vermeidung unbilliger Härten bei jeder Verwaltungstätigkeit zumindest im Hintergrund immer geprüft werden. Die Verhältnismäßigkeitsprüfung ist Grundlage zahlreicher Gerichtsurteile zugunsten Betroffener und zu Lasten einer allein am Gesetzestext orientierten Rechtsanwendung. Eine extensive Anwendung wird aber immer wieder auch kritisiert, weil die Gefahr besteht, dass dadurch dem Gesetzgeber hinsichtlich einzelner Fallkonstellationen die Möglichkeit entzogen wird, verbindliche Regelungen zu treffen und sowohl in der Bevölkerung als auch der Verwaltung Unsicherheiten über die richtige Rechtsanwendung die Folge ist. Im Konfliktfall kann es sehr schwierig sein festzustellen, ob tatsächlich eine konkrete Maßnahme „gerade noch" oder aber „gerade nicht mehr" verhältnismäßig ist.

Die Gesetzesbindung der Verwaltung (Legalitätsprinzip) wird in ähnlicher Weise durch das *Opportunitätsprinzip* eingeschränkt bzw. ergänzt. Hierbei handelt es sich um einen nicht gesetzlich formulierten, alten Grundsatz der Verwaltung, der im Rechtsstaat an Bedeutung verloren hat. Im Mittelpunkt steht nicht der Schutz des Bürgers vor unzulässigen Einschränkungen (Verhältnismäßigkeitsprinzip), sondern dass die Verwaltung ihr Tätigwerden in Einzelfällen davon abhängig machen kann, ob ihr Handeln *sinnvoll* (opportun) ist. Nach dem Opportunitätsprinzip darf in Bagatellangelegenheiten trotz gesetzlicher Bestimmungen ein Handeln unterbleiben, wenn hierzu unverhältnismäßiger Verwaltungsaufwand notwendig wäre. Aus dem Opportunitätsprinzip ergibt sich auch in welchem Umfang die Verwaltung *Aufklärungs- und Ermittlungsarbeit* leisten muss, ohne dass ein konkreter Antrag des Betroffenen vorliegt. Ebenso hat das Opportunitätsprinzip bei der Ausübung von Ermessensentscheidung (hierzu unten Seite 77 ff) wesentliche Bedeutung.

## Sozialstaatsprinzip

In Art. 20 Abs. 1 GG ist geregelt, dass die Bundesrepublik Deutschland ein „sozialer Bundesstaat" ist. Die Verpflichtung des Staates, für soziale Gerechtigkeit auf der Grundlage der Achtung der Menschenwürde und des Rechtsstaatsprinzips zu sorgen, hat damit Verfassungsrang. Dadurch ist allerdings nicht festgelegt, in welchem Umfang und bezogen auf welche konkreten Situationen soziale Leistungen erbracht werden müssen. Es handelt sich hierbei vielmehr um eine *Staatszielbestimmung*. Das bedeutet, dass alle staatlichen Organe in ihrer gesamten Tätigkeit dieses Ziel zu beachten haben. Für die Verwaltung ist dieses Prinzip eine bindende *Auslegungsregel*, die regelmäßig bei der Anwendung von unbestimmten Rechtsbegriffen und der Ausfüllung von Ermessensvorschriften zu berücksichtigen ist.

Die Rechtsprechung hat aus dem *Sozialstaatsprinzip* zwar die Verpflichtung zur Schaffung einer „gerechten Sozialordnung", „Chancengleichheit für sozial Benachteiligte" und ein „Grundrecht auf Sicherung des notwendigen Lebensbedarfs" abgeleitet. Damit ist aber keineswegs geklärt, wann eine Ordnung im Einzelnen gerecht und sozial ist, Chancengleichheit hergestellt ist, oder was zum Minimum des notwendigen Lebensbedarfs gehört. Insoweit besteht vielmehr ein erheblicher Gestaltungsspielraum für die Politik. Erst durch Regelungen u. a. im Sozialgesetzbuch (z. B. Sozialhilfe, Ausbildungsförderung, Behindertenhilfe, Kranken-, Renten-, Pflege- und Unfallversicherung), im Arbeitsrecht (z. B. Kündigungsschutz, Mutterschutz, Schwerbehindertenschutz und Jugendarbeitsschutz) und in der Steuergesetzgebung (Steuerprogression, Steuerfreiheit für Existenzminimum, zahlreiche Freibeträge und Steuerbegünstigungen) wird die soziale Wirklichkeit verbindlich gestaltet.

## Allgemeine Grundsätze

Für den Einzelnen lassen sich allein aus dem Sozialstaatsprinzip – anders als beim Schutz der Grundrechte (hierzu bereits oben Seite 30) – *keine Ansprüche* auf konkrete Sozialleistungen ableiten. Erst die das Sozialstaatsprinzip konkretisierenden Gesetze begründen subjektive und damit einklagbare Ansprüche.

### Subsidiaritätsprinzip

Mit diesem aus der Soziologie stammenden und wesentlich von der katholischen Soziallehre geprägten Begriff lässt sich treffend sowohl ein Grundprinzip der Sozialen Arbeit als auch unserer Rechtsordnung beschreiben. Hiernach steht bei jedem Hilfehandeln die individuellen Entfaltung und Verantwortung des Menschen im Vordergrund. Die personnähere Institution (z. B. Familie, Gemeinde) hat dabei Vorrang vor übergeordneten Institutionen (z. B. Staat), individuellen Veranlagungen, Weltanschauungen und Wünschen ist soweit als möglich Rechnung zu tragen. Hilfe ist hiernach immer soweit eben möglich als *Hilfe zur Selbsthilfe* zu gestalten.

Ein starres Handlungskonzept ergibt sich aus dem Subsidiaritätsprinzip allerdings nicht, da in konkreten Situationen stets zu prüfen ist, ob es zur effektiveren Hilfe nicht doch der übergeordneten Institution bedarf. Keineswegs geklärt ist auch, wie das Verhältnis des Einzelnen zu den notwendigen größeren sozialen Einheiten entsprechend diesem Prinzip sinnvoll zu gestalten ist.

Dieser Leitbegriff hat sich als wichtiger ordnungspolitischer Begriff durchgesetzt und ist Grundlage rechtlicher Strukturen, die an diesem Prinzip zu messen sind. Die umfassenden Zuständigkeiten der Kommunen gründen ebenso hierauf wie die Nachrangigkeit der Sozialhilfe und die Verpflichtung des Staates, freie Träger aktiv zu unterstützen. Bezogen auf die Europäische Union beschreibt es die vorrangige Zuständigkeit der einzelnen Mitgliedsstaaten (vgl. Art. 23 GG).

## 3. Abgrenzung öffentliches Recht und Privatrecht

### Öffentliches Recht

Aufgrund der Bezugnahme auf die Menschenrechte ist unsere Rechtsordnung von großer Freiheitlichkeit des Bürgers geprägt. Von Handlungsfreiheit und Selbstverantwortung ist daher das Rechtsleben in fast allen Bereichen weitgehend bestimmt. Auch staatliche Verwaltung darf nicht diese individuellen Freiheiten ignorieren, sondern zurecht wird ihre dienende Funktion gegenüber dem Bürger immer mehr betont. Der Bürger muss nicht mehr als Bittsteller auftreten, was schon in langen Warteschlangen vor Amtsstuben zum Ausdruck kam, sondern durch Umstrukturierungen wird zunehmend die *Dienstleistungsfunktion* und mit Serviceleistungen Bürgernähe betont. Gerade bei persönlichen Hilfeleistungen gestaltet der Bürger als Handlungspartner den Inhalt der öffentlichen Leistungen wesentlich mit. So kann der Betroffene häufig zwischen unterschiedlichen Leistungsangeboten wählen (vgl. unten Seite 101 ff) und teilweise werden die Leistungen in einem Hilfeplanverfahren mit ihm gemeinsam entwickelt (ausdrücklich § 5, § 36 KJHG/SGB VIII). (Ob dies soweit gehen muss, dass Leistungsempfänger beim Arbeitsamt als „Kunden" bezeichnet werden, ist allerdings fraglich). Diese Entwicklungen ändern aber nichts daran, dass schon wegen der notwendig strengen Kontrolle über die Verwendung staatlicher Mittel, vor allem aber aufgrund der besonderen Aufgaben, die der Staat wahrzunehmen hat, im öffentlichen Bereich besondere Regeln gelten müssen, die auf andere Bereiche nicht übertragbar sind. Bei der Darstellung der *Grundrechte*, dem *Gleichbehandlungsgrundsatz*, dem *Verhältnismäßigkeitsgrundsatz* und der *Bindung an das Gesetz* wurde auf die besondern Pflichten öffentlicher Gewalt bereits eingegangen.

Die Pflichten des Staates, die Freiheit der Bürger zu respektieren, sind überhaupt erst vor dem Hintergrund entstanden, dass er über Möglichkeiten verfügt, Regelungen und Anordnungen zu erlassen, die der Betroffene beachten muss, gleich ob er damit einverstanden ist. In besonderer Weise bekommt dies derjenige zu spüren, der gegen Rechtsvorschriften verstößt. Historisch bestand die Hauptpflicht des Staates darin, für Sicherheit und Ordnung zu sorgen (Polizeibehörden, Bau-, Gesundheits- und Gewerbeaufsicht). Heute ist neben die „*Ordnungsverwaltung*" in großem Umfang „*Leistungsverwaltung*" getreten: staatliche Maßnahmen zur Daseinsvorsorge und Förderung sozialer Gerechtigkeit. In großem Umfang gibt es Sozialleistungen des Staates, die – anders als im freien Wirtschaftsleben – häufig ohne Gegenleistung und grundsätzlich gegenüber jedermann erbracht werden. All diese Maßnahmen kann die Gemeinschaft nur erfüllen durch Leistungen der Gesamtheit aller Bürger. Vor allem gehören hierzu zahlreiche Geldleistungspflichten (Steuern, Gebühren und Beiträge). Es gibt aber auch persönliche Leistungspflichten gegenüber dem Staat (Meldepflichten, Nothilfepflichten, Wehrdienst), die teilweise auch mit wesentlichen Vorteilen für den Verpflichteten verbunden sind (Schulpflicht, Impfpflicht). Diesen Pflichten darf der Bürger sich nicht entziehen, und staatliche Handeln ist zu einem erheblichen Teil damit beschäftigt, abweichendes Verhalten zu verhindern. Man spricht deshalb von „*hoheitlichem Handeln*" der öffentlichen Stellen, welches auf dem „*Gewaltmonopol des Staates*" beruht. Hiervon ist das *Öffentliche Recht* ebenso geprägt wie von der Pflicht zur Beachtung und Förderung der Freiheitsrechte.

Diese für das öffentliche Recht typische Befugnis, den Bürger einseitig verpflichten zu können, kommt nicht in allen Bereichen gleich stark zum Ausdruck (z. B. Leistungsverwaltung). Außerdem darf die Befugnis zur verbindlichen *Regelung* (hoheitliches Handeln) nicht verwechselt werden mit der Macht, diese auch notfalls mit Gewalt (polizeiliche Maßnahmen) durchsetzen zu können. So kann das Sozialamt aufgrund seiner hoheitlichen Befugnisse einen Hilfebedürftigen auffordern, erforderliche Unterlagen vorzulegen und bei Verweigerung die Leistungen kürzen oder einstellen. Die Mitarbeiter des Sozialamtes sind aber auch bei einem noch so dringenden Verdacht auf Sozialleistungsmissbrauch nicht befugt, die Wohnung eines Sozialhilfeempfängers gegen dessen Willen zu betreten. Das gleiche gilt für die Herausnahme eines Kindes aus seiner Familie. Diese Befugnisse sind allein bei den Polizeibehörden im Zusammenwirken mit den Gerichten angesiedelt. Sozialleistungsbehörden sind nicht befugt, Maßnahmen mit Gewalt durchzusetzen. Ggf. müssen sie sich an die Gerichte bzw. die Polizeibehörden wenden.

Lediglich bei Notstand, d. h. zum Schutz überragender Rechtsgüter und wenn andere Hilfe nicht erreichbar ist, kann ein eigenmächtiges Eingreifen ausnahmsweise gerechtfertigt sein (vgl. § 34 StGB, §§ 227 ff BGB, § 127 Abs. 1 StPO). Diese Befugnis zur Selbsthilfe, wenn polizeiliche Hilfe nicht erreichbar ist und erhebliche Gefahr droht (Gefahr im Verzug), ist kein Privileg für im sozialen Bereich Tätige, sondern besteht für jedermann.

## Privatrecht/Zivilrecht

Vom öffentlichen Recht zu unterscheiden ist das *Privatrecht* (gleichbedeutend ist die Bezeichnung *Zivilrecht*). Hier geht es nicht um die Gestaltung von Gemeinwohlinteressen und Ausübung staatlicher Macht, sondern um Rechtsverhältnisse zwischen Bürgern. Im Zivilrecht, im Wesentlichen im Bürgerlichen Gesetzbuch (BGB) geregelt, gibt es deshalb keine hoheitlichen Befugnisse und keine allgemeinen Ermittlungs-, Beratungs- und Leistungspflichten. Das Privatrecht beruht ganz wesentlich auf *Vertragsfreiheit*. Das heißt, Rechte und Pflichten ergeben sich durch den Abschluss von Vereinbarungen (Verträgen). Ob und mit welchem Inhalt Verträge abgeschlossen werden, ist den Rechtssubjekten überlassen. Sie sind insoweit frei. Anwendung findet das Privatrecht auf Rechtsverhältnisse zwischen Personen, Unternehmen und Personenzusammenschlüssen, die sich rechtlich als *gleichrangige* Rechtssubjekte (sei es als Partner oder Kontrahenten) gegenüberstehen.

Von der Unterscheidung zwischen öffentlichem Recht und Privatrecht ist unter anderem abhängig, ob bei Streitigkeiten das *Verwaltungsgericht* oder das *Zivilgericht* zuständig ist, ob bei Fehlverhalten eine Haftung des Staates in Betracht kommt, ob einseitig ohne Einverständnis des Bürgers Rechtsbeziehungen bestimmt werden können, ob nach dem Untersuchungsgrundsatz von Amts wegen die Interessen des Bürgers ermittelt werden müssen (vgl. unten Seite 143 ff.) und in welcher Rechtsform eine Teilnahme am Rechtsleben möglich ist (juristische Person des öffentlichen oder des Privatrechts). Ebenso hängt hiervon ab, welches Arbeitsrecht Anwendung findet, welche Weisungsbefugnisse innerhalb einer Einrichtung bestehen, ob eine Kooperationspflicht zu anderen Dienststellen (Amtshilfe) besteht und welche Datenschutzbestimmungen gelten. Die Unterscheidung zwischen öffentlichen und privaten Leistungen bzw. Pflichten ist deshalb von erheblicher praktischer Bedeutung.

Diese wichtige und grundlegende Unterscheidung bereitet allerdings immer wieder Schwierigkeiten. Zu beachten ist vor allem, dass nicht etwa deshalb öffentliches Recht vorliegt, weil staatliche Gesetze eine Rolle spielen. Alle Gesetze sind per Definition staatliches Recht. Im Privatrecht beschränken sich die Vorschriften aber auf die Vorgabe von Strukturen und Rahmenbedingungen (lediglich Vorrang des Gesetzes). *Ob* eine Rechtspflicht eingegangen wird bleibt hier aber vollständig den Vertragsparteien überlassen. Rechte und Pflichten bestehen im Falle eines Vertragsschlusses zwischen den privaten Rechtssubjekten. Entscheidendes Kennzeichen des öffentlichen Rechts ist hingegen, dass Verbindlichkeiten gegenüber dem staatlich geordneten Gemeinwesen begründet oder geregelt werden.

Z. B. im Miet-, Arbeitsrecht und Verbraucherschutzrecht gibt es zwar in ausgeprägter Weise soziale Schutzbestimmungen zugunsten der Mieter, Arbeiter und Verbraucher, die zwingend von jedermann zu beachten sind. An dem Abschluss entsprechender Verträge ist der Staat aber dennoch nicht beteiligt, insbesondere wird nicht er, sondern werden die Vertragsparteien zu einem bestimmten wechselseitigen Verhalten verpflichtet. Die Vertragsparteien sind grundsätzlich frei und niemandem Rechenschaft schuldig, ob und aus welchen Gründen sie sich überhaupt verpflichten wollen. Diese Regelungen gehören deshalb zum Bereich des Privatrechts. Ob der Mieter seine Mietschulden bezahlen kann oder der Arbeitnehmer seinen Arbeitspflichten nachkommt, ist das Risiko des Vermieters/Arbeitgebers.

## Abgrenzung öffentliches Recht und Privatrecht

| Öffentliches Recht/Privatrecht | |
|---|---|
| **Öffentliches Recht** | **Privatrecht (Zivilrecht)** |
| **Durch die Grundrechte ist staatliche Gewalt (Bund/Länder/Kommunen/ges. Sozialversicherungen) verpflichtet auf:**<br>– Schutz und Förderung der Grundrechte des Bürgers (Freiheit, Eigenverantwortung)<br>– weltanschauliche Neutralität<br>– Gleichbehandlung aller Bürger (Art. 3 I GG)<br>– Ermittlung auch von Umständen, die den Bürger begünstigen (Untersuchungsgrundsatz § 20 SGB X)<br>– Unterlassung unverhältnismäßiger Eingriffe (Verhältnismäßigkeitsgrundsatz). | **Bürger und nichtstaatliche Institutionen sind durch die Grundrechte begünstigt:**<br>– freie Entfaltung der Persönlichkeit<br>– Bindung an die Grundrechte nur soweit „Drittwirkung" besteht (z. B. Verbot sittenwidriger Geschäfte)<br>– keine Gleichbehandlungs-, Neutralitäts- und Ermittlungspflichten. Jeder muss seine Interessen selbst wahrnehmen. |
| **Gesetzesbindung der Verwaltung:** Öffentlich-rechtliches Handeln muss durch Gesetze legitimiert sein (Gesetzesvorbehalt § 31 SGB I), Entscheidungen müssen auf objektiv nachvollziehbaren Gründen beruhen, Ermessensspielräume nur soweit gesetzlich vorgesehen, spez. Verwaltungsverfahren. | Privatpersonen sind über die Beweggründe ihres Handelns **keine Rechenschaft** schuldig. Soweit keine gesetzlichen Vorschriften entgegen stehen, sind sie in ihrem Handeln frei (lediglich Vorrang des Gesetzes). |
| Der Bürger kann durch staatliches Verwaltungshandeln – auch gegen seinen Willen – **einseitig verpflichtet** werden (z. B. Steuerbescheid, Meldepflichten, Straßenverkehrsordnung). | Rechtspflichten werden ausschließlich durch **freie Vereinbarungen** zwischen den Beteiligten (Vertragsschluss) begründet. |
| Öffentliche Verwaltung ist selbst **Partei** des Rechtsverhältnisses. | Verpflichtete sind Privatpersonen und deren Zusammenschlüsse (natürliche und juristische Personen des Privatrechts). Durch (staatliche) Gesetze werden lediglich die **Gestaltungsmöglichkeiten** normativ **vorgegeben**. |
| Behörden sind untereinander zur **Amtshilfe** verpflichtet. | Pflicht zur Unterstützung lediglich in eigenen Angelegenheiten **(Mitwirkungspflichten)**. |
| **Rechtmäßigkeitskontrolle** erfolgt durch die Verwaltungs-, Sozial- und Strafgerichte. | **Rechtmäßigkeitskontrolle** erfolgt durch die Zivilgerichte (Amts- und Landgerichte). |
| **Gebiete:** Verwaltungsrecht, Sozialgesetzbuch, Gerichtsverfahrensrecht, Strafrecht. | **Gebiete:** BGB (Familienrecht, Vertragsrecht, Mietrecht, Vereinsrecht u. a.), Wirtschaftsrecht. |
| Die Anwendbarkeit des öffentlichen Rechts bzw. des Privatrechts (BGB) hat erhebliche Konsequenzen für die Praxis der Sozialen Arbeit: interne Kontrolle, freie Auswahl der Klienten, allgemeine Versorgungspflichten, Befugnisse für belastende Maßnahmen, Zuständigkeit der Gerichte ...<br>Im Einzelfall kann eine Zuordnung schwierig sein, da öffentliche Aufgaben auch durch Private Einrichtungen wahrgenommen werden (gewerbliche und gemeinnützige Träger im sozialen Bereich) und andererseits öffentliche Rechtsträger auch wie Privatpersonen am Rechtsleben teilnehmen (Kauf von PKW, gewerbliche Vermietung von Immobilien). Hier ist nach den unterschiedlichen Tätigkeits- und Rechtsbereichen zu differenzieren.<br>Es werden unterschiedliche Theorien angewandt, um den staatlich-hoheitlichen Bereich vom privatrechtlichen Bereich abzugrenzen. | |

## Allgemeine Grundsätze

## Überschneidungen beider Bereiche

Zu beachten ist, dass auch staatliche Behörden nach den Regeln des Privatrechts tätig werden können. Bei der Beurteilung, ob ihr Tätigwerden öffentlichem oder privatem Recht unterliegt, ist auf den Zusammenhang und die Natur des Rechtsverhältnisses abzustellen. Wenn eine Behörde oder eine Person im Rahmen der Aufgaben tätig wird, die typischer Weise öffentlichen Verwaltungsträgern übertragen sind, handelt sie öffentlich-rechtlich. Kauft eine Behörde hingegen z. B. Büromaterial oder Kraftfahrzeuge auf dem freien Markt oder veräußert sie gewinnorientiert Immobilien, so gilt das allgemeine Privatrecht. Man nennt dies *fiskalisches Handeln*. In vielen Fällen kann die Verwaltung auch selbst entscheiden, ob öffentliches Recht oder Privatrecht zur Anwendung kommt. So können die Mitarbeiter im öffentlichen Dienst häufig sowohl als Arbeiter oder Angestellte (Privatrecht) oder als Beamte (öffentliches Recht) beschäftigt werden.

Letztlich ist es schwierig, öffentliche Verwaltung exakt zu definieren (hierzu bereits oben S. 20 ff.). Hier sind materielle und formelle Kriterien zu berücksichtigen: öffentliche Verwaltung liegt nur dann vor, wenn inhaltlich öffentliche (staatliche) Angelegenheiten von einem *Organ des Gemeinwesens* tatsächlich besorgt werden. Öffentliche Angelegenheiten können aber auch von Einrichtungen besorgt werden, die nicht Teil der Organisation des Gemeinwesens sind. In solcher Weise werden z. B. Leistungen der Kinder- und Jugendhilfe, aber auch der Sozialhilfe, Behindertenhilfe, Pflegeleistungen und vieles mehr von *freien* (privaten) *Trägern* erbracht. Seit einiger Zeit werden z. B. auch öffentliche Fördermittel in der Form privatrechtlicher Bankdarlehen gewährt (z. B. BAföG). Grundlage hierfür sind vertragliche Regelungen zwischen dem öffentlichem Leistungsträger und dem privatrechtlichen Leistungserbringer. Der Sache nach handelt es sich hierbei um eine besondere Form der Erfüllung öffentlicher Aufgaben (vgl. im Einzelnen hierzu unten Seite 114). Schwierige Abgrenzungsprobleme entstehen durch sogenannte Privatisierung öffentlicher Versorgungseinrichtungen wie Bahn, Post, Müllabfuhr, Stromwerke und Verkehrsbetriebe. Das gleiche gilt, wenn z. B. eine Kommune eine Wohnbaugesellschaft in der Rechtsform einer GmbH betreibt mit dem Ziel, preiswerten Wohnraum zu schaffen. Eine scharfe Trennung von Öffentlichem Recht und Privatrecht ist hier oft nicht mehr möglich. Man spricht von privatrechtlichen Leistungsverhältnissen mit öffentlich-rechtlichen Bindungen, *Verwaltungsprivatrecht* oder in neuer Zeit auch von *öffentlichen Unternehmern (z. B. Landesbanken, öffentlich-rechtliche Rundfunkanstalten, Post, Telekom ...)*. Dies kann zu einer merkwürdigen Verzahnung von öffentlich-rechtlichen Leistungsverhältnissen (z. B. Beratungspflichten, allgemeiner Zugang, aber auch Nutzungszwang) mit privatrechtlichen Bestimmungen (z. B. Verbraucherschutzvorschriften, freiem Wettbewerb) führen.

Problematisch könnte auch die Beurteilung des Rechtsverhältnisses zwischen *Sozialversicherungen* zu den Versicherten sein, da die Versicherungsverhältnisse auf Mitgliedschaft beruhen und die Versicherungen als eigenständige Körperschaften nicht unmittelbar zum staatlichen Bereich gehören. Aufgrund der gesetzlichen Regelung hat aber der gesamte Bereich des Sozialgesetzbuches öffentlich-rechtlichen Charakter. Rechtsverhältnisse zwischen Trägern der Sozialversicherung und ihren Mitgliedern sind daher ebenso öffentlich-rechtlicher Natur wie Rechtsbeziehungen im Bereich der Sozialhilfe, der Arbeits- und Ausbildungsförderung, der Jugendhilfe, der Eingliederungshilfe für Behinderte und auch Regelungen über Wohngeld und Kindergeld. Dies unabhängig davon, ob die Leistungen letztlich von einer Behörde, einer frei-gemeinnützigen Einrichtung oder einem kommerziell arbeitendem Unternehmen erbracht werden.

Die Unterscheidung zwischen Öffentlichem Recht und Privatrecht ist für die Praxis der Sozialen Arbeit zwar von erheblicher Bedeutung, die Abgrenzung beider Bereiche kann jedoch im Einzelfall mit erheblichen Schwierigkeiten verbunden sein. Völlig eindeutige Abgrenzungskriterien gibt es nicht. Die schlichte Feststellung, ob Maßnahmen auf der Grundlage von Gesetzen erfolgen, die dem öffentlichen Recht oder dem Privatrecht zuzuordnen sind, ist in jedem Fall ein wichtiges und einfach zu handhabendes Indiz für die Zuordnung. Bei vielen Arbeitsabläufen in der Sozialen Arbeit ist es auch nicht schwierig festzustellen, in welchem Rechtsbereich man sich bewegt. Es kommt dann lediglich darauf an, sich die jeweils geltenden Regelungen und Rechtspflichten zu vergegenwärtigen.

## Tendenzen

Im Gegensatz zu früheren, streng obrigkeitlichem Verhalten sucht die Verwaltung heute häufig den Konsens mit den betroffenen Bürgern. Statt einseitig von Regelungsbefugnissen Gebrauch zu machen, gewinnen vertragliche Vereinbarungen – auch innerhalb des öffentlichen Rechts – an Bedeutung.

Besonders deutlich wird dies darin, dass staatliche Sozialleistungen in großem Umfang von privaten, gemeinnützigen und gewinnorientierten Einrichtungen erbracht werden. Der Bürger erhält auf diese Weise Wahlmöglichkeiten zwischen unterschiedlichen Anbietern. Voraussetzung hierfür ist die Kooperation staatlicher Behörden mit nichtstaatlichen Trägern. Nach §§ 93 ff BSHG, §§ 78a ff KJHG und §§ 71 ff SGB XI sind frei auszuhandelnde Vereinbarungen Grundlage dieser Kooperationen. Hierdurch soll – so jedenfalls das Ziel – die Vielfalt und Flexibilität der Angebote steigen und stärker den Vorstellungen und Bedürfnisse der Klienten entsprochen werden als dies durch einheitliche staatliche Organisation möglich ist. Ein Rechtssubjekt des Privatrechts (freier Träger) erbringt hier öffentliche Leistungen, ohne seine Eigenständigkeit als nichtstaatlicher (freier) Träger zu verlieren.

Erhebliche Bedeutung gerade auch im sozialen Bereich hat die Übertragung von Regelungs- und Überwachungsfunktionen auf Organisationen außerhalb der staatlichen Verwaltung (vgl. Qualitätssicherungsvereinbarungen und Schiedsstellenverfahren als Teil der Leistungsvereinbarungen mit freien, unten Seite 109 ff). Der Staat zieht sich derzeit immer häufiger auf die Rahmensetzung und die Gewährleistung von Zielen zurück und überlässt die Umsetzung der mehr oder weniger detailliert gebundenen Selbstverantwortung nichtstaatlichen Einrichtungen, Privatpersonen und teilweise auch den unteren Behörden. An die Stelle staatlicher Regulierung tritt *Selbstregulierung*. Dies führt in vielen Bereichen zu einer neuen Qualität von öffentlicher und privater Verwaltung und einem neuen Verständnis von öffentlichem Recht. Dies bedeutet aber nur scheinbar größere Effizienz und Bürgernähe, wenn diese Umstellungen, wie häufig, mit Einsparungen finanzieller Mittel verbunden werden. Außerdem wird hierdurch die Abhängigkeit von öffentlicher Leistung und Verwaltung in der Substanz meist weder für den Bürger noch für die Leistungserbringer geringer – aber weniger durchschaubar. Diese Themen werden auch im

Zusammenhang mit *Neuen Steuerungsmodellen* der öffentlichen Verwaltung diskutiert (hierzu unten Seite 133 ff).

## Beispiel Heimgesetz

Es gibt aber auch Bereiche, in denen öffentliche Kontrolle zunimmt, privatrechtliche Freiheiten eingeschränkt werden und individuelle Eigenverantwortlichkeit durch öffentliche Verantwortung ergänzt wird. Insbesondere in Heimen unterschiedlicher Art hat sich gezeigt, dass die dort lebenden Menschen häufig nicht in der Lage sind, ihre Interessen und Rechte selbst wahrzunehmen. Sie sind vielmehr häufig aufgrund ihrer Hilflosigkeit anderen Menschen, anonymen Einrichtungen und finanziellen Interessen ausgeliefert. Deshalb wurde 1975 mit dem Heimgesetz eine staatliche Aufsicht über Heime für alte Menschen sowie pflegebedürftige oder behinderte Volljährige eingeführt.[7] Diese Regelung ist keineswegs selbstverständlich, da die private Errichtung und der Betrieb von Serviceeinrichtungen, Wohnanlagen und Freizeiteinrichtungen staatlicher Kontrolle nicht unterliegt. Denn die Rechtsordnung geht davon aus, dass erwachsene Menschen durch entsprechende Vertragsgestaltung ihre Rechte selbst wahrnehmen und sich der freie Markt durch entsprechende Nachfrage *ohne* staatliche Regulierung kundenorientiert entwickelt. Die Schaffung des *Heimgesetzes* bedeutet hier einen Einschnitt. Seine Geltung ist nicht an die Verwendung öffentlicher Mittel geknüpft, sondern an den Betrieb einer Einrichtung, deren Bewohner typischer Weise besonders schutzbedürftig sind.

Nach den mehrmals geänderten und erweiterten Bestimmungen des Heimgesetzes (einschließlich mehrerer Rechtsverordnungen) stehen diese Einrichtungen unter einer umfassenden staatlicher Aufsicht (ausgeübt durch die *Heimaufsicht* des Landratsamt bzw. der kreisfreien Städte). Ihre Inbetriebnahme bedarf einer Genehmigung, bauliche Mindestanforderungen sind zu erfüllen und die Beschäftigung qualifizierten Personals muss sichergestellt sein. Darüber hinaus ist gesetzlich vorgeschrieben (§ 8 HeimG), dass Heimverträge grundsätzlich unbefristet abzuschließen sind. Der Bewohner kann aber aus wichtigem Grund jederzeit kündigen (ohne wichtigen Grund spätestens am dritten Werktag zum Ende desselben Monats), während der Heimträger überhaupt nur in Ausnahmefällen ein Kündigungsrecht hat und dem Bewohner dann eine „angemessene anderweitige Unterbringung zu zumutbaren Bedingungen" nachweisen muss.

In diesen Regelungen wird zum Schutze der Heimbewohner massiv in die Vertragsfreiheit des Zivilrechts und die Eigentumsrechte der Heimträger eingegriffen. Dies geht soweit, dass die Aufsichtsbehörde jederzeit angemeldet oder unangemeldet das Recht hat, jedes Heim zu betreten, um Prüfungen und Besichtigungen durchzuführen, die geschäftlichen Unterlagen einzusehen und sich mit den Bewohnern in Verbindung zu setzen (§ 15 HeimG). Insoweit wurde ausdrücklich die Unverletzlichkeit der Wohnung (Art. 13 GG) hinsichtlich der Rechte des Heimträgers eingeschränkt. Mit diesen Regelungen wird öffentlich-rechtliche Verantwortung in den Bereich des Privatrechts ausgedehnt, ohne dass die grundlegende Bedeutung des

---

[7] Für Einrichtungen der Kinder- und Jugendhilfe gilt das Heimgesetz nicht. Die Problemlage ist hier eine andere, da die nicht volljährigen Bewohner durch die Sorgeberechtigten vertreten werden. Insoweit gelten die Schutzvorschriften der §§ 45 ff KJHG/SGB VIII.

privatrechtlichen Vertragsverhältnis zwischen Bewohner und Heim in Frage gestellt würde oder die Heimträger in den Bereich des öffentlichen Rechts eingebunden würden.

Darüber hinaus ist in diesen Heimen eine *Mitwirkung der Heimbewohner* bei der Regelung wichtiger Heimangelegenheiten verbindlich vorgeschrieben (§ 10 HeimG). Der von den Bewohnern demokratisch gewählte Heimbeirat (ersatzweise Heimfürsprecher) ist an allen Angelegenheiten der Unterbringung, Aufenthaltsbedingungen, Heimordnung, Verpflegung und Freizeitgestaltung zu beteiligen. Zu den Aufgaben des Heimbeirats gehört auch, Beschwerden entgegenzunehmen und auf deren Erledigung gegenüber der Heimleitung hinzuwirken. Damit kann zumindest teilweise auch dem Problem begegnet werden, dass alte und pflegebedürftige Heimbewohner in großer Zahl nicht in der Lage sind, selbst ihre vertraglichen Rechte und Grundrechtspositionen *(subjektiven Rechte)* durchzusetzen. Seit der neuesten Gesetzesänderung müssen nicht alle Mitglieder des Beirats Heimbewohner sein. Auch Angehörige, Seniorenvertreter und andere Vertrauenspersonen können gewählt werden (§ 10 Abs. 5 HeimG). (Insgesamt zu Problemen der Rechtsdurchsetzung vgl. unten Seite 137 ff).

## Literaturhinweise zur Vertiefung:

*Gastiger, Sigmund:* Erste Hilfe in Recht (2002).
*Kessler, Rainer:* Soziale Arbeit und Grundgesetz, in: Kreft, Dieter u. a.: Soziale Arbeit und Recht (1994), S. 34 ff;
*Seifert, Karl-Heinz u. a.:* Grundgesetz für die Bundesrepublik Deutschland, Taschenkommentar, 6. Auflage, (1999), vor Art. 1 Rndr. 3 ff.
*Wolff, Hans J. u. a.:* Verwaltungsrecht, Bd. 1 (1999), S 173 ff.

## III. Rechtsfähigkeit, Handlungsfähigkeit, gesetzliche Vertretung, juristische Personen

Zu Kapitel III: Übungsfall 5 (Selbständigkeit im Alter) Seite 204 ff., Übungsfall 3 („Auffällig") Seite 197 ff. und Übungsfall 11 (Erziehungsverantwortung der sozialpädagogischen Fachkraft) Seite 228 ff.

### 1. Rechtsfähigkeit

Aus den Menschenrechten folgt unmittelbar, dass jeder Mensch Träger von eigenen, teilweise unveräußerlichen Rechten ist und ebenso gegenüber Anderen rechtlich verbindliche Verpflichtungen eingehen kann. Dies ist ausdrücklich in § 1 BGB geregelt, gilt aber für die gesamte Rechtsordnung. Dort heißt es: „Die Rechtsfähigkeit beginnt mit der Vollendung der Geburt". Eine entsprechende Regelung bezüglich des Endes der Rechtsfähigkeit fehlt (Gesetzeslücke). Es ist aber allgemein anerkannt, dass sie mit dem Tod erlischt. *Jeder Mensch* ist also *Rechtspersönlichkeit* nach unser Rechtsordnung. So haben Jugendliche einen Anspruch auf Schutz des Brief- und Postgeheimnisses (auch gegen über Eltern und Erziehern), behinderte Menschen einen Anspruch auf menschenwürdige Versorgung in Pflegeeinrichtungen. Andererseits unterliegen auch Kinder (wenn sie Vermögen haben) der Steuerpflicht. Schwierige Abgrenzungsprobleme kann es bei der Frage geben, ob das menschliche Leben ausnahmsweise schon vor der Geburt rechtlichen Schutz verdient (vgl. etwa § 218 StGB, die Erbrechtsregelung in § 1923 II BGB) oder der Rechtsschutz auch teilweise nach dem Tod fortwirkt (vgl. etwa § 168 StGB, Rechtsprechung zu Fortwirkungen des Persönlichkeitsrechts). Von grundlegender Bedeutung ist aber, dass die Rechtsfähigkeit unabhängig von der Nationalität, dem Alter oder der geistigen und körperlichen Verfassung eines Menschen besteht. Jeder Mensch hat insbesondere Anspruch auf Achtung und Schutz seiner Grundrechte. Zahlreiche Probleme ergeben sich freilich, wenn es darum geht, diese Rechte auch zu realisieren.

Von der Rechtsfähigkeit zu unterscheiden ist die Frage, ob man durch *eigenes Handeln* Rechtswirkungen erzeugen kann. Vor allem für Kinder und erwachsene Menschen, die in ihren geistigen oder körperlichen Fähigkeiten erheblich eingeschränkt sind, regelt das Gesetz in abgestufter Weise, dass ihr eigenes Verhalten rechtlich ganz oder teilweise unerheblich ist. Deren Rechte und Pflichten werden nach klar umschriebenen Regelungen von anderen Personen (*gesetzlichen Vertretern*) wahrgenommen.

Da es hierbei wesentlich darum geht, unter welchen Voraussetzungen Menschen nach außen, im allgemeinen Rechtsverkehr, Verbindlichkeiten erzeugen können, sind diese Fragen im Zivilrecht (BGB) geregelt, haben aber darüber hinaus entsprechende Bedeutung für den Bereich des öffentlichen Rechts (vgl. § 11 Abs. 1 Nr. 1 SGB X). Es wird unterschieden zwischen *Geschäftsfähigkeit* und *Deliktfähigkeit*.

## 2. Geschäftsfähigkeit

In § 104 BGB ist geregelt, dass derjenige, der nicht das siebente Lebensjahr vollendet hat oder sich andauernd in einem die „freie Willensbestimmung ausschließenden Zustande krankhafter Störung der Geistesfähigkeit befindet", *geschäftsunfähig* ist. Das heißt diese Personen können ihre eigenen Angelegenheiten nicht selbst regeln. § 105 Abs. 1 BGB erläutert, dass von diesen Personen abgegebene Willenserklärungen *nichtig* sind.

Kinder und Jugendliche, die das siebente, nicht aber das 18. Lebensjahr vollendet haben, sind *beschränkt geschäftsfähig* (§ 106 ff BGB). Das heißt, von diesen Personen abgegebene Willenserklärungen sind grundsätzlich nur dann wirksam, wenn der gesetzliche Vertreter vorher einwilligt oder nachher das Rechtsgeschäft genehmigt. Hiervon gibt es allerdings einige Ausnahmen. So kann der Minderjährige Rechtsgeschäfte, die für ihn ausschließlich einen *rechtlichen Vorteil* bedeuten, alleine abschließen (strenge Auslegung: z. B. Schenkung eines Grundstücks ist wegen der damit verbunden Verpflichtungen nicht ausschließlich vorteilhaft). Ebenso kann er alleine Verträge schließen, sofern er die Gegenleistung „mit Mitteln bewirkt, die ihm zu diesem Zwecke oder zur freien Verfügung" vom gesetzlichen Vertreter überlassen wurden („Taschengeldparagraph": § 110 BGB). Darüber hinaus gilt man bereits mit Vollendung des 14. Lebensjahres als religionsmündig.

| Geschäftsfähigkeit | | |
|---|---|---|
| voll geschäftsfähig | beschränkt geschäftsfähig | geschäftsunfähig |
| • Personen über 18 Jahre, soweit nicht Geschäftsunfähigkeit nach § 104 BGB | • Personen 7 bis 18 Jahre (§ 106 BGB) | • Personen unter 7 Jahre<br>• erhebliche, krankhafte Störung der Geistestätigkeit (§ 104 BGB) |
| ⇒ Befugnis, in eigenen Angelegenheiten alle Arten von Rechtsgeschäften – im Rahmen des Rechts – selbst zu tätigen | ⇒ Rechtsgeschäft nur wirksam<br>– mit Einwilligung des gesetzl. Vertreters (§ 107 BGB),<br>– lediglich rechtlicher Vorteil (§ 107 BGB) oder<br>– aus eigenen Mitteln (Taschengeld, § 110 BGB) | ⇒ Erklärungen sind rechtlich bedeutungslos (§ 104 BGB) |
| Andere Personen können nach Belieben mit der Geschäftsführung beauftragt werden (Erteilung einer Vollmacht) | Im Übrigen Vertretung durch Personensorgeberechtigte (§ 1626 BGB) | Interessen werden bei Volljährigen soweit nötig durch einen gesetzlichen Betreuer wahrgenommen (§§ 1896 ff BGB); bei Minderjährigen durch Personensorgeberechtigte oder Vormund |

Das heißt, wenn ein 7-Jähriger einen Fußball kauft, ist dieses Geschäft nur wirksam, wenn er den Kaufpreis mit Geld bezahlt, welches ihm hierfür von seinen Eltern überlassen wurde. Ist dies nicht der Fall, können die Personensorgeberechtigten später das Geld zurückverlangen. Der Verkäufer kann zwar den Ball zurückfordern, ist dieser aber mittlerweile benutzt oder beim Spielen beschädigt worden, geht dies allein zu seinen Lasten.

Für den sozialen Bereich von besonderer Bedeutung ist, dass Jugendliche ab Vollendung des 15. Lebensjahres befugt sind, selbst Anträge auf *Sozialleistungen* zu stellen, zu verfolgen und Sozialleistungen entgegenzunehmen (vgl. § 36 Abs. 1 SGB I). Diese Befugnis ist zwar dahingehend eingeschränkt, dass dies nur gilt, sofern der gesetzliche Vertreter (i. d. R. die Eltern) dem nicht widerspricht (§ 36 Abs. 2 Satz 1 SGB I). Außerdem bedürfen Handlungen, die typischerweise mit Nachteilen verbunden sein können, wie die Rücknahme von Anträgen, Verzicht auf Sozialleistungen, Entgegennahme von Darlehen auch im sozialen Bereich, stets der Zustimmung des gesetzlichen Vertreters (§ 36 Abs. 2 Satz 2 SGB I). Die Regelung ist aber in den keineswegs seltenen Fällen von erheblicher Bedeutung, in denen die Eltern aus Gleichgültigkeit oder aus Scham Sozialleistungsansprüche für ihre Kinder in eigener Initiative nicht geltend machen. Für die Praxis heißt dies, dass z. B. Anträge auf Sozialhilfe oder BAföG zu bearbeiten sind, *ohne* dass die Personensorgeberechtigten vorher ihr Einverständnis erklärt haben müssen. Sie „sollen" hierüber von der bearbeitenden Behörde lediglich informiert werden. Für Verwunderung sorgt vielfach, dass diese Regelung für alle Bereiche des Sozialgesetzbuchs gilt, *außer* in der Kinder- und Jugendhilfe. Als Grund hierfür wird genannt, dass die Verantwortung der Eltern für die Erziehung ihre Kinder durch eine Antragsbefugnis der Kinder nicht ausgehöhlt werden soll. Zutreffend ist, dass es in den andern Sozialleistungsbereichen fast ausschließlich um Geld- und Sachleistungen geht, während in der Kinder- und Jugendhilfe unweigerlich Erziehungs- und Weltanschauungsfragen eine zentrale Rolle spielen. Rechtssystematisch ist zu beachten, dass nach § 27 KJHG/SGB VIII für Hilfe zur Erziehung ausschließlich die Personensorgeberechtigten antragsberechtigt sind, nicht aber die Jugendlichen selbst. (Abweichend hiervon gibt es lediglich in Not- und Konfliktlagen einen Anspruch des Jugendlichen auf vorläufige Inobhutnahme nach § 42 KJHG/SGB VIII und auf Beratung nach § 8 ABS. 3 KJHG/SGB VIII, vgl. unten Seite 159).

Soweit eine Person nicht befugt ist, ihre Angelegenheiten selbst zu regeln, regelt das Gesetz, durch wen dessen Interessen stellvertretend wahrgenommen werden (hierzu und zur Beteiligung von Jugendlichen unten Seite 60 f) .

## 3. Deliktfähigkeit

Eine etwas andere Fragestellung ist, ob jemand für einen Schaden, den er einem anderen zugefügt hat, haftbar gemacht werden kann. Im Unterschied zur Geschäftsfähigkeit geht es bei der *Deliktfähigkeit* nicht darum, wer rechtlich verbindliche Erklärungen abgeben kann, sondern um die Frage, wer für ein Fehlverhalten zur Verantwortung gezogen werden kann, auch ohne dass zuvor eine rechtsgeschäftliche Regelung für diesen Fall getroffen wurde *(Schadenersatz)*.

## Deliktfähigkeit

In § 823 BGB ist geregelt, dass derjenige, der Rechtsgütern eines anderen Schaden zufügt, hierfür einzustehen hat. Voraussetzung hierfür ist aber nicht nur ein *widerrechtliches*, sondern auch ein *schuldhaftes* (vorsätzliches oder fahrlässiges) Verhalten. Voraussetzung ist eine zumindest fahrlässige Verletzung von Sorgfaltspflichten (z. B. Streupflicht im Winter, Aufklärungspflichten des Arztes, Produkthaftung). Liegt ein solches schuldhaftes Handeln nicht vor, kommt (von Ausnahmen der Gefährdungshaftung z. B. im Straßenverkehr abgesehen) eine Haftung nicht in Betracht. Bei Unglücksfällen, Naturereignissen oder wenn ein Schuldiger nicht ermittelt werden kann, hat der Geschädigte das Nachsehen. Eine Entschädigung findet nicht statt. Nur ausnahmsweise (z. B. Opfer von Gewalttaten) ist ein Ausgleich durch den Staat vorgesehen (Gewaltschutzgesetz). Diese Konsequenz wird abgemildert durch zahlreiche Versicherungen, die teilweise freiwillig abgeschlossen werden können (z. B. Gebäudeversicherung, Lebensversicherung) oder gesetzlich vorgeschrieben sind (Unfallversicherung, Krankenversicherung, Rentenversicherung, KFZ-Versicherung). Dieser Versicherungsschutz greift aber nur für die vertraglich bzw. gesetzlich geregelten Fälle. So werden *eigene* Schäden von Kindern und Jugendlichen, die *in Einrichtungen der Jugendhilfe* betreut werden, durch die gesetzliche Unfallversicherung ausgeglichen. Schäden, die ein Minderjähriger in einer Pflegefamilie, bei privat organisierter Betreuung erleidet, und Schäden, die Minderjährige *anderen* Personen zufügen (z. B. Beschädigung parkender Autos, zu Bruch gehende Fensterscheiben), sind durch die Unfallversicherung regelmäßig nicht abgedeckt. Insoweit gelten die allgemeinen Haftungsgrundsätze des BGB, auf die im Folgenden näher eingegangen wird.

Neben einer objektiven Pflichtverletzung setzt eine Haftungspflicht ein Verschulden des Verursachers voraus. Bei erwachsenen Menschen ist grundsätzlich von deren Deliktfähigkeit (Schuldfähigkeit) auszugehen, sofern nicht das Gegenteil erwiesen ist. Gerade bei einer Schadensverursachung durch Minderjährige ist es aber oft schwer festzustellen, ob und wem ein persönliches Verschulden angelastet werden kann. Es ist jedenfalls nicht so, dass Eltern in jedem Fall für Fehlverhalten ihrer Kinder einstehen müssten – auch wenn dies vielfach angenommen wird und unter anderem durch Beschilderung („Eltern haften für ihre Kinder") ein solcher Eindruck erweckt wird. Es ist vielmehr wie folgt zu unterscheiden:

Kinder unter 7 Jahren können nach § 828 Abs. 1 BGB generell für einen Schaden, den sie verursacht haben, *nicht* zur Verantwortung gezogen werden (im Straßenverkehr bis 10 Jahre). Sie gelten als nicht deliktfähig. Dasselbe gilt für Erwachsene „im Zustand der Bewusstlosigkeit" oder bei einer „krankhaften Störung der Geistestätigkeit" (§ 827 BGB). Minderjährige ab Vollendung des siebten Lebensjahres sind schadenersatzpflichtig, soweit ihre Einsichts- und Handlungsfähigkeit reicht (§ 828 Abs. 2 BGB). Das heißt bei Personen im Alter von 7 bis 18 Jahren muss im Einzelfall anhand der Entwicklung der jeweiligen Persönlichkeit und den konkreten Handlungszusammenhängen festgestellt werden, ob die notwendige Reife vorliegt. Liegt die notwendige Reife nicht vor, so kommt auch hier eine Haftung des Minderjährigen nicht in Betracht.

Wenn ein 9-Jähriger beim Spielen mit einem Ball eine Fensterscheibe im Nachbarhaus zerstört, ist er selbst nur haftbar, wenn er in der Lage war, dies vorauszusehen. Dies hängt von den konkreten Umständen (Örtlichkeiten) und persönlichen Reife des 9-Jährigen ab. Letzteres muss im Streitfall durch ein psychologisches Gutachten festgestellt werden. Damit gelten völlig andere Maßstäbe als bei der Frage, ob das Rechtsgeschäft eines Minderjährigen wirksam ist.

## Altersabhängige Rechte

| Lebensalter | Rechte und Pflichten | Bedeutung |
|---|---|---|
| „nasciturus" (gezeugt, aber noch nicht geboren) | • Erbfähigkeit | • Erbfähigkeit (§ 1923 Abs. 2) BGB |
| Vollendung der Geburt | • Rechtsfähigkeit | • Fähigkeit, Träger von Rechten und Pflichten zu sein (§ 1 BGB) |
| vor Vollendung des 7. Lebensjahrs | • Geschäftsunfähigkeit<br>• Deliktsunfähigkeit | • Willenserklärungen sind nichtig (§§ 104, 105 BGB)<br>• keine Verantwortung für Schadenzufügung (§ 828 Abs. 1 BGB) |
| Vollendung des 7. Lebensjahrs | • beschränkte Geschäftsfähigkeit<br>• bedingte Geschäftsfähigkeit | • rechtsgeschäftliches Handeln nur wirksam mit Zustimmung des gezl. Vertreters (§§ 106 ff BGB); Ausnahme: §§ 107, 110 BGB<br>• Verantwortung für Schadenzufügung nur bei Einsichtsfähigkeit (§ 828 Abs. 2 BGB) |
| Vollendung des 10. Lebensjahrs | • Anhörung bei Konfessionsänderung | • Meinungsäußerungsrecht des Kindes (§ 3 Abs. 2 S. 5 RelKErzG) |
| Vollendung des 12. Lebensjahrs | • kein Konfessionswechsel gegen den Willen des Kindes | • „Mitbestimmungsrecht" des Kindes (§ 5 S. 2 RelKErzG) |
| vor Vollendung des 14. Lebensjahrs | • Strafunmündigkeit | • keine Schuldfähigkeit des Kindes (§ 19 StGB) |
| Vollendung des 14. Lebensjahrs | • strafrechtliche Verantwortlichkeit als „Jugendlicher"<br>• Religionsmündigkeit<br>• Sonderregeln im Arbeitsrecht | • strafrechtliche Verantwortlichkeit 14–18 Jähriger nur bei Einsichtsfähigkeit (§§ 1 Abs. 2, 3 S. 1 JGG)<br>• freie Wahl des religiösen Bekenntnisses (§ 5 S. 1 RelKErzG)<br>• (§ 2 Abs. 2 JArbSchG, § 113 BGB) |

## Deliktfähigkeit

| | |
|---|---|
| Vollendung des 15. Lebensjahrs | • sozialrechtliche Handlungsfähigkeit | • § 36 SGB I, Recht, Anträge auf Sozialleistungen zu stellen und zu verfolgen, soweit der gesetzliche Vertreter nicht widerspricht. |
| Vollendung des 16. Lebensjahrs | • Ehemündigkeit<br>• Personalausweisführungspflicht<br>• Testierfähigkeit | • Möglichkeit, mit volljährigem Partner Ehe zu schließen (§ 1303 Abs. 2 BGB)<br>• (§ 1 Abs. 1 S. 1 PersAuswG)<br>• Fähigkeit ein Testament zu errichten (§§ 2229 Abs. 1, 2233 Abs. 1, 2247 Abs. 4 BGB) |
| Vollendung des 18. Lebensjahrs | • Volljährigkeit<br>• Strafrechtliche Verantwortlichkeit als „Heranwachsender"<br>• Wehrpflicht<br>• Wahlrecht | • volle Geschäftsfähigkeit (§ 2 BGB), volle Testierfähigkeit, volle Deliktsfähigkeit, Ehemündigkeit, Prozessfähigkeit<br>• Unter bestimmten Voraussetzungen gemilderte Anwendung des materiellen Strafrechts auf 18–20 Jährige (§§ 1 Abs. 2, 105, 106 JGG).<br>• (§ 1 WehrpflG)<br>• Aktives und passives Wahlrecht für den Bundestag (Art. 38 GG). |
| Vollendung des 21 Lebensjahrs | • Volle strafrechtliche Verantwortlichkeit | • (§ 1 Abs. 2 JGG) = keine Anwendung des Jugendstrafrechts |

In höchstpersönlichen Angelegenheiten (z. B. Einwilligung in Operation, Weitergabe personenbezogener Daten, Schwangerschaftsabbruch) können Minderjährige und Betreute entsprechend ihrer Einsichts- und Handlungsfähigkeit auch ohne ihren gesetzlichen Vertreter verbindlich handeln.

Bei den Regelungen über Rauchen, Alkoholkonsum (ab 16 Jahre) und jugendgefährdender Schriften (abgestuft) geht es nicht um *Rechte* der Minderjährigen, sondern um *Pflichten* bestimmter Institutionen (Schule, Gaststätten, Kino, Zeitschriftenhandel) bei der Abgabe/Aufsicht (vgl. §§ 4 ff Jugendschutzgesetz). Die Personensorgeberechtigten können für den Minderjährigen einschränkendere oder großzügigere Regelungen treffen.

Getrennt hiervon ist zu prüfen, ob die Eltern bzw. andere aufsichtspflichtige Personen für den durch einen Minderjährigen verursachten Schaden haften müssen. Dies setzt aber ein *eigenes Verschulden* dieser Personen voraus. Die damit verbundenen Sorgfaltspflichten hinsichtlich der Beaufsichtigung von Kindern führen aber nicht zu einer hundertprozentigen Überwachungspflicht. Die Rechtsprechung hat vielmehr mehrfach bestätigt, dass es bei der Erziehung von Kindern keine hundertprozentige Überwachung geben kann. Erziehung zu einer eigenständigen und verantwortungsvollen Persönlichkeit erfordert vielmehr auch Vertrauen seitens des Erziehenden und Freiräume für den Minderjährigen. Deshalb kann auch bei ordnungsgemäßer Beaufsichtigung ein Fehlverhalten des Minderjährigen nicht immer verhindert werden. In § 832 BGB ist geregelt, dass aufsichtspflichtige Personen nicht haften, wenn sie den Nachweis erbringen, dass sie ihrer Aufsichtspflicht genügt haben oder der Schaden auch bei Beachtung der Aufsichtspflicht entstanden wäre (Exkulpationsbeweis). Im Ergebnis heißt dies, dass es Schadenverursachungen von Kindern und Jugendlichen gibt, für die weder die Minderjährigen noch die aufsichtspflichtigen Personen haftbar sind.

Aus den konkreten Umständen, insbesondere dem Alter, dem Entwicklungsstand und dem früheren Verhalten der Minderjährigen, aber auch aus den objektiven Gefahren ergibt sich der Umfang der konkreten Pflichten (z. B. sind besondere Vorkehrungen bei verhaltensauffälligen oder straffälligen Jugendlichen nötig). Nach § 832 Abs. 2 BGB gelten diese Grundsätze nicht nur für Eltern, sondern ebenso für Personen und Einrichtungen, die *durch Vertrag* zur Aufsicht verpflichtet sind. Das heißt, dass nicht nur Eltern, sondern auch Einrichtungen der Jugendhilfe und ebenso Erzieher bzw. Sozialpädagoginnen für Schäden durch Minderjährige einstehen müssen, wenn sie nicht nachweisen können, ihre Pflichten erfüllt zu haben. Die Einrichtung ist dafür verantwortlich, angemessene Organisationsstrukturen und Arbeitsbedingungen zu gewährleisten *(Organisationsverschulden)*. In vielen Fällen kann der Geschädigte wahlweise sowohl die Aufsichtsperson persönlich als auch die Einrichtung in Anspruch nehmen. Um diesen unüberschaubaren Risiken zu begegnen, ist der Abschluss einer Berufshaftpflichtversicherung allen Trägern der Jugendhilfe, aber auch jedem Mitarbeiter zu empfehlen. Soweit öffentliche Einrichtungen Leistungen der Kinder- und Jugendhilfe selbst erbringen, sind die hiervon abweichenden Grundsätze der Staatshaftung (Art. 34 GG i.V.m. § 839 BGB) zu beachten.

## 4. Gesetzliche Vertretung

### Minderjähriger

Generell kann jede Person sich, wenn sie geschäftsfähig ist, nach eigenem Belieben auf der Grundlage eines Rechtsgeschäfts (Vertrag) von einer anderen Person vertreten lassen. Dies ist Ausdruck seiner Freiheitsrechte. Man spricht insoweit von *gewillkürter Stellvertretung*. Im Unterschied hierzu ist für Minderjährige durch Gesetz verbindlich geregelt, *wer* deren Interessen zu vertreten hat. Nach § 1629 I BGB (vgl. auch Art. 6 Abs. 2 Grundgesetz) geschieht dies grundsätzlich durch die Eltern gemeinsam. Für den Fall, dass die Eltern nicht miteinander verheiratet sind, ist die Mutter alleine verantwortlich (§ 1626a II BGB). Die Eltern können in diesem Fall aber gegenüber einem Notar oder dem Jugendamt (öffentlich beurkundet) einvernehmlich erklären, dass sie die Verantwortung gemeinsam übernehmen wollen (§ 1626 a ff BGB). Bei getrennt lebenden Eltern kann die Sorge auch einvernehmlich oder durch Gerichtsbeschluss auf einen Elternteil übertragen werden (§ 1671 BGB).

Die Ausübung der elterlichen Sorge ist nicht nur ein Recht der Personensorgeberechtigten, sondern vor allem deren moralische und auch rechtliche *Pflicht* (vgl. § 1626 Abs. 1 BGB). Die Ausübung muss daher an dem Wohl des Kindes orientiert sein. Hierbei haben die Eltern das „wachsende Bedürfnis des Kindes zu selbständigem verantwortungsbewusstem Handeln" zu berücksichtigen und entsprechend dem Entwicklungstand „Fragen der elterlichen Sorge mit dem Kind zu besprechen und nach Möglichkeit Einvernehmen anzustreben" (§ 1626 Abs. 2 BGB). Ebenso sind Minderjährige „entsprechend ihrem Entwicklungstand an allen sie betreffenden Entscheidungen der öffentlichen Jugendhilfe zu beteiligen" (§ 8 Abs. 1 KJHG/SGB VIII). Diese Formen der „Beteiligung" und „Mitsprache" ändern aber nichts an der rechtlichen Vertretung durch die Eltern. Das heißt letztlich kommt es bei der Vertretung nach außen und in Angelegenheiten der Personensorge auf den Willen der Eltern an. Diese starke Position der Eltern bis zur Vollendung des achtzehnten Lebensjahres wird zu Recht kritisiert, da in einer gelingenden Erziehung die Verantwortung Jugendlicher allmählich wächst und zu fördern ist. Die letztlich starre Regelung ist somit lebensfern, hat aber den entscheidenden Vorteil, Klarheit gerade auch gegenüber Geschäftspartnern zu schaffen und schwierige Nachforschungen im Einzelfall über die Reife des Jugendlichen zu ersparen.

Die umfassende Verantwortung der Eltern für ihre minderjährigen Kinder umfasst auch die Befugnis, anderen Personen, z. B. Freunden, Kindergärten, aber auch Pflegeeltern und stationären Einrichtungen der Jugendhilfe (jederzeit widerruflich) Aufgaben zu übertragen. Diese handeln dann anstelle der Personensorgeberechtigten (vgl. § 1688 BGB).

Ein Eingriff in die grundsätzlich umfassende Verantwortung der Eltern ist nur durch einen Beschluss des Familiengerichts möglich. Gesetzliche Grundlage hierfür ist § 1666 BGB. Hiernach können zur Beseitigung oder Vermeidung einer erheblichen „Gefährdung des Kindeswohls" durch das Gericht Entscheidungen auch gegen den Willen der Eltern getroffen werden und ihnen, falls notwendig, die Personensorge insgesamt entzogen werden.

Für den Fall, dass den Eltern die Sorgeverantwortung durch Gerichtsbeschluss entzogen wurde (§ 1666 BGB) oder beide Eltern verstorben bzw. unauffindbar sind, wird auf Vorschlag des Jugendamtes durch das Vormundschaftsgericht von Amts wegen ein Vormund bestellt (§§ 1773 ff BGB). Dieser Vormund übernimmt dann, von wenigen Einschränkungen abgesehen (vgl. § 1793 ff BGB), die gesamte elterliche Sorge an Stelle der Eltern. Die Vormundschaft endet automatisch mit Vollendung des achtzehnten Lebensjahres. Von der Vormundschaft zu unterscheiden ist die Pflegschaft (z. B. Verfahrenspflegschaft in Gerichtsverfahren, bei vorrübergehender Abwesenheit ect). Ein Pfleger wird den Eltern als Unterstützung und Ergänzung zur Seite gestellt, ohne dass diese ihre Verantwortung für ihre Kinder vollständig oder auf Dauer verlieren (§§ 1909 BGB).

## Volljähriger

Grundsätzlich regeln Volljährige ihre Angelegenheiten selbst; ein Eingriff in ihre rechtliche Eigenverantwortung ist rechtswidrig. Eine Ausnahme besteht jedoch bei erheblicher psychischer oder körperlicher Beeinträchtigung aufgrund von Krankheit oder Alter. Hier besteht eine besondere *Fürsorgepflicht des Staates*, diese Personen zu schützen. Deshalb sind die Gerichte verpflichtet, nicht nur auf Antrag des Betroffenen, sondern auch von Amts wegen tätig zu werden. Die Betroffenen sehen hierin häufig die Gefahr einer „Entrechtlichung". Seit dem Jahr 1992 wurde die Rechtsstellung beeinträchtigter Menschen deutlich verbessert.

## Geschäftsunfähigkeit

Die Willenserklärung, die jemand abgibt, der „nicht im Stande ist, seinen Willen frei und unbeeinflusst von einer vorliegenden Geistesstörung zu bilden oder nach rationalen Einsichten zu handeln" (Definition der Rechtsprechung), ist nach §§ 104f BGB nicht wirksam. Hierdurch werden die betroffenen Personen vor nachteiligen Rechtsfolgen geschützt. Seit dem Jahr 1992 wird die Geschäftsunfähigkeit aber wegen ihrer diskriminierenden Wirkung nicht mehr generell durch Gerichtsbeschluss festgestellt. Eine *Entmündigung* Erwachsener gib es in Deutschland nicht mehr. Vielmehr muss im Einzelfall, wenn über die Wirksamkeit einer konkreten Erklärung gestritten wird, festgestellt werden, ob diese im Zustand einer vorrübergehenden oder ständigen Geschäftsunfähigkeit abgegeben wurde. Dies bedeutet ein erhebliches Risiko für Personen, die mit alten und kranken Menschen Geschäfte abschießen wollen, weil diese sich im Nachhinein möglicherweise auf ihre Geschäftsunfähigkeit berufen können. Nach der Rechtsprechung ist allerdings nur bei ganz erheblichen Beeinträchtigungen von einer Geschäftsunfähigkeit auszugehen.

## Rechtliche Betreuung

Von erheblich größerer praktischer Bedeutung sind Situationen, in denen ältere und kranke Menschen Unterstützung brauchen, damit ihre Angelegenheiten und Interessen wahrgenommen werden. Dies gilt insbesondere für die große Zahl pflegebedürftiger Menschen, die nicht in der Lage sind, ihre Angelegenheiten selbst wahrzunehmen. Für diese Menschen wird bei Bedarf durch das Vormundschaftsgericht ein Betreuer bestellt (§§ 1896 ff BGB). (In Württemberg werden diese Aufgaben teilweise durch die staatlichen Notare wahrgenommen.) Der Betreuer ist gesetzlicher Vertreter des Betreuten. Wann die Voraussetzungen für ein solches Einschreiten gegeben sind, ist bezogen auf den Einzelfall keineswegs leicht zu beurteilen. Eine Drogenabhängigkeit, leichtsinniges Verhalten (Verschwendungssucht, Selbsttötungsabsicht) oder auch Bequemlichkeit des Betroffenen reichen hierfür nicht aus. Eine allgemeine staatliche Überwachung gibt es ebenfalls nicht. Das Vormundschaftsgericht wird auf Antrag des Betroffenen selbst oder auf Grund von Hinweisen aus dessen Umfeld (häufig Angehörige, Pflegekräfte oder Nachbarn) tätig.

Der Betreuer ist verpflichtet, die Interessen des Betreuten wahrzunehmen. Dadurch werden aber die Rechte des Betreuten, im Unterschied zur früheren Rechtslage, grundsätzlich nicht eingeschränkt. Mit der Bestellung ist auch keine Beurteilung der Geschäftsfähigkeit oder des geistigen Zustands des Betreuten verbunden. Der Be-

## Gesetzliche Vertretung

treuer wird vielmehr *ergänzend* bzw. zusammen mit dem Betreuten tätig und hat den Willen des Betreuten zu beachten. Der Betreuer muss es somit auch hinnehmen, wenn der Betreute anders handelt als er es für richtig hält. Bei ernsten Konflikten kann der Betreuer im Interesse des Betreuten das Vormundschaftsgericht anrufen. Nur in ganz wenigen Fällen, in denen eine Gefahr besteht, dass die zu betreuende Person sich aufgrund einer geistigen Störung selbst schädigt, kann das Vormundschaftsgericht die Befugnisse des Betreuten einschränken (Einwilligungsvorbehalt § 1903 BGB). Dann sind Erklärungen des Betreuten nur wirksam, wenn der Betreuer vorher oder nachher zustimmt.

§ 1897 BGB sieht vor, dass die Betreuung in der Regel durch eine Person aus dem Umfeld des zu Betreuenden ehrenamtlich (lediglich Aufwandsentschädigung) wahrgenommen wird (ca. 80 % aller Betreuungen). Nur wenn dies nicht möglich ist, kommt ein Berufsbetreuer in Betracht (durch die Betreuungsstelle bei der Stadt/Landratsamt). Die Betreuung kann auch durch einen anerkannten Betreuungsverein erfolgen.

Aufgabe des Betreuers ist es nicht, pflegerische Aufgaben und alltägliche Dienste zu übernehmen. Die Betreuung bedeutet also keine Entlastung für soziale Dienste. Insoweit ist der Begriff missverständlich. Es geht ausschließlich um eine Betreuung in rechtsgeschäftlicher Hinsicht. Um Interessenkollisionen zu vermeiden, ist es sogar ausdrücklich verboten, dass Personen, die in einer Einrichtung tätig sind, in der der Betreute wohnt, die rechtliche Betreuung übernehmen (§ 1897 Abs. 3 BGB).

Im Unterschied zur früheren Vormundschaft (diese gibt es jetzt nur noch für Minderjährige) ist der Betreuer nicht mehr automatisch für alle Belange des Betreuten zuständig. Durch das Vormundschaftsgericht wird vielmehr nach persönlicher Prüfung durch den Richter festgelegt, auf welche Angelegenheiten sich die Betreuung zu erstrecken hat (z. B. Beantragung von Sozialhilfe oder Rente, Regelung von Unterhaltspflichten, Regelung von Miet- und Wohnungsangelegenheiten, Überwachung der Taschengeldverwendung in einem Heim, Abschluss eines Heimvertrages, Einwilligung in eine Heilbehandlung ...). Angelegenheiten von wesentlicher Bedeutung stehen generell unter einem *Genehmigungsvorbehalt* seitens des Gerichts (§ 1904 BGB). Außerdem darf ein Betreuer nur bestellt werden, soweit ein Vertretungs*bedarf* besteht. Wird z. B. ein alter Mensch in einem Krankenhaus oder bei Angehörigen versorgt, ohne dass rechtlich relevante Erklärungen (z. B. Einwilligung in Operationen, Kündigung einer Wohnung ect.) abgegeben werden müssen, besteht kein akuter Bedarf an einer gesetzlichen Vertretung. Es ist damit rechtlich in Ordnung, dass sehr viele Menschen, auch wenn sie offensichtlich ihre Angelegenheiten nicht selbst wahrnehmen können, keinen gesetzlichen Betreuer haben – eben wenn dies in der konkreten Lebenssituation nicht „erforderlich" (§ 1896 Abs. 2 BGB) ist. Obwohl in Deutschland ca. sechs Millionen Menschen von einer psychischen Krankheit betroffen sind, stehen deshalb nur ca. 300 000 Personen unter Betreuung. Nur in Ausnahmefällen darf eine umfassende Vertretung angeordnet werden. Die Betreuung wird durch das Gericht überwacht und ist maximal auf fünf Jahre zu befristen (danach erneute Prüfung).

Erforderlich ist eine Betreuung vor allem dann nicht, wenn der Betroffene selbst eine Person seines Vertrauens bevollmächtigt hat (gewillkürte Vertretung, hierzu bereits oben Seite 60). Eine solche Vollmacht kann *vorsorglich* erteilt werden, bevor der Betreuungsfall eintritt und sie hat Wirkung auch dann, wenn der Betroffene sich hierzu (z. B. aufgrund eines Unfalls oder einer fortschreitenden Krankheit) nicht mehr äußern kann. Durch eine solche Ermächtigung können dem Vertreter (häufig einem Verwandten oder einer andern Vertrauensperson) weitgehende Befugnisse übertragen werden. Die gesetzliche Vertretung (Betreuung) ist dann entbehrlich, soweit der Betroffene selbst Vorsorge getroffen hat. Solche *Vorsorgevollmachten* sind deshalb weitgehend zu einer wirkungsvollen Alternative zum gerichtlichen Betreuungsverfahren geworden. Diese Bevollmächtigung müssen nicht generell in einer bestimmten Form erfolgen (eine Bevollmächtigung kann unter Umständen auch vermutet werden). Schon um Unklarheiten zu vermeiden, den Nachweis der Befugnis zu sichern und eine Aufklärung des Betroffenen sicherzustellen, ist aber aus guten Gründen eine notarielle Beurkundung der Vorsorgevollmachten üblich geworden. Soll der Bevollmächtigte befugt sein, für eine andere Person auch in gefährliche ärztliche Maßnahmen oder freiheitsentziehende Maßnahmen einzuwilligen, ist eine schriftlich erteilte Vollmacht zwingend erforderlich. Außerdem muss die anstehende Maßnahme hiervon *ausdrücklich* erfasst sein (§ 1904 Abs. 2, § 1906 Abs. 5 BGB).

Anders als die Betreuung ist die Bevollmächtigung staatlicher Kontrolle entzogen. Lediglich wenn dem Vormundschaftsgericht bekannt wird, dass die bevollmächtigte Person gegen die Interessen der Betroffenen Person handelt oder ihre Kompetenzen überschreitet, hat es die Angelegenheit zu überprüfen und ggf. anstelle des Bevollmächtigten einen Betreuer zu bestellen.

### Eingriffe in die Selbstbestimmung durch das Vormundschaftsgericht

| Vormundschaft (§§ 1773–1895 BGB) | Betreuung (§§ 1896–1908 BGB) | Pflegschaft (§§ 1909–1921 BGB) |
|---|---|---|
| Umfassende Personen- und Vermögenssorge für einen Minderjährigen, anstelle der Eltern. | Teilweise oder auch vollständige Vertretung, neben oder anstelle der Geschäftsfähigkeit des Betreuten. | Wahrnehmung der Interessen eines Voll- oder Minderjährigen für einen speziellen Aufgabenkreis und vorübergehende Dauer. |
| • Vormundschaft ist zu unterscheiden von einer lediglich unterstützenden Beistandschaft durch das Jugendamt (1712 BGB), einer Regelung der elterlichen Sorge zwischen den Eltern (§ 1687 BGB) und der Regelung von Einzelfragen durch das Familiengericht (§§ 1666 f. BGB) | • Betreuung sagt nichts über die Geschäftsfähigkeit des Betreuten aus<br>• Die Befugnisse des Betreuers sind möglichst wenig weitgehend und differenziert zu umschreiben<br>• Wenn die Interessen des Betroffenen auch ohne Betreuung gewahrt sind (Vollmachten des Betroffenen, Versorgung durch Angehörige oder soziale Dienste), ist für die Bestellung eines Betreuers kein Raum | • Ergänzungspflegschaft (§ 1909 BGB)<br>• Abwesenheitspflegschaft (§ 1911 BGB)<br>• Pflegschaft über die Leibesfrucht (§ 1912)<br>• Pflegschaft f. unbekannte Beteiligte (§ 1913)<br>• Pflegschaft f. Sammelvermögen (§ 1914 BGB)<br>• Verfahrenspflegschaft (§§ 50, 67 FGG)<br>• Nachlasspflegschaft (§ 1960 BGB) |

Allein die gesetzliche Vertretung durch die Eltern entsteht ohne gerichtliche Prüfung. Die Bestellung des Vormunds, des Betreuers und des Pflegers erfolgt durch das Vormundschaftsgericht. Die Bestellung wird jeweils durch eine Urkunde dokumentiert. Das Vormundschaftsgericht wacht außerdem über die Ausübung der Personensorge. Für bestimmte (höchstpersönliche) Angelegenheiten ist die ausdrückliche Zustimmung des Gerichts erforderlich.

## Zwangsbefugnisse/Unterbringung

Der Betreuer bzw. Bevollmächtige ist berechtigt und verpflichtet, anstelle und soweit erforderlich und gerichtlich geregelt auch gegen den Willen des Betroffenen Entscheidungen zu treffen – soweit dies für das Wohl des Betreuten notwendig ist. Besonders problematisch sind Fälle, in denen Maßnahmen gegen den aktiven Widerstand des Betreuten ausgeführt werden oder er in seiner Bewegungsfreiheit eingeschränkt wird. Dabei handelt es sich um freiheitsbeschränkende Maßnahmen, die als Freiheitsberaubung (§ 239 StGB) strafbar sein können. Hierzu ist auch ein Vertreter/Betreuer nicht ohne weiteres befugt.

§ 239 StGB lautet:
*"Wer einen Menschen einsperrt oder auf andere Weise der Freiheit beraubt, wird mit Freiheitsstrafe bis zu fünf Jahren oder mit Geldstrafe bestraft."*

Die Befugnis, Angelegenheiten ohne oder gegen den Willen des Betroffenen zu entscheiden, ist keinesfalls identisch mit der Befugnis, diese auch *zwangsweise* gegen den Widerstand des Betroffenen durchzusetzen. Hierzu bedarf es vielmehr einer speziellen Ermächtigung. Freiheitsbeschränkende Maßnahmen sind nur zulässig, wenn der Betroffene hierin zuvor ausdrücklich eingewilligt hat, eine Notstandssituation gegeben ist (§ 34 StGB, also sofortiges Handeln nötig, um überragenden Schaden zu verhindern) oder ein entsprechender richterlicher Beschluss des Vormundschaftsgerichts vorliegt (vgl. Art. 104 GG).[8] Darüber hinaus muss die jeweilige Maßnahme in der konkreten Situation notwendig und verhältnismäßig sein. Die Gerichte prüfen in sehr strenger Weise, ob diese Voraussetzungen gegeben sind.

Freiheitsbeschränkende Maßnahmen sind z. B. Bettgitter, Fixierungen, Verschließen von Räumen oder Stationen, Verhinderung eines Ortswechsels durch körperliche Gewalt oder auch psychischen Druck, Verabreichung von Psychopharmaka, elektronische Meldesysteme oder die Wegnahme von Kleidern, Schuhen oder Hilfsmitteln, wenn der Betroffenen damit in seiner Bewegungsfreiheit eingeschränkt wird.

Eine besonders weitgehende Form der Freiheitsentziehung ist die geschlossene Unterbringung in einem Heim oder einem psychiatrischen Krankenhaus. Eine solche Unterbringung kommt zum Schutz des Unterzubringenden (*Selbstgefährdung*) oder zum Schutz der Allgemeinheit (*Fremdgefährdung*) in Betracht. Bei der Unterbringung wegen Fremdgefährdung handelt es sich um eine polizeiliche Maßnahme zur Aufrechterhaltung der öffentlichen Sicherheit und Ordnung. Sie erfolgt nach den Unterbringungsgesetzen/Psychiatriegesetzen der Länder, häufig auf Antrag der Ordnungsämter. Auch die sozialen Dienste können insoweit tätig werden. Sie sind hierzu aber nicht verpflichtet.

Freiheitsentziehende Maßnahmen wegen *Selbstgefährdung* sind nur auf der Grundlage des § 1906 BGB zulässig. Sie kommen nur in Betracht, wenn dies *zum Wohl des Betroffenen* unvermeidlich ist. Aufgrund der Freiheitsrechte (vgl. oben zur Bedeutung der Grundrechte Seite 30 ff.) kommt dabei dem tatsächlich geäußerten,

---

[8] Freiheitsentziehende Maßnahmen auf der Grundlage eines Strafverfahrens werden hier vernachlässigt. Die Strafgerichte werden nicht präventiv und auch nicht zum Schutz des Betroffenen, sondern in Folge einer bereits begangenen Straftat tätig.

# Rechtsfähigkeit, Handlungsfähigkeit, gesetzliche Vertretung, juristische Personen

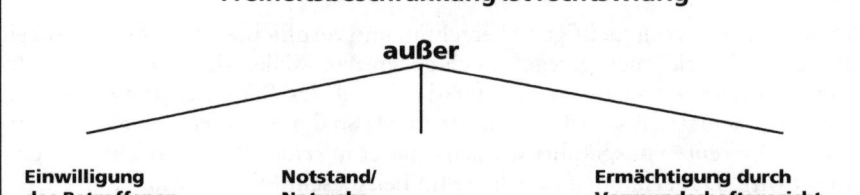

| Einwilligung des Betroffenen | Notstand/ Notwehr | Ermächtigung durch Vormundschaftsgericht |
|---|---|---|
| • jederzeit widerruflich<br>• nur schriftlich<br>• ausdrückliche Regelung | • Gefahr für wichtige Rechtsgüter<br>• sofortiges Handeln nötig<br>• Situation nicht vorhersehbar | • Betroffene kann eigenen Willen nicht bilden/äußern<br>• pers. Eindruck Richter<br>• Befristung auf max. 2 Jahre |

- Über eine Unterbringung können Mitarbeiter einer Einrichtung, auch wenn dies im Interesse des Betroffenen ist, nicht entscheiden (§ 1906 BGB).
- Freiheitsbeschränkende Maßnahmen dürfen allenfalls einmalig und nur von kurzer Dauer ohne richterliche Entscheidung angeordnet werden (§ 1906 Abs. 4 BGB).
- Im häuslichen Bereich ist für Angehörige eine ausdrückliche Ermächtigung entbehrlich (§ 1906 Abs. 4 BGB).
- Maßnahmen, die nicht dem Wohl des Betroffenen dienen (z. B. der Zeitersparnis für Pflegekräfte) oder unverhältnismäßig sind, sind immer rechtswidrig und strafbar.
- Für Zwangsmaßnahmen zum Schutz anderer Menschen sind die Polizeibehörden bzw. Gerichte zuständig (außer vorrübergehende Maßnahmen bei Gefahr im Verzug).

ersatzweise dem mutmaßlichen, Willen des Betroffenen entscheidende Bedeutung zu. So rechtfertigt nach der ständigen Rechtssprechung drohende Verwahrlosung kein Eingreifen gegen den Willen des Betroffenen. Auch eine akute Gesundheitsgefährdung rechtfertigt keine Zwangsmaßnahmen, wenn der Betroffene seinen Willen insoweit eigenverantwortlich und frei bilden kann.[9]

In § 1906 BGB werden zunächst die Vorrausetzungen für eine Unterbringung in hierfür speziell vorgesehene Einrichtungen beschrieben. Sie kommt überhaupt nur in Betracht, wenn eine Überwachung des Freiheitsentzugs durch einen Bevollmächtigten des Untergebrachten oder einen gesetzlichen Betreuer sichergestellt ist. Aber auch der Betreuer darf in eine Unterbringung nur auf der Grundlage einer Genehmigung durch das Vormundschaftsgericht einwilligen (Abs. 2). Der zuständige Richter muss den Betroffenen vorher persönlich anhören und sich einen Eindruck von der Situation verschaffen (i. d. R. durch Aufsuchen des Betroffenen in der Unterbringungseinrichtung). Durch eine Bevollmächtigung seitens des Betreuten (Vorsorgevollmacht) kann dieses Verfahren nur ersetzt werden, wenn sie schriftlich

---

[9] Etwas anderes gilt aber dann, wenn Eltern ihre Zustimmung zu lebensrettenden Maßnahmen für ihre Kinder versagen. Damit überschreiten sie nach der Rechtsprechung ihre elterlichen Befugnisse. Nur für die eigene Person kann man notwendige Hilfe verweigern. Lediglich aus religiösen Gründen ist teilweise ein etwas weiter gehendes Erziehungsrecht anzunehmen (z. B. Verweigerung von Bluttransfusionen für minderjährige Kinder durch Mitglieder der Zeugen Jehovas).

erfolgt ist und die Unterbringung hierin ausdrücklich erfasst ist (Abs. 5). Dabei ist zu beachten, dass der Untergebrachte eine Vollmacht jederzeit widerrufen kann.

Diese Bestimmungen des § 1906 BGB gelten aber auch für andere Einrichtungen (z. B. Altenheime, Pflegeheime), wenn freiheitsentziehende Maßnahmen „über einen längern Zeitraum oder regelmäßig" erfolgen (Abs. 4). Das heißt, auch hier dürfen z. B. Bettgitter eigenmächtig *allenfalls einmalig* angebracht werden, und altersverwirrte Menschen dürfen nur kurzfristig (nicht länger als ca. einen Tag) am Verlassen der Einrichtung gehindert werden. Für weitergehende Maßnahmen bedarf es auch hier einer richterlichen Genehmigung. Etwas anderes gilt nach dem Wortlaut des Gesetzes (Umkehrschluss aus Abs. 4) nur, wenn der Betroffene im *häuslichen Bereich* lebt. Angehörige dürfen dann auch auf Dauer ohne gerichtliche Genehmigung die Freiheit beschränken. Auch in diesen Fällen kann dies selbstverständlich immer nur erfolgen, soweit und solange dies im Interesse des Betroffenen unvermeidlich ist. Sonst wird der Straftatbestand des § 239 StGB erfüllt und die Angehörigen haben mit Strafverfolgung zu rechnen.

## 5. Juristische Personen

Nicht nur Personen können Träger von Rechten und Pflichten sein. Gerade im Wirtschaftsleben (aber nicht nur dort) besteht ein Bedürfnis nach einer eigenständigen Verantwortlichkeit von Institutionen, Firmen und Vereinen (z. B. GmbH, AG, eingetragener Verein). Im Recht sind hierfür bestimmte, recht unterschiedlich gestaltete Strukturen vorgesehen. Soweit eine eigene Rechtsfähigkeit besteht, spricht man von „juristischen Personen". Sie nehmen – mit gewissen Einschränkungen – am Rechtsleben teil wie „natürliche Personen" (Menschen). Von besonderem Interesse ist, durch wen juristische Personen vertreten werden und wer in welchem Umfang für Verbindlichkeiten haftet. Folgende Grundtypen von Personenzusammenschlüssen/Gesellschaften sind zu unterscheiden:

### BGB-Gesellschaft

Auf der Grundlage der Vertragsfreiheit können (geschäftsfähige) Menschen sich formfrei ganz entsprechend den jeweiligen Vorstellungen zusammentun, um im Rechtsverkehr aufzutreten und ein gemeinsames Ziel zu erreichen. Hier kann es z. B. darum gehen, gemeinsam (und damit kostengünstiger) Heizöl zu bestellen, gemeinsam Lotto zu spielen mit der Vereinbarung die Kosten und den möglichen Gewinn zu teilen, eine Mitfahrgemeinschaft zu regeln oder eine gemeinsame Reise zu planen. Die Verbindlichkeiten richten sich danach, was die beteiligten Personen untereinander vereinbart haben. Auch die Ausgleichspflicht für Einnahmen und Ausgaben richtet sich nach den individuellen Vereinbarungen. Ebenso kommt es im Verhältnis zu anderen Personen/Geschäftspartnern allein darauf an, was zwischen diesen Parteien vereinbart wurde. Das heißt, wenn jemand z. B. 4000 l Heizöl bestellt, ist er zur Abnahme der gesamten Menge verpflichtet, auch wenn er mit seinem Nachbarn vereinbart hatte, dass dieser die halbe Menge abnimmt. Etwas anderes gilt nur, wenn für den Lieferanten bei Vertragsschluss erkennbar ist, dass der Auftraggeber nur teilweise für sich und im Übrigen für den Nachbarn (als dessen Vertreter) handelt. Jemand kann nur mit Bindungswirkung für einen anderen etwas regeln, soweit er hierzu von diesem beauftragt wurde (Vollmacht). Zur Klarstellung regelt das BGB (§§ 705 BGB) lediglich, dass es jede Vertretung nach außen einer Bevollmächtigung bedarf und dass für Verbindlichkeiten im Zweifel alle gemeinsam einzustehen haben. Solche Gesellschaften werden häufig gebildet ohne schriftliche Form und auch, ohne dass die Beteiligten sich dessen bewusst sein müssten (vgl. Beispiel oben).

Es gelten die allgemeinen Regeln des Vertragsrechts, insbesondere der Stellvertretung. Eine eigene Rechtsperson ist die BGB-Gesellschaft nicht. Das bedeutet, wenn eine Gesellschaft etwas erwirbt, erwerben es tatsächlich die Mitglieder und für Verbindlichkeiten müssen sie mit ihrem Privatvermögen einstehen. Von besonderer Bedeutung ist, dass eine gemeinschaftliche Verpflichtung dazu führt, dass jeder gegenüber dem Geschäftspartner im Zweifel als *Gesamtschuldner* haftet (§ 427 BGB). Das heißt, der Gläubiger kann die Forderung in vollem Umfang von jedem beliebigen Gesellschafter einfordern (§ 421 BGB). Zum Schutz des Rechtsverkehrs wird ihm nicht zugemutet, die Forderung gegenüber einer möglicherweise größeren Zahl von Gesellschaftern anteilsmäßig durchzusetzen. Dies müssen die Mitglieder einer BGB-Gesellschaft vielmehr untereinander regeln. Für jedes Mitglied bedeutet dies das Risiko, für die gesamten Verpflichtungen der Gemeinschaft in Anspruch genommen zu werden. Das heißt, wenn jemand ausdrücklich für sich und seinen Nachbarn eine Lieferung von 4000 Liter Heizöl bestellt, kann der Lieferant von jedem der beiden den vollen Kaufpreis einfordern. Von Bedeutung ist dies vor allem, wenn ein Gesellschafter nicht zahlungsfähig ist. Hinzukommt, dass der tatsächlich Handelnde allein persönlich verpflichtet ist, falls er – möglicherweise unwissend – seine Kompetenzen überschreitet, also ohne Vertretungsmacht handelt.

Häufig liegt eine BGB-Gesellschaft vor, wenn mehrere Fachkräfte einen Pflegedienst gemeinsam aufbauen, eine Elterninitiative Kinderbetreuung eigenverantwortlich regelt oder eine Freizeit für Jugendliche organisiert wird. Die gleichen Grundsätze gelten, wenn sich eine größere Anzahl von Personen zu einem (nicht eingetragenen) Verein zusammenschließt (§ 54 BGB).

## Verein

Im Unterschied zur BGB-Gesellschaft liegt ein Verein nur vor, wenn bestimmte, klare Organisationsformen erfüllt sind. Zu unterscheiden ist zwischen dem *nicht rechtsfähigen* (nicht im Vereinsregister eingetragenen) Verein und dem *rechtsfähigen* (im Vereinsregister eingetragenen Verein).

Der Verein ist der Zusammenschluss mehrerer Personen zur Erfüllung eines beliebigen gemeinsamen Zweckes. Wesentliches Merkmal eines Vereins ist, dass die Mitglieder nach demokratischen Grundsätzen die Ziele und die Art der Aufgabenerfüllung bestimmen. Man unterscheidet zwischen ideellen und wirtschaftlichen Vereinen. Die Verfassung des Vereins muss in einer Satzung schriftlich festgelegt und die Geschäftsführung durch einen Vorstand geregelt sein. Im Unterschied zum eingetragenen Verein müssen aber keine bestimmten formalen Voraussetzungen (z. B. über Mindestmitgliederzahl) zwingend erfüllt sein.

Im Unterschied zur BGB-Gesellschaft ist seine Existenz von einem Wechsel der Mitlieder unabhängig. Da mit der Gründung eines Vereins ein gewisser Organisa-

# Juristische Personen

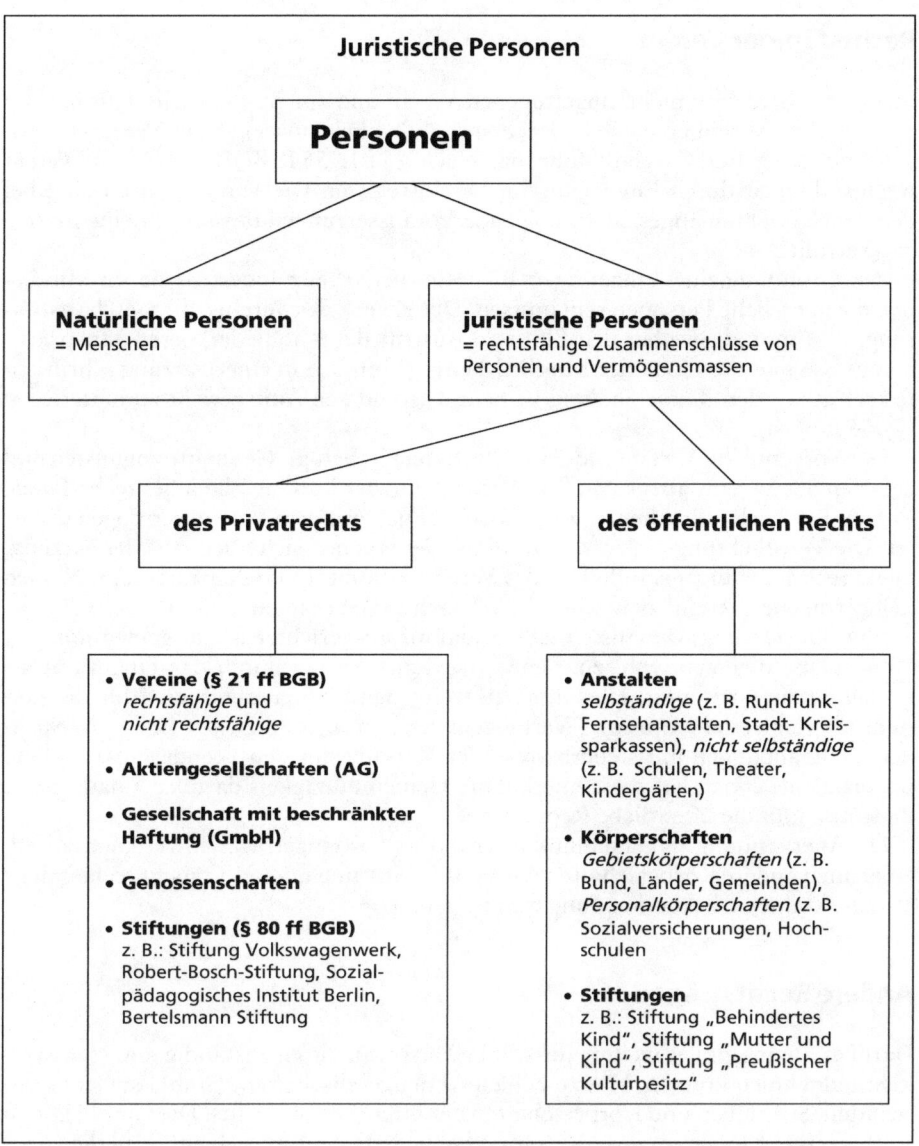

tionsaufwand verbunden ist, empfiehlt sich die Gründung eines Vereins nur, wenn es darum geht, für eine größere Zahl von Beteiligten gemeinsame Regeln festzulegen und davon auszugehen ist, dass der Verein eine gewisse Dauer bestehen wird. Da auch hier die oben geschilderten Haftungsprobleme bestehen, ist der nicht rechtsfähige Verein nur sinnvoll, wenn die Tätigkeit des Vereins nicht mit größeren Haftungsrisiken verbunden ist.

## Rechtsfähiger Verein

Im Unterschied zum nicht eingetragenen Verein und zur BGB-Gesellschaft hat der eingetragene Verein eine eigene Rechtspersönlichkeit, mit eigenem Vereinsvermögen und geregelter Geschäftsführung. Nach §§ 21, 55 ff BGB erlangt ein Verein Rechtsfähigkeit durch Eintragung im Vereinsregister. Die Vereinsregister sind bei den Amtsgerichten angesiedelt. Folgende Voraussetzungen müssen für eine Eintragung erfüllt sein:

Zur Gründung eines eingetragenen Vereins bedarf es mindestens sieben Mitglieder, die natürliche Personen sein müssen. Der Zweck des Vereins, die Geschäftsführung, Bestimmungen über den Ein- und Austritt der Mitglieder, deren Mitsprachebefugnisse und die Höhe der Mitgliedsbeiträge müssen in einer Satzung schriftlich festgelegt werden. Diese Satzung ist beim zuständigen Amtsgericht zu hinterlegen (§§ 55 ff BGB).

Der Vorstand des Vereins (oder sein Vertreter) ist befugt, Geschäfte zugunsten und zulasten des Vereins abzuschließen. Vertragspartner ist dann allein der rechtsfähige Verein. Für Verbindlichkeiten wird ausschließlich mit dem Vereinsvermögen gehaftet. Die Verpflichtungen der Vereinsmitglieder ergeben sich allein aus der Satzung. Diese rechtliche Eigenständigkeit des Vereins kommt durch den Zusatz im Namen „eingetragener Verein" bzw. kurz „e. V." nach außen erkennbar zum Ausdruck.

Eine Einrichtung, die ausschließlich darauf ausgerichtet ist, in gemeinnütziger Weise dem Allgemeinwohl zu dienen, wird auf Antrag durch das Finanzamt als gemeinnützig anerkannt. Dies führt zu weitgehender Steuerbefreiung für die Einrichtung (Gewerbe-, Umsatz-, Vermögenssteuer u. a.) und zu der Befugnis, Spendenbescheinigungen mit steuerbefreiender Wirkung für den Spender auszustellen. Im sozialen Bereich hat diese anerkannte Gemeinnützigkeit darüber hinaus große Bedeutung für die öffentliche Reputation.

Die Anerkennung als gemeinnützig wird vor allem eingetragenen Vereinen zu Teil. Aber auch andere Körperschaften wie GmbH, Stiftung und selbst nicht rechtsfähige Vereine können die Anerkennung beantragen.

## Andere Rechtsträger

Darüber hinaus gibt es weitere juristische Personen, die eigenständig am Rechtsverkehr teilnehmen können. Hierzu zählen Aktiengesellschaften, GmbH's, Genossenschaften, Stiftungen und Körperschaften des öffentlichen Rechts. Die GmbH hat im Rechtsverkehr (auch im Sozialwesen) erhebliche Bedeutung erlangt, weil die Gläubiger hier die Sicherheit haben, dass ein gewisses Kapital als Haftungsmasse zur Verfügung steht (Stammkapital), andererseits die Haftung aber auf dieses Kapital beschränkt ist und damit die finanziellen Risiken für den Betreiber überschaubar bleiben. Im Einzelnen kann auf diese Fragen hier nicht eingegangen werden. (Zu Körperschaften des öffentlichen Rechts vgl. unten Seite 123).

## Literaturhinweise zur Vertiefung :

*Bienwald, Werner:* Betreuungsrecht (1999).
*Claussen, Hans u. a.:* Aufsichtspflicht und Aufsichtspflichtverletzung unter besonderer Berücksichtigung von Einrichtungen der Jugendhilfe (1995).
*Falterbaum, Johannes:* Caritas und Diakonie (2000).
*Jürgens, Andreas u. a.:* Das neue Betreuungsrecht (1999).
*Kienzle, Theo:* Das Recht in der Heilerziehungs- und Altenpflege (2000).
*Knittel, Bernhard:* Betreuungsrecht (1999).
*Zimmermann, Walter:* Betreuungsrecht von A–Z (2000).

# IV. Verwaltungshandeln

Zu Kapitel IV: Übungsfall 6 (Gefährdung der Existenzgrundlagen) Seite 208 ff. und Übungsfall 7 (Unklarheiten im Sozialamt) Seite 213 ff.

## 1. Einheitlichkeit der Regelungen

Ganz unterschiedliche Bereiche fallen in den Verantwortungsbereich öffentlicher Verwaltung: z. B. Einwohnermeldebehörden, Steuerbehörden, Polizei, Baurechtsbehörden, Gerichte, Ausländerbehörden, Jugend-/Sozialämter, Schulen, Hochschulen, Kindergärten, Krankenhäuser usw. Ganz offensichtlich werden hier sehr unterschiedliche Aufgaben wahrgenommen. Gemeinsam ist diesen Einrichtungen, dass in öffentlicher Verantwortung und durch öffentliche Finanzierung Aufgaben im Interesse der Gemeinschaft wahrgenommen werden. Für die sozialen Belange gibt es hier eine Gesamtverantwortung, die in vielfältigen Strukturen und zahlreichen Leistungsträgern zum Ausdruck kommt.

Man kann Behörden unter anderem danach unterscheiden, ob sie in die Rechte des Bürgers eingreifen (*Eingriffsverwaltung*) oder Leistungen erbringen (*Leistungsverwaltung*). Bei genauerer Betrachtung zeigt sich aber, dass in fast allen Behörden beide Elemente eine Rolle spielen: Verbrechensbekämpfung durch die Polizei führt zu Eingriffen in die Freiheit Einzelner, ist aber gleichzeitig eine Leistung für die Gesamtheit der schutzbedürftigen Bürger. Das Jugendamt ist überwiegend geprägt von Leistungsangeboten zur Förderung von Kindern und Jugendlichen, aber es bestehen auch Eingriffsbefugnisse gegenüber Eltern und Jugendhilfeeinrichtungen, wenn konkrete Gefahren für das Kindeswohl bestehen. Ebenso kann man unterscheiden, ob die Verantwortung für einen bestimmten Bereich beim Bund, einem Bundesland oder der Kommune liegt. Auch hinsichtlich dieser Zuständigkeiten gibt es häufig Überschneidungen, die teilweise nur mit erheblicher Sachkenntnis auseinandergehalten werden können (hierzu unten Seite 115 ff).

Trotz dieser Unterschiedlichkeiten ist die öffentliche Verwaltung überwiegend geprägt von *einheitlichen Grundsätzen*. Die bereits behandelten verfassungsrechtlichen Grundsätze (insbesondere Bindung an das Gesetz, Verhältnismäßigkeitsprinzip, Gleichbehandlungsgrundsatz, Neutralitätsgebot) sind selbstverständlich in allen Bereichen stets zu beachten (vgl. insoweit oben Seite 37 ff). Im Folgenden geht es nun darum, *wie* die Bindung an das Gesetz (*Gesetzesvorbehalt*) umgesetzt wird, welche Probleme und Spielräume hierbei bestehen. Dies sind weitgehend allgemeine Regelungen, die über die Funktionsweise öffentlicher Verwaltung Aufschluss geben. Soweit für Sozialbehörden gegenüber der allgemeinen Verwaltung Besonderheiten gelten, wird jeweils darauf hingewiesen.

Auch bei diesen Regelungen geht es im Wesentlichen darum, dass der Bürger einen Anspruch darauf hat, dass die öffentliche Behörde gemäß den gesetzlichen Vorschriften mit ihm verfährt. Verwaltungshandeln ist die Nagelprobe für das Selbstverständnis eines Staates.

## 2. Freie und gebundene Verwaltung

### Überblick

Auf der Grundlage der strengen Bindung der Verwaltung an das Gesetz (zum Gesetzesvorbehalt vgl. oben Seite 38 ff), die durch die Methode der Subsumtion (vgl. oben Seite 26 ff) umgesetzt wird, ist Verwaltungshandeln im Einzelnen recht unterschiedlich geregelt. Häufig ist die Verwaltung verpflichtet, bei Vorliegen bestimmter Voraussetzungen in einer ganz exakt vorgeschriebenen Weise zu handeln, z. B. eine bestimmte Leistung zu erbringen oder einem Antrag stattzugeben.

Es gibt zahlreiche Vorschriften, die unklare oder mehrdeutige Begriffe verwenden oder der Verwaltung ausdrücklich Beurteilungs- und Handlungsspielräume einräumen. Besteht allerdings aufgrund einer gesetzlichen Regelung für die Verwaltung ein Spielraum und übt sie diesen im vorgeschriebenen Rahmen aus, so ist das Handeln der Verwaltung in *soweit* einer rechtlichen Kontrolle entzogen. Zu unterscheiden sind hierbei:

**unbestimmte Rechtsbegriffe,**
**Beurteilungsspielräume und**
**Ermessensspielräume.**

Wenn durch das Gesetz (oder die Gesetze) genau bestimmt ist, welche Leistung bzw. Handlung in Anbetracht einer konkreten Situation zu erbringen ist, spricht man von *gebundener Verwaltung*. Steht der Verwaltung jedoch nach dem Gesetz ein eigener Entscheidungsspielraum darüber zu, welche Leistung gegenüber dem Bürger erbracht wird, spricht man von *freier Verwaltung*. Diese Begriffe sind insofern missverständlich, als auch bei der „freien Verwaltung" eine Bindung an die Gesetze und allgemeinen Grundsätze des Verwaltungshandelns besteht. Ein Ermessen muss immer *pflichtgemäß* ausgeübt werden (hierzu unten). Es ist lediglich danach zu unterscheiden, ob und wieweit einer Behörde in Anwendung der gesetzlichen Vorgaben ein eigener Beurteilungs- bzw. Ermessensspielraum verbleibt.

Für den Sozialarbeiter/Sozialpädagogen ist es wichtig zu wissen, wann welche Entscheidungsspielräume bestehen, weil hierdurch Freiräume, aber auch Pflichten entstehen, in eigener Verantwortung tätig zu werden. Aber auch um zu vermeiden, dass getroffene Entscheidungen durch die Gerichte später korrigiert werden. Hierzu ist es allerdings erforderlich, dass die entsprechenden Vorschriften zutreffend erkannt und fehlerfrei ausgelegt werden. Sowohl das Nichterkennen von Gestaltungsspielräumen als auch die Ausnutzung vermeintlicher Freiräume beeinträchtigt effektives sozialarbeiterischen und sozialpädagogisches Handeln. Wenn Sozialarbeiter/Sozialpädagogen nicht in der Lage sind, Rechtsnormen eigenständig zu beurteilen, so sind sie in der Praxis leicht Verwaltungsfachleuten ausgeliefert, die die vorhandenen Wertungsmöglichkeiten möglicherweise nach ganz anderen, aber ebenfalls rechtmäßigen Kriterien auszuschöpfen verstehen.

Die entscheidende Frage ist also, wann der Sozialverwaltung die Wahl zwischen unterschiedlichen Handlungsmöglichkeiten offen steht. Eine andere, ebenfalls wichtige Frage ist, welche Person innerhalb einer Einrichtung diese Beurteilungen vornimmt (z. B. Sozialarbeiter/Sozialpädagoge, Einrichtungsleiter oder Verwaltungsbeamte). (Hierzu weiter unten insbesondere Seite 75 und Seite 79).

## Unbestimmte Rechtsbegriffe

Obwohl Gesetzestexte so exakt wie möglich verfasst werden, gibt es zahlreiche Bestimmungen, die zwar *nach der Formulierung* keinen Entscheidungs- oder Handlungsspielraum für den Rechtsanwender vorsehen, aufgrund der verwendeten Begriffe aber dennoch unterschiedlichen Interpretationen zugänglich sind. Eine zweifelsfreie Anwendung ist hier also nicht in allen Fällen ohne weiteres möglich. Häufig handelt es sich hierbei um Begriffe, die einerseits rechtliche Fachbegriffe sind, ihren Sinn und ihre rechtliche Bedeutung aber erst durch ihren umgangssprachlich bzw. fachspezifisch geprägten Inhalt erhalten. Eindeutiger ist es in diesem Zusammenhang von unbestimmten *Gesetzes*begriffen zu reden. Da sich aber die Bezeichnung „unbestimmte Rechtsbegriffe" weitgehend durchgesetzt hat, wird dieser Sprachgebrauch hier beibehalten.

Solche *„unbestimmten Rechtsbegriffe"* gibt es in allen Rechtsbereichen, angefangen von Art. 1 GG „Würde des Menschen" über „Wohl des Kindes" in § 27 Abs. I KJHG und § 1666 BGB bis hin zu „notwendiger Lebensunterhalt" in § 11 BSHG, „Erziehung zu einer eigenverantwortlichen und gemeinschaftsfähigen Persönlichkeit" in § 1 KJHG oder der „Beeinträchtigung der öffentlichen Sicherheit und Ordnung oder sonstiger erheblicher Interessen der BRD" in § 45 AuslG. Im Bereich der Kinder- und Jugendhilfe und des Sozialhilferechts kommt unbestimmten Rechtsbegriffen eine besonders große Bedeutung zu (z. B. „geeignete und notwendige Hilfe", „erzieherischer Bedarf"), weil man nur so der vielfältigen sozialen Wirklichkeit gerecht werden kann. An der Auslegung dieser Begriffe entscheidet sich die Rechtmäßigkeit ganz konkreter Maßnahmen. Erst durch eine Interpretation von Begriffen, die im Gesetzes verwendet sind, erschließt sich deren Inhalt.

Der Rechtsanwender kann nicht durch eine „freie Beurteilung" auswählen, was unter den rechtlich normierten Tatbestand „Kindeswohl" zu verstehen oder wann die „öffentliche Sicherheit und Ordnung" gefährdet ist. Wohl aber besteht das Recht und die Pflicht, in einer eigenständigen Überprüfung festzustellen, ob die Besonderheiten des jeweiligen Lebenssachverhalts den (nicht vollständig festgelegten) Kriterien des Gesetzes entspricht. Die Verwaltung ist dabei allerdings zu einer möglichst *objektiven* Beurteilung verpflichtet und hat sich darum zu bemühen festzustellen, was der *Gesetzgeber* unter den verwendeten Begriffen verstanden wissen will. D. h., dass im Konfliktfall die Anwendung dieser unbestimmten Rechtsbegriffe in vollem Umfang durch die *Gerichte überprüft* wird. Deshalb sind bei der Anwendung solcher Rechtsnormen die von der Rechtsprechung entwickelten, oft ins Detail gehenden Auslegungskriterien uneingeschränkt zu berücksichtigen. In Zweifelsfragen sollte man ein Lehrbuch oder einen Kommentar zu Rate ziehen, um sich über die anerkannten Auslegungskriterien kundig zu machen.

Häufig ist die Bedeutung unbestimmter Rechtsbegriffe durch Heranziehung anderer Rechtsnormen (*Ergänzungsnormen, Gegennormen*) eindeutig oder jedenfalls eindeutiger bestimmbar. Diese müssen dann zum Verständnis der Rechtsnorm herangezogen werden.

In § 11 I S. 1 BSHG etwa heißt es: „Hilfe zum Lebensunterhalt ist dem zu gewähren, der seinen notwendigen Lebensunterhalt nicht oder nicht ausreichend aus eigenen Mitteln beschaffen kann." Diese Vorschrift kann nur angewendet werden, wenn klar ist, was unter „notwendigem Lebensbedarf" zu verstehen ist und wann jemand diesen nicht aus „eigenen Mitteln beschaffen kann". § 12 BSHG umschreibt, welche Aufwendungen zu berücksichtigen sind: „Ernährung, Unterkunft, Kleidung, Körperpflege ...", aber auch „Beziehungen zur Umwelt und eine Teilnahme am kulturellen Leben" „in vertretbarem Umfange".

Weitere Ergänzungsnormen regeln innerhalb des BSHG detailliert, welche Mittel als „eigene" vorrangig einzusetzen sind (z. B. Einsatz der Arbeitskraft, § 18 I; Vermögen und Einkommen des Ehepartners, § 11 I S. 2) und wann dem Bedürftigen eine Arbeitsaufnahme zur Sicherung des Lebensunterhalt nicht zuzumuten ist (§ 18 III). Insoweit werden die Begriffe des § 11 I durch andere Rechtsnormen bzw. Verordnungen zumindest teilweise allgemeinverbindlich (objektives Recht) bestimmt und sind einer Beurteilung durch den Normanwender entzogen.

Darüber hinaus wird der sich aus § 11 BSHG ergebende Anspruch auf Hilfe zum Lebensunterhalt eingeschränkt durch die Regelungen in § 2 BSHG. Durch diese Gegennorm wird bestimmt, dass auch derjenige keine Sozialhilfe erhält, der bei fehlenden eigenen Kräften und Mitteln „Hilfe von anderen, besonders von Angehörigen oder von Trägern anderer Sozialleistungen erhält" (§ 2 Abs. 1 BSHG).

Der insoweit anerkannte Grundbedarf wird durch die Regelsatzverordnung (Rechtsverordnung zu § 22 BSHG) auf der Grundlage hypothetischer und generalisierender Berechnungen durch die Länder jedes Jahr neu verbindlich festgelegt. Dabei wird vernachlässigt, dass erhebliche Unterschiede bestehen, was jemand subjektiv tatsächlich zur Deckung seines Grundbedarfs benötigt, obwohl grundsätzlich das individuelle Bedarfsdeckungsprinzip im Sozialhilferecht gilt. Bei Asylbewerbern wird nach dem Asylbewerberleistungsgesetz generell davon ausgegangen, dass ein deutlich geringerer Betrag als der durch das betreffende Bundesland festgesetzte Grundbedarf ebenfalls zum Lebensunterhalt ausreicht. Mögen diese Regelungen auch inhaltlich problematisch und deren Rechtmäßigkeit im Einzelnen selbst unter Fachleuten umstritten sein, so ergibt sich aus diesen Normierungen dennoch kein Beurteilungsspielraum für den Rechtsanwender. Die gesetzlichen Vorschriften enthalten vielmehr Wertungen, die für die Verwaltung nicht zur Disposition stehen. Eine Änderung der Rechtslage kann hier nur durch die Politik oder eine gerichtliche Einschränkung der Rechtsnormen erfolgen, nicht aber durch eine eigenständige Interpretation des Gesetzestextes seitens des Rechtsanwenders.

## Beurteilungsspielraum

Aufgrund der unabsehbaren Vielgestaltigkeit möglicher Einzelfälle und der sich ständig ändernden Lebenssituationen werden unbestimmte Rechtsbegriffe immer wieder mit neuen Inhalten gefüllt, was frei von Wertungen oft gar nicht möglich ist. So gibt es z. B. unbegrenzt viele unterschiedliche Faktoren, die unter Berücksichtigung der individuellen Situation eine „Gefährdung des Kindeswohls" im Sinne des § 1666 BGB bedeuten können. Nicht immer sind solche Entscheidungen einer objektiven Überprüfung zugänglich. Die Rechtsanwendung ist vielmehr in vielen Fällen ein von Situationen und Personen abhängender, einmaliger Vorgang. Systematisch handelt es sich hierbei um Bereiche, in denen die *Sachverhaltsfeststellung* und die Zuordnung zu einem *Tatbestand (Subsumtion)* besonders eng miteinander verzahnt sind. Von der Rechtsprechung wird anerkannt, dass in einigen Normbereichen ein eigenständiger *Beurteilungsspielraum* besteht. Insoweit findet nur eine eingeschränkte gerichtliche Kontrolle statt. Insbesondere gilt dies, wenn die Anwendung unbestimmter Rechtsbegriffe eine Prognose oder die Einschätzung einer Gefahr erfordern („wenn zu erwarten ist", „voraussichtlich" „Gefährdung der Existenzgrundlagen"), ein Urteil in besonderem Maße von der fachlichen Eignung oder der persönlichen Erfahrung einer Person abhängen (z. B. Prüfungen, Beurteilung, ob eine Schrift jugendgefährdend ist) oder Situationen nicht rekonstruierbar sind. Aus guten Gründen wird gefordert, den Fachkräften der Sozialen Arbeit vermehrt Beurteilungsspielräume zuzuerkennen. Gerade in der Sozialen Arbeit zeigt sich, dass in vielen Fällen eine subjektiv geprägte Bewertung durch die Fachkraft unvermeidlich ist, ja die Basis für eine erfolgreiche Kooperation mit dem Klienten sein kann. Allerdings muss man auch sehen, dass damit die Möglichkeiten des Bürgers, eine umfassende Rechtskontrolle herbeizuführen, erheblich eingeschränkt werden.

Eine trennscharfe Unterscheidung zwischen unbestimmten Rechtsbegriffen mit und ohne Beurteilungsspielraum ist nicht möglich. Ebenso ist häufig umstritten, in welchem Umfang ein Beurteilungsspielraum besteht. Das Jugendamt hat z. B. nach sozialpädagogischen Kriterien festzustellen, welche Hilfe zur Erziehung (§ 27 ff KJHG/SGB VIII) für ein bestimmtes Kind „notwendig und geeignet" ist. Unklar ist aber, ob bei Rechtsstreitigkeiten hierüber ein Gericht festzustellen hat, welche konkrete Maßnahme angezeigt ist. Zum Teil wird die Auffassung vertreten, dass das Gericht sich auf die reine *Rechtsfehlerkontrolle* zu beschränken hat. Das Gericht kann demnach – ähnlich wie bei Ermessensentscheidungen – die Entscheidung des Jugendamtes bei Rechtsfehlern lediglich aufheben und das Jugendamt verpflichten, unter Beachtung der Rechtsauffassung des Gerichts, eine neue Entscheidung herbeizuführen. Nach der anderen Ansicht hat das Gericht, wie auch sonst, wenn es um die Auslegung und Anwendung unbestimmter Rechtsbegriffe geht, seine eigene Einschätzung an die Stelle der Beurteilung des Jugendamts zu setzen.

Die Rechtsprechung ist in jüngerer Zeit auch in den Bereichen der Sozialen Arbeit zurückhaltend mit der Anerkennung solcher Beurteilungsspielräume. In der Praxis beziehen die Richter aber bei ihrer Entscheidungsfindung häufig die Sozialbehörden, gerade wenn es um sozialarbeiterische Beurteilungen geht, mit ein oder fordern sie zu weiterer, eigenständiger Aufklärungsarbeit auf, so dass die Verantwortlichkeiten des Gerichts und der Behörde ineinander greifen. Welche „Kontrolldichte" im Einzelnen durch die Gerichte herzustellen ist, bleibt allerdings weitgehend unklar und wird von den Gerichten uneinheitlich gehandhabt. In Problemfällen sollte man sich mit Hilfe eines Gesetzeskommentars soweit wie möglich kundig machen.

In der Praxis ist es häufig – gerade wenn es nicht zu einer gerichtlichen Überprüfung kommt – von erheblicher Bedeutung, durch *wen* diese interpretationsbedürftigen, unbestimmten Rechtsbegriffe – sei es mit oder ohne Beurteilungsspielraum – angewendet werden. Häufig werden diese auf die gesetzlichen Tatbestände bezogenen Auslegungs- und Anwendungsspielräume mit einem echten, eigenen Ermessensspielraum der Verwaltung verwechselt (hierzu im Folgenden).

## Ermessensspielraum

In zahlreichen Rechtsnormen wird die Verwaltung ermächtigt und zugleich verpflichtet, in *eigener Verantwortung* darüber zu entscheiden, ob bzw. in welcher Weise sie handelt. Man spricht hier von Ermessenseinräumung zugunsten einer bestimmten Behörde/Einrichtung oder Person.

Dies erkennt man an der Formulierung im Gesetz, dass eine Maßnahme getroffen werden „kann". Manchmal heißt es auch, dass eine Institution etwas tun „darf", zu einem bestimmten Verhalten „befugt" beziehungsweise „berechtigt" ist oder eine Entscheidung im „pflichtgemäßen Ermessen" erfolgt. Außerdem kann sich die Einräumung eines Ermessens auch aus der Aufzählung von unterschiedlichen Handlungsalternativen ergeben. Mit gewissen Einschränkungen weist auch das Wort „soll" auf einen verwaltungsinternen Ermessensspielraum hin (genauer unten Seite 78).

Ein solcher Entscheidungsspielraum kann auch dann bestehen, wenn für verwaltungsrechtliche Rechtsbeziehungen gesetzliche Regelungen fehlen oder bestehende Regelungen lückenhaft sind. Anders als bei der Interpretation unbestimmter Rechtsbegriffe geht es hierbei nicht um die Zuordnung eines konkreten Lebenssachverhaltes unter eine Rechtsnorm (*Subsumtion*), sondern unter der Voraussetzung der Anwendbarkeit einer bestimmten Norm um einen Spielraum auf der *Rechtsfolgenseite*.

Auf diese Weise wird der Verwaltung die Möglichkeit zur eigenverantwortlichen Entscheidung über bestimmte Rechtsfolgen eingeräumt. Bei der Ausübung des Ermessens können konkrete Wünsche des Bürgers, aber auch die Interessen der Verwaltung den Ausschlag geben. Im Ergebnis kann so ein höheres Maß an Einzelfallgerechtigkeit und Effizienz erzielt werden, als dies bei eindeutigen generellen Regelungen im Gesetz ohne Ermessensspielraum möglich wäre. Im Wege *interner Verwaltungsvorschriften* wird gleichwohl häufig eine einheitliche Handhabung vorgegeben, was auch nach dem Prinzip der Gleichbehandlung häufig geboten ist. Dann liegt die Ausübung des Ermessens insgesamt nicht mehr bei dem mit einem konkreten Klienten befassten Mitarbeiter, sondern bei der jeweiligen Einrichtung.

Häufig wird davon gesprochen, dass die Gewährung einer Maßnahme im „freien Ermessen" stehe. Gemeint ist hiermit, dass bei einem bestimmten Sachverhalt nicht eine bestimmte, sondern mehrere unterschiedliche Handlungsweisen im Gesetz vorgesehen sind, zwischen denen die Verwaltung, oft der jeweilige Sachbearbeiter/Betreuer, zu wählen hat, ohne dass das Gesetz konkrete Alternativen vorgibt. Die Ermessensausübung im Zusammenhang öffentlicher Verwaltung ist allerdings auch in diesen Fällen aufgrund der Gesetzesbindung der Verwaltung (hierzu oben Seite 38 f) niemals „völlig frei", sondern sie ist immer an eine *pflichtgemäße* Ausübung bei jeder Ermessensausübung gebunden. D. h., dass immer die gesetzlichen Zielbestimmungen der zu erfüllenden Aufgaben (Verfassungsgrundsätze, Verhältnismäßigkeitsgrundsatz, Gleichbehandlungsgrundsatz, Neutralitätsgebot) und behördeninterne Richtlinien zu beachten sind. Außerdem kann sich eine Festlegung aus vorausgegangenem Handeln in vergleichbaren Fällen ergeben. Deshalb ist es missverständlich, von „freier" Verwaltung überhaupt zu sprechen.

Dies zeigt sich z. B. im Kinder- und Jugendhilferecht, wo es zahlreiche Ermessensspielräume gibt. Die pädagogischen Fachkräfte sind hier aber keinesfalls berechtigt, *beliebig* Maßnahmen zu gewähren oder abzulehnen. Auf der Grundlage ihrer fachlichen Kenntnisse und der individuellen Situationen der Betroffenen sind die Fachkräfte vielmehr verpflichtet, im Rahmen der Kinder- und Jugendhilfe jegliches Handeln an der Förderung der Kinder und Jugendlichen zu einer „eigenverantwortlichen und gemeinschaftsfähigen Persönlichkeit" auszurichten. In nachvollziehbarer Weise muss die Gewährung oder Versagung jeder Maßnahme vor allem auf diese grundlegende, aber auch auf andere verbindliche Ziel- und Rahmenbestimmungen bezogen sein.

Im Einzelnen wird unterschieden zwischen „Entschließungsermessen" und „Auswahlermessen". Wenn es der Behörde freigestellt ist, *ob* sie überhaupt tätig wird, spricht man von *Entschließungsermessen*. Wenn ihr die Entscheidung überlassen ist, *welche* von mehreren (nach dem Gesetz zulässigen) Maßnahmen ergriffen wird, liegt *Auswahlermessen* vor.

Der Ermessensspielraum der Verwaltung ist allerdings nicht in allen Fällen gleich groß. Es muss vielmehr bei jeder Regelung genau festgestellt werden, wieweit der Ermessensspielraum reicht und wo die Grenzen des Ermessens liegen. Handelt es sich um eine sogenannte *„Kann-Vorschrift"*, ist die Verwaltung nicht von vornherein in eine bestimmte Richtung gebunden. Sie beurteilt eigenverantwortlich, ob eine Maßnahme angebracht ist. Wenn in der gesetzlichen Formulierung geregelt ist, dass eine bestimmte Maßnahme grundsätzlich unter bestimmten Voraussetzungen erfolgen *„soll"*, so ist die Verwaltung in ihrer Entscheidung weniger frei. Man spricht hierbei von „gebundenem Ermessen". Nur bei Vorliegen besonderer Umstände darf die Behörde von einer „Soll-Regelung" abweichen. Diese besonderen Umstände sind regelmäßig in der Begründung der Entscheidung dem Bürger mitzuteilen, wenn von der Soll-Regelung abgewichen wird. Die gleiche Bedeutung haben Formulierungen, wie „in der Regel" und „ausnahmsweise". Kurz und treffend lässt sich formulieren, dass eine „Soll-Vorschrift" für die Verwaltung ein „Handeln-müssen" bedeutet, wenn nicht ganz besondere, konkrete Gründe dem entgegenstehen. Diese Gründe müssen in der Person des Klienten liegen. Überlastung und fehlende finanzielle Mittel rechtfertigen die Abweichung von einer Soll-Bestimmung nicht.

Nicht immer ist durch die Lektüre des Gesetzes klar erkennbar, ob und in welcher Weise die Ermessensausübung der Verwaltung gebunden ist. In diesen Fällen kann man sich anhand eines Kommentars oder eines Lehrbuchs informieren.

Der Ermessensspielraum der Verwaltung führt dazu, dass weder der Klient noch die Gerichte ihre eigene Bewertung an die Stelle der behördlichen Beurteilung setzen dürfen. Ermessensentscheidungen sind vielmehr grundsätzlich nur sehr bedingt überprüfbar. Der betroffene Bürger kann zwar auch gegen Maßnahmen, die auf Ermessensentscheidungen gründen – wie sonst auch – Widerspruch einlegen. Aber nur wenn ein *„Ermessensfehler"* festgestellt wird, kann ein entsprechender Verwaltungsakt durch das zuständige Gericht aufgehoben werden. Durch ein Gericht wird also nur überprüft, ob ein Fehlverhalten der Behörde vorliegt, sie also ihren Ermessensspielraum überschritten hat. Auch dann darf das Gericht das eigene Ermessen aber nicht an die Stelle des Ermessens der Verwaltung setzen, sondern die Behörde hat eine neue Ermessensentscheidung zu treffen, entsprechend den Vorgaben des Gerichts. Im Unterschied zur Anwendung unbestimmter Rechtsbegriffe (hierzu oben Seite 74 f) eröffnet der Ermessensspielraum somit der Verwaltung eigenständige Gestaltungsmöglichkeiten, die sowohl gegenüber dem Bürger/Betroffenen als auch gegenüber gerichtlicher Kontrolle abgesichert sind.

Zu beachten ist darüber hinaus, dass behördenintern die Ausübung des pflichtgemäßen Ermessens nicht einer beliebigen Person übertragen werden darf. Ist ein Sozialarbeiter/Sozialpädagoge mit einem Klienten persönlich befasst, kann die Ermessensentscheidung nur unter sachlich begründeten Voraussetzungen fachfremden Personen übertragen werden. Zu unterscheiden hiervon sind Absprachen zwischen Fachkräften, die mit vergleichbaren Aufgaben befasst sind und das Ziel haben, eine einheitliche Handhabung innerhalb der Behörde sicherzustellen. In jedem Fall ist es sinnvoll, sich genau zu versichern, welcher konkreten Person innerhalb einer Einrichtung die Ermessensausübung zusteht. Dieses ist eine eigene, bedeutsame Rechtsfrage (vgl. in diesem Zusammenhang „Neue Steuerungsmodelle" unten Seite 133 f).

Wurde das der Verwaltung zustehende Ermessen fehlerhaft ausgeübt, so ist die entsprechende Maßnahme rechtswidrig, weil der Bürger ein Recht hat auf pflichtgemäße, fehlerfreie Betätigung des Ermessens. Dies ist bereits dann der Fall, wenn seitens der Behörde eine Entscheidung getroffen wurde, *ohne* eine Ermessensprüfung vorzunehmen bzw. der bestehende Spielraum nicht in vollem Umfang gesehen wurde, sondern fehlerhaft davon ausgegangen wurde, dass ein solcher Ermessensspielraum nicht besteht (*Ermessensunterschreitung*, *Ermessensnichtgebrauch*). Dasselbe gilt, wenn die Behörde ihren Ermessensspielraum überschreitet, also eine Maßnahme anordnet, die über den gesetzlich vorgegebenen Ermessensspielraum hinausgeht (*Ermessensüberschreitung*).

Von *Ermessensfehlgebrauch* spricht man, wenn die Behörde zwar eine Ermessensentscheidung trifft, die sich innerhalb des vorgegebenen Rahmens bewegt, diese aber nicht mit dem Zweck der gesetzlichen Ermächtigung zur Ermessensausübung in Einklang zu bringen ist, sondern unsachliche Motive Grundlage für die konkrete Entscheidung sind.

Darüber hinaus gelten auch für Ermessensentscheidungen die allgemeinen Grundsätze, das bedeutet, dass entsprechendes Verwaltungshandeln nicht gegen den *Gleichbehandlungsgrundsatz*, das *Verhältnismäßigkeitsprinzip* oder höherrangiges Recht verstoßen darf. Ebenso müssen auch bei der Ermessensausübung die persönlichen Verhältnisse des Berechtigten oder Verpflichteten, deren Wünsche oder Interessen in angemessener Weise berücksichtigt werden. Auch insoweit sind der Ermessensausübung allgemeine Grenzen gesetzt, die sich nicht unmittelbar aus der jeweiligen Vorschrift ergeben müssen.

In einer konkreten Situation kann aufgrund der speziellen Umstände der Spielraum der Behörde soweit geschrumpft sein, dass man von einer „*Ermessensschrumpfung auf Null*" spricht. In diesem Fall hat die Behörde zwar nach der Rechtslage einen Ermessensspielraum, in Anbetracht der konkreten Verhältnisse hat sie aber gleichwohl keine Wahl, sondern muss eine bestimmte Entscheidung treffen.

## 3. Der Verwaltungsakt

Es ist zu unterscheiden zwischen den gesetzlich umschriebenen *Pflichten* der Verwaltung, soziale Aufgaben zu erfüllen (hierzu unmittelbar vorher), und der Art und Weise, wie Verwaltung tatsächlich nach außen wirkt und in verbindlicher Weise Beziehungen zu den Klienten gestaltet. Die Gesetze bestimmten zwar die Rechte und Pflichten der Bürger, in aller Regel bedarf das aber der Umsetzung durch eine

Verwaltungshandeln

Behörde, damit die Gesetze wirksam werden. Im Folgenden geht es um die Möglichkeiten der öffentlichen Verwaltung, im Außenverhältnis Verbindlichkeiten zu erzeugen.

## Verwaltungsakt und öffentlich-rechtlicher Vertrag

Während im Zivilrecht Rechtsverhältnisse zwischen Bürgern, Personengruppen oder Firmen aufgrund wechselseitiger Vereinbarungen entstehen und das Strafrecht von ausschließlich durch den Staat bestimmten Verbotsregelungen geprägt ist, kann die öffentliche Verwaltung Rechtsverhältnisse zum Bürger sowohl durch einseitiges Handeln gestalten als auch durch einvernehmliche Regelungen (Verträge) konsensuell Rechtsbeziehungen herstellen. Gesetze können zwar auch unmittelbar den Bürger berechtigen oder verpflichten. Im öffentlichen Recht ist es aber meist so, dass der Verwaltung die Anwendung der Gesetze obliegt. Erst durch Maßnahmen der Behörden entfaltet das Recht konkrete Wirkungen.

Historisch ist das Handeln der öffentlichen Verwaltung vor allem durch einseitige hoheitliche Maßnahmen (*Verwaltungsakte*) geprägt, während in letzter Zeit vertragliche Vereinbarungen zwischen Verwaltung und Bürger (*öffentlich-rechtliche Verträge*) an Bedeutung gewonnen haben. Daneben gibt es noch Verwaltungshandeln, welches nicht auf eine rechtsverbindliche Wirkung/Regelung nach außen gerichtet ist, z. B. die Beantwortung einfacher Anfragen oder Beratungstätigkeiten (*schlicht hoheitliches Handeln*).

Bei einem Bescheid des Sozialamtes über Auszahlung von Sozialhilfeleistungen handelt es sich z. B. um einen Verwaltungsakt. Hierdurch wird in verbindlicher Weise geregelt, welche Ansprüche dem Bürger für einen bestimmten Zeitraum zustehen. Auf dieser Grundlage kann der Empfänger mit den entsprechenden Leistungen rechnen und entsprechend planen.

Wenn durch das Diakonische Werk eine Einrichtung für behinderte Menschen unterhalten wird und die Betreuungsplätze und Leistungsangebote durch öffentliche Leistungen der Sozialämter und Pflegeversicherungen finanziert werden, sind die Grundlage hierfür hingegen nicht einseitige Verfügungen durch das Sozialamt/Pflegeversicherung, sondern Verträge mit dem Diakonischen Werk (ausführlicher hierzu unten Seite 109 ff).

In beiden Fällen werden Angelegenheiten geregelt, die in den Aufgabenbereich öffentlicher Sozialverwaltung fallen. Die Behörde handelt also in beiden Fällen auf dem Gebiet des öffentlichen Rechts, auch wenn sie – wie im Privatrecht generell üblich – im Wege vertraglicher Vereinbarungen tätig wird.

Der Verwaltungsakt ist nach wie vor die Form, in der *typischer* Weise Rechtsverhältnisse gegenüber dem Bürger geregelt werden. Er kann, wie im Beispiel, positive Wirkungen für den Bürger haben (*Leistungsbescheid* über Sozialhilfe). Er kann aber auch teilweise oder ausschließlich negative Auswirkungen für den Klienten haben (*Ablehnungsbescheid*). In beiden Fällen werden die Verhältnisse zum Bürger, wenn auch in unterschiedlicher Weise, verbindlich geregelt. In dieser Handlungsform kommt in besonderer Weise die Machtstellung der öffentlichen Verwaltung zum Ausdruck, weil es zur Wirksamkeit der Regelung einer Zustimmung des Betroffenen nicht bedarf (hoheitliches Handeln). Von erheblicher Bedeutung ist daher, wer unter welchen Voraussetzungen befugt ist, in solcher Weise zu handeln.

Es gibt kritische Stimmen, die diese Handlungsform der Verwaltung für veraltet und ungeeignet für Soziale Arbeit halten. Diese Bedenken sind insoweit nachvollziehbar, als vor allem Sach- und Dienstleistungen immer weniger auf einen hoheitlichen Akt der Sozialverwaltung zurückgehen, sondern mit den Bertoffenen individuell ausgehandelt werden. Die Leistungen der Kinder- und Jugendhilfe, aber auch der Sozialhilfe sind darauf gerichtet, die eigenen Kräfte zu aktivieren und zu fördern. Bei den in kooperativen Prozessen entwickelten *Hilfeplänen* ist eine strenge Unterscheidung zwischen Antrag des Bedürftigen und Bewilligung durch die Behörde weder möglich noch sinnvoll (vgl. § 36 KJHG/SGB VIII, etwas weniger verbreitet in der Sozialhilfe, vgl. aber § 8 Abs. 2, § 17, § 19 Abs. 4 und §§ 93 ff BSHG). Hinzu kommt, dass insbesondere persönliche Leistungen flexibel an sich ständig wandelnde Lebensverhältnisse angepasst werden müssen und der Erfolg einer Dienstleistung nicht allein vom Leistungserbringer, sondern auch vom Zusammenwirken mit dem Leistungsempfänger abhängig ist. Eine vertragliche Gestaltung der Rechtsbeziehungen kommt in diesen Bereichen aber nicht in Betracht, weil die Leistungspflichten der Verwaltung gesetzlich vorgegeben sind und deshalb eine vertragliche Bindung des Leistungsempfängers meist nicht notwendig ist.

Mangels Alternative hat der Verwaltungsakt auch in der Sozialen Arbeit entscheidende Bedeutung. Dies ist vor allem deshalb für alle Beteiligten von Bedeutung, weil hieran alle wesentlichen Regelungen über die Vorgehensweise der Verwaltung (Verwaltungsverfahren, hierzu unten Seite 137 ff) und einer Kontrolle des Verwaltungshandelns (Widerspruch und Gerichtsverfahren) anknüpfen. Sofern es nicht um finanzielle Zuwendungen geht, bleibt es allerdings häufig schwierig zu beurteilen, *wann* ein Veraltungsakt vorliegt und wann lediglich schlichte Verwaltungstätigkeit, etwa in Form einer ermittelnden oder vorbereitenden Tätigkeit.

## Definition Verwaltungsakt

Kennzeichen des Verwaltungsaktes ist, dass hierdurch *verbindliche Regelungen* mit für den Bürger begünstigender oder belastender Wirkung getroffen werden. Dadurch bleibt Verwaltungstätigkeit nicht unverbindlich, sondern es wird Klarheit und Eindeutigkeit hergestellt. Durch Mitteilung gegenüber dem Betroffenen wird der Verwaltungsakt wirksam und bleibt solange wirksam, bis er aufgehoben oder zurückgenommen wird (vgl. § 39 SGB X).

Es müssen allerdings bestimmte *formale Kriterien* erfüllt sein, damit diese Festlegung der Verwaltung nach außen und nach innen erkennbar ist. Die von Verwaltungsakten ausgehende Bindungswirkung (*Bestandskraft*) wird als ärgerlich und hinderlich erfahren (etwa weil auch von rechtswidrigen Verwaltungsakten eine Bindungswirkung ausgeht), aber auch als vorteilhaft, weil man sich darauf verlassen kann, dass eine in dieser Form getroffene und bekannt gegebene Regelung ohne gewichtige Gründe nicht wieder aufgehoben werden kann (*Vertrauensschutz*).

Gleichzeitig ist der Verwaltungsakt entscheidender Bezugspunkt für ein *Widerspruchsverfahren* bzw. eine *Anfechtungsklage*. Wenn er zumindest teilweise belastende Auswirkungen für den Bürger hat, kann dieser sich unter Bezugnahme auf den Verwaltungsakt hiergegen wehren. Völlig unverbindliche Äußerungen einer Behörde, also ohne jede Regelungswirkung (*schlicht hoheitliches Handeln*), können hin-

## Verwaltungshandeln

gegen nicht Gegenstand eines gerichtlichen Verfahrens sein, weil es an einer für den Klienten belastenden Regelung fehlt.

Im *Hilfeplanverfahren* nach § 36 KJHG/SGBVIII sind z. B. eine ganze Reihe von Bestimmungen zu beachten. Da es sich hierbei aber nicht um einen Verwaltungsakt handelt, sondern „lediglich" um die Beschreibung einer bestimmte Vorgehensweise bei der Erfüllung von Ansprüche nach § 27 KJHG/SGB VIII, können die Betroffenen nicht unmittelbar die ordnungsgemäße Durchführung des Hilfeplanverfahrens erzwingen. Hier muss vielmehr die Aufsichtsbehörde tätig werden (vgl. zum Thema auch unten Seite 119 f). Der betroffene Bürger kann mit förmlichen Rechtsbehelfen (hierzu unten „förmliche Rechtsbehelfe" Seite 148 ff.) ggf. nur gegen den Bescheid, nicht gegen die Verfahrensweise vorgehen.

Zunächst wenden wir uns etwas ausführlicher den Merkmalen eines Verwaltungsaktes zu. Der Verwaltungsakt ist für alle Verwaltungsbereiche (also über den sozialen Bereich hinaus) inhaltlich gleichlautend in § 31 SGB X und § 35 Verwaltungsverfahrensgesetz beschrieben. Die gesetzliche Definition lautet:

**„Verwaltungsakt ist jede Verfügung, Entscheidung oder andere hoheitliche Maßnahme, die eine Behörde zur Regelung eines Einzelfalles auf dem Gebiet des Öffentlichen Rechts trifft und die auf unmittelbare Rechtswirkung nach außen gerichtet ist."**

Die einzelnen *Tatbestandsmerkmale* bedürfen der Erläuterung:

### Behörde

Behörde ist jede Stelle, die als Träger öffentlicher Verwaltung Aufgaben der *öffentlichen Verwaltung* wahrnimmt. Hierzu zählen nur die rechtlich klar umschriebenen, selbständigen Organe öffentlicher Verwaltung. Einzelne Abteilungen, Referate oder Einrichtungen sind Teile einer Behörde. Diese Abgrenzung ist nicht immer leicht vorzunehmen, zumal einzelne Ämter oder Abteilungen einer Behörde zwar über eine *funktionelle*, nicht aber über eine *organisationsrechtliche* Eigenständigkeit verfügen. So sind z. B. das Landratsamt, Bürgermeisteramt, Gesundheitsamt, Arbeitsamt und Finanzamt eigenständige Behörden, während etwa das Sozialamt, Jugendamt und Bauamt Teile der Kommunalverwaltung (also der Städte, Gemeinden bzw. Landkreise) sind. Gleichwohl hat insbesondere das Jugendamt eine eigenständige Organisationsstruktur und ist teilweise eigenständiger Träger von Rechten und Pflichten (hierzu unten Seite 130 ff). Gleich von welchem Mitarbeiter, welcher Abteilung oder welchem Amt einer Behörde Maßnahmen getroffen werden, sind sie rechtlich der jeweiligen Behörde als Rechtsträger zuzuordnen. Die Erscheinungsweise nach außen (Briefkopf) ist in der Praxis ein bedeutsames Indiz, um in Zweifelsfällen festzustellen, zu welcher Behörde die einen Verwaltungsakt erlassende Einrichtung gehört.

Aus dieser Definition ergibt sich, dass Sozialeinrichtungen der freien Träger keine Behörden sind, selbst wenn sie teilweise oder ausschließlich Leistungen erbringen, die von Behörden finanziert werden. Die freien Träger der Jugend- und Sozialhilfe können somit keine Verwaltungsakte erlassen. Vielfach sind aber Entscheidungen der Behörden *Voraussetzung* für ein Tätigwerden der nichtstaatlichen Einrichtungen (z. B. Zuwendungsbescheid, Leistungsvereinbarung mit einem öffentlichen Sozialleistungsträger). Teilweise, vor allem im stationären Bereich, übernehmen diese

## Der Verwaltungsakt

Träger auch Übermittlungsdienste zwischen Klient und Behörden (Entgegennahme von Anträgen und Weiterleitung von Bescheiden). Die Sozialversicherungsträger sind hingegen Behörden, da sie Teil der öffentlichen Verwaltung sind (vgl. hierzu unten Seite 94 f) und können somit Verwaltungsakte erlassen.

### Maßnahmen auf dem Gebiet des öffentlichen Rechts (hoheitliche Maßnahmen)

Eine Regelung durch Verwaltungsakt kommt nur in Betracht zur Regelung von Maßnahmen auf dem Gebiet des *öffentlichen Rechts*. D. h., durch Verwaltungsakte dürfen nur Angelegenheiten geregelt werden, die typischer Weise zum hoheitlichen Handeln des Staates gehören (hierzu oben Seite 31 ff).

### Unmittelbare Rechtswirkung

Merkmal des Verwaltungsaktes ist weiter, dass er rechtliche Wirkung entfaltet, also die Rechtsstellung des Bürgers hierdurch *unmittelbar geregelt* wird. Dies muss in dem Bescheid zum Ausdruck kommen. Beispiele hierfür sind die Aufnahme eines Kindes in einen städtischen Kindergarten, die Aufforderung zur Zahlung von Beiträgen für öffentliche Leistungen oder die Feststellung des Amtes für Ausbildungsförderung über die Höhe der staatlichen Ausbildungsförderung.

Hiervon zu unterscheiden ist Verwaltungshandeln, durch welches keine Regelung getroffen wird, sondern ein Verwaltungsakt lediglich vorbereitet werden soll oder ein bereits erlassener Verwaltungsakt erläutert wird. Auch interne Berichte oder Informationen über die vorläufige Rechtsauffassung einer Behörde sind Maßnahmen ohne unmittelbare Rechtswirkung.

### Regelung eines Einzelfalles

Die Regelung eines Einzelfalles liegt vor, wenn die Maßnahme sich auf eine *konkrete Situation* bezieht. Hiervon zu unterscheiden sind Allgemeinverfügungen, Satzungen und Verordnungen, die sich an einen bestimmten oder bestimmbaren – jedenfalls größeren – Personenkreis richten. Solche Verfügungen können ähnlich bindende Wirkungen haben wie ein Verwaltungsakt (z. B. Nutzungsbestimmung für ein Gebäude, Nutzungsordnungen oder auch Lautsprecherhinweise durch die Polizei), sind aber keine Verwaltungsakte.

### Rechtswirkung nach außen

Rechtswirkungen nach außen hat eine Verwaltungsmaßnahme, wenn der Adressat ein Bürger oder eine Behörde außerhalb des Hoheitsbereichs der erlassenen Behörde ist und die persönliche Rechtsstellung des Adressaten berührt ist. Behördeninterne Regelungen sind deshalb keine Verwaltungsakte; dies sind in der Regel an die Mitarbeiter gerichtete *Weisungen*.

Die Rechtswirkung wird durch die *Bekanntgabe* gegenüber dem Bürger erzeugt. Hierfür ist die den Verwaltungsakt erlassende Behörde verantwortlich (§ 37 SGB X). Das heißt, sie muss in Zweifelsfällen beweisen, dass sie dem Empfänger den Verwaltungsakt mitgeteilt hat. Bei schriftlichen Verwaltungsakten kommt es allerdings nicht auf die tatsächliche Kenntnisnahme an, sondern auf die *Zustellung* (Übergabe eines Schreibens an den Empfänger, Einwurf in den Briefkasten), so dass mit der Kenntnisnahme des Bürgers *zu rechnen* ist (dessen Herrschafts- und Verantwortungsbereich). Wenn der Empfänger seinen Briefkasten nicht leert, z. B. weil er sich

## Verwaltungshandeln

im Urlaub befindet oder einen schriftlichen Verwaltungsakt ungelesen vernichtet, gilt dieser dennoch als bekannt gegeben. (Ausnahme: Wiedereinsetzung in den vorigen Stand, hierzu unten Seite 142 f.)

Bei einem zur Post aufgegebenen Schreiben wird grundsätzlich davon ausgegangen, dass er spätestens am dritten Tag nach Aufgabe bei der Post zugeht, es sei denn ein späterer Zugang wird im Einzelfall nachgewiesen (vgl. § 37 Abs. 2 SGB X). Um den Nachweis der Bekanntgabe erbringen zu können, erfolgt die Zustellung häufig mit Zustellungsurkunde, als eingeschriebener Brief oder mit Empfangsbekenntnis (vgl. im Einzelnen die Zustellungsgesetze der Länder). Eine Bekanntgabe von Verwaltungsakten wird nicht dadurch unmöglich (mit der Folge, dass der Verwaltungsakt nicht wirksam werden kann), dass der Aufenthaltsort des Empfängers unbekannt ist. Hier hilft als „letztes Mittel" die *öffentliche Bekanntgabe* weiter: kann eine Behörde trotz intensiver Bemühungen den Aufenthaltsort des Empfängers nicht ermitteln, kann sie durch öffentlichen Aushang den Empfänger zur Abholung des Schriftstücks auffordern. Nach Ablauf einer Frist von zwei Wochen nach der öffentlichen Bekanntmachung gilt – auch ohne Abholung – der Verwaltungsakt dann als bekannt gegeben (Einzelheiten: § 37 Abs. 3 u. 4 SGB X)(vgl. auch unten Seite 141 f).

Im Ergebnis sind ganz unterschiedliche Verhaltensweisen einer Behörde als Verwaltungsakt zu qualifizieren. Häufig wird er in der Fachsprache als *„Bescheid"* bezeichnet. Auch die Erteilung einer Auskunft über eine Adresse durch die Einwohnermeldebehörde ist entsprechend den oben geschilderten Kriterien ein Verwaltungsakt, ebenso wie das Abiturzeugnis oder die Zuweisung einer Hausnummer an den Hauseigentümer. Selbst der Knüppelschlag eines Polizisten gegenüber einem Demonstranten kann ein Verwaltungsakt sein, wenn hierdurch eine bestimmte Verhaltensweise „geregelt" wird.

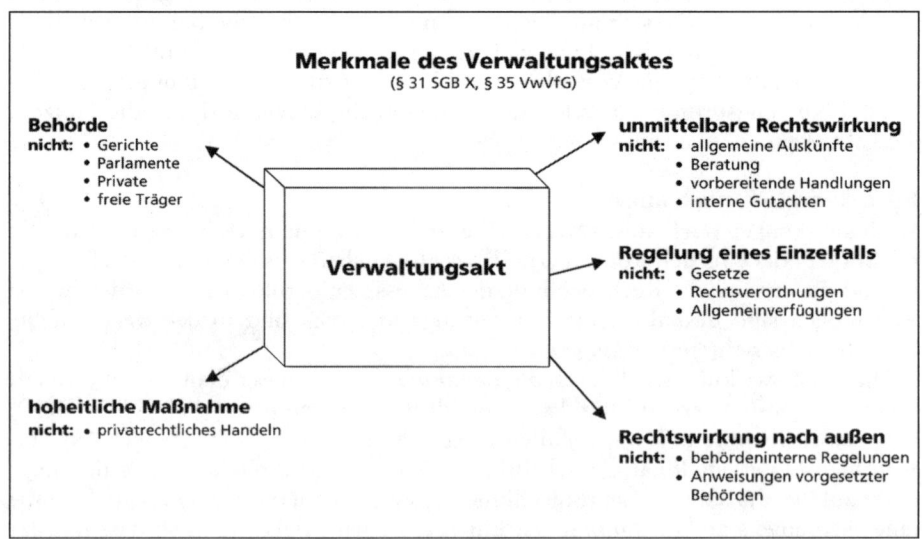

## Nebenbestimmungen

Oft beinhalten Verwaltungsakte aber nicht ausschließlich klare und endgültige Bewilligungen oder Versagungen, sondern häufig sind sie verbunden mit ergänzenden Bestimmungen, die untrennbar mit dem Verwaltungsakt verbunden sind. Solche „*Nebenbestimmungen*" können sein:
- Befristung,
- Bedingung,
- Widerrufsvorbehalt,
- Auflage,
- Auflagenvorbehalt.

Diese Nebenbestimmungen haben zur Folge, dass eine bestimmte Regelung erst ab einem bestimmten Zeitpunkt oder bis zu einem bestimmten Zeitpunkt gilt (*Befristung*), seine Wirkung von einer durch den Bürger erst noch zu erfüllenden *Bedingung* abhängig gemacht wird, mit einer *Auflage* verbunden wurde oder aber die Behörde sich einen späteren Widerruf vorbehält (*Widerrufsvorbehalt*). Die Regelungswirkung wird hierdurch in bestimmter Weise eingeschränkt.

## Inhalt und Form des Verwaltungsaktes

Zum Begriff des Verwaltungsaktes gehören weitere Anforderungen an den Inhalt und die Form, in der der Verwaltungsakt erlassen wird.

Die in einem Verwaltungsakt vorgenommene Regelung muss bestimmt, klar, verständlich, vollständig und widerspruchsfrei sein. Das heißt, dass die Regelung sich auf einen bestimmten Adressaten, einen bestimmten Sachverhalt und eine bestimmte Anordnung beziehen muss. Außerdem muss der Verwaltungsakt, wenn er schriftlich erlassen wurde, grundsätzlich begründet werden. Eine solche Begründung ist nur dann entbehrlich, wenn der Rechtsschutz des Bürgers diese ausnahmsweise nicht erfordert.

Ist ein Verwaltungsakt nicht hinreichend eindeutig, muss sein Inhalt durch *Auslegung* ermittelt werden, wozu auch die Begründung heran gezogen werden kann. Dabei ist der Verwaltungsakt stets so auszulegen, wie er von einem verständigen Empfänger aufzufassen ist. Maßgebend ist also nicht, was die Behörde tatsächlich ausdrücken wollte. Sondern Unklarheiten gehen regelmäßig zu Lasten der Verwaltung. D. h., dass bei mehreren Auslegungsmöglichkeiten die für den Betroffenen am wenigsten belastende Regelung gilt. Ist eine Auslegung nicht möglich, so macht der Mangel der inhaltlichen Bestimmtheit den Verwaltungsakt nichtig. Es kommt auch in Betracht, dass der Verwaltungsakt teilweise nichtig ist. Dieser *Bestimmtheitsgrundsatz* dient dem Rechtsschutz des Bürgers und seinem Anspruch auf Rechtssicherheit.

Grundsätzlich gilt für Verwaltungsakte der Grundsatz der *Formfreiheit*. Dies bedeutet, dass Verwaltungsakte nicht in einer bestimmten Form erlassen werden müssen, sondern hierfür jede Form (schriftlich, mündlich oder durch eindeutiges Verhalten) erlassen werden können. In der Regel werden aber Verwaltungsakte auch im Interesse der Behörde schriftlich gefasst. So werden Eindeutigkeit hergestellt und in Streitfällen schwierige Beweisfragen vermieden. Darüber hinaus hat der Bürger immer einen Anspruch auf schriftliche Bestätigung eines mündlich erlassenen Verwaltungsaktes.

In der Praxis ist zu beachten, dass häufig gerade an der mündlichen Form einer Äußerung (z. B. telefonisch) erkennbar wird, dass gerade eine abschließende Regelung hierdurch nicht bezweckt ist, also eine verbindliche Regelung der Angelegenheit damit noch nicht erfolgen soll. Ggf. kann sich der Bürger aber auf eine mündliche, einen Sachverhalt abschließend regelnde Äußerung in gleicher Weise berufen, wie auf eine schriftliche Fassung. Im Übrigen haben in der Verwaltung tätige Personen zahlreiche Regelungen zu beachten, durch die sie *intern* an bestimmte Äußerungsformen (häufig auch an die Verwendung von Formularen und Vordrucken) gebunden sind. Ein Verstoß gegen solche internen Anweisungen beeinflusst allerdings die Wirksamkeit der Verwaltungsakte nach außen nicht.

Schließlich muss ein schriftlicher Verwaltungsakt die erlassende Behörde erkennen lassen und es muss erkennbar sein, durch welche Person der Verwaltungsakt erlassen wurde (Unterschrift oder Namenswiedergabe). Lediglich bei Verwaltungsakten, die mit Hilfe automatischer Einrichtungen erlassen wurden, dürfen Namenswiedergabe und Unterschrift fehlen.

Wer behördenintern zum Erlass eines Verwaltungsaktes befugt ist, ist sehr unterschiedlich geregelt. Die internen Verwaltungsstrukturen, gerade im Bereich der Jugend- und Sozialhilfe, befinden sich insoweit in einem grundlegenden Wandlungsprozess. So gibt es zahlreiche Behörden, in denen der Sachbearbeiter, z. B. der im Außenbereich Tätige des Allgemeinen Sozialdienstes (ASD), hierzu befugt ist. In anderen Städten und Landkreisen liegt die Befugnis zum formellen Erlass eines Verwaltungsaktes allein beim Behördenleiter bzw. beim internen Verwaltungsdienst (vgl. in diesem Zusammenhang oben S. 75, 79 und unten Seite 133 ff). Für die Bindungswirkung gegenüber dem Bürger kommt es auf die Einhaltung dieser internen Bestimmungen aber nicht an. Ohne Bedeutung für die Rechtswirkung eines Verwaltungsaktes ist deshalb, ob eine ihm zu Grunde liegende Dienstanweisung rechtmäßig und ob ein Mitarbeiter unter Missachtung einer Dienstanweisung einen Verwaltungsakt lassen hat.

## Rechtsbehelfsbelehrung

Schließlich ist für zahlreiche Verwaltungsakte vorgeschrieben, dass sie eine *Rechtsbehelfsbelehrung* enthalten müssen. D. h., dass der Betroffene in Verbindung mit dem Verwaltungsakt (i. d. R. am Ende des Schreibens) darüber belehrt werden muss, in welcher Weise er sich gegen die erlassene Regelung zur Wehr setzen kann. Für den Bereich des Sozialgesetzbuches ist in § 36 SGB X geregelt, dass jeder schriftlich erlassene Verwaltungsakt eine ebenfalls schriftliche Rechtsbehelfsbelehrung enthalten muss. Dadurch wird dem Bürger deutlich vor Augen geführt, dass er bezogen auf jeden Verwaltungsakt eine rechtliche Überprüfung veranlassen kann (*Rechtsstaatsprinzip*). Hierdurch wird die Macht der öffentlichen Verwaltung, einseitig auch gegen den Willen der Betroffenen Regelungen treffen zu können, relativiert und die Möglichkeit eines geordneten Kontrollverfahrens eröffnet.

Mit der Rechtsbehelfsbelehrung ist der Betroffene darüber zu informieren, innerhalb welcher Frist er bei welcher Behörde *Widerspruch* (teilweise findet man auch die Bezeichnung *Einspruch*) gegen den Verwaltungsakt einlegen kann (vgl. zum Widerspruchsverfahren auch unten Seite 149 ff).

Grundsätzlich ist er bei der Behörde, die den Verwaltungsakt erlassen hat, schriftlich innerhalb eines Monats nach Zustellung einzulegen (*Widerspruchsfrist*). Danach wird der Verwaltungsakt *rechtskräftig*. D. h., dass der Bürger danach hiergegen nicht mehr vorgehen kann. Eine Überprüfung der Rechtmäßigkeit kann der Betroffene dann in aller Regel nicht mehr veranlassen. Lediglich für den Fall, dass der Betroffene die Frist unverschuldet versäumt hat (z. B. schwere Krankheit, längerer Auslandaufenthalt), kommt eine *Wiedereinsetzung in den vorigen Stand* in Betracht, d. h. die Frist beginnt ausnahmsweise erst ab dem Zeitpunkt zu laufen, ab dem ihm die Kenntnisnahme zuzumuten ist (vgl. unten Seite 142 f).

Wird die Widerspruchsfrist versäumt, wird der Verwaltungsakt rechtskräftig. Seitens des Betroffenen kann dann gegen einen rechtswidrig erlassenen Verwaltungsakt in der Regel nicht mehr vorgegangen werden (allenfalls mit nicht förmlichen Rechtsbehelfen, hierzu unten Seite 147 ff). Diese *Ausschlussfrist* dient der Rechtssicherheit und setzt einen mündigen und entsprechende Verfahren nicht scheuenden Bürger voraus. Nimmt der Betroffene seine Rechte nicht wahr – was häufig vorkommt –, bleibt es bei einer rechtswidrigen Reglung, oft zu Gunsten der Verwaltung. Es sei denn, die Verwaltung nimmt von sich aus den rechtswidrigen Verwaltungsakt zurück (hierzu unten Seite 88 f). Für den Betroffenen heißt das, dass er diese Fristen ernst nehmen muss (zur Berechnung der Frist vgl. unten Seite 141 f).

Für den Fall, dass eine Rechtsbehelfsbelehrung unvollständig ist oder gar nicht erfolgt ist, beträgt die Widerspruchsfrist ein Jahr ab Zustellung des Verwaltungsaktes. Dies führt zu einem eigenen Interesse der Behörde an einer ordnungsgemäßen Rechtsbehelfsbelehrung.

## Fehlerhafte Verwaltungsakte

Von erheblicher Bedeutung ist die Frage, welche Folgen es hat, wenn ein Verwaltungsakt mit Rechtsfehlern behaftet ist, also mit dem konkreten Inhalt oder in der vorliegenden Form nicht hätte erlassen werden dürfen. Dabei geht es darum, wie vermieden wird, dass dem Betroffenen durch fehlerhaftes Verhalten der Behörde Unrecht geschieht. Diese Frage ist von erheblicher Bedeutung, weil Behörden mit dem Verwaltungsakt ein Instrument zur einseitigen unmittelbaren Regelung haben. Sofern Rechtsfehler nicht in einem gesonderten Verfahren festgestellt und korrigiert werden, kann die Behörde die getroffenen Regelungen mit den Mitteln staatlicher Macht, z. B. im Wege der Zwangsvollstreckung, durchsetzen (unmittelbare Wirkung von Verwaltungsakten). Anders als im Privatrecht besteht grundsätzlich eine *Vermutung*, dass staatliche Verwaltung sich an Recht und Gesetz hält – sofern nicht das Gegenteil erwiesen ist. Das heißt, dass auch rechtswidrige Verwaltungsakte – jedenfalls zunächst – grundsätzlich wirksam sind.

Zum einen hat der Bürger die Möglichkeit mit Rechtsmitteln gegen den Verwaltungsakt vorzugehen, ihn im *Widerspruchsverfahren* und dann im *Klageverfahren* überprüfen zu lassen (vgl. hierzu unten Seite 149 ff, Seite 151 ff und oben Seite 32). Daneben stellt sich aber auch die Frage, was die *Behörde* tun muss bzw. tun darf, wenn sie selbst erkennt, dass sie einen Verwaltungsakt in rechtswidriger oder zweckwidriger Weise erlassen hat. In §§ 44 ff SGB X ist für den Bereich des Sozial-

## Verwaltungshandeln

rechts geregelt, was die *Behörde* tun muss, wenn ihr ein eigenes Fehlverhalten bekannt wird.

Zu unterscheiden ist zwischen *unbeachtlichen* Rechtsfehlern, *besonders schweren* Rechtsfehlern und sonstigen Rechtsfehlern. Lediglich wenn der Rechtsfehler besonders schwerwiegend und offenkundig ist, ist der Verwaltungsakt nichtig und entfaltet damit *keinerlei* Rechtswirkung (z. B. grober Verstoß gegen die Rechtsordnung, Aufforderung zu objektiv unmöglichem Verhalten oder wenn die erlassende Behörde nicht erkennbar ist). Unbeachtliche Fehler (z. B. einfache Schreibfehler) sind so minimal, dass hierdurch der Vertrauensschutz des Bürgers nicht erheblich beeinträchtigt wird. Solche Verwaltungsakte wirken so wie solche ohne Rechtsfehler. Unbeachtliche Fehler und solche Verwaltungsakte, die von vornherein nichtig sind, werden an dieser Stelle wegen ihrer geringen praktischen Relevanz hier nicht weiter behandelt.

Bei den anderen, typischer Weise vorkommenden Rechtsfehlern ist zu unterscheiden zwischen Verwaltungsakten, die den Adressaten belasten, und solchen, die ihn nicht belasten (begünstigen oder weder begünstigen noch belasten). Bei *rechtswidrigen belastenden Verwaltungsakten* hat der Bürger ein berechtigtes Interesse, dass die rechtswidrige Belastung aufgehoben wird. Bei einer Rücknahme *rechtswidriger begünstigender Verwaltungsakte* ist hingegen zu berücksichtigen, dass er möglicherweise auf diese (rechtswidrige) Regelung vertrauen durfte und eine Beseitigung der rechtswidrigen Regelung damit schutzwürdige Interessen des Bürgers verletzten würde (z. B. wenn aufgrund der Zusage von Fördermaßnahmen Verbindlichkeiten eingegangen wurden). Für die Beseitigung rechtswidriger Verwaltungsakte gelten deshalb unterschiedliche Grundsätze, je nach dem, welche Auswirkungen sie für den Bürger haben.

Viele Verwaltungsakte sind sowohl belastender als auch begünstigender Natur (*Doppelwirkung*). Dies ist z. B. der Fall, wenn Leistungen teilweise gewährt werden (begünstigend) und teilweise der entsprechende Antrag abgelehnt wird (belastend). Die Regelungen des Verwaltungsaktes sind dann differenziert zu betrachten: soweit er begünstigende Wirkungen hat, gelten die Regelungen für einen begünstigenden Verwaltungsakt und im Übrigen die Regeln für einen belastenden. Ebenso entstehen Zuordnungsprobleme, wenn mehrere Personen betroffen sind, auf die der Verwaltungsakt teilweise belastende und teilweise begünstigende Wirkungen entfaltet. Grundsätzlich bestehen für die Behörde folgende Möglichkeiten und Pflichten, die Wirkungen eines bereits erlassenen Verwaltungsaktes wieder aufzuheben:

## Rücknahme und Widerruf eines Verwaltungsaktes

Häufig steht eine Behörde vor der Frage, wie sie mit der Rechtswidrigkeit ihres vorausgegangenen Handelns umgeht, wenn ihr dies durch formlosen Hinweis des Betroffenen, einer fachkundigen Stelle, durch interne Überprüfung oder auf andere Weise bekannt wird. Nach dem *Untersuchungsgrundsatz* ist sie von Amts wegen verpflichtet, derartige Kritik aufzunehmen und, sofern entsprechende Anhaltspunkte gegeben sind, eine Überprüfung einzuleiten, damit eine dem Recht entsprechende Lage hergestellt werden kann.

Sofern die getroffene Regelung für den Bürger keine begünstigenden Wirkungen hat, er also entweder durch die getroffene Regelung belastet wird oder aber diese für ihn ohne Bedeutung ist (*nicht begünstigende Verwaltungsakte*), muss die erlassende Behörde den Verwaltungsakt unverzüglich zurücknehmen (§ 44 SGB X). Es gibt keinen Grund, den rechtmäßigen Zustand wenigstens nachträglich herzustellen. Da in diesem Fall die Behörde von sich aus tätig wird, kommt es nicht darauf an, ob die Widerspruchsfrist verstrichen ist. (Diese Frist ist nur von Bedeutung, wenn der Betroffene sich durch Widerspruch wehren will). Das fehlerhafte Handeln der Behörde darf nicht zu Lasten des Betroffenen gehen. Zu Unrecht nicht erbrachte Sozialleistungen bzw. zu Unrecht erhobene Beiträge müssen rückwirkend erstattet werden. Die nachträgliche Erbringung von Sozialleistungen ist allerdings auf den Zeitraum von vier Jahren vor Rücknahme des rechtswidrigen Verwaltungsaktes beschränkt (§ 44 Abs. 4 SGB X).

Rechtswidrige *begünstigende Verwaltungsakte* können hingegen nur zurückgenommen werden, soweit eine Abwägung zwischen den öffentlichen Interessen und denen des Betroffenen dies gerechtfertigt erscheinen lassen (§ 45 SGB X). Der *Vertrauensschutz* des Bürgers auf rechtmäßiges Verwaltungshandeln ist zu berücksichtigen (Einzelfallprüfung, Ermessensentscheidung). Die Rücknahme ist hier die Ausnahme. Grundsätzlich kommt dies überhaupt nur in Betracht, soweit der Verwaltungsakt für die Zukunft gilt und die Leistungen nicht bereits vollständig erbracht wurden (§ 45 Abs. 4). Nach dem Gesetzeswortlaut darf ein rechtswidriger Verwaltungsakt insbesondere dann nicht zurückgenommen werden, wenn der Bürger „erbrachte Leistungen verbraucht hat oder eine Vermögensdisposition getroffen hat, die er nicht mehr oder nur mit unzumutbaren Nachteilen rückgängig machen kann" (§ 45 Abs. 2 S. 2). Etwas anders gilt nur, wenn der Betroffene durch unredliches Verhalten die fehlerhafte Verwaltungsentscheidung provoziert hatte oder zumindest wusste bzw. hätte wissen müssen, dass der Verwaltungsakt fehlerhaft ist (dann kein Vertrauensschutz) (§ 45 Abs. 2 S. 3 SGB X).

Davon zu unterscheiden sind Fälle, in denen die Behörde zwar *rechtmäßig* gehandelt hat, aber gleichwohl an die Stelle einer einmal getroffenen eine *andere* – ebenfalls rechtmäßige – Regelung setzen möchte (bei Verwaltungshandeln mit Ermessens- bzw. Beurteilungsspielräumen). Dann spricht man nicht von einer Rücknahme, sondern dem *Widerruf* eines Verwaltungsaktes (§ 46f SGB X). Hier kommt bei begünstigenden Verwaltungsakten ein Widerruf dieses rechtmäßigen Verwaltungsaktes nur ganz ausnahmsweise und allenfalls mit Wirkung für die Zukunft in Betracht. Voraussetzung ist außerdem, dass die Möglichkeit des Widerrufs im Gesetz geregelt ist, dies im Verwaltungsakt ausdrücklich vorbehalten wurde oder der Betroffene mit dem Verwaltungsakt verbundene Auflagen nicht erfüllt hat. Hieran zeigt sich, dass die Bindungswirkung (*Bestandskraft*) des Verwaltungsaktes auch zu Lasten der Verwaltung wirkt, also Ermessensentscheidungen, wenn sie einmal getroffen wurden, auch für die Verwaltung grundsätzlich bindend sind. Unproblematisch ist lediglich ein Widerruf rechtmäßiger Verwaltungsakte *ohne* begünstigende Wirkung.

Nimmt die Behörde nicht von sich aus einen Verwaltungsakt zurück (dies ist abhängig von der Beurteilung durch die Behörde), kann die Rechtmäßigkeit des Verwaltungsaktes dadurch überprüft werden, dass der Betroffene Widerspruch einlegt und damit ein förmliches Widerspruchsverfahren eingeleitet wird (unten Seite 149 f). Führt dies nicht zum gewünschten Erfolg, kann er anschließend den Gerichtsweg beschreiten (hierzu unten Seite 151 ff). Für den Widerspruch müssen allerdings – anders als bei einer Rücknahme durch die erlassenden Behörde – die

Verwaltungshandeln

Voraussetzungen des Widerspruchsverfahrens, insbesondere die Widerspruchsfrist eingehalten werden (vgl. oben Seite 86 f).

## 4. Verwaltungsvorschriften

Von soeben beschriebenen Verwaltungsakten zu unterscheiden sind *Verwaltungsvorschriften*. Sie gehen vom Dienstvorgesetzten aus und richten sich an Mitarbeiter oder untergeordnete Behörden/Abteilungen. Hierzu gehören Erlasse (von Ministerien an nachgeordnete Dienststellen), Weisungen, Dienstanordnungen, Richtlinien und Verfügungen. Verwaltungsvorschriften gelten nur verwaltungs*intern*, haben also keine unmittelbare Außenwirkung, weshalb der Bürger vor ihnen – anders als bei Verwaltungsakten – nicht in besonderer Weise geschützt werden muss. Bei der Gestaltung von Verwaltungsvorschriften ist die Verwaltung wesentlich freier und die gerichtliche Kontrolle ist deutlich eingeschränkt (vgl. oben Seite 39 f).

Verwaltungsvorschriften haben aber große Bedeutung, weil hierdurch bestimmte Rechtsanwendungen für eine Behörde geregelt werden und damit eine einheitliche Auslegung unbestimmter Rechtsbegriffe und eine einheitliche Handhabung von Ermessensspielräumen vorgegeben wird.

In Einzelfällen ist durchaus fraglich, wieweit Richtlinien den Ermessensspielraum nachgeordneten Bediensteter einschränken dürfen, da in vielen Fällen der Sinn und Zweck des Gesetzes eine am Einzelfall orientierte, bürgernahe Anwendung erfordert. Gesetzwidrige Verwaltungsvorschriften können rechtswidriges Verhalten einer Behörde bewirken, weil diese Dienstanweisungen für den Mitarbeiter verbindlich sind. Er kann, wenn er die Rechtswidrigkeit erkennt und die Auseinandersetzung mit dem Vorgesetzten nicht scheut, versuchen auf dem Dienstweg hiergegen vorzugehen. An der Verbindlichkeit der dienstlichen Anweisung ändert dies freilich nichts (vgl. unten Seite 161 f). Führt die rechtswidrige Verwaltungsvorschrift zu einem rechtswidrigen Verwaltungshandeln gegenüber dem Bürger (also im Außenverhältnis), kann dieser sich im Widerspruchsverfahren und Klageverfahren zwar nicht unmittelbar gegen die Verwaltungsvorschrift wehren, wohl aber gegen den rechtswidrigen Verwaltungsakt, weil er hierdurch unmittelbar betroffen ist.

### Literaturhinweise zur Vertiefung:

*Bauer, Jost u. a.:* Recht und Familie. Rechtliche Grundlagen der Sozialisation (2001), S. 56 ff.
*Bull, Hans Peter:* Allgemeines Verwaltungsrecht (1997), S. 159 ff.
*Dörr, Gernot u. a.:* Sozialverwaltungsrecht (2002).
*Maas, Udo:* Soziale Arbeit als Verwaltungshandeln (1996), S. 58 ff
*Roscher, Falk,* in: Bundessozialhilfegesetz. Lehr- und Praxiskommentar (LPK-BSHG) (1998), zu § 102 BSHG Rz. 1 ff.
*Straub, Hartmut:* Sozialverwaltungsverfahren (1991).
*Wolff, Hans J. u. a.:* Verwaltungsrecht, Band 1 (1999), S. 443 ff.

# V. System der Sozialen Sicherung in Deutschland

Zu Kapitel V: Übungsfall 8 (Gestaltungsfreiheit der freien Träger) Seite 216 ff.

## 1. Überblick

Um das komplizierte System sozialer Sicherung in Deutschland zu verstehen, muss man sich vergegenwärtigen, dass sich der heutige Standard erst allmählich entwickelt hat. Insbesondere eine *umfassende* Verantwortlichkeit des Staates für die Belange der Menschen wurde erst im Laufe des vergangenen Jahrhunderts, insbesondere nach dem Zweiten Weltkrieg, selbstverständlich. Die heute noch wirksamen Strukturen sind aber älter und wurden immer weiter ausdifferenziert, ergänzt und auch korrigiert. Bis heute ist der Staat nicht für eine vollständige soziale Absicherung verantwortlich, wohl aber ist er *Garant* für das Funktionieren des vielfältig geknüpften, oft undurchschaubaren sozialen Netzes.

Insbesondere aus dem Sozialstaatsprinzip (hierzu oben Seite 45 f) und der staatlichen Verpflichtung, die Würde jedes Menschen zu schützen, ergibt sich die Pflicht des Staates, regelnd und leistend das System sozialer Sicherung aktiv zu gestalten. Die Höhe des Niveaus allgemeiner sozialer Sicherung und die Frage, für welche Fälle im Einzelnen eine kollektive Absicherung notwendig ist, sind naturgemäß permanent Gegenstand kontroverser Diskussion. Politische Interessen, das Gesellschaftsverständnis und Wertvorstellungen spielen hier ebenso eine Rolle wie wirtschaftliche Zusammenhänge und eine Sensibilität für neue Notlagen. Auf diese Zusammenhänge kann im Folgenden nicht näher eingegangen werden. Die Darstellung beschränkt sich vielmehr auf die Vermittlung eines Grundverständnisses – der *wesentlichen Säulen* – sozialer Sicherung in Deutschland. Das Schaubild „Bausteine der sozialen Sicherung" auf der nächsten Seite gibt zunächst einmal einen Überblick über den Umfang und die Vielfalt öffentlicher Sozialleistungen in Deutschland.

## 2. Private Absicherung

Trotz der umfangreich vorhandenen, subjektiven Ansprüche auf konkrete und einklagbare Sozialleistungen geht unsere Rechtsordnung davon aus, dass jeder grundsätzlich selbst für seine soziale Absicherung und in gewissem Maße auch für die seiner Angehörigen verantwortlich ist. Dies schließt mit ein, dass er das Niveau seiner sozialen Absicherung selbst entsprechend seiner eigenen Möglichkeiten und Vorstellungen gestalten kann. Dies kommt plastisch zum Ausdruck im *privaten Versicherungswesen* etwa zur Absicherung gegen Unwetterschäden, Haftpflichtfälle, Schäden an Gebäuden und Hausrat. Große Bedeutung haben aber auch die privaten Kranken- und Altersversicherungen. Teilweise handelt es sich hierbei um private Zusatzversicherungen, die Sicherheit über einen gesetzlich für alle verbindlich geregelten Umfang hinaus gewährleisten sollen.

System der Sozialen Sicherung in Deutschland

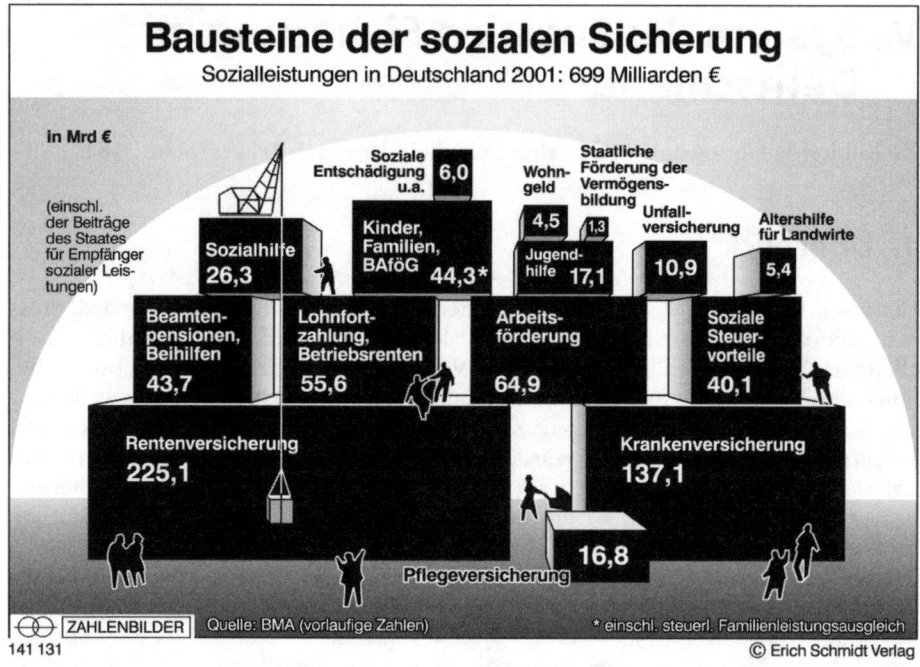

## 3. Pflichtversicherungen

Weite Teile des Versicherungswesens haben sich aus Notlagen heraus entwickelt, die typischer Weise für eine bestimmte Personengruppe eintreten können. Das Bedürfnis nach kollektiver Absicherung war dort besonders groß, wo diese Notlagen verhältnismäßig unerwartet „jeden" treffen konnten und andererseits die Konsequenzen von so erheblichen Umfang waren, dass der Einzelne nicht in der Lage war, diese Notlage zu bewältigen. Die Krankenversicherungen, Unfallversicherungen, Rentenversicherungen und Berufsversicherungen sind ursprünglich entstanden aus *privaten* Zusammenschlüssen der potentiell Betroffenen, ohne dass der Staat hieran beteiligt war. So gibt es auch heute noch berufsbezogene Krankenkassen. Ebenso sind die Unfallversicherungen unverändert berufsgenossenschaftlich organisiert, um berufstypischen Risiken in besonderer Weise Rechnung tragen zu können.

Um ein hohes Maß an Leistungsfähigkeit der Versicherung zu ermöglichen und andererseits die Solidarität unter den jeweiligen Personengruppen zu erhöhen, haben sich bald Strukturen der Pflichtversicherung herausgebildet. Zunächst waren allerdings auch diese *Versicherungspflichten* nicht staatlich geregelt. Die Mitgliedschaft in einer Versicherung wurde aber immer häufiger Voraussetzung für die Ausübung einer bestimmten Tätigkeit. Hierüber wachten die einzelnen Berufsstände. Dabei entwickelte auch jede Versicherung ihre eigenen Organisationsformen, die von der konkreten Versicherungsart, aber auch von lokalen Gegebenheiten geprägt waren. Gleichzeitig wurde die Berufstätigkeit zur Voraussetzung für eine qualifizierte soziale Absicherung.

## 4. Regelnde Funktion des Staates

Nur sehr zögerlich baute der Staat daneben ein Sicherungssystem für die Menschen auf, die gerade nicht in Zusammenhang mit einer beruflichen Tätigkeit oder aufgrund anderer eigener Initiative sozial abgesichert waren. Staatliche Sozialabsicherung, auf der Grundlage materieller Leistungen des Staates, erfolgte daher zunächst und in erster Linie bezogen auf die Ärmsten und Randgruppen in der Gesellschaft, bezogen auf die Sicherung einer minimalen Lebensgrundlage. Im Unterschied zu anderen Ländern (z. B. Dänemark, Niederlande, Großbritannien) erfolgt in Deutschland soziale Sicherung bis heute wesentlich durch Sozialversicherungssysteme. Soziale Grundversorgung erfolgt nur in sehr geringem Umfang und in Ausnahmefällen unmittelbar durch den Staat bzw. die Kommunen. Nach einer Phase der zunehmenden Verantwortung der staatlichen Seite bis in die Mitte der 90er Jahre des vergangenen Jahrhunderts (z. B. Aufbau der Pflegeversicherung) wird derzeit wieder stärker die individuelle Verantwortlichkeit hervorgehoben. Beispiele hierfür sind der Aufbau lediglich steuerlich geförderter, aber privater und freiwilliger Alterssicherungssysteme neben der gesetzlichen Rentenversicherung und die wieder auflebende Diskussion über den Leistungsumfang der gesetzlichen Krankenversicherungen.

## 5. Wohlfahrtsverbände

Außerdem ist zu berücksichtigen, dass in Deutschland seit dem 19. Jahrhundert private, vor allem kirchliche Wohlfahrtseinrichtungen eine starke Tradition haben. Frühzeitig machten sie die Sorge um arme und kranke Menschen zu ihren eigenen Anliegen. Gleichzeitig stärkte dies die Auffassung, dass der Staat weder allein noch vorrangig für die Beseitigung sozialer Missstände und ungesicherter Notlagen verantwortlich ist (*Subsidiaritätsprinzip*). Staatlicherseits wird bis heute der Einsatz organisierter und spontaner Wohlfahrtseinrichtungen respektiert und anerkannt. Daraus ergibt sich, dass insbesondere die karitativ-diakonischen Aktivitäten der Kirchen, als größte nichtstaatliche Leistungsträger, Bestandteil des Systems der sozialen Sicherung in Deutschland sind. In anderen europäischen Ländern ist dies freilich heute anders.

## 6. Staatliche Leistungen

Aus den staatlichen Maßnahmen der Gesundheitsvorsorge (insbesondere Seuchenbekämpfung), Almosen für besonders Arme entwickelte sich in diesem Jahrhundert langsam ein System „öffentlicher Fürsorge" bis hin zu einer Absicherung der

| Säulen der sozialen Sicherung in Deutschland ||||| 
|---|---|---|---|---|
| Sozialversicherungen | Eigenleistungen | Einzelne Gesetze | Sozialhilfe | Gesellschaftliche Initiativen |
| • Krankenversicherung<br>• Pflegeversicherung<br>• Unfallversicherung<br>• Rentenversicherung<br>• (Arbeitslosenversicherung) | • des Bürgers<br>• seiner Angehörigen<br>• private Versicherungen | • Ausbildungsförderung<br>• Kindergeld<br>• Wohngeld<br>• Erziehungsgeld<br>• Schwerbehinderte<br>• u. a. | • Hilfe zum Lebensunterhalt<br>• Hilfe in besonderen Lebenslagen | • Selbsthilfegruppen<br>• Nachbarschaftshilfe<br>• Kirchliche Dienste<br>• u. a. |

zum Leben notwendigen materiellen Voraussetzungen – unabhängig von Verschulden der Armut und ohne Gegenleistungspflichten für den Empfänger. Ebenso wie diese Leistungen der Sozialhilfe als letzter Absicherung wird auch die Kinder- und Jugendhilfe aus allgemeinen Steuermitteln finanziert. Die entsprechenden Beratungs- und Dienstleistungsangebote der Kinder- und Jugendhilfe stehen im Unterschied zu den Sozialhilfeleistungen jedem Hilfebedürftigen zur Verfügung. Aber auch das staatliche Kindergeld, Steuerfreibeträge, Wohngeld, Erziehungsgeld u. a. sind mehr oder weniger direkte Sozialleistungen, auf die der Bürger teilweise einkommens- und vermögensunabhängig Anspruch hat. Die Verantwortung des Staates, solche Sozialleistungen entsprechend dem rechtlich anerkannten Bedarf bereit zu stellen, ist weitgehend unbestritten. Unklar ist aber, welche Leistungen in *welchem Umgang* durch öffentliche Mittel bereit zu stellen sind. Kontrovers diskutiert wird z. B. die Verpflichtung zur Beschaffung von Wohnraum, die Kürzung der Leistungen für Asylbewerber, aber auch die Förderung von Halbtagsbeschäftigung, die Höhe des Kindergeldes, die Errichtung von Frauenhäusern und vieles mehr.

## 7. Notwendigkeit einheitlicher Strukturen

Im Ergebnis entwickelte sich ein immer schwerer durchschaubares System sozialer Sicherung. Die Konsequenz war, dass relativ viele Einzelfälle davon nicht erfasst wurden und andererseits andere Personengruppen in den Genuss doppelter oder unverhältnismäßig hoher Absicherung kamen. Seit dem Jahr 1976 gibt es deshalb staatlicherseits intensive Bemühungen, die soziale Sicherung neu zu ordnen und die bestehenden Säulen stärker miteinander zu vernetzen, um Lücken zu vermeiden. Erkennbar wird dies bereits rein äußerlich daran, dass – entgegen der Tradition des Sozialrechts – ein einheitliches *Sozialgesetzbuch* (SGB) geschaffen wurde, welches umfassend die sozialen Rechtsverhältnisse regeln soll.

Die Sozialversicherungen sind nach wie vor organisatorisch eigenständig (Körperschaften des öffentlichen Rechts) und darauf angelegt, die jeweiligen Leistungen durch Beiträge der Mitglieder zu finanzieren. Entsprechend der umfassenden Regelungszuständigkeit des Staates sind sie aber heute Teil der öffentlichen Verwaltung. Es gilt somit das öffentliche Recht. Die in den letzten Jahren zunehmenden, auf gesamtgesellschaftlichen Ausgleich bedachten Eingriffe des Staates in das Versicherungssystem führen dazu, dass die Versicherungen teilweise auch versicherungsfremde Leistungen übernehmen (z. B. Altersversorgung für Menschen, die nie in eine Rentenversicherung eingezahlt haben). Ebenso greift der Staat entsprechend politischer Zielsetzungen mit Hilfe der Sozialversicherungen in das Gesellschafts- und Wirtschaftsleben ein (z. B. durch die Einbeziehung von Personen in das Sozialversicherungssystem, die in Werksstätten für Behinderte tätig sind oder in einer Einrichtung der Jugendhilfe für eine Erwerbstätigkeit befähigt werden, oder durch die Einbeziehung von Maßnahmen der Unfallverhütung in die Unfallversicherungen). Aus diesen Gründen erhalten bestimmte Versicherungssysteme zum Teil erhebliche staatliche Zuschüsse (derzeit insbesondere die gesetzliche Rentenversicherung). Im Bereich Arbeitslosenhilfe spricht man bereits nicht mehr von Versicherung, weil die Arbeitslosenhilfe (im Unterschied zum Arbeitslosengeld) und zahlreiche Arbeitsförderungsmaßnahmen nach dem Arbeitsförderungsgesetz nicht mehr durch Beiträge der Arbeitnehmer und Arbeitgeber, sondern vollständig durch den Bund finanziert werden. Tatsächlich handelt es sich hier um eine Mischform sozialer Sicherung.

An allen Ecken und Enden zeigt sich, dass Sozialversicherungen heute nicht mehr autonom funktionieren können, sondern zur Berücksichtigung gesamtgesellschaftlicher Interessen und zwecks Einbeziehung nicht hinreichend abgesicherter Personen eine enge Vernetzung der verschiedenen Versicherungen mit staatlichen Leistungen und Regulierungen notwendig ist. Dieser Prozess ist in vollem Gange und hat teilweise Unstimmigkeiten und Ungereimtheiten zur Folge, die im Einzelfall auch zu Rechtsunsicherheit führen können. Entscheidender Bezugspunkt für das Sozialleistungssystem ist das neu geschaffene und noch nicht vollständige *Sozialgesetzbuch*.

## 8. Das Sozialgesetzbuch

Seit 1976 werden die verschiedenen bereits bestehenden Einzelbereiche des Sozialrechts aufeinander abgestimmt und im neu geschaffenen Sozialgesetzbuch zusammengeführt. Dieser Prozess ist noch lange nicht abgeschlossen. Einige Bereiche finden sich erst in der Vorplanung. Das Sozialgesetzbuch (SGB) besteht aus einzelnen Teilen, die als einzelne „Bücher des Sozialgesetzbuches" mit römischen Ziffern durchnummeriert wurden (SGB I, SGB II, SGB III . . .).

An dieser Gliederung ist schon äußerlich erkennbar, dass damit die unterschiedlichen Sicherungssysteme als eigenständige Gebiete erhalten geblieben sind, auch wenn die wechselseitige Verzahnung ständig zunimmt. Der gesamte Bereich des SGB gehört zum öffentlichen Recht.

Im SGB I sind *allgemeine Regelungen* enthalten, die für alle Bereiche des Sozialgesetzbuches (und außerdem für eine Reihe von Gesetzen, die noch nicht in das SGB eingeführt wurden) gelten. Nur wenn speziellere Regelungen in einem Einzelgesetz enthalten sind, tritt die entsprechende Regelung des Allgemeinen Teils zurück. Für das gesamte Sozialrecht typische Bestimmungen, z. B. über die Systematik des Sozialrechts (§§ 1–10) und gemeinsame Vorschriften für alle Bereiche des Sozialrechts

(§§ 30 ff), darunter Grundsätze des Leistungsrechts (§ 38 ff), Mitwirkungspflichten des Leistungsberechtigten (§§ 60 ff) befinden sich im SGB I.

Ebenso wie das SGB I ist das SGB X von genereller Bedeutung für den gesamten Bereich des Sozialrechts. Hier sind das *Verwaltungsverfahren* und Reglungen über den *Datenschutz* jeweils zusammenhängend geregelt (hierzu ausführlich unten Seite 164 ff, bzw. Seite 228 ff). In diesem Zusammenhang ist darauf hinzuweisen, dass die Bestimmungen des allgemeinen und besonderen Verwaltungsrechts (gültig für den gesamten Bereich staatlicher Verwaltung, also Polizei- Ordnungs-, Finanz-, Gemeindeverwaltung u. a.) ebenfalls Anwendung finden – soweit im SGB nichts spezielleres bestimmt ist.

Die Sozialversicherungen (*Krankenversicherung, Rentenversicherung, Unfallversicherung, Pflegeversicherung*) wurden – unbeschadet ihrer organisatorischen Eigenständigkeit – als V., VI., VII. und XI. Buch in das SGB integriert.

Zu beachten ist, dass im SGB IV Regelungen zusammengefasst wurden, die für alle Sozialversicherungen von Bedeutung sind. Diese Vorschriften gelten in gleicher Weise für die Krankenversicherung, Rentenversicherung, Pflegeversicherung, Unfallversicherung und mit Einschränkungen auch für die Arbeitsförderung.

Unter der Überschrift „*Arbeitsförderung*" findet man die Bestimmungen über die Arbeitslosenversicherung als SGB III. Das heutige Arbeitsförderungsrecht umfasst aber nicht nur reine beitragsfinanzierte Versicherungsleistungen für den Fall der Arbeitslosigkeit (*Arbeitslosengeld*), sondern hier sind auch zahlreiche *Arbeitsförderungsmaßnahmen* (allgemeine Beratungs- und Vermittlungsdienste, Umschulungsmaßnahmen, Strukturförderung, Arbeitserlaubnisse für Ausländer u. a.) geregelt. Die zuletzt genannten Maßnahmen werden ebenso wie die Arbeitslosenhilfe nicht durch Beiträge der Arbeitnehmer und Arbeitgeber finanziert, sondern aus

| | Aufbau des Sozialgesetzbuchs |
|---|---|
| SGB I | Allgemeiner Teil |
| SGB II | Ausbildungsförderung *(geplant)* |
| SGB III | Arbeitsförderung *(früher Arbeitslosenversicherung)* |
| SGB IV | Gemeinsame Vorschriften für die Sozialversicherungen |
| SGB V | Gesetzliche Krankenversicherung |
| SGB VI | Gesetzliche Rentenversicherung |
| SGB VII | Gesetzliche Unfallversicherung |
| SGB VIII | Kinder- und Jugendhilfegesetz |
| SGB IX | Rehabilitation und Teilhabe behinderter Menschen |
| SGB X | Verwaltungsverfahren, Schutz von Sozialdaten, Zusammenarbeit der Leistungsträger und ihre Beziehungen zu Dritten |
| SGB XI | Pflegeversicherung |
| SGB XII | Wohngeld *(in der Vorplanung)* |
| SGB XIII | Sozialhilfe *(in der Vorplanung)* |
| SGB XIV | Kindergeld, Erziehungsgeld *(in der Vorplanung)* |

Steuermitteln. Das SGB III ist deshalb wesentlich mehr als reines Sozialversicherungsrecht. Die Versicherungsleistungen und staatlichen Leistungen wurden eng verzahnt. Die Arbeitsämter sind für beides verantwortlich.

Das *Kinder- und Jugendhilferecht* wurde als SGB VIII ebenfalls in das Sozialgesetzbuch integriert. Dieser Bereich unterscheidet sich erheblich vom Sozialversicherungsrecht. Dies ergibt sich schon daraus, dass hier nicht finanzielle Hilfen, sondern sozialpädagogisches Handeln, also persönliche Dienstleistungen im Mittelpunkt stehen. Häufiger als bei Geldleistungen muss hier bei den Klienten darum geworben werden, damit sie vorhandene Leistungsangebote annehmen. Eigene Gesetzmäßigkeiten ergeben sich auch aus einer besonders engen Verzahnung von sozialpädagogischer und rechtlicher Materie. Die Bezeichnung Kinder- und Jugendhilferecht (KJHG) ist ebenso gebräuchlich wie die Bezeichnung SGB VIII. Diese für die Soziale Arbeit zentrale Materie bedarf einer eigenen zusammenhängenden Darstellung (vgl. hierzu spezielle Literatur).

Im Jahr 2001 wurde das *Behindertenrecht* als SGB IX in das Sozialgesetzbuch aufgenommen. Unter dem Titel „Teilhabe und Rehabilitation behinderter Menschen" wurden hier Regelungen der Rehabilitation und Integration zusammengeführt und vereinheitlicht. Das bis dahin geltende Schwerbehindertengesetz ist hierin aufgegangen. Die Leistungen für behinderte Menschen werden aber nach wie vor von den Sozialversicherungen, Sozialämtern und Integrationsämtern (früher Fürsorgestellen) erbracht.

Auf die Bereiche, die noch nicht Teil des SGB sind (vor allem Sozialhilfe, Wohngeld, Erziehungsgeld, Ausbildungsförderung) soll an dieser Stelle nicht näher eingegangen werden. Darauf hinzuweisen ist, dass es weitere Sozialleistungsgesetze gibt, die nicht Bestandteil des SGB sind und auch nicht werden sollen. Für spezielle Arbeitsfelder der Sozialen Arbeit können diese erhebliche Bedeutung haben: z. B. Opferentschädigungsgesetz, Kriegsopfer-Hinterbliebenenversorgung, Adoptionsvermittlungsgesetz, Schwangerschaftskonfliktgesetz, Gesetz über eine Grundsicherung im Alter.

Der Aufbau des Sozialgesetzbuches ergibt sich aus einer Unterscheidung zwischen den einzelnen historisch gewachsenen Leistungsbereichen. Daneben kann man aber auch danach unterscheiden, ob Leistungsansprüche entstehen aufgrund vorheriger *Eigenleistung* bzw. aufgrund *vertraglicher Verpflichtungen* oder aber unabhängig hiervon, allein aufgrund der persönlichen Bedürftigkeit. Während das Sozialversicherungsrecht wesentlich geprägt ist von Leistungspflichten aufgrund Mitgliedschaft und Beitragzahlungen der Versicherten und Arbeitgeber, sind Ansprüche nach dem Bundessozialhilfegesetz, dem Kinder- und Jugendhilferecht und Behindertenrecht ebenso wie der Anspruch auf Wohngeld und Erziehungsgeld abhängig von der individuellen *Bedürftigkeit*. Auf Leistungen aus diesen Bereichen besteht ein Anspruch unabhängig von „Vorleistungen".[10] Teilweise wird eine Kostenbeteiligung erwartet, wenn dies den Betroffenen finanziell zugemutet werden kann. Im Unterschied zu den gesetzlichen Krankenversicherungen wurde die Pflegeversicherung so konzipiert, das hierdurch immer nur ein Teil des notwendigen Pflegebedarfs gedeckt wird, also Eigenleistungen (auch bei hohem Pflegebedarf) notwenig bleiben. Das

---

[10] Im Behindertenrecht gilt dies soweit Leistungen nach dem BSHG erbracht werden. Weitergehende Sozialversicherungsleistungen sind abhängig vom Bestehen eines Versicherungsverhältnisses.

# System der Sozialen Sicherung in Deutschland

Kindergeld bzw. ein Kinderfreibetrag (Steuervergünstigung) steht einkommensunabhängig grundsätzlich jedem zu, der für den Unterhalt von Kindern sorgt. Leistungen nach dem Ausbildungsförderungsrecht sind abhängig von den Einkommensverhältnissen der unterhaltspflichtigen Eltern und in der Regel bezogen auf einen ersten berufsqualifizierenden Abschluss.

In allen Bereichen des SGB gibt es Leistungen auf die ein konkreter, von vorn herein feststehender Rechtsanspruch besteht (z. B. Hilfe zum Lebensunterhalt, Kindergeld u. a.), aber auch Leistungen, die von einer Ermessensentscheidung der Leistungsbehörde abhängig sind. Teilweise stehen persönliche Hilfen (Kinder- und Jugendhilfe), teilweise Geldleistungen in Form von Beihilfen/Zuschüssen oder Darlehen (Kindergeld, BAföG, Wohngeld) und teilweise Sachleistungen (u. a. für Asylbewerber, Obdachlose) im Mittelpunkt. In der Regel kommt Hilfe in unterschiedlichen Formen in Betracht (für die Sozialhilfe vgl. § 8 BSHG).

## 9. Leistungsträger

Die unterschiedlichen Sozialleistungen werden von einer Vielzahl unterschiedlicher Einrichtungen erbracht. Die §§ 18–29 SGB I enthalten zwar einen Überblick über die staatlicherseits zu erbringenden Leistungen und die dies regelnden Gesetze, daraus ergibt sich aber nicht unmittelbar, welche Institution Ansprechpartner für den Hilfe begehrenden Bürger ist. Einen Überblick über die Leistungsträger und ihre Aufgaben ergibt sich vielmehr aus folgender Darstellung.

| Leistungsträger für Sozialleistungen | | |
|---|---|---|
| Leistung | Gesetz | zuständige Stellen |
| Arbeitsförderung (Arbeitslosengeld/hilfe u. andere Leistungen) | Sozialgesetzbuch III (SGB III) | Arbeitsämter, sonstige Dienststellen der Bundesanstalt für Arbeit |
| Ausbildungsförderung | Bundesausbildungsförderungsgesetz (BAföG) | Ämter für Ausbildungsförderung, Studentenwerke, Landesämter für Ausbildungsförderung |
| Behinderte Menschen, besondere Regelungen und Leistungen | Sozialgesetzbuch IX, III, V, VI, VII, VIII, Bundessozialhilfegesetz (BSHG) | Örtliche Versorgungsämter, Integrationsämter, Sozialversicherungen, gemeinsame Servicestellen, Arbeits-, Sozial-, Jugendämter |
| Erziehungsgeld | Bundeserziehungsgeldgesetz (BErzGG), Erziehungsgeldgesetze der Länder | nach Landesrecht unterschiedlich geregelt |
| Gewalttaten, Entschädigung | Opferentschädigungsgesetz (OEG), BVG | Versorgungsämter |

## Leistungsträger für Sozialleistungen

| Leistung | Gesetz | zuständige Stellen |
|---|---|---|
| Grundsicherung im Alter und bei Behinderung | Gesetz über die bedarfsorientierte Grundsicherung im Alter und bei Behinderung (GSib) | Landkreise, kreisfreie Städte, Rentenversicherungsträger |
| Kindergeld/Kinderfreibetrag | Bundeskindergeldgesetz (BKGG), Einkommensteuergesetz (EStG) | Familienkasse der Arbeitsämter, Finanzämter |
| Kinder- und Jugendhilfe | Kinder- und Jugendhilfegesetz (KJHG/SGB VIII) | örtliche Träger: Landkreise, kreisfreie Städte, überörtliche Träger nach Landesrecht |
| Krankenversicherung, gesetzliche | Sozialgesetzbuch V (SGB V) | AOK, Betriebskrankenkassen, Ersatzkassen u. a. |
| Kriegsopfer, Entschädigung | Bundesversorgungsgesetz (BVG) | Versorgungsämter, Landesversorgungsämter, Integrationsämter |
| Pflegeversicherung | Sozialgesetzbuch XI (SGB XI) | Pflegekassen (den gesetzlichen Krankenkassen angegliedert) |
| Rentenversicherung, gesetzliche | Sozialgesetzbuch VI (SGB VI) | Bundesversicherungsanstalt für Angestellte (BVA), Landesversicherungsanstalten u. a. |
| Sozialhilfe | Bundessozialhilfegesetz (BSHG) | Sozialämter, überörtliche Träger unterschiedlich nach Landesrecht |
| Unfallversicherung, gesetzliche | Sozialgesetzbuch VII (SGB VII) | Berufsgenossenschaften, Bund, Unfallkassen u. a. |
| Wohngeld | Wohngeldgesetz (WGG) | Wohngeldstellen, unterschiedlich nach Landesrecht |

## Literaturhinweise zur Vertiefung:

*Bley, Helmar u. a.:* Sozialrecht (2001).
*Eichenhofer, Eberhard:* Sozialrecht (2000).
*Gitter, Wolfgang u. a.:* Sozialrecht (2001).
*Jäger, Horst:* Sozialversicherungsrecht (1997).
*Ost, Wolfgang u. a.:* Grundzüge des Sozialrechts (1998).
*Schulin, Bertram/Igl, Gerhard:* Sozialrecht (2002).

# VI. Rechtsstellung und Bedeutung freier Träger

Zu Kapitel VI: Übungsfall 8 (Gestaltungsfreiheit der freien Träger) Seite 216 ff.

## 1. Rechtsstellung

Aus Art. 19 Abs. 3 GG ergibt sich, dass die Grundrechte „auch für inländische juristische Personen" gelten, „soweit sie ihrem Wesen nach auf diese anwendbar sind". Das heißt, dass Vereinigungen jedweder Art grundsätzlich Handlungsfreiheit gemäß Art. 2 Abs. 1 GG genießen und sich insbesondere auch unabhängig vom Staat selbst organisieren können. Vereinigungen verfolgen grundsätzlich selbstgesetzte Ziele und unterliegen nach unserer Rechtsordnung gerade *nicht* staatlicher Kontrolle. Der Zusammenschluss der Bürger in Vereinigungen aller Art und die Errichtung ganz unterschiedlicher, gesellschaftlich relevanter Einrichtungen ist Ausdruck der freien Entfaltung der Person gem. Art. 1 ff GG. Daraus ergibt sich für die freien Träger ein verfassungsrechtlich garantierter Anspruch, ihre Angelegenheiten – unabhängig von staatlicher Beeinflussung – selbst zu gestalten (vgl. zur Abwehrfunktion der Grundrechte oben Seite 32 f). Das heißt z. B., dass die staatliche und kommunale Verwaltung grundsätzlich keinen Einfluss auf die weltanschauliche, pädagogische Konzeption eines freien Trägers hat und auch eine Kontrolle oder Aufsicht über die Geschäftsführung unzulässig wäre. Dies gilt insbesondere auch dann, wenn soziale Einrichtungen Zuwendungen von staatlicher Seite erhalten. Denn der Staat ist nicht befugt, weltanschauliche Fragen zu beurteilen oder bestimmte Positionen zu bevorzugen (*Neutralitätspflicht des Staates*). Er muss vielmehr Rahmenbedingungen bereitstellen, die ein *plurales gesellschaftliches Leben* auch im sozialen Bereich ermöglichen (vgl. oben Seite 42 f). Dies ist ein wesentlicher Unterschied zu Einrichtungen der öffentlichen Hand, die in sehr ausdifferenzierter Weise der Aufsicht und Weisung vorgesetzter Behörden untergeordnet sind (vgl. unten Seite 119 f).

Vor diesem Hintergrund wird § 17 Abs. 3 Satz 2 SGB I verständlich, durch den für den gesamten sozialen Bereich ausdrücklich geregelt wird, dass die öffentlichen Träger die „Selbständigkeit der freien Träger in Zielsetzung und Durchführung ihrer Aufgaben zu achten" haben. Diese „Achtung" der freien Träger geht aufgrund der dienenden Funktion des Staates und dem *Subsidiaritätsprinzip* soweit, dass der Staat und die Kommunen zur aktiven Förderung der freien Träger verpflichtet sind. Dies kommt für die Kinder- und Jugendhilfe in den §§ 3–5, 12, 74 KJHG und für die Sozialhilfe in den §§ 10 Abs. 2, 93 Abs. 1 BSHG zum Ausdruck. Diese Förderung wird nicht nur durch finanzielle Zuwendungen an die freien Träger, sondern ebenso durch einen Anspruch auf Abschluss von Leistungsvereinbarungen (hierzu unten) konkret. Tatsächlich werden im Bereich der Kinder- und Jugendhilfe zwei Drittel aller Einrichtungen von freien Trägern geführt. Ambulante Pflegedienste befinden sich aufgrund der Bestimmungen des SGB XI ausschließlich in privater Trägerschaft. Für die öffentlichen Stellen (Jugendämter, Sozialämter, Sozialversicherungen ...) führt dies zu einer deutlichen Entlastung, was erhebliche Ausgleichszahlungen an die freien Träger rechtfertigt. Im Ergebnis werden auf diese Weise in großem Umfang öffentlich-rechtliche Sozialleistungspflichten von (nichtstaatlichen) freien Trägern erbracht, die sich in vielen Bereichen ganz überwiegend (oft zu über 80 Prozent) aus öffentlichen Mitteln finanzieren können.

Eine detaillierte Prüfung, in welcher Weise ein freier Träger seine Aufgaben erfüllt, ist auch bei dieser engen Kooperation aus den genannten Gründen nicht zulässig. So ist der öffentliche Leistungsträger nur befugt, Überprüfungen im Einverständnis mit dem freien Trägers durchzuführen. Problematisch ist, dass teilweise durch die Rechnungshöfe bzw. Rechnungsprüfer Kontrolle stattfindet und deshalb der Schutz von Klienten- und Patientendaten nur teilweise gewährleistet ist. Eine enge verwaltungsmäßige Verzahnung mit staatlicher/kommunaler Verwaltung, wie sie gerade in kleineren Kommunen gelegentlich anzutreffen ist, ist unzulässig. Soweit in Einzelfällen bestimmte hoheitliche Aufgaben (z. B. bei der Jugendgerichtshilfe oder im Adoptionsverfahren) an freie Träger übertragen werden, sind diese speziellen Aufgaben genau zu benennen und dürfen im Übrigen die Eigenständigkeit des freien Trägers nicht beeinträchtigen.

Gleichwohl aber bleibt die staatliche Gewalt verpflichtet, dafür zu sorgen, dass die Menschen ihre Sozialleistungen im gesetzlich vorgeschriebenem Umfang erhalten. Durch die Zwischenschaltung eines freien Trägers dürfen die öffentlich-rechtlichen Leistungsansprüche und Rechte des Bürgers nicht beeinträchtigt werden (vgl. oben Seite 50 f und unten Seite 124). Diese Gefahr besteht aber z. B. bei einseitiger Profitorientierung des freien Trägers, bei Bevorzugung einer bestimmten Klientel (freie Träger sind an den Gleichbehandlungsgrundsatz nicht gebunden) oder wenn einzelne Klienten die intensive weltanschauliche Prägung einer Einrichtung als bedrängend bzw. diskriminierend empfinden. Soweit freie Träger öffentliche Mittel erhalten, werden deshalb an die Vergabe von staatlicher und kommunaler Seite zahlreiche Bedingungen und Auflagen geknüpft (vgl. § 97, Abs. 1, SGB X). Zum Schutz besonders wehrloser Bevölkerungsgruppen wurde für Altenheime und Einrichtungen der Kinder- und Jugendhilfe generell eine öffentliche Aufsicht eingeführt (vgl. zum Heimgesetz oben Seite 52 f und zur Betriebserlaubnis für Kinderheime § 45 KJHG). Trotz der hohen Bedeutung der freien Träger liegt für alle sozialen Angelegenheiten die *Gesamtverantwortung* immer bei den öffentlichen Leistungsträgern (Sozialversicherungen, Kommunen, Bund und Land, vgl. hierzu oben Seite 100). Hiernach sind diese verpflichtet, in allen sozialen Bereichen für unterschiedliche und insgesamt bedarfsdeckende Angebote zu sorgen und die ordnungsgemäße Erbringung der gesetzlich garantierten Leistungen zu gewährleisten. Ergänzend zu den Angeboten der freien Träger hat der öffentliche Träger unter anderem dafür zu sorgen, dass jedermann ein ihm entsprechendes Angebot in erreichbarer Nähe finden kann. Falls nötig muss der öffentliche Träger z. B. durch eigene Angebote sicherstellen, dass neben kirchlichen Krankenhäusern und Kindergärten auch weltanschaulich neutrale Einrichtungen in hinreichender Zahl zur Verfügung stehen. Bei der Verwendung öffentlicher Gelder durch freie Träger muss außerdem nicht nur im Interesse der Klienten, sondern auch im Interesse der Steuerzahler die sachgerechte und wirtschaftliche Verwendung der Mittel sichergestellt werden (vgl. hierzu unten S. 109 ff).

Da die freien Träger, mit Ausnahme der großen Kirchen (Kirchensteuer), nur über sehr geringe eigene finanzielle Mittel verfügen, sind sie existentiell auf die Unterstützung durch die öffentlichen Träger angewiesen. Nur so können sie langfristig eine bedeutsame Rolle im sozialen Bereich spielen. Insgesamt ist das Selbstverständnis der freien Träger deshalb von einem grundlegenden Spannungsverhältnis zwischen rechtlicher Eigenständigkeit und der Angewiesenheit auf eine gute Kooperation mit staatlichen und kommunalen Ämtern und Einrichtungen geprägt. Unter anderem aufgrund der finanziellen Abhängigkeit hat in der Vergangenheit in vielen Bereichen eine weitgehende Anpassung der Leistungsangebote an öffentliche Angebote stattgefunden. Deshalb wird über die Notwendigkeit dieser so ausgeprägt nur in Deutschland bestehenden *„dualen Struktur"* diskutiert. Es gibt aber auch heute nichtstaatliche Einrichtungen mit einem markanten eigenen Profil (Beispiele: Frauenhäuser, Waldkindergärten, Hospize). Die weitere Entwicklung ist offen.

Stets ist zu beachten, dass *allein* die öffentlichen Leistungsträger gegenüber dem Bürger zur Erbringung von Sozialleistungen verpflichtet sind. Die freien Träger sind hierzu zwar berechtigt, aber nicht verpflichtet! Erst durch eine vertragliche Vereinbarung mit dem öffentlichen Träger übernimmt der freie Träger die *jeweils vereinbarten* Pflichten. Daneben kann der freie Träger mit den Klienten privatrechtliche Verbindlichkeiten eingehen. Auf dieser Grundlage ist in vielen Bereichen ein breit gefächertes Angebot entstanden, welches über die öffentlich-rechtlich garantierten Leistungen hinausgeht (z. B. Wohn- und Pflegeheime für ältere Menschen).

## 2. Unterschiedlichkeit der freien Träger – Rechtsformen

Freie Träger können in ganz unterschiedlicher Form organisiert sein. Zu unterscheiden ist insbesondere zwischen den Rechtsformen: BGB-Gesellschaft, eingetragener Verein, Stiftung, GmbH. Weiter ist zu unterscheiden zwischen gemeinnützig und gewerblich tätigen Einrichtungen und den Wohlfahrtsverbänden mit unterschiedlichen inhaltlichen Zielsetzungen. Das jeweilige Selbstverständnis kann weitreichende Auswirkungen auch auf die Art der Leistungserbringung haben.

Insbesondere die großen Kirchen erfüllen aus ihrer Sicht nicht nur in der Seelsorge, sondern auch mit ihrem karitativ-diakonischen Handeln einen eigenen öffentlichen Auftrag. Dies hat dazu geführt, dass sie als Körperschaften des öffentlichen Rechts anerkannt sind (vgl. Art. 140 Grundgesetz). Als solche haben sie eine beachtliche Eigenständigkeit und Unabhängigkeit. Unter anderem weicht in den christlichen Kirchen das Dienst- und Arbeitsrecht von den sonst üblichen Regelungen ab. Dieses Selbstverständnis ändert aber nichts an einer klaren Unterscheidung zwischen den öffentlich-rechtlichen Aufgaben staatlicher Organe und den Befugnissen der Kirchen. So sind diese zwar öffentlich-rechtliche Körperschaften, aber solche „kirchlichen Rechts" und erfüllen vollständig andere Aufgaben als öffentlich-rechtliche Körperschaften „staatlichen Rechts".

Unabhängig von der Rechtsform und dem Selbstverständnis des freien Trägers gestalten sich deren Beziehungen zu den öffentlichen Leistungsträgern im sozialen Bereich nach den gleichen Grundsätzen, die im Folgenden dargestellt werden.

## 3. Das sozialrechtliche Dreiecksverhältnis

Wer Sozialleistungen in Anspruch nehmen möchte, kann häufig zwischen unterschiedlichen Anbietern auswählen. Wählt der Leistungsberechtigte einen freien Träger, so ist Voraussetzung für die Leistung eine entsprechende privatrechtliche Vereinbarung zwischen Leistungsberechtigtem und freiem Träger. Klient und freier Träger entscheiden als Rechtssubjekte des Privatrechts grundsätzlich frei darüber, ob sie miteinander ein Rechtsverhältnis eingehen. Der Bürger kann wählen, ob und ggf. von welchem freien Träger er Leistungen in Anspruch nehmen möchte Der freie Träger entscheidet seinerseits frei, welche Leistungen er überhaupt anbieten möchte und für welche Personen er dies tut. Er kann auch generell bis zur Grenze der Diskriminierung bestimmte Personengruppen (z. B. Personen, die nicht einer bestimmten Religion angehören oder aus einem entfernten Einzugsgebiet kommen) ausschließen oder in Anbetracht eines konkreten Antragstellers die Leistungserbringung verweigern. Daraus ergibt sich auch, dass die Beteiligten Art, Umfang und Preis der Leistungen grundsätzlich frei bestimmen können, soweit nicht ausnahmsweise gesetzliche Regelungen entgegen stehen (z. B. § 4 bis § 4d Heimgesetz).

Dies ist ein wesentlicher Unterschied zu öffentlich-rechtlichen Leistungsanbietern, die zum einen verpflichtet sind, die Versorgung der Bürger mit den gesetzlich vorgeschriebenen Sozialleistungen sicher zu stellen (*Gesetzesvorbehalt*) und zum anderen nach dem *Gleichbehandlungsgrundsatz* gegenüber jedermann in gleicher Weise diese Pflicht zu erfüllen haben.

Diese privatrechtliche Vertragsfreiheit wird allerdings modifiziert, wenn und soweit der freie Träger gegenüber öffentlichen Trägern (*freiwillig*) Verbindlichkeiten eingegangen ist. So kann er sich z. B. verpflichten, eine bestimmte Anzahl von Plätzen in seiner Einrichtung für die Öffentlichkeit bereit zu halten, bestimmte Qualitätsmerkmale zu erfüllen oder eine bestimmte Quote nicht konfessionell gebundener Personen aufzunehmen bzw. zu betreuen. Dies geschieht normalerweise in Form einer *Leistungsvereinbarung* mit einem öffentlichen Leistungsträger (hierzu unten). Auf der Grundlage solcher Vereinbarungen erhalten die freien Träger in erheblichem Umfang öffentliche Mittel, die öffentlichen Träger sind von der Erbringung zahlreicher Sozialleistungen entlastet und für den Bürger ergeben sich in vielen Bereichen zahlreichen Wahlmöglichkeiten zwischen unterschiedlichen Anbietern.

In jedem Einzelfall ist aber genau zu untersuchen, was durch diesen öffentlich-rechtlichen Vertrag[11] zwischen dem freien Träger und dem öffentlichen Träger tatsächlich geregelt wurde. Häufig bezieht sich die Vereinbarung nur auf einen *Teil des Leistungsangebotes*, welches von dem freien Träger erbracht wird. Dann ist dieser auch nur insoweit gebunden. Er kann z. B. auf der Grundlage einer Vereinbarung mit den Pflegekassen Pflegeleistungen für bestimmte Personen gegenüber der Pflegeversicherung abrechnen, weitergehende Leistungen und solche Leistungen,

---

[11] Einige Zeit war unklar, ob es sich hierbei um einen öffentlich-rechtlichen oder einen privatrechtlichen Vertrag handelt. Die Freiheit, einen Vertrag überhaupt zu schließen, und die Rechtsstellung des freien Trägers sprechen für eine privatrechtliche Qualität. Die Gerichte gehen aber wegen der Erfüllung öffentlicher Aufgaben und der Verpflichtung der öffentlichen Hand zu einer Kooperation mit freien Trägern von einem öffentlich-rechtlichen Vertrag aus. Letztlich handelt es sich hierbei um einen Vertragstyp eigener Art.

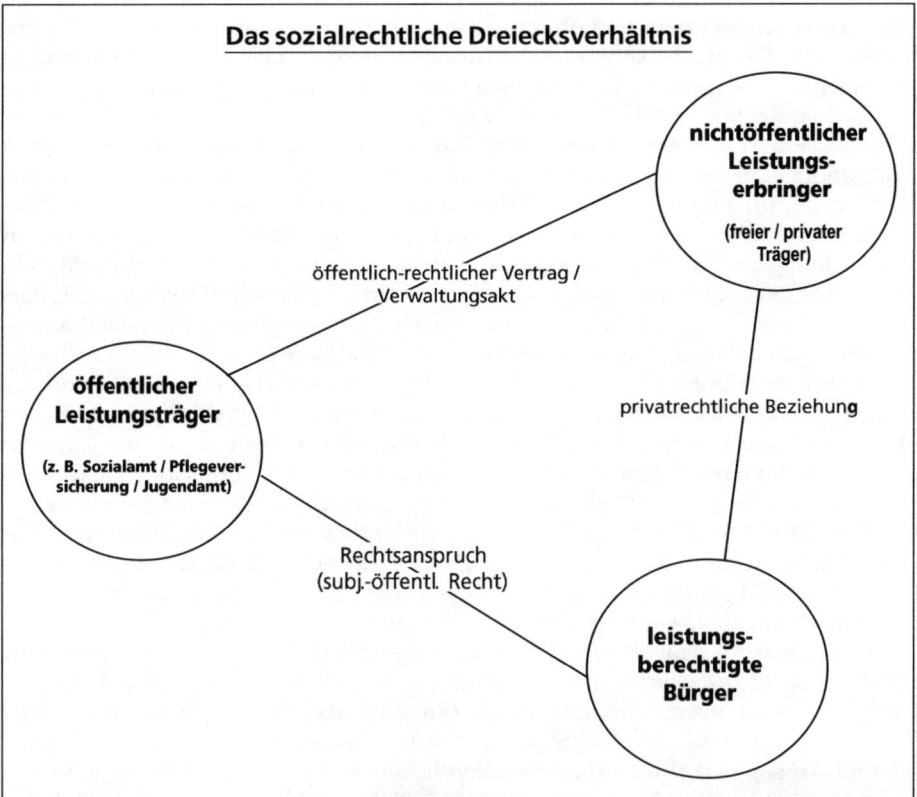

die gegenüber Personen erbracht werden, die keinen Anspruch auf Pflege nach dem Pflegeversicherungsrecht (SGB XI) haben, erhält er von dort aber nicht erstattet. Insoweit kann und muss der freie Träger die Konditionen mit den Klienten weiterhin frei aushandeln. Es kann auch sein (vor allem in der Jugendhilfe), dass eine vertragliche Vereinbarung mit dem öffentlichen Leistungsträger nicht besteht, er aber gleichwohl für eine von ihm erbrachte, öffentlich-rechtlich garantierte Leistung Kostenerstattung (evtl. auf der Grundlage einer entsprechenden Abtretungserklärung des Leistungsempfängers) verlangen kann. Wie auch immer die Rechtsbeziehung zwischen privatem und öffentlichem Träger geregelt ist, die Stellung des privaten Trägers als Rechtssubjekt des Privatrechts wird durch solche Vereinbarungen in keinem Fall angetastet. Er wird nicht zu einer Behörde und hat keine öffentlich-rechtlichen Rechte und Pflichten.

Außerdem ist wichtig, dass der öffentliche Träger seiner Leistungspflichten nicht vollständig entledigt ist, soweit die private Einrichtungen in Anspruch genommen werden. Die öffentlich-rechtlichen Pflichten gegenüber dem Bürger sind vielmehr so grundlegend, dass sie weiterhin bestehen bleiben. Der öffentliche Träger bleibt für eine ordnungsgemäße Erfüllung verantwortlich, auch wenn die Leistungen tatsächlich von einem nichtstaatlichen, freien Träger erbracht werden. Dies bedeutet, dass der öffentliche Träger dafür sorgen muss, dass die freien Träger die im Verhältnis Bürger – öffentlicher Träger bestehenden Leistungen ordnungsgemäß erbringen. Sonst verletzt er seine *Pflichten gegenüber dem Bürger*. Dabei muss der öffentliche Träger allerdings darauf achten, dass er so wenig wie möglich in die Eigenständigkeit der freien Träger eingreift. Die Erfüllung öffentlicher Aufgaben durch freie Träger ist deshalb auch für den öffentlichen Leistungsträger keineswegs unproblematisch. Aus diesen unterschiedlichen Rechtsbeziehungen ergibt sich ein „sozialrechtliches Dreiecksverhältnis". In allen Bereichen in denen öffentliche Leistungen durch freie Träger erbracht werden, spielt dieses Dreiecksverhältnis eine Rolle. Dabei können die Rechtsbeziehungen zwischen den Beteiligten sehr unterschiedlich gestaltet sein. Es ist jeweils zu prüfen, wer welche Pflichten letztlich zu erfüllen hat.

Wenn ein freier Träger seine Pflichten gegenüber dem Bürger nicht vollständig erfüllt (z. B. unzureichende Pflegeleistung), stellt sich die Frage, wie er hiergegen vorgehen kann. Soweit der freie Träger öffentlich-rechtliche Leistungen erbringt, kann er den öffentlichen Träger in Anspruch nehmen, dafür zu sorgen, dass der private Träger den (im Verhältnis öffentlicher – freier Träger) übernommenen Pflichten nachkommt. Gegenüber dem privaten Träger bleibt insoweit häufig lediglich ein Schadensersatzanspruch bei schuldhaftem Verhalten des privaten Träges nach den allgemeinen Regeln des BGB. Besteht ein Vertragsverhältnis zwischen Bürger und privatem Träger (im stationären und jetzt auch in der ambulanten Pflege ist dies Pflicht), können daneben auch Ansprüche gegenüber dem privaten Träger auf Erbringung einer ordnungsgemäßen Leistung bestehen. Für Streitigkeiten sind freilich unterschiedliche Gerichte zuständig (vgl. unten Seite 148 ff).

## 4. Finanzierung

### Möglichkeiten

Viele private Initiativen im sozialen Bereich scheitern an hinreichenden Finanzierungsmöglichkeiten. Heute ist weitgehend nur noch Mischfinanzierung möglich, weshalb in vielen Bereichen „*Fundraising*" für die freien Träger einen wesentlichen Teil des Sozialmanagement ausmacht. Hier kommen zunächst Einnahmen aus Benefizveranstaltungen, wie Konzerte, Fußballspiele, Zirkusauftritte, Basare, oder öffentliche Spendenaufrufe für bestimmte Projekte in Betracht. Zu beachten ist, dass nur bei einer unmittelbar gemeinnützigen Verwendung die Einnahmen *steuerlich begünstigt* sind. Hinzu kommt die Möglichkeit – meist abweichend von öffentlichen Anbietern –, Beiträge von den Klienten für bestimmte Leistungen zu erheben. Schließlich kommen als Einnahmequelle Erträge aus eigenem Vermögen (Zinsen, Mieteinnahmen), Bußgelder (Strafverfahren werden häufig mit der Auflage verbunden, einen bestimmten Betrag an gemeinnützige Einrichtungen zu spenden), Erbschaften und Vermächtnisse, Sozialsponsoring durch Firmen und kirchliche Mittel (Kirchensteuer) in Betracht.

Finanziell weniger aufwendige soziale Dienste, insbesondere in unterschiedlichen Bereichen der Nachbarschaftshilfe und „bürgerschaftlichen Engagements", können auf diese Weise auch langfristig unterhalten werden. Kostenintensivere Maßnahmen (Kinder- und Jugendhilfe, Pflegedienste, Altenheime) bedürfen hingegen praktisch immer einer zumindest überwiegenden Finanzierung durch die Sozialversicherungen bzw. die Kommunen nach dem KJHG oder BSHG. Dabei sind sehr häufig mehrere öffentliche Leistungsträger an der Finanzierung einer privaten Einrichtung beteiligt. Einer Kooperation mit den öffentlichen Trägern kommt daher für fast alle freien Träger entscheidende Bedeutung zu.

## Öffentliche Mittel

Das Verhältnis zwischen privaten Trägern und öffentlichen Sozialleistungsträgern (dies ist der Überbegriff für Krankenversicherung, Pflegeversicherung, Arbeitslosenversicherung, Unfallversicherung, Leistungen nach dem BSHG und KJHG, Leistungen des Bundes und der Länder) ist von einer grundsätzlichen Unabhängigkeit geprägt. Das heißt, dass die privaten Träger nicht verpflichtet sind, Sozialleistungen – gleich welcher Art – in eigener Verantwortung anzubieten und die öffentlichen Träger ihren Leistungspflichten auch durch eigene, öffentliche Einrichtungen erbringen können (Ausnahme: Pflegeversicherung). Die öffentlichen Leistungsträger sind zwar durch die Grundrechte und nach dem Subsidiaritätsprinzip (hierzu oben Seite 46) generell zur Unterstützung der freien Träger und zur Kooperation mit ihnen nach objektivem Recht (vgl. oben Seite 106) verpflichtet. Daraus allein ergibt sich aber für eine Einrichtung *kein subjektiver Rechtsanspruch* auf konkrete Leistungen. Hinsichtlich der Rechte der freien Träger, den Voraussetzungen einer Kooperation und den sich daraus ergebenden Pflichten ist vielmehr wie folgt zu unterscheiden:

## Zuwendungen

Bei *Zuwendungen* an freie Träger handelt es sich um die Übernahme eines Teils der Kosten für ein konkretes Projekt (z. B. Personalkosten für einen Sozialarbeiter zur Betreuung von Asylbewerbern, Anschaffung von Einrichtungsgegenständen für ein Jugendzentrum, Zuschüsse vom Arbeitsamt für Arbeitsbeschaffungsmaßnahmen, Baukostenzuschüsse u. a.). Solche Zuschüsse können auch einen bestimmten Prozentsatz der Gesamtkosten ausmachen (z. B. 25 % der angemessenen Personalkosten) oder abhängig von Nutzungszahlen erfolgen (z. B. Zuschuss von 25 € pro Tagungsteilnehmer). Solche Projektförderung setzt immer eine konkrete Bewilligung seitens des öffentlichen Trägers, einen *Zuwendungsbescheid*, voraus.

## Rechtsstellung und Bedeutung freier Träger

Diese Zuwendungen setzen immer einen „angemessenen" Eigenbeitrag des freien Trägers voraus. Das heißt, es ist nicht nur der (evtl. gewinnorientierte) Einsatz eigenen Kapitals erforderlich, sondern dessen Verwendung im Sinne eines *Verbrauchs* zu gemeinnützigen Zwecken. In der Regel ist von einem Eigenbeitrag von mindestens 20 Prozent auszugehen. Zwingend vorgeschriebene feste Quoten gibt es aber hierfür nicht. Eine kostendeckende Vollfinanzierung durch öffentliche Zuwendung ist jedenfalls nicht möglich. Bei Zuwendungen handelt es sich vielmehr um eine Förderung nichtstaatlicher Initiativen, ohne dass der öffentliche Träger für die Erbringung dieser Leistungen einsteht. Zuwendungen sind vor allem dort von erheblicher Bedeutung, wo die individuellen Rechtsbeziehungen zum Leistungsempfänger im Hintergrund stehen (offene Angebote, Beratungsleistungen). Also Bereiche, in denen private Träger Sozialleistungen erbringen, die über die Pflichtleistungen der staatlichen und kommunalen Träger hinausgehen.

Diese Art der Unterstützung bietet sich insbesondere an für *einmalige* Zuwendungen, die auf der Grundlage eines Ermessensspielraums gewährt werden oder für neuartige Pilotprojekte. Sie kann aber auch als wiederkehrende und laufende Zuwendungen erfolgen, als Alternative zu Entgeltzahlungen auf der Grundlage von Leistungsvereinbarungen (hierzu im Folgenden).

Der öffentliche Träger ist nicht verpflichtet, Zuwendungen zu vergeben. Er ist auch nicht verpflichtet, die Vergabe der Mittel öffentlich auszuschreiben, um den geeignetsten Zuwendungsempfänger möglichst objektiv zu ermitteln. Lediglich dann, wenn vergleichbare nichtstaatliche Einrichtungen Zuwendungen nicht erhalten, aber ähnliche Maßnahmen durchführen wollen, kann ein subjektiv-rechtlicher Anspruch auf Gleichbehandlung bestehen (vgl. oben Seite 19). Dies setzt aber voraus, dass tatsächlich eine Vergleichbarkeit mit bereits geförderten Einrichtungen gegeben ist und keine übergeordneten Zweckmäßigkeitserwägungen (z. B. Zersplitterung ineffektiver Einrichtungsgrößen) einer Gleichbehandlung entgegenstehen. Solche Fragen sind oft schwierig zu klären. Ein Anspruch auf (längerfristige) über den erteilten Zuwendungsbescheid hinausgehende Zahlungen besteht nur, wenn und soweit dies von dem Leistungsträger verbindlich zugesichert wurde und dies auch nur dann, wenn keine wesentlichen Änderungen (z. B. erhebliche Änderung der finanziellen Situation) beim Zuwendungsgeber auftreten. Über die verbindlich erfolgte Bewilligungen hinaus sind Erwartungen auf künftige Zuwendungen daher verhältnismäßig unsichere Finanzierungsgrundlagen. Im Zuständigkeitsbereich der Pflegeversicherung ist diese Form der Finanzierung nicht vorgesehen. In den Bereichen Kinder- und Jugendhilfe ist dies gesetzlich geregelt in § 10 Abs. 2 BSHG bzw. § 74 KJHG/SGB VIII.

Bei einem *Zuwendungsbescheid* handelt es sich i. d. R. um einen Verwaltungsakt (öffentlich-rechtlicher Vertrag ist auch möglich), der häufig mit Nebenbestimmungen versehen ist, um sicherzustellen, dass die Verwendung der Mittel im Interesse des öffentlichen Trägers erfolgt. Diese Auflagen werden – auch wenn Verhandlungen hierüber mit dem freien Träger weitgehend üblich sind – letztlich durch den öffentlichen Träger festgesetzt. (So muss z. B. nach den nordrhein-westfälischen „Richtlinien für die Gewährung von Personalkostenzuschüssen für Frauenhäuser" nicht nur die Verwendung der Mittel nachgewiesen werden, sondern Voraussetzung für eine öffentliche Förderung ist unter anderem: eine geordnete Organisationsform des Trägers, zumindest als eingetragener Verein, die Anerkennung des Trägers als gemeinnützig durch das Finanzamt, eine angemessene Größe für 8–20 Frauen auch mit

Kindern, die Vorlage von Personalbögen der einzustellenden Personen, die Bereitschaft mit den zuständigen kommunalen Ämtern, der Ärzteschaft, den Krankenhäusern, den Sozialleistungsträgern sowie den Verbänden der freien Wohlfahrtspflege zusammenzuarbeiten, Ansprechbarkeit rund um die Uhr und die Integration umfassender Beratungsleistungen).

Teilweise werden öffentliche Zuwendungen statt in der Form eines Verwaltungsaktes auch im Wege einer *Zuwendungsvereinbarung* gewährt. Dies ändert allerdings nichts daran, dass es sich auch hierbei um eine einseitige Förderung handelt, für die die genannten Grundsätze gelten. Die Zuwendungsvereinbarung ist deshalb nicht zu verwechseln mit der im folgenden dargestellten *Leistungsvereinbarung*.

Zuwendungen sind teilweise umstritten, weil hierdurch möglicherweise bestimmte Einrichtungen bevorzugt werden. Vor allem das europäische Wettbewerbsrecht fordert auch für die Vergabe öffentlicher Mittel für Sozialleistungen eine Ausschreibung, damit ein Wettbewerb unterschiedlicher Anbieter stattfindet (vgl. unten Seite 117 f). Wieweit gehend hiervon im öffentlichen Interesse Ausnahmen gemacht werden können oder ob Zuwendungen deshalb in vielen Fällen zu unterbleiben haben, ist derzeit nicht ganz geklärt.

### Leistungsvereinbarung zwischen öffentlichen und freien Trägern

Um Planungssicherheit zu ermöglichen, die Eigenverantwortung der freien Träger zu stärken und um ökonomische Gesichtspunkte im sozialen Bereich stärker zu berücksichtigen, haben Leistungsvereinbarungen zwischen den staatlichen Leistungsträgern und den freien Leistungserbringern an Bedeutung gewonnen und gleichzeitig *Zuwendungen* (hierzu oben) und vor allem *Kostenerstattung* (hierzu unten) als Formen öffentlichen Förderung und Kooperation mit freien Träger weitgehend verdrängt.

Dieses Instrument der Leistungsvereinbarung (teilweise auch *Entgeltvereinbarung, Versorgungsverträge* genannt) wurde als erstes für den Bereich der Pflegeversicherung (§§ 71 ff SGB XI) eingeführt, um für beide Seiten, die Pflegekassen wie die Pflegedienste, verbindliche Regelungen über die Höhe von Pflegesätzen zu erreichen. Außerdem soll der freie Träger als gleichwertiger Verhandlungspartner und nicht als von der öffentlichen Hand abhängiger Zuwendungsempfänger erscheinen. Im Unterschied zu Zuwendungen ist hier nach ein Eigenanteil des freien Trägers *nicht* Voraussetzung für den Erhalt öffentlicher Mittel. Damit sind privatwirtschaftlich und gemeinnützig arbeitende Träger in der Kooperation mit öffentlichen Träger gleichgestellt. Zum 01.01.1999 wurden praktisch identische Regelungen im Bereich der Jugendhilfe (§§ 77–78g KJHG) und der Sozialhilfe (§§ 93–95 BSHG) eingeführt.

Im Mittelpunkt dieser Leistungsvereinbarungen steht die Beschreibung konkreter Leistungen, die der freie Träger bereit ist zu erbringen. Diese *Leistungsbeschreibungen* sind nicht an den Organisationsstrukturen (z. B. Stellenplanung) der Leistungsträger, sondern an den *öffentlich-rechtlichen Sozialleistungsansprüchen der Leistungsempfänger* (Bürger) orientiert (z. B. welche therapeutischen Maßnahmen im Bereich der Behindertenhilfen oder welche Leistungen nach dem KJHG angeboten werden). Hierzu gehören auch verbindliche Vereinbarungen über seitens des freien Trägers bereitzuhaltende Plätze. Der freie Träger verpflichtet sich, diese Plätze zur Verfügung zu stellen. Eine Pflicht, diese nach den Kriterien der Gleichbehandlung zu vergeben, besteht für den freien Träger allerdings nicht, da Art. 3 GG die freien Träger nicht unmittelbar bindet (abweichende Vereinbarungen sind allerdings zulässig). Außerdem wird für jede Leistung festgesetzt, welche Beträge der freie Träger für die Leistungserbringung (man unterscheidet Grund- und Maßnahmenpauschalen) einschließlich Investitions- und Einrichtungskosten erhält (besonders ausgefeilt sind die einzelnen Maßnahmenpauschalen im Pflegebereich). Schließlich wird verbindlich festgeschrieben, in welcher Weise eine Qualitätskontrolle bzw. Qualitätsentwicklung erfolgt. Vom Gesetzgeber vorgeschriebene Bestandteile der Leistungsvereinbarung sind also die *Leistungsbeschreibung, Entgeltvereinbarung* und *Qualitätssicherungsvereinbarung*.

Diese Leistungsvereinbarung bedeutet aber für den freien Träger keineswegs zwangsläufig eine entsprechende Belegung und Finanzierung. Vielmehr bestimmt der Klient (Bürger) durch sein freies Wahlrecht, welchen (der möglicherweise zahlreichen) Anbieter er in Anspruch nimmt. Durch die Leistungsvereinbarung wird somit lediglich verbindlich *vor* einer Belegung geregelt, unter welchen Bedingungen diese für den Fall einer Inanspruchnahme erfolgt. Erst wenn und soweit tatsächlich die zuvor vertraglich umschriebenen Leistungen auch erbracht werden, entsteht der leistungsbezogene Entgeltanspruch. Es ist daher zu unterscheiden zwischen der Leistungsvereinbarung und einem Anspruch auf Zahlung des Entgelts. Bei fehlender Auslastung hat somit der freie Träger ein virulentes Interesse daran, durch Werbung für seine Angebote weitere Klienten zu gewinnen.

Bei diesen Vereinbarungen handelt es sich um öffentlich-rechtliche Verträge zwischen dem feien Träger und dem Leistungsträger. Wenn die jeweilige Einrichtung die Gewähr dafür bietet, dass die notwendigen Qualitätsstandards eingehalten sind, ist der öffentliche Träger zum Abschluss einer solchen Leistungsvereinbarung verpflichtet. Er darf sich nicht aus beliebigen Gründen der Kooperation mit einem privaten Anbieter verweigern. Jeder private Träger hat vielmehr einen Anspruch auf Abschluss einer Leistungsvereinbarung, wenn er für die Erbringung der Leistungen „geeignet" ist. Bei der Frage der Geeignetheit können ganz unterschiedliche Kriterien („Leistungsfähigkeit", „Vielfalt des Angebots", „Wirtschaftlichkeit" u. a.) eine Rolle spielen. Insbesondere innovative und differenzierte Angebote können leistungsgerecht (im eigentlichen Sinn des Wortes) und individuell vereinbart werden. Selbstverständlich sind aber auch die Kosten der unterschiedlichen Anbieter zu berücksichtigen. Die Anwendung des Gleichbehandlungsgrundsatzes wird durch differenzierte und individuelle Leistungsbeschreibungen zwar teilweise erschwert, ist aber stets zu beachten. Ein Anspruch auf Abschluss einer Vereinbarung besteht im Ergebnis somit nur, wenn und soweit vergleichbare Leistungen mit andern Anbietern bereits vereinbart wurden. Der Abschluss der Leistungsvereinbarung bedeutet die *Zulassung* für den öffentlichen Träger, Leistungen zu erbringen und anschließend die vereinbarten Entgelte zu erhalten.

Soweit Leistungsvereinbarungen abgeschlossen werden, ist es, im Unterschied zur früher verbreiteten Praxis der Kostenerstattung (vgl. unten), nicht mehr möglich, im Nachhinein die tatsächlich entstandenen Kosten gegenüber dem Leistungsträger abzurechnen. Die Vereinbarungen sind vielmehr verbindlicher Natur und beziehen sich auf einen zukünftigen *(prospektiven)* Zeitraum (in der Regel ein bis zwei Jahre). Da die Vereinbarungen sich auf die zu erbringenden *Leistungen* („output") und deren Kontrolle beziehen, ist für den öffentlichen Leistungsträger eine Einsichtnahme in die interne Organisation und Buchführung der freien Träger unzulässig geworden. Aufgrund der Ergebnisorientierung der Vereinbarungen ist es ebenso zulässig, dass der freie Träger Gewinn erwirtschaftet, so wie er auch für Verluste und Fehlkalkulationen alleine einzustehen hat. Es handelt sich somit nach marktwirtschaftlichen Gesichtspunkten um Wettbewerb fördernde Strukturen.

Diese Leistungsvereinbarungen sind in allen wichtigen Bereichen zur entscheidenden Rechtsgrundlage für die Kooperation zwischen freien Trägern und öffentlichen Leistungsträgern geworden. Die Grundsätze dieser Vereinbarungen sind im Bereich der Jugendhilfe, Sozialhilfe und Pflegeversicherung identisch. Zu beachten ist, dass ein privater Träger mit jedem öffentlichen Träger (Jugendamt, Sozialamt, Pflegeversicherung) getrennt Leistungsvereinbarungen mit den jeweils spezifischen Inhalten abschließen muss, um die entsprechenden finanziellen Mittel zu erhalten.

Der öffentliche Träger hat durch Abschluss entsprechender Verträge mit privaten Anbietern oder aber durch die Errichtung eigener Einrichtungen sicherzustellen, dass durch alle Anbieter gemeinsam zumindest der voraussichtliche Bedarf gedeckt ist. Ist der Bedarf bereits gedeckt, muss er aber gleichwohl, soweit Interesse besteht, mit weiteren geeigneten Anbietern Leistungsvereinbarungen abschließen, da durch die Akzeptanz am Markt entschieden werden soll, welcher Anbieter sich letztlich durchsetzt. Auf diese Weise kann der Leistungsempfänger zwar in gewisser Weise das Leistungsangebot beeinflussen. Nach wie vor ist es aber so, dass er auf die Angebote insgesamt unmittelbar keinen Einfluss nehmen kann. Die Ausgestaltung wird im Verhältnis zwischen privatem und öffentlichem Träger geregelt.

Diese Vereinbarungen werden regelmäßig zwischen jedem einzelnen freien Träger und den jeweiligen öffentlichen Leistungsträgern abgeschlossen. Gerade auf kommunaler Ebene soll hierdurch regionalen Bedürfnissen und Angeboten flexibel Rechnung getragen werden. Da aber gleichzeitig ein Bedürfnis besteht, überregionale Richtlinien und Maßnahmepauschalen für unterschiedliche Gruppen von Hilfeempfänger zu entwickeln, haben sich die örtlichen freien Träger und öffentlichen Leistungsträger an bestehende *Rahmenvereinbarungen* zu halten. Diese Rahmenvereinbarungen werden zwischen den überörtlichen Leistungsträgern und den Vereinigungen der Leistungserbringer ausgehandelt. Für die Bereiche Pflege, Sozialhilfe sowie Kinder- und Jugendhilfe gibt es hierfür unterschiedliche Gremien in jedem Bundesland mit Zuständigkeiten für den jeweiligen Bereich. Auf dieser Ebene bestehen außerdem Schiedsstellen, die Entscheidungsbefugnisse haben, wenn ein Leistungsträger und ein Leistungserbringer sich über einzelne Punkte einer Leistungsvereinbarung nicht einigen können.

Stets ist zu beachten, dass die Leistungsvereinbarungen nur von Bedeutung sind, soweit es um die Finanzierung von Leistungen freier Träger *aus öffentlichen Mitteln* geht. Wenn er weitergehende Leistungen erbringen will (z. B. sozialpädagogische Leistungen), muss er hierfür andere Finanzierungsmöglichkeiten erschließen (Eigenleistungen der Klienten, Eigenmittel). Insoweit sind dann – vor allem im Pflegebereich – insbesondere privatrechtliche Verträge mit dem Leistungsempfänger von erheblicher Bedeutung, die frei über alle möglichen Zusatzleistungen vereinbart werden können (hierzu bereits oben). Die Aufgabe des freien Trägers liegt darin, diese auf unterschiedlichen Rechtsbeziehungen beruhenden Finanzquellen zu einem einheitlichen, sinnvollen Leistungsangebot zusammenzuführen.

Probleme ergeben sich aus diesen Leistungsverträgen, weil eine starke finanzielle Abhängigkeit der freien Träger von den staatlichen Leistungsträgern besteht, die in der Praxis nicht dadurch aufgehoben wird, dass der öffentliche Träger gegenüber dem Bürger verpflichtet ist, die Erbringung der Leistungen sicherzustellen. Der freie Wettbewerb birgt vielmehr die ständige Gefahr einer Reduzierung der Pflege- und Betreuungssätze auf Kosten der Qualität. Dies vor allem deshalb, weil in vielen Bereichen der Sozialen Arbeit Qualität nur sehr bedingt objektiv messbar und vergleichbar ist. Dies gilt um so mehr, wenn die Hilfe über medizinische und technische Leistungen hinaus geht (vgl. in diesem Zusammenhang auch die Diskussion um neue Steuerungsmodelle, unten Seite 135 f).

Die Unterscheidung zwischen Leistungsvereinbarungen und Zuwendungen kann im Einzelfall schwierig sein, da Mischformen zulässig sind und teilweise beide Finanzierungsformen nebeneinander zur Anwendung kommen. Die öffentliche Pflicht zur Förderung und Kooperation mit den freien Trägern kann in der einen oder anderen Weise erfüllt werden.

---

### Leistungsvereinbarungen

**zwischen öffentlichem Leistungsträger und privatem Leistungserbringer
(§§ 93 ff. BSHG; §§ 78a ff. KJHG; §§ 71 ff. SGB XI)**

- Soweit die öffentlichen Träger Leistungen nicht selbst erbringen, sind Leistungsvereinbarungen mit privaten Leistungserbringern (freier Träger) *Grundlage einer Finanzierung* aus öffentlichen Mitteln.
- Der öffentliche Leistungsträger muss mit *jedem* Interessenten eine Vereinbarung abschließen, wenn der freie/private Träger *geeignet* ist (pflichtgemäßes Ermessen). Die Entscheidung ist gerichtlich voll nachprüfbar.
- Verbindlich geregelt werden die Bedingungen *für den Fall* einer Inanspruchnahme des freien Trägers. Dies bedeutet keine Garantie für eine künftige Belegung (Wahlrecht des Bürgers). Der voraussichtliche Bedarf ist kein Vertragskriterium, sondern Risiko des Leistungserbringers.
- Leistungsinhalt, Leistungsumfang und Leistungsqualität sind entscheidend; *nicht allein die Kosten* (wohl aber Preis-Leistungs-Verhältnis).
- Ausdifferenzierung des Hilfeangebots nach *Bedarfsgruppen* und *Leistungstypen* ist notwendig. Die *Qualität* unterliegt der *Kontrolle* in einem geordneten Verfahren.
- Innerbetriebliche *Organisation* und *finanzielle Kalkulation* liegen allein in der nicht kontrollierten Verantwortung des Leistungserbringers (freien Trägers). Eine gewinnorientierte Kalkulation ist grundsätzlich zulässig.
- Grundlage der *individuellen* Leistungs*vereinbarungen* sind *Rahmenvereinbarungen* zwischen den Verbänden der freien Träger auf Landesebene und den überörtlichen Leistungsträgern.

⇒ *Verhandlungen* führen zu einem öffentlich-rechtlichen Vertrag für einen zukünftigen Zeitraum: *prospektive* Leistungs-, Entgelt- und Qualitätssicherungsvereinbarung.

## Kostenerstattung/Aufwendungsersatz

Dem gegenüber sind Ansprüche auf *Kostenerstattung* weitgehend in den Hintergrund getreten. Kostenerstattung/Aufwendungsersatz kann erfolgen, soweit freie Träger anstelle eines öffentlich-rechtlichen Trägers tätig werden und diese Tätigkeit durch Leistungsvereinbarungen nicht erfasst ist.

Erbringt der gesetzlich zur Leistung verpflichtete Leistungsträger (Versicherung, Kommune, Land) diese Leistungen nicht selbst, sondern werden sie durch einen privatrechtlichen Träger erbracht, so hat dieser Anspruch auf Erstattung der ihm tatsächlich entstandenen Kosten. Probleme können sich daraus ergeben, dass im Einzelfall nicht immer klar ist, in welchem Umfang eine Leistungspflicht besteht und welche Aufwendungen hierfür als notwendig anzuerkennen sind.

Von Bedeutung ist diese Art der Finanzierung dort, wo freie Träger ausnahmsweise hoheitliche Aufgaben übernehmen. Dies erfordert eine ausdrückliche Beauftragung durch die zuständige Behörde (Jugendamt, Sozialamt). Bei der Übernahme solcher Aufgaben (z. B. Jugendgerichtshilfe, Betreuung von Suchtkranken) besteht eine besondere Bindung gegenüber dem öffentlichen Träger. Auch hierdurch darf dessen Selbständigkeit in Zielsetzung, Durchführung und Organisation seiner Arbeit nicht eingeschränkt werden. Umfang und Art der Tätigkeit ergibt sich aus den übernommenen hoheitlichen Pflichten. Für die Ausführung solcher *übertragener Aufgaben* – die immer nur mit Einverständnis des freien Trägers möglich ist – haben diese einen Aufwendungsersatzanspruch gegenüber dem öffentlichen Träger entsprechend den tatsächlichen Aufwendungen (Rechtsgrundlage § 76 SGB VIII, § 10 Abs. 5 BSHG).

Ein Anspruch auf Kostenerstattung besteht, wenn der öffentliche Träger z. B. aufgrund einer nicht zutreffenden Rechtsauffassung oder in einer Notsituation seinen Pflichten nicht nachkommt und der freie Träger vorübergehend in eigener Verantwortung (ohne Beauftragung) an dessen Stelle Leistungen erbringt.

---

**Wahlrecht des Bürgers bei Sozialleistungen**

⇒ Der Bürger kann wählen, von welchem Anbieter er öffentlich-rechtlich garantierte Sozialleistungen in Anspruch nimmt.

⇒ Gemeinnützige und gewerbliche Anbieter erhalten öffentliche Mittel, soweit sie öffentlich-rechtlich garantierte Leistungen erbringen.

⇒ Die nichtstaatlichen Leistungserbringer vereinbaren mit den öffentlichen Trägern ihr Leistungsangebot, die Höhe der Entgelte und Maßnahmen der Qualitätssicherung.

⇒ Freie Träger arbeiten hinsichtlich Organisation und Gestaltung der Leistung eigenverantwortlich.

⇒ Die Leistungserbringer können durch entsprechendes Management (Fundraising, Eigenmittel, Kostenbeteiligung der Bürger) Angebote erstellen, die über die staatlich garantierten Leistungen hinausgehen.

⇒ Bürgerinitiativen, Selbsthilfegruppen und organisierte Nachbarschaftshilfe, erfüllen in aller Regel keine öffentlichen Aufgaben und erhalten auch keine entsprechenden Mittel

## Literaturhinweise zur Vertiefung:

*Boessenecker, Karl-Heinz:* Spitzenverbände der Freien Wohlfahrtspflege in der BRD (1998).
*Falterbaum, Johannes:* Caritas und Diakonie (2000), S. 93–110.
*Fundraising-Akademie (Hrsg.):* Fundraising-Handbuch für Grundlagen, Strategien und Instrumente (2001).
*Griep, Heinrich u. a.:* Pflegesozialrecht, Bd. 2, 2. Auflage, 1999, S. 104 ff und S. 131 ff.
*Kunkel, Peter-Christian:* Rechtsfragen der Finanzierung freier Träger, in: Zentralblatt für Jugendrecht, 78. Jg., 2000, S. 413–419.
*Lütgen, Ulf:* Organisation und Finanzierung von Trägern der freien Jugendhilfe (1997).
*Meinhild, Marianne:* Qualitätssicherung und Qualitätsmanagement in der Sozialen Arbeit (1996).
*Münder, Johannes,* in: Bundessozialhilfegesetz. Lehr- und Praxiskommentar (LPK-BSHG) (1998), zu § 10 und zu § 93 ff BSHG.
*Wabnitz, Reinhard J.:* Recht der Finanzierung der Jugendarbeit und Jugendsozialarbeit (2003).

# VII. Aufbau und Funktionsweise des Staates

Zu Kapitel VII: Übungsfall 9 (Misshandelt) Seite 219 ff. und Übungsfall 3 („Auffällig") Seite 197 ff.

Wer in der Sozialen Arbeit beruflich tätig ist, ist regelmäßig eingebunden in einen größeren Zusammenhang, abhängig von Rechtsvorschriften, einrichtungsinternen Regelungen und fast immer auch von öffentlichen Zuwendungen. Um an der richtigen Stelle Einfluss nehmen und Verantwortung rechtmäßig und wirkungsvoll ausüben zu können, muss man den Aufbau und die Funktionsweise der öffentlichen Verwaltung in ihren grundlegenden Zusammenhängen kennen. In besonderem Maße gilt dies, wenn man aktiv und innovativ seine Arbeit gestalten will.

Gegebenenfalls kann Missständen durch Petitionen, Resolutionen, Demonstrationen, Information der Presse, Mitwirkung in Fach- und Berufsverbänden, in Gewerkschaften, in politischen Parteien, aber auch durch Rechtsmittel wie Widerspruch und Klage abgeholfen werden.

Die folgende Darstellung setzt ein Grundverständnis der Gewaltenteilung im demokratischen Rechtsstaat, also der grundlegenden Unterscheidung zwischen Gesetzgebung (Legislative), Verwaltung (Exekutive) und Rechtsprechung (Judikative) voraus (hierzu bereits oben Seite 13).

## 1. Zuständigkeit für Gesetzgebung

In der Bundesrepublik ist zu unterscheiden zwischen unterschiedlichen *„Gesetzgebungskompetenzen"* (so der Fachbegriff für die Zuständigkeit, legal und verbindlich Gesetze erlassen zu dürfen). Ein Teil der Gesetze wird vom *Bundestag* (teilweise unter Mitwirkung des Bundesrates) verantwortet. Ein anderer Teil der geltenden Gesetze wird von den *Landtagen* der einzelnen Bundesländer erlassen. Darüber hinaus haben die Kommunen (das sind die Städte, Gemeinden und deren Zusammenschlüsse) *Selbstverwaltungsbefugnisse*, die mit Gesetzgebungskompetenz vergleichbar sind, auch wenn dies nicht so bezeichnet wird. Man spricht bei den Kommunen statt dessen von *Satzungshoheit*, bezogen auf die Erfüllung von Aufgaben in ihrem Wirkungskreis. Darüber hinaus gibt es zunehmend Vorschriften der europäischen Union, die unmittelbar Bestandteil des deutschen Rechts werden oder (häufiger) durch entsprechende Gesetzgebung des Bundes bzw. der Länder nationale Rechtskraft erhalten. Diese Gesetzgebungszuständigkeiten sind durch das Grundgesetz klar vorgegeben (Art. 28, Art. 71 ff GG) und haben als Ordnungsprinzipien erhebliche Bedeutung.

Je nach dem, welche Instanz für die Gestaltung der gesetzlichen Vorschriften verantwortlich ist, können recht unterschiedliche politische, wirtschaftliche und pädagogische Ziele zum Tragen kommen. Deutlich wird dies z. B. auf kommunaler Ebene daran, dass die Jugendämter in ganz unterschiedlicher Weise von Ermessensspielräumen Gebrauch machen und die internen Verwaltungsstrukturen

## Aufbau und Funktionsweise des Staates

unterschiedliche Entscheidungskompetenzen für Sozialpädagogen und Sozialarbeiter vorsehen (vgl. hierzu unten Seite 124 ff, 133 ff). Ebenso ist in den Sozialämtern die Quote der beschäftigten sozialpädagogischen Fachkräfte regional sehr unterschiedlich. Teilweise werden hier Aufgaben von Verwaltungsfachkräften oder anderen, billigeren Arbeitskräften wahrgenommen.

Gerade im sozialen Bereich sind die Zuständigkeiten aber häufig nicht so klar getrennt, dass die Europäische Union, der Bund, die Länder bzw. die Kommunen alleine bestimmte Angelegenheiten völlig frei gestalten können, sondern die Rechtswirklichkeit besteht aus einem ineinandergreifenden Geflecht von Vorschriften und Zuständigkeiten aller vier Ebenen. Für die Sozialhilfe und Kinder- und Jugendhilfe sind z. B. ebenso Bundesgesetze (Bundessozialhilfegesetz, Kinder- und Jugendhilfegesetz) wie Ausführungsgesetze der Länder und Regelungen der Kommunen maßgeblich.

### Zuständigkeit des Bundes

Hinsichtlich der Gesetzgebungskompetenz des Bundes ist zu unterscheiden zwischen Bereichen, für die er ausschließlich zuständig ist (*ausschließliche Gesetzgebungskompetenz*). Dies gilt z. B. für das Staatsangehörigkeitsrecht und für die Regeln des Zivilrechts (BGB). Insoweit kann die Zuständigkeit des Bundes nicht ersetzt werden. Es gibt aber auch Bereiche, die von den Bundesländern eigenverantwortlich gestaltet werden, „solange und soweit" der Bund von seinem Gesetzgebungsrecht keinen Gebrauch macht (Art. 72 und 74 GG) (*konkurrierende Gesetzgebungskompetenz*). Schließlich gibt es Bereiche, für deren Regelung grundsätzlich die Länder zuständig sind, der Bund aber befugt ist, durch gesetzliche Vorgaben den Gestaltungsrahmen zu bestimmen (*Rahmengesetzgebung*). Dies gilt z. B. für das Beamtenrecht, das Meldewesen, Hochschulwesen usw. Dadurch wird einerseits eine gewisse Einheitlichkeit innerhalb des gesamten Bundesgebietes gewährleistet, andererseits aber auch Spielraum belassen für regional unterschiedliche Gestaltung. Keinesfalls ist es einfach so, dass der Bund jeden beliebigen Regelungsgegenstand an sich ziehen dürfte. Die Zuständigkeiten der Länder und Kommunen sind vielmehr als *föderatives Prinzip* im Grundgesetz verankert.

### Zuständigkeit der Länder

Der Schwerpunkt der Gesetzgebungszuständigkeiten der Länder liegt im Schul-, Hochschul-, Bildungs- und Weiterbildungsrecht, im Polizei- und Ordnungsrecht, im Recht der Unterbringung psychisch Kranker und im Recht der Organisation der Landesverwaltung einschließlich der Ausgestaltung des Kommunalrechts. In diesen Angelegenheiten ist der Bund unzuständig. Dies schließt aber nicht aus, dass die Länder freiwillig einer Abstimmung in diesen Bereichen über gemeinsame Konferenzen suchen (z. B. Kultusministerkonferenz).

Der Sozialleistungsbereich fällt grundsätzlich in die Zuständigkeit der Länder. Der Bund hat aber umfangreich von der Möglichkeit Gebrauch gemacht, einheitliche Regelungen auf dem Gebiet der „öffentlichen Fürsorge" zu schaffen (BSHG, KJHG/SGB VIII). Die Länder und Kommunen müssen diese Bundesgesetze vorrangig beachten (vgl. Art. 74 Abs. 1 Nr. 7 GG).

## Zuständigkeit der Städte und Gemeinden

Die Städte, Gemeinden und Gemeindeverbände haben das Recht, „alle Angelegenheiten der *örtlichen Gemeinschaft* im Rahmen der Gesetze in eigener Verantwortung zu regeln" (Art. 28, Abs. 2 GG). Diese Selbstverantwortung der Städte und Gemeinden hat gute demokratische Tradition und entspricht dem Subsidiaritätsprinzip (zum Begriff vgl. oben Seite 46). Diese *Selbstverwaltungskompetenz der Kommunen* umfasst nicht nur das Recht einer eigenverantwortlichen Verwaltungsorganisation, sondern auch das Recht und die Pflicht, mittels eigener Rechtsnormen *(Satzungen)* entsprechend den vorhandenen finanziellen Mitteln das örtliche Gemeinwesen selbständig und aktiv zu gestalten. Der Begriff der Selbst*verwaltung* ist missverständlich und wird den Kompetenzen der kommunalen Bürgervertretungen nicht ganz gerecht.

## Europäisches Recht

Zunehmend ist auch zu beachten, dass durch die Europäischen Union Recht geschaffen wird mit unmittelbarer Wirkung für die Bundesrepublik Deutschland. Man unterscheidet zwischen den Rechten der EU-Bürger auf Sozialleistungen aufgrund von Vereinbarungen unter den Mitgliedsstaaten *(Freizügigkeitssozialrecht)* und dem Europäischen Wirtschaftsrecht, durch welches vor allem der freie Wettbewerb unterschiedlicher Anbieter – auch im Bereich der Sozialleistungen – europaweit geschützt wird (*Wettbewerbssozialrecht).* Daneben gibt es zunehmend europäische Regeln zum Verbraucherschutz und die europäische Menschenrechtscharta. Häufig hat das europäische Recht vorrangige Bedeutung vor anderen Rechtsnormen. Bei Unklarheiten über die Bedeutung des europäischen Rechts sind die Deutschen Gerichte berechtigt und verpflichtet, den europäischen Gerichtshof in Luxemburg (EuGH) anzurufen, um verbindlich klären zu lassen, in welcher Weise europäisches Recht zur Anwendung kommen muss.

# 2. Zuständigkeit für die Ausführung der Gesetze

## Gemeinsame Verwaltungsbehörden

Getrennt von der Gesetzgebung/Rechtsetzung durch die Organe des Bundes, der Länder und Kommunen ist zu beachten, welche Behörden für die Ausführung dieser Gesetze verantwortlich sind. Denn die *Ausführung* der Gesetze erfolgt längst nicht immer unmittelbar durch die Ebene, die für diesen Bereich verantwortlich ist. Sie erfolgt weitgehend durch *einheitliche Fachbehörden* oder aber durch *kommunale* Einrichtungen mit umfassenden Zuständigkeiten. Mit dieser Zusammenführung bei der Verwaltungsausübung werden im Interesse des Staates und der Bürger doppelte oder dreifache Verwaltungsstrukturen vermieden und statt dessen einheitliche, lebens- und sachbezogene Anlaufstellen geschaffen (Grundlage: Art. 83 ff GG).

Hinsichtlich der Ausführung von Gesetzen besteht insgesamt eine deutliche Verlagerung „von oben nach unten". Das heißt, dass Städte und Landkreise, aber auch die Länder wesentlich stärker mit Verwaltungsaufgaben befasst sind, als dies die

## Aufbau und Funktionsweise des Staates

Zuständigkeiten für die Gesetzgebung auf kommunaler und Landesebene vermuten lassen. Verwaltungsbehörden des Bundes gibt es nur ganz wenige. Dessen Angelegenheiten (z. B. Ausbildungsförderung nach dem BAföG, Wohngeld nach dem Bundeswohngeldgesetz) sind weitgehend den Ländern zur Ausführung übertragen. Soweit die Länder für die Ausführung zuständig sind, wird nach dem jeweiligen Landesrecht geregelt, welche Behörde in dem Bundesland die Aufgabe letztlich erledigt. Angelegenheiten des Bundes können ebenso wie Angelegenheiten der Länder (Aufgaben der Sicherheit und Ordnung, Unterbringung von Asylbewerbern, Straßenverkehr, Bauaufsicht) letztlich den Kommunen zur Ausführung übertragen werden. Die Folge ist, dass Bundes- und Landesangelegenheiten in den Bundesländern von unterschiedlichen Behörden ausgeführt werden.

Die Verantwortung für eine ordnungsgemäße Ausführung der Gesetze bleibt aber weitgehend auf der Ebene, die für die Gesetzgebung zuständig ist – auch wenn die Ausführung durch eine andere Behörde erfolgt. Der Bund wacht deshalb darüber wie das Bundesausbildungsförderungsgesetz (BAföG) angewandt wird. Häufig ist es schwierig zu durchschauen, wo die Verwaltungsaufsicht angesiedelt ist. Vor allem wenn, wie häufig im sozialen Bereich, mehrere Ebenen nebeneinander gesetzgeberisch tätig sind (vgl. oben), muss zunächst einmal Klarheit geschaffen werden, ob es sich um eine „Angelegenheiten des Bundes, der Länder und der Kommunen" handelt. Bund und Länder erlassen z. B. auch in Angelegenheiten der Kommunen Gesetze (BSHG, KJHG/SGB VIII), haben aber hinsichtlich der Ausführung der Gesetze keine Kontroll- und Lenkungsbefugnisse, weil es sich hierbei dennoch um Angelegenheiten der Kommunen handelt (vgl. unten Seite 129 ff).

Für die Praxis der Sozialen Arbeit sind diese Zuständigkeitsfragen von entscheidender Bedeutung. Hieraus ergibt sich nicht nur, welche Behörde für die Durchführung bestimmter Maßnahmen verantwortlich ist, sondern auch welche Behörde für die Beseitigung von Missständen verantwortlich ist, wo Streitfälle geklärt und Ermessensspielräume gestaltet werden.

### Dienst-, Fach- und Rechtsaufsicht

Wegen dieser Übernahme fremder (übertragener) Aufgaben hat sich für Behörden ein System differenzierter Aufsichtsführung und Zuständigkeit entwickelt. Im Einzelnen wird unterschieden zwischen *Dienstaufsicht, Fachaufsicht und Rechtsaufsicht*.

### Dienstaufsicht

Die Dienstaufsicht erstreckt sich auf den Aufbau, die interne Ordnung, tatsächliche Geschäftsführung und die Personalangelegenheiten einer Behörde. Sie wird auch als *allgemeine Behördenaufsicht* bezeichnet. Sie gewährleistet die ordnungsgemäße Ausstattung der nachgeordneten Stellen mit Personal und Sachmitteln und umfasst die Entscheidungsbefugnis über dienstrechtliche Angelegenheiten der dort beschäftigten Mitarbeiter (z. B. Einstellung und Disziplinarangelegenheiten). Im Rahmen diese Zuständigkeitsbereichs hat die Dienstaufsichtsbehörde ein *unbeschränktes Aufsichts- und Weisungsrecht* gegenüber den nachgeordneten Stellen.

## Fachaufsicht

Die Fachaufsicht erstreckt sich hingegen auf die rechtmäßige und zweckmäßige *Erfüllung der Aufgaben* und beinhaltet hierauf bezogen ebenfalls ein uneingeschränktes Aufsichtsrecht und die Befugnis, selbst mit detaillierten Einzelanweisungen auf die Aufgabenerfüllung untergeordneter Behörden Einfluss zu nehmen. Da die Kontrolle sich nicht nur auf die Rechtmäßigkeit, sondern auch auf die Zweckmäßigkeit von Entscheidungen der untergeordneten Behörden bezieht, hat die Fachaufsichtsbehörde *Leitungsfunktionen in fachlicher Hinsicht*. Sie kann unter anderem bestimmen, in welcher Weise die untergeordnete Behörde Ermessensspielräume auszuüben hat. Die Fachaufsicht kann aber auch eingeschränkt sein bzw. durch mehrere Behörden einvernehmlich ausgeübt werden. Dienst- und Fachaufsicht können auseinander fallen. Die Fachaufsichtsbehörde stellt z. B. fest, ob ein bestimmtes Verhalten (z. B. Erlass eines Verwaltungsaktes) rechtmäßig war, sie kann aber nicht selbst Maßnahmen gegen einen Mitarbeiter (z. B. Versetzung) herbeiführen. Die Fachaufsichtsbehörde ist in aller Regel *Widerspruchsbehörde* in Widerspruchsverfahren (hierzu unten Seite 149 ff).

Wird ein Gesetz im Auftrag des Bundes ausgeführt und handelt es sich hierbei um eine Angelegenheit des Bundes (z. B. Ausbildungsförderung nach dem BAföG), kann die Bundesregierung nach den Grundsätzen der Fachaufsicht allgemeine und auch detaillierte Einzelanweisungen hinsichtlich der Ausübung erteilen, die über die Formulierung der gesetzlichen Vorgaben hinaus gehen. Für die Dienstaufsicht ist der Bund allerdings nicht zuständig, soweit die Verwaltungsbehörden Einrichtungen der Länder oder Kommunen sind. Da die dienstlichen und fachlichen Belange eng miteinander verknüpft sind, kann es Auseinandersetzungen darüber geben, wer zu entscheiden hat, welche Qualifikationen das zuständige Personal haben muss oder wer für die Mitarbeiter verbindliche Fortbildungsveranstaltungen durchführen kann.

## Rechtsaufsicht

Schließlich kann eine Aufsichtsbehörde auch lediglich befugt sein, bezogen auf eine andere Behörde die Rechtsaufsicht auszuüben. Die Rechtsaufsichtsbehörde ist weder befugt, die Organisation einer Behörde noch die Zweckmäßigkeit ihres Handelns zu beurteilen. Politische oder in anderer Weise wertende Einflussnahme ist daher über die Rechtsaufsicht nicht möglich. Ihr obliegt ausschließlich die Kontrolle, dass nicht gegen geltende Rechtsvorschriften verstoßen wird. Diese Rechtmäßigkeitskontrolle bezieht sich ausschließlich auf Sach- nicht aber Personalangelegenheiten. Deshalb besteht kein wirkliches Über-Unterordnungsverhältnis zwischen den Behörden.

Es gibt zahlreiche Bereiche (z. B. Kinder- und Jugendhilfe, Sozialhilfe), die maßgeblich durch Regelungen des Bundes oder der Länder bestimmt werden. Diese Bereiche bleiben aber gleichwohl Angelegenheiten der Kommunen (Selbstverwaltungsangelegenheiten). Deshalb hat das Land insoweit lediglich die *Rechtsaufsicht*. Das heißt, die Landesverwaltung wacht darüber, dass die Kommunen ihre *Selbstverwaltungsangelegenheiten* rechtmäßig durchführen. Nur wenn die Kommunen bestimmte *staatliche* Aufgaben wahrnehmen (z. B. Ausländerrecht, Ausbildungsförderung, Versicherungsämter), handeln sie *insoweit* als Organ der Landes-

Aufbau und Funktionsweise des Staates

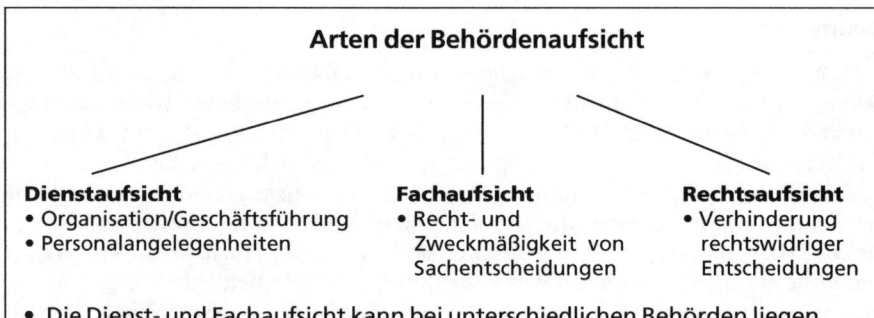

- Die Dienst- und Fachaufsicht kann bei unterschiedlichen Behörden liegen.
- Für verschiedene Tätigkeitsbereiche einer Behörde können unterschiedliche Fachaufsichtsbehörden zuständig sein.
- Die reine Rechtsaufsicht ist am wenigsten weitgehend. Sie bezieht sich nur auf Sachentscheidungen. In der Dienst- und Fachaufsicht ist die spezifische Rechtmäßigkeitskontrolle enthalten.

verwaltung und unterliegen hinsichtlich dieser Aufgaben auch der Fachaufsicht durch die Landesbehörden.

Die jeweilige Aufsichtbehörde nimmt ihre Aufsicht in eigener Verantwortung – im pflichtgemäßen Ermessen – wahr. Jedermann kann sich zwar formlos an eine Aufsichtbehörde wenden und Missstände melden, deren Tätigwerden kann man aber als Außenstehender nicht erzwingen (ausführlicher hierzu unten Seite 147 f). Im Unterschied hierzu führen die förmlichen Rechtsmitteln (Widerspruch und Klage, hierzu unten Seite 148 ff) zu einer zuverlässigen und unabhängigen Kontrolle des Verwaltungshandelns.

Aus den jeweiligen Zuständigkeiten der Verwaltung (s. S. 122 ff) ergeben sich ganz unterschiedliche Aufsichtsverhältnisse für die verschiedenen sozialen Einrichtungen und Dienste.

## Zuständigkeit für die Ausführung der Gesetze

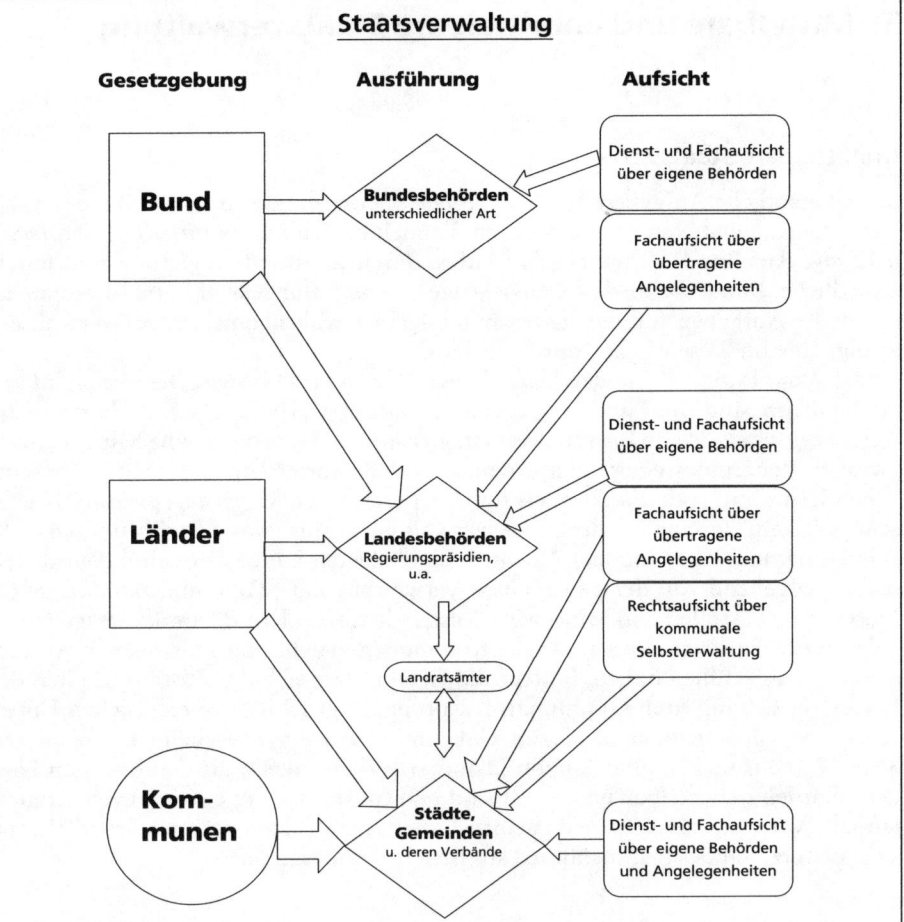

- Die unterschiedlichen Zuständigkeiten für Fachaufsicht, Dienstaufsicht und Rechtsaufsicht ergeben sich aus den in der Verfassung geregelten Zuständigkeiten des Bundes, der Länder und der Kommunen.
- Die Ausführung der Bestimmungen erfolgt aus Gründen der Effizienz nur teilweise durch eigene Bundes- und Landesbehörden und zu einem großen Teil durch die Kommunen (Städte, Gemeinden, Landkreise).
- Landes- bzw. Bundesbehörden behalten die Fachaufsicht über übertragene Angelegenheiten. In eigenen Angelegenheiten unterliegen die Kommunen nur der allgemeinen Rechtsaufsicht des Landes.
- Achtung: Bund und Länder sind befugt Gesetze auch bezogen auf eigene Angelegenheiten der Kommunen zu erlassen (z. B. KJHG/SGB VIII, BSHG). Die Dienst- und Fachaufsicht bleibt aber bei den Kommunen!
- Die Darstellung ist vereinfacht: in Einzelbereichen wird die Fachaufsicht mit delegiert und bei bestimmten Pflichtaufgaben der Kommune liegt die Fachaufsicht beim Land. Die vielfältigen Formen mittelbarer Staatsverwaltung erfordern weitere Differenzierungen der Behördenaufsicht.

## 3. Mittelbare und unmittelbare Staatsverwaltung

### Unmittelbare Staatsverwaltung

Soweit staatliche Aufgaben durch *staatliche Behörden* (gleich ob auf Bundes- oder Landesebene) wahrgenommen werden, handelt es sich um *unmittelbare Staatsverwaltung*. Auf Bundesebene geschieht dies durch die Bundesregierung und unterschiedliche Bundesbehörden (Auswärtige Dienst, Bundeswehr, Bundesfinanzen u. ä.), die Aufgaben für das ganze Bundesgebiet wahrnehmen. Staatsverwaltung erfolgt aber im Wesentlichen durch die Länder.

Die Verwaltung auf Landesebene gliedert sich in drei Ebenen. Die *obersten Landesbehörden* sind die Landesregierungen. Darunter gibt es als Mittelinstanz die *Regierungspräsidien* (in Bayern Bezirksregierungen). Sie nehmen eine Mittelstellung zwischen der Landesregierung und den unteren Behörden ein. Sie haben im Wesentlichen koordinierende Funktionen für den Bereich der *Regierungsbezirke*. Nur in sehr geringem Umfang hat die Landesverwaltung eigene *untere Fachbehörden* (z. B. Schulämter und Finanzämter). Die unterste Ebene der Landesverwaltung wird vielmehr weitgehend von der allgemeinen Verwaltung der Städte und *Landkreise* (in Nordrhein-Westfalen und Schleswig-Holstein heißt es „Kreis") als *übertragene Angelegenheit* wahrgenommen. Da die Kommunen gleichzeitig ihre eigenen Angelegenheiten zu erfüllen haben, besteht die Gefahr, dass sich die Zuständigkeiten der Landesverwaltung und Kommunalverwaltung, ungeachtet der rechtlichen Unterscheidung, oft – manchmal bis zur Unkenntlichkeit – vermischen (näheres unten Seite 125 f). Daneben gibt es noch „Landesoberbehörden", die den obersten Landesbehörden unmittelbar unterstellt sind und für das Gebiet eines ganzen Bundeslandes Verwaltungsaufgaben wahrnehmen (z. B. Landesämter für Verfassungsschutz, Landeskriminalämter, statistische Landesämter).

### Mittelbare Staatsverwaltung

Von *mittelbarer Staatsverwaltung* spricht man, wenn staatliche Aufgaben von *„juristischen Personen des öffentlichen Rechts"* in der Rechtsform von Körperschaften, Anstalten oder Stiftungen des öffentlichen Rechts oder aber von juristischen Personen des Privatrechts erfüllt werden. Auf diesem Wege wird staatliche Verwaltung aus der allgemeinen Staatsverwaltung und deren Hierarchie ausgeklammert. Die staatlichen Aufgaben müssen diesen Rechtsträgern zur Erfüllung ausdrücklich übertragen werden. In der Regel geschieht dies um eine größere Bürgernähe, fachliche Spezialisierung, staatliche Unabhängigkeit oder wirtschaftliche Effizienz zu erreichen.

Anders als bei Behörden der unmittelbaren Staatsverwaltung, die einer umfassenden Aufsicht übergeordneter staatlicher Behörden unterliegen, gestaltet sich die Kontrolle der Träger mittelbarer Staatsverwaltung wesentlich komplizierter, da deren Eigenständigkeit und Unabhängigkeit zu wahren ist. Folgende Formen mittelbarer Staatsverwaltung sind zu unterscheiden (vgl. hierzu auch das Schaubild oben Seite 69).

## Körperschaften des öffentlichen Rechts

Körperschaften sind *mitgliedschaftlich* organisierte Verwaltungseinheiten, denen nach Maßgabe der einschlägigen Gesetze ein mehr oder weniger weitgehendes Selbstverwaltungsrecht zusteht. Die Mitglieder können die Ziele und Aufgaben der Körperschaften wesentlich mitbestimmen.

Man unterscheidet zwischen *Gebietskörperschaften* und *Personalkörperschaften*. Zu den erstgenannten gehören neben dem Staat selbst (Bund und Länder) die Gemeinden und Gemeindeverbände (z. B. Landkreise). Sie sind für die Angelegenheiten der örtlichen Gemeinschaft zuständig. Die Personalkörperschaften haben einen sachlich beschränkten Aufgabenbereich, der sich aus der personalen Mitgliedschaft ergibt. Hierzu gehören z. B. die Sozialversicherungen, staatliche Hochschulen, berufsständige Vereinigungen wie Rechtsanwalts-, Ärzte-, Industrie- und Handelskammer.

Die großen christlichen Kirchen mit ihren Pfarreien und Kirchengemeinden sind zwar auch Körperschaften öffentlichen Rechts, erfüllen aber keine staatlichen Aufgaben und unterliegen ausschließlich *kirchlichem Recht* (vgl. oben Seite 43, Seite 103).

## Anstalten des öffentlichen Rechts

Anstalten sind Verwaltungseinheiten mit einem eigenen Bestand an *sachlichen Mitteln und Dienstkräften*. Sie haben nicht Mitglieder – das unterscheidet sie von den Körperschaften –, sondern Benutzer. Diese Benutzer haben keine Möglichkeit, auf die Organisation der Anstalt Einfluss zu nehmen. Diese wird vielmehr neben den gesetzlichen Vorgaben durch Beiräte bzw. Kuratorien bestehend aus Vertretern der Verwaltung, Politik oder Öffentlichkeit bestimmt.

Man unterscheidet zwischen rechtlich *selbständigen* Anstalten des öffentlichen Rechts und *unselbständigen*. Die rechtlich unselbständigen Anstalten sind selbständigen Verwaltungsträgern, wie z. B. den Kommunen, zugeordnet, verfügen aber über eine weitgehend eigenständige Verwaltung und entsprechende eigene Mittel. Sie zeichnen sich dadurch aus, dass sie *besondere fachliche Aufgaben* für die staatliche oder kommunale Verwaltung übernehmen. In solcher Weise sind besonders häufig soziale und kulturelle Einrichtungen organisiert: z. B. Städtische Kindertagesstätten, Kinderheime, Jugendzentren, Bürgerhäuser, Altenheime, Krankenanstalten, Bibliotheken, Theater, Sportstätten u.s.w. Diese unselbständigen Anstalten sind allerdings in einem hohen Maße von der staatlichen Verwaltung abhängig. Das heißt, dass – im Unterschied zu selbständigen Anstalten – in der Regel der Verwaltungsleiter von der Kommune eingestellt wird und dieser in vollem Umfang weisungsgebunden ist (Dienst- und Fachaufsicht).

## Stiftungen des öffentlichen Rechts

Darüber hinaus gibt es Stiftungen des öffentlichen Rechts, die entsprechend dem *Willen eines Stifters* (Stiftungszweck) eine konkrete Aufgabe erfüllen. Hier beschränkt sich die Aufgabe der staatlichen Verwaltung ausschließlich auf die Kontrolle darüber, dass der Stiftungszweck beachtet wird und die Verwaltung ordnungsgemäß funktioniert. Z. B. gewährt die Bundesstiftung „Mutter und Kind" Schwangeren ergänzende Hilfen.

### Erfüllung staatlicher Aufgaben durch juristische Personen des Privatrechts

Die öffentliche Verwaltung kann staatliche Aufgaben nicht nur durch öffentlich-rechtliches Verwaltungshandeln, sondern auch durch natürliche oder juristische Personen des *Privatrechts,* die sie selbst errichtet bzw. beherrscht, erfüllen lassen. So können Aktiengesellschaften oder Gesellschaften mit beschränkter Haftung in der Weise errichtet werden, dass die staatlichen Verwaltungsträger alleinige Gesellschafter des Trägers sind. Teilweise kann auch die Gründung eines Vereins in Betracht kommen.

Diese Konstruktionen sind einerseits rechtsstaatlich teilweise bedenklich, weil hierdurch eine Ausgliederung öffentlicher Angelegenheiten aus dem Geltungsbereich des öffentlichen Rechts möglich wird („Flucht ins Privatrecht" z. B. aus finanziellen Gründen). Andererseits wird dies z. B. im Bereich Strom-, Gas-, Wasser- und Elektrizitätsversorgung, aber auch im Bereich des öffentlichen Personennahverkehrs immer wieder angewandt, um eigenständiges, wirtschaftliches Handeln in diesen Einrichtungen zu fördern, Haftungsbegrenzungen für den kommunalen Träger sicherzustellen und um eine rechtlich und wirtschaftlich eigenständige Kooperation mehrerer öffentlich-rechtlicher Träger für einen bestimmten Sachbereich zu ermöglichen. (Zu den rechtlichen Konsequenzen vgl. oben Seite 50 ff).

## 4. Kommunale Selbstverwaltung

Zu einem großen Teil sind die Gemeinden, Städte und Landkreise (in Nordrhein-Westfalen und Schleswig-Holstein „Kreise" genannt) die Rechtsträger sozialer Dienste. Sehr häufig sind sie Anstellungsträger für Sozialarbeiter und Sozialpädagogen. Mit den zahlreichen kommunalen Einrichtungen der Jugendhilfe, der Sozialhilfe, Kindergärten, Werkstätten für Behinderte bis zu Krankenhäusern, Altenheimen, Spielplätzen und Sportstätten kommt der Bürger häufiger und unmittelbarer in Berührung als mit staatlichen Behörden des Bundes oder der Länder. Die Kommunen gestalten mit ihrer Leistungs- und Ordnungsverwaltung ganz überwiegend die Dinge des täglichen Lebens. Soweit sie die kommunalen sozialen Aufgaben nicht in eigener Verantwortung wahrnehmen, gibt es auch hier unterschiedliche Organisations- und Strukturformen (vgl. oben Seite 113 ff und 122 ff). So kann man in neuerer Zeit auch eine „Jugendhilfe GmbH" oder ein „Bürgerzentrum e. V." u. ä. finden, die kommunale Aufgaben wahrnehmen. Die Unübersichtlichkeit der Strukturen hat deutlich zugenommen.

### Verfassungsrechtliche Eigenständigkeit der Städte und Gemeinden

Die Landkreise, Städte, Gemeinden und Gemeindeverbände sind nicht Teil des Staates, sondern Formen der verfassungsrechtlich garantierten *kommunalen Selbstverwaltung* (Kommunen). Das Grundgesetz (Art. 28 GG) sieht vor, dass es überall in Deutschland örtliche Selbstverwaltung geben muss, die grundsätzlich für alle Belange des örtlichen Gemeinwesens zuständig ist (*universelle Zuständigkeit*). Die *eigenen Angelegenheiten* der Kommunen sind nicht staatlich abgeleitet, unterliegen damit nicht dem Gesetzesvorbehalt (hierzu ausführlich oben Seite 38 ff) und nur sehr eingeschränkt staatlicher Kontrolle (*Rechtsaufsicht*). Bei der Erfüllung ihrer Aufgaben haben die Gemeinden Anspruch auf Unterstützung durch die staatlichen Behörden. Da aber gleichwohl Landes- und Bundesgesetze die Kommunen binden (*Vorrang des Gesetzes*) sowie aufgrund der seit langem anhaltenden Zentralisierungstendenzen, wird diese grundlegende Bedeutung der Selbstverwaltung der Gemeinden in vielen Bereichen kaum noch deutlich (vgl. oben Seite 115 f).

### Eigener und übertragener Wirkungskreis

Neben den *eigenen Selbstverwaltungsangelegenheiten* (eigener Wirkungskreis) erfüllen die Kommunen von *Bund und Land übertragene Aufgaben* (Übertragener Wirkungskreis). Bei dem *übertragenen Wirkungskreis* handelt es sich um *mittelbare Staatsverwaltung*. Die Unterscheidung zwischen dem „*eigenen Wirkungskreis*" und dem „*übertragenen Wirkungskreis*" hat nicht nur Auswirkungen auf die Kontroll- und Weisungsbefugnisse staatlicher Behörden (hierzu oben). Soweit die Städte und Gemeinden im übertragenen Wirkungskreis Aufgaben für den Bund oder das Land übernehmen, müssen hierfür staatlicherseits auch die entsprechenden finanziellen Mittel zur Aufgabenerfüllung zur Verfügung gestellt werden. Nur soweit die Gemeinden im eigenen Wirkungskreis tätig sind (Kinder- und Jugendhilfe, Sozialhilfe, örtlicher Straßenbau, Schulbau, Feuerwehr, Energie-, Wasser-, Abwasserversorgung, Abfallbeseitigung u. a.), müssen sie dieses Handeln selbst finanzieren.

Aber auch der eigene Wirkungskreis ist nicht völlig staatlicher Kontrolle entzogen. So liegt auch hier die *allgemeine Rechtsaufsicht* beim Land. Es wacht darüber, dass die Kommunen ihren Aufgaben nachkommen und hierbei nicht gegen geltendes Recht verstoßen. Die Gestaltungsfreiheiten der Kommunen sind dabei zu respektieren. Je nach Aufgabe sind diese Freiheiten aber unterschiedlich weit gehend. So wird unterschieden zwischen „*pflichtiger Selbstverwaltung*" und „*freiwilliger Selbstverwaltung*". Für Verwirrung sorgt, dass es in Einzelfällen Pflichtaufgaben gibt, die nach staatlicher Weisung zu erfüllen sind, und solche, die teilweise zum eigenen Wirkungskreis und teilweise zum übertragenen Wirkungskreis gehören. Meist ist gesetzlich aber nur geregelt, *dass* die Kommunen bestimmte Aufgaben zu erfüllen haben. So müssen die Kommunen den örtlichen Verkehr regeln, für Feuersicherheit sorgen, Sozialhilfe gewähren und Jugendämter errichten. Es bleibt ihnen aber weitgehend überlassen, in welcher Weise diese Ämter organisiert, welche Personen beschäftigt und in welchem Umfang Leistungen erbracht werden (*Organisationshoheit*).

Bei der Kinder- und Jugendhilfe und Sozialhilfe handelt es sich um *Pflichtaufgaben*, die die Gemeinden als *eigene* (nicht als übertragene Aufgaben des Staates) *weisungsfrei* wahrnehmen. Die Kommunen haben dabei umfangreiche Bestimmungen des Bundes und Landes zu beachten (BSHG, KJHG/SGB VIII, Ausführungsgesetze der Länder). Hierdurch wird ein flächendeckender Mindeststandard gewährleistet – unabhängig von eigenen Vorstellungen der Kommunen. Kritisch wird immer wieder hervorgehoben, dass insbesondere der Bund im Gesetzeswege die Kommunen zu umfangreichen Leistungen verpflichtet, ohne dass diese sich dagegen wehren könnten. Dies führt zu zunehmenden Belastungen der kommunalen Haushalte. In diesen Bereichen bestehen aber auch erhebliche Ermessensspielräume („Kann-Vorschriften"), die den Gemeinden einen erheblichen Gestaltungsspielraum „nach oben" belassen und die Gemeinden zu unterschiedlicher Gestaltung herausfordern. Teilweise werden durch Landes- oder Bundeszuschüsse Anreize für die Bereitstellung bestimmter Kann-Leistungen geschaffen. Nur bei eindeutigem Verstoß gegen bindende Rechtsvorschriften kommt ein Eingriff in die Selbstverwaltung durch die staatliche Rechtsaufsichtsbehörde in Betracht. Diese müssten eingreifen, wenn z. B. der notwendige Bedarf nach § 11 BSHG durch das Sozialamt nicht bereitgestellt wird oder das Jugendamt das Hilfeplanverfahren gem. § 36 KJHG/ SGB VIII nicht ordnungsgemäß durchführt. Die Rechtsaufsichtsbehörden (Regierungspräsidium bzw. Landratsamt) halten sich aber in der Praxis weitgehend zurück, schon weil sie aufgrund der Eigenständigkeit der Kommunen keinen hinreichenden Einblick haben.

Aus den unterschiedlichen Aufgabenkreisen ergibt sich für die Mitarbeiter kommunaler Einrichtungen, dass sie je nachdem, welche Aufgaben wahrgenommen werden, unterschiedliche Zuständigkeiten für die Fachaufsicht zu beachten haben. Auch innerhalb eines Tätigkeitsbereiches kann nach unterschiedlichen Zuständigkeiten zu unterscheiden sein und Streit zwischen den Behörden hierüber ist keineswegs selten. Eindeutig ist aber geregelt, dass die Dienstaufsicht und die Organisationshoheit bei allen Angelegenheiten, die die Kommunen ausführen (gleich ob im eigenen oder übertragenen Wirkungskreis), bei den Kommunen liegt.

Bei der Überprüfung des Verwaltungshandelns von kommunalen Behörden im Widerspruchsverfahren (hierzu oben Seite 81 und unten Seite 149 ff) ist zu beachten, dass die Selbstverwaltungskörperschaften (Städte, Gemeinden, Sozialversicherungen) in *eigenen Angelegenheiten* über Widersprüche selbst entscheiden (vgl. §§ 6a–9 AGVwGO). Lediglich soweit von den Kommunen übertragene Angelegenheiten wahrgenommen werden, entscheidet die nächst höhere staatliche (Fach)Behörde. Dies liegt daran, dass es für Selbstverwaltungsangelegenheiten keine übergeordnete Behörde gibt. Bei den Sozialämtern, bei den Sozialversicherungsträgern und teilweise auch den Jugendämtern werden zu diesem Zweck *Widerspruchsstellen* gebildet, die mit (halbwegs) unabhängigen Experten besetzt sind (für die Sozialhilfe vgl. § 114 Abs. 2 BSHG).[12] Daraus ergibt sich die Frage, ob in diesen kommunalen Angelegenheiten hinreichende Kontrolle und ausreihender Rechtsschutz für den Bürger gegeben sind.[13] Eine staatliche Kontrolle würde allerdings unvermeidlich zu Lasten der kommunalen Eigenständigkeit gehen. Außerdem ist zu beachten, dass der Bürger die Möglichkeit hat, den Gerichtsweg zu beschreiten und über die allgemeine Rechtsaufsicht eine gewisse Kontrolle stattfinden kann.

---

[12] Bzgl. der Sozialhilfe ist zu beachten, dass nach § 100 BSHG für bestimmte Aufgaben der überörtliche Träger zuständig ist. Dieser ist insoweit auch Widerspruchstelle, auch dann, wenn er Aufgabenbereiche zur Erfüllung an den örtlichen Träger übertragen hat.

[13] In Bayern nimmt aus diesem Grund in der Jugend- und Sozialhilfe der überörtliche Träger die Aufgaben einer Widerspruchsbehörde war. Dies ist rechtlich bedenklich und wird soweit ersichtlich in anderen Bundesländern nicht praktiziert.

| Wirkungskreis der Städte und Gemeinden | | | | |
|---|---|---|---|---|
| eigener Wirkungskreis | | | übertragener Wirkungskreis | |
| pflichtige Selbstverwaltung | | freiwillige Selbstverwaltung | Auftragsangelegenheiten des Bundes | Auftragsangelegenheiten des Landes |
| nach Weisung | weisungsfrei | immer weisungsfrei | | |
| Rechtsaufsicht beim Landratsamt bzw. Regierungspräsidium, keine Fachaufsicht | | | Fachaufsicht durch unterschiedliche Bundes- und Landesbehörden | |

**Organe der kommunalen Selbstverwaltung**

Auch wenn die Gestaltung des Kommunalrechts im Einzelnen als Ausdruck der Verwirklichung von Demokratie auf Ortsebene und der Dezentralisierung von öffentlicher Verwaltung den Gemeinden obliegt, bedarf es Strukturen, die einen Rahmen vorgeben, in dem die Selbstverwaltung erfolgt. Gleichzeitig wird hierdurch garantiert, dass die Kommunen ihre durch die Verfassung vorgegebenen Aufgaben auch tatsächlich erfüllen. Die Regelung der kommunalen Strukturen obliegt den Bundesländern. Diese *Gemeindeordnungen der Länder* weisen deutliche Unterschiede auf, die hier nicht im Einzelnen dargelegt werden können. Darüber hinaus ist die Terminologie in den Bundesländern unterschiedlich. Folgende Merkmale sind von grundlegender und allgemeingültiger Bedeutung:

Zunächst ist zu unterscheiden zwischen *kreisfreien* und *kreisangehörigen* Städten und Gemeinden. Alle kreisangehörigen wie auch die kreisfreien Gemeinden (bei über 100 000 Einwohnern i. d. R. Bezeichnung Stadt) nehmen ihre Selbstverwaltungsaufgaben in eigener Verantwortung grundsätzlich selbst war. Die kreisangehörigen Gemeinden bilden aber zusammen mit den kreisangehörenden Städten (soweit vorhanden) einen *Landkreis* (gleichbedeutend mit: Kreis), mit dem *Landratsamt* als zentraler Behörde. Das Landratsamt nimmt die Aufgaben für die einzelnen Gemeinden wahr, soweit diese von den Gemeinden dorthin (nach oben) übertragen wurden. Im Übrigen erfüllt das Landratsamt aber auch staatliche Aufgaben des Landes bzw. des Bundes (wie oben dargestellt). In dieser Funktion sind die Landratsämter Teil der *staatlichen Verwaltung*. Die Landratsämter haben somit eine vermittelnde Funktion, indem sie sowohl Teil der Kommunalverwaltung als auch der Teil der Staatsverwaltung sind (dies bringt zwar die gesamte, gewachsene Struktur wieder durcheinander, hat aber pragmatische Vorteile). Als Staatsverwaltung üben sie über die bei den kreisangehörigen Gemeinden liegenden Selbstverwaltungsangelegenheiten die *Rechtsaufsicht* und hinsichtlich der diesen staatlichen Angelegenheiten die Fachaufsicht aus. Soweit staatliche Auftragsangelegenheiten oder kommunale Selbstverwaltungsangelegenheiten durch den Landkreis (Landratsamt) wahrgenommen werden, liegt die Rechts- bzw. Fachaufsicht beim *Regierungspräsidium*.

## Aufbau und Funktionsweise des Staates

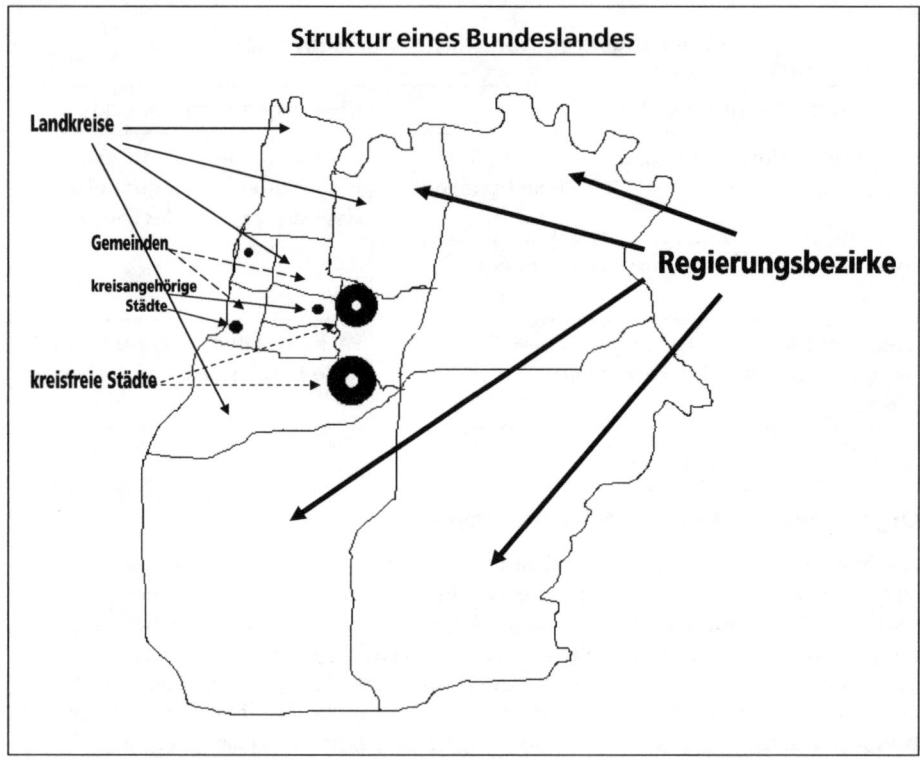

Die *kreisfreien Städte* (in Baden-Württemberg gibt es aufgrund einer speziellen Reglung ähnlich weitgehende Befugnisse für Kreisstädte) nehmen hingegen als Selbstverwaltungskörperschaften diese unterschiedlichen Aufgaben der Landratsämter wahr, ohne (auch nur teilweise) Teil der staatlichen Verwaltung zu sein. Die kreisfreien Städte sind damit in der Ausübung dieser übertragenen Aufgaben freier als die kreisangehörigen Gemeinden. Die Rechts- und (bei übertragenen Angelegenheiten) Fachaufsicht über die kreisfreien Städte liegt beim Regierungspräsidium als mittlere Staatsbehörde.

Die Gemeinde- und Stadträte werden überall von der Bevölkerung gewählt. Auf der Ebene der Landkreise ist der Kreistag die gewählte Vertretung der Bevölkerung. Der (Ober-)Bürgermeister und auch der Landrat werden von der Bevölkerung unmittelbar oder mittelbar (durch den Gemeinde-/Stadtrat bzw. Kreistag) gewählt. Nur in Rheinland-Pfalz ist der Landrat ein von der Landesregierung bestellter Staatsbeamter.

### Kommunalverbände

Eine Sonderstellung nehmen die sog. „höheren Kommunalverbände" (*Gemeindeverbände*) ein. Hierbei handelt es sich um Zusammenschlüsse der Kommunen zur gemeinsamen Wahrnehmung kommunaler Selbstverwaltungsangelegenheiten auf überregionaler Ebene. Diese Verbände sind daraus entstanden, dass bestimmte Aufgaben (z. B. Kinder- und Jugendhilfe) kommunal verantwortet werden, gleichzeitig aber ein Bedarf an überkommunaler Kooperation und Kontrolle entstand. Diese „höheren Kommunalverbände" sind *gebietsbezogen* und *mitgliedschaftlich* organisiert (Gebietskörperschaften, Körperschaften des öffentlichen Rechts). In Baden-Württemberg und Hessen heißen sie *Landeswohlfahrtsverbände*, in Bayern *Bezirke*, in Nordrhein-Westfalen *Landschaftsverbände*, in Rheinland-Pfalz *Bezirksverbände* und in Niedersachsen *Landschaft*. Sie nehmen vor allem Aufgaben wahr in den Bereichen Sozialhilfe, Jugendhilfe und Gesundheitswesen, aber auch Sonderschulwesen, Kriegsopferfürsorge und Kultur. Sie sind Träger von Spezialkrankenhäusern, sind für die Genehmigung bestimmter Einrichtungen der Jugendhilfe und für die Vergabe von zahlreicher Leistungen nach dem BSHG zuständig. In Baden-Württemberg sind sie die *überörtlichen Träger der Sozialhilfe, Jugendhilfe* und *Kriegsopferfürsorge* und haben Landesjugendämter (je eins für Baden und Württemberg-Hohenzollern) errichtet. Nur in Bayern sind die höheren Kommunalverbände Teil der unmittelbaren Staatsverwaltung, im Übrigen werden sie – in unterschiedlicher Weise – von den Kommunalverbänden selbst verwaltet.

Über die genannten Strukturen hinaus gibt es Zusammenschlüsse von Gemeinden zur Bewältigung einer bestimmten Aufgabe (z. B. Abwasserbeseitigung, Müllentsorgung), kommunale Verwaltungsgemeinschaften und Regionalverbände u. ä., die darauf abzielen, gemeinsame Interessen von mehreren Gemeinden zu vertreten, die Verwaltungsorganisation zu vereinfachen und als Zweckverbünde wirkungsvoller arbeiten zu können. Außerdem gibt es regionale Aufteilungen innerhalb der Kommune in Stadtteile, Ortschaften bzw. Ortsteile. Diese weiteren Untergliederungen und Zusammenschlüsse ändern aber an den dargelegten rechtlichen Grundstrukturen nichts.

**Interne Organisationsstrukturen**

Die in den Kommunen erlassenen Rechtsvorschriften heißen „*Satzung*". So gibt es Satzungen für die Benutzung kommunaler Kindertagesstätten, Obdachlosenunterkünfte, kultureller Einrichtungen, für das Jugendamt, Haushaltssatzungen, Bebauungspläne u. a. Diese Satzungen haben in gleicher Weise bindende Wirkungen wie staatliche Gesetze.

Die interne Organisation der Gemeindeverwaltung ist in der Bundesrepublik – je nach Bundesland – unterschiedlich geregelt. Hinsichtlich der fachlichen Gliederung der Verwaltung hat sich ein „*Verwaltungsgliederungsplan*" weitgehend durchgesetzt. Demnach ist die Vielzahl der Aufgaben der Kommune nach bestimmten Aufgabengruppen gegliedert (z. B. Jugend, Soziales, Gesundheit, Sport u. a.). Diesen Untergliederungen entspricht die Aufteilung der kommunalen Verwaltung in *Dezernate, Ämter oder Abteilungen*. Außerdem können die Kommunen freiwillig bestimmte Aufgaben auf die Ebene des Landkreises übertragen. Sie können aber auch typische Aufgaben des Landkreises übernehmen bzw. Übertragungen an Gemeindeverbände vornehmen. Dies ist Ausdruck ihrer Souveränität in Selbstverwaltungsangelegenheiten.

Die Landkreise und kreisfreien Städte sind als örtliche *Träger der Sozialhilfe und Jugendhilfe* rechtlich für die ordnungsgemäße Erfüllung dieser Aufgaben verantwortlich. Im Rahmen landesrechtlicher Vorschriften können Gemeinden diese Aufgaben auch selbst erbringen (vgl. § 96 BSHG). Außerdem unterhalten auch kleinere Gemeinden häufig in eigener Verantwortung Alten- und Kinderheime, Krankenhäuser und Tageseinrichtungen unterschiedlichster Art. Es sind wechselnde Trends von großen qualifizierten Einrichtungen (überregional) zu bürgernaher Hilfe (regional) und umgekehrt zu beobachten. Für die Jugendhilfe besteht aber eine gesetzliche Verpflichtung, dahingehend, dass *ein Jugendamt* in jeder kreisfreien Stadt und jedem Landkreis zu errichten ist (hierzu unten). Die Spielräume einer Verwaltungsaufteilung sind hier aus den unten genannten Gründen wesentlich geringer als hinsichtlich der Sozialhilfe. Auch die Aufgaben des Gesundheitsamtes und der Ausländerbehörde werden zwingend durch die kreisfreien Städte bzw. Landkreise wahrgenommen, allerdings als Pflichtaufgabe zur Erfüllung nach Weisung bzw. als übertragene staatliche Aufgabe, so dass die Art und Weise der Aufgabenerfüllung hier – im Unterschied zur Sozial- und Jugendhilfe – ohne Mitsprache der Gemeinden ausschließlich durch die Landesverwaltung festgelegt wird.

## 5. Das Jugendamt als Behörde eigener Prägung

Eine qualifizierte und effektive Kinder- und Jugendhilfe erfordert einen bürgernahen, milieu- und ortschaftsbezogenen flexiblen sozialpädagogischen Einsatz. Um den Gefahren einer repressiven, obrigkeitsorientierten Jugendhilfe (wie im 19. Jahrhundert üblich) und den Problemen der *weltanschaulichen Neutralitätspflicht* öffentlicher Verwaltung zu entgehen (Erziehung ist immer mit Wertungen und Weltanschauungen verbunden), hat sich für die Erfüllung der Aufgaben der Jugendhilfe eine eigene Verwaltungsstruktur durchgesetzt. Teilweise werden hierdurch – auf gesetzlicher Grundlage – in außergewöhnlicher Weise sonst übliche Verwaltungsgrundsätze durchbrochen. Es geht darum, dem Spannungsverhältnis Rechnung zu tragen, dass einerseits Jugendhilfe eine öffentliche Angelegenheit ist, andererseits aber pädagogische Hilfe mit den üblichen Verwaltungsvorstellungen (z. B. hierarchische Struktur, Kontrolle, Anträge) nicht in Einklang zu bringen ist. Für die Sozialhilfe konnten sich vergleichbare Strukturen nicht durchsetzen; die Sozialämter sind wesentlich stärker in die allgemeine Kommunalverwaltung integriert.

Für die Kinder- und Jugendhilfe gelten damit nicht nur die allgemeinen Grundsätze bezüglich eigener Angelegenheit der Kommunen (hierzu oben), sondern dieser Sozialbereich ist von einer besonderen Eigenständigkeit auch *gegenüber der Kommunalverwaltung* geprägt. Dies ergibt sich aus den speziellen Vorschriften des KJHG/SGB VIII.

Das Gesetz (§§ 69 ff KJHG/SGB VIII) schreibt vor, dass in jeder kreisfreien Stadt und jedem Landkreis ein Jugendamt zu errichten ist, welches Ansprechpartner in allen Angelegenheiten der Kinder- und Jugendhilfe ist. Diese *Gesamtverantwortung* kann nicht (wie bei der Sozialhilfe) an die landkreisangehörigen Gemeinden delegiert und auch nicht für mehrere Landkreise von einem Jugendamt wahrgenommen werden. Die umfassenden Leistungen der Jugendhilfe bedürfen ebenso einer Bündelung als auch einer wohnortnahen Konzeption und Organisation. Damit diese Aufgaben zuverlässig von sozialpädagogisch qualifiziertem Personal wahrgenommen werden, dürfen die Aufgaben auch nicht teilweise an andere Teile öffentlicher/ kommunaler Verwaltung (Polizei, Ordnungsamt, Sozialamt, Ausländeramt ...) übertragen werden. Für die Belange der Kinder- und Jugendhilfe ist seitens der öffentlichen Hand immer *ausschließlich* das Jugendamt zuständig. Dieses Jugendamt bildet in funktionsrechtlicher Hinsicht eine eigenständige sozialpädagogische Fachbehörde mit umfassender Zuständigkeit, auch wenn es organisatorisch Teil der Kommune ist (zum organisations- und funktionsrechtlichen Behördenbegriff oben Seite 82). Die Organisationsfreiheit der Kommunen ist insoweit eingeschränkt. Diese (relative) Eigenständigkeit des Jugendamtes schützt vor Einmischung durch andere Behörden und ermöglicht unter anderem die Umsetzung besonders strenger Datenschutzbestimmungen (vgl. §§ 61 KJHG/SGB VIII). (Vgl. hierzu auch unten Seite 164 ff, 167 und Seite 228).

Jedes Jugendamt besteht aus einem Jugendhilfeausschuss und der Verwaltung des Jugendamtes (*Zweigliedrigkeit des Jugendamtes*). Der Jugendhilfeausschuss ist das Leitungsgremium, deren Mitglieder zu 2/5 auf Vorschlag der anerkannten freien Träger (unter Berücksichtigung der Vorschläge der Jugend- und Wohlfahrtsverbände) und zu 3/5 unmittelbar vom Kreistag bzw. Stadtrat gewählt werden. Damit ist der Jugendhilfeausschuss direkt den Kommunalparlamenten unterstellt und aus der sonstigen Kommunalverwaltung weitgehend ausgegliedert. Lediglich in Angelegenheiten der laufenden Verwaltung besteht ein Weisungsrecht des Oberbürgermeisters/Landrats gegenüber der Verwaltung des Jugendamtes. Die Beteiligungsrechte der freien Träger und die Kompetenzen des Jugendhilfeausschusses werden teilweise als demokratiewidrig bezeichnet, weil insoweit eine demokratisch gewählte Legitimation fehlt. Durch deren Mitwirkung soll die Jugendhilfe aber in das gesellschaftliche Leben eingebunden werden und (partei)politischen Interessen entzogen werden.

Der Jugendhilfeausschuss erstellt den für die kommunale Jugendhilfe maßgeblichen *Jugendhilfeplan* und kann (im Rahmen der kommunalen Satzung) gegenüber der Verwaltung des Jugendamtes Weisungen erteilen. Die Mitglieder des Jugendhilfeausschusses sind überwiegend keine gewählten Volksvertreter und keine Verwaltungsmitarbeiter, sondern „in der Jugendhilfe erfahrene Männer und Frauen" (§ 71 KJHG/SGB VIII), die diese Tätigkeit (gegen Aufwandsentschädigung und Freistellung) weitgehend ehrenamtlich ausüben. Die operative Ebene des Jugendamtes ist die Verwaltung mit ihrem Leiter an der Spitze.

Diese kommunale Gesamtverantwortung wird kaum durch die überörtlichen Träger der Jugendhilfe beeinträchtigt, da hier – anders als in der Sozialhilfe – nur ganz wenige Aufgaben (Fort- und Weiterbildung, Heimaufsicht, Adoptionsvermittlung usw.) angesiedelt sind.

Außerdem ist von Bedeutung, dass die öffentliche Kinder- und Jugendhilfe in besonderer Weise verpflichtet ist, die Wünsche der Betroffenen zu beachten (§ 5 KJHG/SGB VIII), mit unterschiedlichen freien Trägern zu kooperieren und diese zu fördern (§ 4 KJHG/SGB VIII). Rund 2/3 aller Leistungen der stationären Jugendhilfe werden von freien Trägern erbracht.

Diese rechtlichen Besonderheiten haben zur Folge, dass sich in der öffentlichen Jugendhilfe recht unterschiedliche, der Jugendhilfe und der Region entsprechende „Verwaltungsstrukturen" herausgebildet haben. Je nach den kommunalen Gegebenheiten bestehen im Ergebnis erhebliche Unterschiede hinsichtlich der Zahl der beschäftigten Sozialpädagogen, der Leitungsstruktur (Teamverantwortung oder Hierarchie), Budgetverantwortung (z. B. für einzelne Stadtteile) und der angebotenen Leistungen (soweit es sich nicht um „Muss-Leistungen" handelt). Die allgemeinen Regelungen des KJHG/SGB VIII und die jeweiligen Länderbestimmungen geben verbindlich lediglich einen Rahmen und bestimmte Mindeststandards vor. Vor die-

## Aufbau und Funktionsweise des Staates

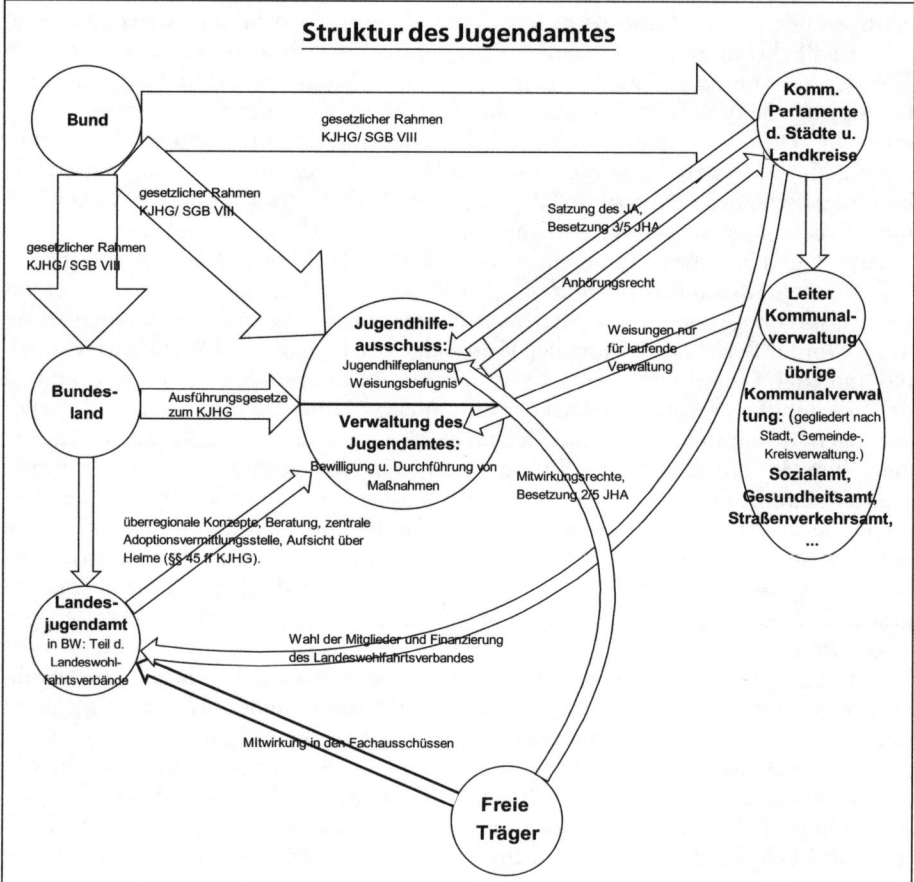

- Die Organisation, Anwendung des KJHG (Ermessensspielräume, Anwendungsrichtlinien) obliegt den Kommunen als Träger der öffentlichen Kinder- und Jugendhilfe.
- In jeder Stadt bzw. jedem Landkreis muss es mindestens ein eigenständiges Jugendamt mit allen wesentlichen Leistungsangeboten geben.
- Im Unterschied zu allen anderen Behörden ist das Jugendamt aus der allgemeinen Verwaltung ausgegliedert; es hat eine Organisationsstruktur eigener Art.
- Planung, Kontrolle der Jugendhilfe erfolgt durch den Jugendhilfeausschuss des örtlichen Jugendamtes. Dort erfolgt die konzeptionelle und für die Verwaltung des Jugendamtes bindende Jugendhilfeplanung (im Rahmen der Vorgaben durch den Stadtrat/Kreistag).
- Alle öffentlichen Maßnahmen der Kinder- und Jugendhilfe stehen unter der Gesamtverantwortung des örtlichen Jugendamtes.
- Die Besetzung des Jugendhilfeausschusses direkt durch die Kommunalparlamente (3/5) und auf Vorschlag der Freien Träger (2/5) führt zu hoher Eigenständigkeit des Jugendamtes, aber auch immer wieder zu Konflikten mit der Kommunalverwaltung.

sem Hintergrund ist es naheliegend, dass gerade auch in den Jugendämtern unterschiedliche Modelle sogenannter *Neuer Steuerung* erprobt werden (hierzu im Folgenden).

## 6. Neue Steuerungsmodelle

Seit langem wird an der öffentlichen Verwaltung kritisiert, sie sei zu streng hierarchisch organisiert, Eigenverantwortung der Mitarbeiter würde nicht gefördert und im Ergebnis würden häufig wirtschaftlich unvernünftige und nicht hinreichend an den Interessen der Betroffenen orientierte Entscheidungen getroffen. Eine hieran anknüpfende Reformdiskussion führt vor allem auf Grund finanzieller Schwierigkeiten der öffentlichen Haushalte seit etwa zehn Jahren zu strukturellen Änderungen. Unter dem Thema „*Neue Steuerungsmodelle*", „*Neue Steuerung*", „*Verwaltungsreform*", „Neue öffentliche Verwaltung" und ähnlichen Begriffen wurden im Einzelnen recht unterschiedliche Konzepte umgesetzt, die unverändert intensiv und kontrovers diskutiert werden. Hiervon sind alle Bereiche öffentlicher Verwaltung betroffen, keineswegs nur die Bereiche öffentlicher Sozialverwaltung. Aber diese eben auch. Sowohl auf Bundes-, Landes- als auch kommunaler Ebene gibt es mutige Versuche.

Ansatzpunkt dieser Bemühungen ist am Ergebnis orientiertes Handeln. Hierzu werden zunächst Leitbilder und daran anknüpfend Zielvorstellungen für den jeweiligen Verwaltungsbereich beschrieben. Diese sind Maßstab für alle Einzelentscheidungen (*Outputorientierung*). Hierzu ist in allen Handlungsfeldern der konkrete Erfolg durch interne *Controllings* ständig zu messen. Darauf bezogen wird überprüft, welche Kosten unabdingbar notwendig sind (*dezentrale Ressourcenverwaltung*). Die Verantwortlichkeit des Bearbeiters soll durch eine *Zusammenlegung von Budget- und Fachverantwortung* gesteigert werden. Häufig erhält er für unterschiedliche Aufgaben ein Gesamtbudget, welches ihm Spielräume für zweckorientierte Entscheidungen ermöglicht (*Verantwortungsbereiche*). Diese *dezentrale Ressourcenverwaltung* ermöglicht ein kostenbewusstes und gleichzeitig effizientes Verwaltungshandeln. Welche Leistung dem Bürger gewährt wird, ist nicht mehr starr vorgegeben (*Deregulierung*), sondern einer individuellen Prüfung zugänglich und kann in vielen Bereichen mit diesem ausgehandelt werden. Wettbewerb um die Kunden und Vergleiche zwischen Verwaltungsbehörden (z. B. *interkommunaler Leistungsvergleich*) führen zu ständiger Anpassung an sich ändernde Bedingungen und Verbesserungen (*Benchmarking*). Durch leistungs- und damit erfolgsorientierte Bezahlung und entsprechendes Personalmanagement werden die Mitarbeiter der Verwaltung zu entsprechendem Verhalten motiviert. Ausgefeilte, auf die speziellen Bedürfnisse zugeschnittene Computerprogramme ermöglichen eine umfassende Erhebung der notwendigen Daten und eine outputorientierte Vergleichbarkeit.

Einzelne Jugendämter haben dieses Konzept durch eine radikale *Sozialraumorientierung* ergänzt. Nach diesen Modellen ist ein Team sozialpädagogischer Fachkräfte für einen Stadtteil bzw. einen Ort umfassend zuständig. Es besteht dort dezentrale Verantwortlichkeit für ein Gesamtbudget und Entscheidungsverantwortung bezüglich Hilfen zur Erziehung. In der Sozialhilfe ist die Erarbeitung von individuellen Hilfeplänen und der Ausbau von personenbezogenen Dienstleistungen, die das Ziel haben, die Betroffenen unabhängig von Hilfe zum Lebensunterhalt zu machen, in diesem Zusammenhang zu sehen. In den Arbeitsämtern wurden starre Vorgaben für die Vergabe von Förderleistungen durch Leistungen ersetzt, die auf der Grundlage einer Einschätzung der Erfolgsaussichten im Ermessen des Sachbearbeiters vergeben werden.

Diese Ansätze scheinen vielversprechend. Insgesamt bewirken sie eine *Wettbewerbsorientierung* und eine Übernahme von Maßstäben, die sich in der Privatwirtschaft herausgebildet haben. Eine stärkere Gewichtung des Kostenfaktors und der Effektivität sind unverkennbar. Es bestehen aber auch grundlegende Einwände gegen diese Modelle, die bisher nicht ausgeräumt werden konnten. Gerade in der Sozialen Arbeit besteht das Problem, dass viele Qualitätsmerkmale (persönliche Zuwendung, Intensität von Gesprächen, aber auch der Erfolg einer Maßnahme) nicht ohne weiteres objektiv messbar sind. Daraus ergibt sich die Gefahr, dass sie unbeachtet bleiben oder mit unzulänglichen Methoden ein scheinbarer Vergleich vorgenommen wird. Bei einer (falsch verstandenen) Orientierung an der Effizienz kann der Wert personaler Arbeit auf der Strecke bleiben.

Dieses Grundproblem konnte auch durch die Einführung unterschiedlicher, speziell auf die Bedürfnisse Sozialer Arbeit zugeschnittener Verfahren zur Qualitätsmessung bisher nicht wirklich gelöst werden. Diesen Versuchen einer Qualitätsmessung und Bewertung kommt aber gleichwohl mittlerweile rechtliche Bedeutung zu. So wurden nicht nur z. T. international anerkannte Standards (*Kennzahlen*) und Verfahren einer Qualitätsmessung eingeführt (DIN- und ISO-Normen), sondern eine auf diesen Grundlagen durchgeführte Zertifizierung (Anerkennung) durch unabhängige Kontrollstellen hat zunehmende Bedeutung erhalten. Private Leistungserbringer können nach geltendem Recht nur dann öffentliche Sozialleistungen erbringen, wenn zuvor eine unabhängige Qualitätskontrolle und Qualitätsentwicklung mit dem öffentlichen Leistungsträger vertraglich geregelt wurde (zu den Leistungs-, Entgelt- und Qualitätssicherungsvereinbarungen ausführlich unten Seite 109 ff). Hierbei ist als Trend festzustellen, dass in weiten Bereichen der Ergebnisqualität (Messung der Wirkung) zunehmend größere Bedeutung beigemessen wird als der Prozessqualität (Art der Leistungserbringung) und der Strukturqualität (Räumlichkeiten, Ausbildung des Personals usw.). Derzeit gibt es eine große Anzahl unterschiedlicher Methoden, die z. T. nebeneinander zur Anwendung kommen, aber die Grundfragen nach der Messbarkeit und Vergleichbarkeit sozialer Leistungen keineswegs vollständig und befriedigend beantworten.

Zu wenig beachtet wird auch, dass die Leistungen der öffentlichen Verwaltung letztlich nicht von den Konsumenten der einzelnen Leistungen existenziell abhängig sind, sondern die Finanzierung und Bestimmung der öffentlichen Aufgaben gerade unabhängig hiervon erfolgt. Dies ist ein unüberwindbarer Unterschied zur Privatwirtschaft. Daraus ergeben sich Grenzen für eine Wettbewerbsorientierung wie sie die Neuen Steuerungsmodelle vorsehen.

Unter rechtlichen Gesichtspunkten ist zu bedenken, dass durch *Deregulierung* und Entscheidungsspielräume einzelner Mitarbeiter zwangsläufig der Anspruch auf Gleichbehandlung (Art. 3 GG) in Frage gestellt wird. Außerdem müssen in der Demokratie die Maßstäbe öffentlich-rechtlichen Handelns durch den Gesetzgeber (als Volksvertretung) bestimmt werden und nicht durch einzelne Fachkräfte und auch nicht allein durch die Wünsche der Leistungsempfänger. Die Gesetzesbindung (vgl. oben Seite 38 ff) führt zwar auch immer wieder zu unvernünftigen Ergebnissen, sie wird aber wesentliche Bedeutung behalten müssen. Außerdem beruht das öffentliche Recht weitgehend auf subjektiven Rechtsansprüchen des Bürgers (vgl. oben Seite 19 f), die gerade unabhängig von finanziellen Engpässen und der Ausschöpfung von Budgets von der Verwaltung erbracht werden müssen. All dies sind Errungenschaften des Rechtsstaats. Die Folgen einer im Zuge von Flexibilisierung und Marktorientierung zwangsläufig eintretenden Rechtsunsicherheit müssen mitbedacht werden. Schließlich ist es bisher nicht gelungen, durch entsprechende Qualifizierung und Leistungsanreize zu gewährleisten, dass dezentral tatsächlich die besseren Entscheidungen getroffen werden. Dies ist aber nur mit einer grundlegenden Reform des öffentlichen Dienst- und Arbeitsrechts (Abschaffung starrer Gehaltsstufen) möglich, die bisher nicht durchgeführt wurde. Die damit einhergehende zunehmenden Konkurrenz zwischen den Mitarbeitern hätte jedenfalls auch negative Auswirkungen.

Da es eine reine Marktabhängigkeit in der öffentlichen Verwaltung im Unterschied zur Privatwirtschaft nicht gibt und auf eine Außenkontrolle nicht ganz verzichtet werden kann, sind die Reformansätze zu relativieren. Entscheidende Unterschiede zwischen öffentlicher Verwaltung und Privatwirtschaft bleiben bestehen. Es geht wohl um eine Modifizierung der öffentlichen Verwaltung, die auch ohne grundlegenden Paradigmenwechsel in vielen Bereichen längst umgesetzt wurde: Hierarchieebenen können vielfach reduziert werden und die Eigenverantwortung der Mitarbeiter wird zunehmend als ein wichtiges Gut für eine erfolgreiche Arbeit erkannt. Die Verpflichtung zu einer bürgernahen und an den individuellen Bedürfnissen orientierten Verwaltung ergibt sich bereits aus den Grundrechten. Auch weiterhin wird die grundlegende Steuerung öffentlicher Verwaltung zentral, durch die Parlamente, erfolgen. Für die Umsetzung bedarf es neben der Gesetze entsprechender Kontroll- und Aufsichtsstrukturen, die mehr sind als Selbstregulierung und in der Demokratie nicht auf einer Ebene mit dem Mitarbeiter stehen können.

## Literaturhinweise zur Vertiefung:

*Braczyk, Hans-Joachim u. a.:* Neue Organisationsformen in Dienstleistung und Verwaltung (1996).
*Brülle, Heiner u. a.:* Neue Steuerung in der Sozialhilfe (2002).
*Damkowski, Wulf u. a.:* Moderne Verwaltung in Deutschland (1998).
*Deckert, Klaus u. a.:* Das Neue Steuerungsmodell (1996).
*Dols, Heinz u. a.:* Kommunalrecht (1999).
*Gern, Alfons:* Deutsches Kommunalrecht (1999).
*Gern, Alfons:* Kommunalrecht Baden-Württemberg (2001).
*Gernert, W.:* Kommunale Sozialverwaltung und Sozialpolitik (1990).
*Jordan, Erwin u. a.:* Qualitätssicherung und Verwaltungsmodernisierung in der Jugendhilfe (1998).
*Kreft, Dieter:* Die sozialpädagogische Fachbehörde Jugendamt in der Sozialverwaltung, in: Arbeitsgemeinschaft für Jugendhilfe (Hrsg.), Das Jugendamt als Dienstleistungsunternehmen (1995), S. 40–57.
*Kuhlbach, Roderich u. a.:* Öffentliche Verwaltung und Soziale Arbeit (1994).

*Luthe, Ernst-Wilhelm*: Wettbewerb, Vergabe und Rechtsanspruch im „Sozialraum" der Jugendhilfe, in: Nachrichtendienst des deutschen Vereins (NDV) (2001), S. 247-257.
*Müller, C. Wolfgang*: Jugendamt. Geschichte und Aufgabe einer reformpädagogischen Einrichtung (1994).
*Papenheim, Heinz-Gert:* Verwaltungsrecht für die soziale Praxis (2002), S. 25 ff.
*Rolfes, Stephan u. a.:* Aufgaben und Organisation der öffentlichen Verwaltung (1992).
*Scholler, Heinrich:* Grundzüge des Kommunalrechts der Bundesrepublik Deutschland (1990).
*Schöneich, Michael (Hrsg.):* Reformen im Rathaus (1996).
*Trube, Achim von*: Organisation der örtlichen Sozialverwaltung und Neue Steuerung (2001).
*Vogelsang, Klaus u. a.:* Kommunale Selbstverwaltung (1997).

Weitere umfangreiche Literatur gibt es unter Berücksichtigung des unterschiedlichen Kommunalrechts in den einzelnen Bundesländern

# VIII. Rechtsverwirklichung

Zu Kapitel VIII.: Übungsfall 2 (Der hilfsbereite Student) Seite 190 ff. und Übungsfall 7 (Unklarheiten im Sozialamt) Seite 213 ff.

Bisher ging es um die Frage, welche Rechtsstellung, Leistungsansprüche und Zuständigkeiten die Rechtsordnung vorgibt. Hieraus ergeben sich Ansprüche, wie die Wirklichkeit gestaltet sein *soll*, eine Wertordnung, die Maßstab und Orientierung für sozialarbeiterisches Handelns ist (vgl. oben Seite 12 ff). Im Folgenden geht es nun darum, wie sichergestellt wird, dass diese festgeschriebenen materiellen Rechte auch tatsächlich umgesetzt werden. Hierbei kommt es entscheidend auf die Vorgehensweise von Verwaltungseinrichtungen, Möglichkeiten des Rechtsschutzes, einschließlich einer Kontrolle durch die Gerichte und die Verfahrenskosten an. Auch auf die Unzulänglichkeiten der Rechtsdurchsetzung und die Bedeutung der Sozial- und Rechtsberatung ist einzugehen.

## 1. Das sozialrechtliche Verwaltungsverfahren

Hinsichtlich öffentlicher Sozialleistungen ist von entscheidender Bedeutung, was die öffentliche Verwaltung zu unternehmen hat, damit der Leistungsberechtigte seine Leistungen auch erhält. Angefangen von Wartezeiten, Informationsmaterial, persönlicher Beratung bis hin zu Fragen spezieller Bemühungen der Behörde wie Bereitstellung fremdsprachiger Antragsformulare, aktiver Werbung für öffentliche Leistungen und aufsuchender Außendienste zur Herstellung eines Erstkontakts mit Leistungsberechtigten sind diese Verhaltensweisen häufig entscheidend dafür, ob und welche Sozialleistungen jemand erhält.

Nach den Grundsätzen des öffentlichen Rechts (vgl. oben Seite 37 ff und Seite 72 ff) muss es detaillierte Vorschriften geben, wie mit den Bürgern umzugehen ist. Die Bestimmungen befinden sich SGB X (§§ 8–66) und teilweise im SGB I (§§ 16, 17, 36, 60–67). Ergänzend können auch die Bestimmungen des Verwaltungsverfahrensgesetzes und der Verwaltungsgerichtsordnung von Bedeutung sein (vgl. § 62 SBG X). Für die einzelnen Bereiche Sozialer Arbeit (Sozialhilfe, Sozialversicherung, Kinder- und Jugendhilfe, Strafvollzug) sind zusätzlich Spezialbestimmungen zu beachten (vgl. § 37 SGB I).

Diese Verfahrensfragen haben nichts zu tun mit *gerichtlichen Verfahren* (hierzu unten Seite 151 ff). Im (Sozial)Verwaltungsverfahren geht es vielmehr darum, was die Behörde im alltäglichen Umgang mit ihren Klienten zu beachten hat. Außergerichtliche Beschwerde- bzw. Widerspruchsverfahren sind ein spezieller, kleiner Teil des Verwaltungsverfahrensrechts.

Die Grundsätze des Verwaltungsverfahren haben Bedeutung für öffentlich-rechtliches Handeln im Verhältnis zum Bürger. Soweit das Zivilrecht gilt, also freie Träger tätig werden, es um rein behördeninterne Maßnahmen oder schlicht hoheitliches Handeln (hierzu oben Seite 80) geht, gelten diese Regelungen nicht. Ebenso gelten sie nicht, wenn die Behörde ausnahmsweise privatrechtlich tätig wird (oben Seite 50 f).

## Allgemeine Grundsätze

### Beginn des Verfahrens
Von entscheidender Bedeutung ist bereits, wann eine Sozialbehörde überhaupt in irgendeiner Weise tätig zu werden hat. Das SGB spricht insoweit vom „Beginn des Verfahrens" (§ 18 SGB X). In den meisten Bereichen *darf* der Leistungsträger überhaupt nur tätig werden, wenn der eine Leistung Begehrende einen entsprechenden Antrag gestellt hat. Dies gilt für alle Sozialversicherungsleistungen und auch für die meisten anderen Sozialleistungen. Daneben gibt es Bereiche, in denen die Leistungsbehörden nicht nur auf Antrag, sondern bereits auf der Grundlage pflichtgemäßen Ermessens von sich aus tätig werden.

So muss der Sozialhilfeträger „bei Bekanntwerden" einer Notlage handeln, gleich durch wen oder in welcher Weise er hiervon erfährt (vgl. § 4f BSHG). Damit wird sichergestellt, dass diese letzte Möglichkeit der Existenzsicherung nicht an fehlender Fähigkeit, mit Behörden umzugehen, scheitert. Ebenso ist das Jugendamt verpflichtet, in Angelegenheiten der Kinder- und Jugendhilfe von sich aus ermittelnd und Hilfe anbietend tätig zu werden, wenn ihm, auf welchem Wege auch immer (z. B. durch Nachbarn, Lehrer, Ärzte), erhebliche Beeinträchtigungen des Kindeswohls bekannt werden. Wann ein Verwaltungsverfahren aufzunehmen ist, ergibt sich aus den Bestimmungen des jeweiligen Leistungsgesetzes.

Auch eine bestimmte, einheitliche Form der Antragstellung ist für den Bereich des SGB nicht geregelt. Im Bundesausbildungsförderungsgesetz (BAföG) gilt z. B., dass ein Anspruch auf Ausbildungsförderung erst dann geprüft wird, wenn der Auszubildende einen entsprechenden Antrag *schriftlich* gestellt hat. In vielen Bereichen ist die Verwendung spezieller Vordrucke vorgeschrieben. Bei einem Antrag auf Lohnersatzleistungen (Arbeitslosengeld, Arbeitslosenhilfe) ist das *persönliche Erscheinen* des Antragstellers beim zuständigen Arbeitsamt Voraussetzung für ein Tätigwerden des Arbeitsamtes (vgl. § 122 SGB III). In der Jugendhilfe begnügt man sich häufig mit einem *mündlichen* Einverständnis der Personensorgeberechtigten. In der Sozialhilfe werden die Bedürftigen zwar in der Regel aufgefordert, mehrseitige Formblätter auszufüllen. Dies ist zwar keine *generelle* Voraussetzung für die Hilfegewährung (vgl. oben), kann aber im Rahmen der *Mitwirkungspflicht* (hierzu unten Seite 144 ff) verlangt werden, soweit dies dem Betroffenen zumutbar ist.

### Zuständige Behörde/Weiterleitung
In jedem Fall kommt es darauf an, dass die sachlich und örtlich *zuständige Behörde* mit der Angelegenheit befasst wird. Denn nur sie darf die Angelegenheit prüfen und entscheiden.

Der Betroffene hat deshalb grundsätzlich Anträge auf Sozialleistungen beim *zuständigen* Leistungsträger zu stellen (§ 16 Abs. 1 Satz 1 SGB I). Eine wichtige Ergänzung enthält aber Satz 2. Hiernach sind auch *nicht zuständige* Sozialleistungsträger und alle Gemeindeverwaltungen verpflichtet, Anträge auf öffentliche Sozialleistungen entgegenzunehmen. Die annehmende Stelle muss den Antrag dann unverzüglich an den zuständigen Träger weiterleiten. Der Antrag gilt dann als zu dem Zeitpunkt gestellt, zu dem er bei der unzuständigen Stelle einging (§ 16 Abs. 2 SGB I) (Ausnahme: Meldung als arbeitslos, siehe oben).

## Beginn der Leistung

Vor allem bei Leistungen, die laufend gezahlt werden (Hilfe zum Lebensunterhalt, Rente, Lohnersatzleistungen usw.), ist von erheblicher Bedeutung, *ab wann* die Leistung gewährt wird. Hierbei kommt es meist auf den Zeitpunkt der Antragstellung an. Leistungen der Rentenversicherung werden jedoch rückwirkend geleistet, wenn der Anspruch bis zu drei volle Monate nach dem erstmaligen Entstehen des Anspruchs (Erreichen der Altersgrenze) geltend gemacht wird. Eine spätere Antragstellung führt lediglich zu Leistungen ab Beginn des Monats der Antragstellung (vgl. § 99 SGB VI). Leistungen auf Lohnersatzleistungen nach dem Arbeitsförderungsgesetz und Hilfe zum Lebensunterhalt nach dem BSHG können überhaupt nicht rückwirkend gewährt werden (taggenaue Bewilligung). Wichtig ist deshalb (außer bei Leistungen nach dem BSHG), dass die Mitarbeiter ihrer Pflichten nach § 16 Abs. 3 SGB I nachkommen und „darauf hinwirken, dass unverzüglich klare und sachdienliche Anträge gestellt" werden.

## Antragsberechtigung

Antragsberechtigt ist grundsätzlich der von einer möglichen Leistung Begünstigte, also der Inhaber des *subjektiven Rechts* auf die Leistung (zum Begriff oben Seite 19 ff). Minderjährige werden grundsätzlich durch die Personensorgeberechtigten (in der Regel die Eltern) vertreten. Zu beachten ist weiter, dass gemäß § 36 SGB I – im Unterschied zum allgemeinen Geschäftsverkehr – Minderjährige nach Vollendung des 15. Lebensjahres wirksam Anträge auf Sozialleistungen (außer Leistungen nach dem KJHG/SGB VIII) stellen und die entsprechenden Verfahren betreiben können (hierzu bereits ausführlicher oben Seite 54 ff).

## Dauer des Verfahrens

Nach § 17 Abs. 1 Nr. 1 SGB I müssen Sozialleistungsträger in jeder Phase des Verfahrens darauf hinwirken, dass der Berechtigte die ihm zustehenden Sozialleistungen „umfassend und zügig", d. h. ohne jede vermeidbare Verzögerung, erhält. Dies gilt besonders, wenn der Betroffene von bestimmten Leistungen existenziell abhängig ist. Da es sich hierbei um *unbestimmte Rechtsbegriffe* handelt, ist es aber äußerst schwierig, die für den Einzelfall angemessene Verfahrensdauer zu bestimmen und deren Beachtung durchzusetzen. Der Betroffene kann sich ggf. zwar beschweren und möglicherweise einen Vorschuss beantragen. Welche Bearbeitungsdauer er hinzunehmen hat, ist aber nicht allgemein geregelt. Insbesondere sind bei unerwartet hohem Arbeitsanfall längere Wartezeiten hinzunehmen als sonst üblich. Lediglich bei existenzsichernden Leistungen oder ständigen Verzögerungen wird es in Betracht kommen, vor Gericht eine einstweilige Anordnung zu erzwingen (unten Seite 153 f) oder Schadenersatzansprüche gegenüber der Behörde geltend zu machen.

Ähnlich unklar sind die weiteren Bestimmungen des § 17 SGB I, wonach die „erforderlichen Dienste und Einrichtungen rechtzeitig und ausreichend zur Verfügung stehen" müssen, der Zugang zu Sozialleistungen möglichst einfach zu gestalten ist und sich die Tätigkeiten mit den Angeboten der freien Träger „zum Wohl der Leistungsempfänger wirksam (zu) ergänzen" haben.

## Nichtöffentlichkeit

Grundsätzlich ist das Verwaltungsverfahren nicht öffentlich. Personen, die nicht unmittelbar an dem Verfahren beteiligt sind, haben deshalb kein Recht auf Anwesenheit bei den Besprechungen mit dem Klienten. Wenn allerdings durch eine *Begleitung* das Verfahren nicht gestört wird, wird die Behörde in der Regel einen entsprechenden Wunsch des Antragstellers auf Begleitung nachkommen müssen.

Im Unterschied hierzu haben *Bevollmächtigte* und *Beistände* ein Recht auf Anwesenheit bei Verhandlungen. Bevollmächtigte sind Personen, die den Betroffenen in vollem Umfang vertreten (§ 13 SGB X). Auf Verlangen haben Bevollmächtigte ihre Vollmacht schriftlich nachzuweisen. Bei Ehegatten und Verwandten in gerader Linie wird die Vollmacht regelmäßig vermutet. Ein Beistand ist eine Person, die einen Verfahrensbeteiligten unterstützt, ohne dass sie zu einer Vertretung ermächtig wurde. Dies kann ein Bekannter, ein Freund oder ein Mitarbeiter einer sozialen Einrichtung sein. Das vom Beistand Vorgetragene gilt als vom Betroffenen vorgebracht, soweit dieser nicht unverzüglich widerspricht. Besondere Regeln gelten, wenn diese Unterstützung gewerbsmäßig ausgeübt wird (hierzu unten Seite 159 f).

### Besorgnis der Befangenheit

Der Bedürftige hat ein Anrecht darauf, dass der Vertreter der Behörde ihm unbefangen gegenüber tritt. Ist das Gebot der Objektivität und Neutralität durch den jeweiligen Sachbearbeiter nicht herstellbar, so hat der Betroffene einen Anspruch darauf, dass die Angelegenheit von jemand anderem bearbeitet wird, z. B. wenn persönliche, freundschaftliche oder feindliche Beziehungen zum Bedürftigen bestehen oder wenn eigene Interessen des Bearbeiters berührt sind. Bereits bei einer *Besorgnis der Befangenheit* hat der Mitarbeiter die Pflicht, hiervon den Behördenleiter zu unterrichten. Ebenso kommt in Betracht, dass der Bedürftige sich an den Behördenleiter wendet (§ 17 SGB X).

### Amtssprache

Die Amtssprache im Sozialverwaltungsverfahren ist deutsch (vgl. § 19 SGB X). Dies bedeutet, dass bei amtlichen Mitteilungen und Entscheidungen die deutsche Sprache maßgeblich ist und die Sozialbehörde grundsätzlich die Vorlage einer Übersetzung verlangen kann, wenn Anträge oder Schriftstücke in einer anderen Sprache vorgelegt werden. Ein Antrag gilt auch erst ab dem Zeitpunkt gestellt, zu dem die Übersetzung vorliegt. Die Bestimmung der deutschen Sprache zur Amtssprache schließt allerdings die Verwendung einer anderen Sprache im Umgang mit Ausländern und in Merkblättern und Informationsschriften nicht aus (z. B. wenn ein Mitarbeiter über entsprechende Kenntnisse verfügt).

Eine wichtige Ausnahme von diesem Grundsatz besteht für Bürger aus Ländern der Europäischen Union und solchen Ländern, mit denen entsprechende zwischenstaatliche Abkommen bestehen (z. B. Türkei, Israel, Marokko, Schweiz, USA, Kanada, Rumänien). Bürger dieser Staaten können sich in ihrer Sprache an deutsche Behörden und Gerichte wenden. Die Last der Übersetzung liegt insoweit bei der jeweiligen Behörde. Dies ergibt sich aus § 30 Abs. 2 SGB I i. V. m. den jeweiligen internationalen Verträgen.

### Anhörungspflicht

Grundsätzlich hat der an einem Verwaltungsverfahren beteiligte Bürger das Recht, sich zu den für die Entscheidung erheblichen Tatsachen zu äußern. Bevor in die Rechte des Bürger eingegriffen wird (*belastende Verwaltungsakte*), ist ihm Gelegenheit zur Stellungnahme zu geben (§ 24 SGB X). Damit wird der Betroffene vor

Überraschungsentscheidungen geschützt und gleichzeitig sichergestellt, dass die Auffassung des Bürgers zumindest gehört wird. Für die Stellungnahme ist ihm eine angemessene Frist einzuräumen. Die Anhörung kann auch schriftlich oder telefonisch erfolgen. Von einer Anhörung kann nur dann abgesehen werden, wenn dies nach den Umständen des Einzelfalles geboten ist (§ 24, Abs. 2 SGB X).

**Recht auf Akteneinsicht**
Grundsätzlich hat jeder am Sozialverfahren Beteiligte nach § 25 SGB X einen Anspruch auf Einsicht in die Akten, soweit dies zur Geltendmachung oder Wahrung seiner rechtlichen Interessen erforderlich ist. Selbstverständlich können auch Bevollmächtigte anstelle des Verfahrensbeteiligten in die Unterlagen Einsicht nehmen. Statt bzw. neben der Akteneinsicht können die Beteiligten auch selbst Abschriften fertigen oder auf ihre Kosten Fotokopien anfertigen lassen.

Der Umfang des Rechts auf Akteneinsicht ist schwierig zu bestimmen. So kann die Behörde die Akteneinsicht verwehren, wenn dadurch Vorgänge bekannt würden, die zum Schutz berechtigter Interessen anderer Personen geheim gehalten werden müssen (vgl. unten Seite 182 ff). Besondere Probleme ergeben sich, wenn Eltern in die Akte von Kindern im Jugendalter Einblick nehmen wollen (vgl. unten Seite 181 f). Gegebenenfalls ist zu prüfen, ob die Akteneinsicht auszugsweise gewährt werden kann.

Eine ordentliche Aktenführung ist auch wichtig, um die Angelegenheit jederzeit einem anderen Mitarbeiter übergeben zu können (z. B. Nachfolger) und im Hinblick auf die Beiziehung von Akten in gerichtlichen Verfahren. Nicht zuletzt ist eine geordnete Aktenführung hilfreich, um eine qualifizierte Soziale Arbeit leisten zu können (z. B. Fortschreibung von Hilfeplänen).

**Fristen, Termine**
Im sozialrechtlichen Verwaltungsverfahren spielen Fristen, wie in allen rechtlichen – insbesondere gerichtlichen – Verfahren, eine entscheidende Rolle (vgl. § 26 SGB X). Nach Ablauf gesetzlich geregelter *Ausschlussfristen* können bestimmte Rechte nicht mehr geltend gemacht werden. Hierzu gehören vor allem Fristen für die Einlegung eines Rechtsmittels (Widerspruch, Klage, Verjährung). (Ausnahme: bei schuldlosem Versäumen evtl. Wiedereinsetzung in den vorigen Stand, hierzu unten Seite 142 f.).

Daneben gibt es Fristen, deren Dauer, Beginn und Ende die Behörde festsetzt (z. B. bezogen auf die Mitwirkung des Betroffenen bei der Aufklärung eines Sachverhalts). Auch solche Fristen haben manchmal den Charakter von Ausschlussfristen, können aber von der Behörde verlängert werden.

Hinsichtlich der Berechnung von Fristen und Terminen wird in § 26 SGB X Bezug genommen auf §§ 187–193 BGB. Damit gelten im öffentlichen Recht und im Zivilrecht die gleichen Grundsätze. Ohne diese Vorgaben würde es immer wieder zu Unklarheiten bei der Berechnung von Fristen kommen. Zunächst ist zu klären, ab wann eine Frist zu laufen beginnt. Ist der Fristbeginn von einem *Ereignis* (z. B. Geburt, Eheschließung) oder einen konkreten *Tageszeitpunkt* (Notartermin, Abgabe einer Erklärung) abhängig, so zählt dieser Tag bei der Fristberechnung nicht mit (§ 187 Abs. 1 BGB). Die Bekanntgabe (z. B. Zustellung durch die Post) ist ebenfalls ein Ereignis im Sinne des § 187 Abs. 1 BGB. Lediglich Fristen, für die der *Beginn eines Tages* oder der *Tag der Geburt* maßgeblich ist, wird dieser Tag mit gerechnet (vgl. § 187 Abs. 2 BGB). Für den Fristbe*ginn* ist es ohne Bedeutung, ob er auf einen Samstag oder Sonntag fällt.

Bei der Feststellung des Endes einer Frist ist ebenfalls genau hinzuschauen: Handelt es sich um eine Frist, die durch ein Ereignis oder einen Tageszeitpunkt in Gang gesetzt wurde (§ 187 Abs. 1 BGB), so endet die Frist mit Ablauf des letzen Tages der Frist. War der Fristbeginn von einem bestimmten Tag oder dem Geburtstag abhängig (§ 187 Abs. 2 BGB), so endet die Frist mit Ablauf des Tages, der dem Fristende vorausgeht. Zur Fristwahrung müssen Erklärungen innerhalb der Frist den Empfänger *erreicht haben* (im Briefkasten der zuständigen oder einer anderen deutschen Behörde, vgl. § 16 SGB X, § 84 Abs. 2 SGG). Die rechtzeitige Absendung reicht nur ausnahmsweise aus, wenn dies ausdrücklich so geregelt ist. Fällt ein Fristende (oder auch ein Termin) zur Abgabe einer Willenserklärung auf einen Samstag, Sonntag oder staatlich anerkannten Feiertag, so endet die Frist erst mit Ablauf des darauf folgenden Werktags.

**Beispiele:** Ein Anspruch auf Rente kann bei der gesetzlichen Rentenversicherung bis zu drei Monate nach Entstehung des Anspruchs geltend gemacht werden (§ 99 SGB VI). Da der Rentenanspruch ab Beginn des Monats entsteht, der dem 65. Geburtstag folgt, kann ein Versicherter, der am 20. März eines Jahres 65 Jahre alt wird, den Anspruch bis zum 30. Juni diesen Jahres (mit Rückwirkung) geltend machen. Ist der 30. Juni ein Samstag, reicht es, wenn die Erklärung bis zum 2. Juli (Montag) bei der Behörde eingeht.

Wird ein Verwaltungsakt mit der Belehrung, das Widerspruch innerhalb eines Monats zulässig ist, am 3. November zugestellt, beginnt die Widerspruchsfrist am 4. November und endet am 4. Dezember um 24. 00 Uhr (Nachtbriefkasten!). Wochenende und Feiertage wirken ggf. fristverlängernd.

## Wiedereinsetzung in den vorigen Stand

Das Verstreichen der Frist führt im Interesse der *Rechtssicherheit* zum Rechtsverlust beim Betroffenen. Der Betroffene muss selbst dafür sorgen, dass keine Fristen verstreichen. Diese Sorgfaltspflichten haben aber ihre Grenzen. Wenn die Fristversäumnis völlig unverschuldet erfolgt, wäre ein durch Fristablauf bedingter Rechtsverlust *unverhältnismäßig*. Wer *ohne sein Verschulden* verhindert war, eine gesetzte Frist einzuhalten, kann deshalb die „*Wiedereinsetzung in den vorigen Stand*" verlangen (§ 27 SGB X).

Voraussetzung hierfür ist, dass der Betroffene bis zu deren Ablauf an der Wahrung der Frist gehindert war (Krankheit, Urlaub, Unkenntnis der Frist). Ein Verschulden seines Vertreters muss der Betroffene sich grundsätzlich zurechnen lassen. In vielen Fällen ist unklar, welche Vorkehrungen man treffen muss, um Fristen einzuhalten zu können. Die Rechtsprechung hat z. B. entschieden, dass es bei mittelschweren Erkältungskrankheiten grundsätzlich zumutbar ist, jemanden mit der Überbringung einer Erklärung zu beauftragen und bei einer Abwesenheit von mehr als sechs Wochen einen Nachsendeantrag bei der Post zu stellen (dies gilt nicht nur, wenn man ein wichtiges Schreiben erwartet). Andererseits hat man nicht zu verantworten, wenn aufgrund eines Verschuldens der Post ein Schreiben nicht oder nicht rechtzeitig bei der Behörde eingeht. Die Maßstäbe für das fehlende Verschulden ergeben sich immer aus den Umständen des Einzelfalls.

Die Wiedereinsetzung in den vorigen Stand kann nur erfolgen, wenn der Betroffene unverzüglich, spätestens zwei Wochen nach Wegfall des Hinderungsgrundes einen *Antrag* auf Wiedereinsetzung stellt und die Gründe für die unverschuldete Verhinderung glaubhaft macht (§ 27 Abs. 2 SGB X). Durch die Wiedereinsetzung wird der Betroffene so gestellt, als hätte er die verspätete Handlung rechtzeitig vorgenommen.

## Untersuchungsgrundsatz

Die bisher genannten Grundsätze des Verwaltungsverfahrens reichen nicht aus, um eine sinnvolle Bearbeitung durch die Behörde sicherzustellen. Die im SGB aufgezählten formalen Bestimmungen geben lediglich einen Rahmen vor. Im Übrigen ist das Verwaltungsverfahren an bestimmte Formen nicht gebunden, sondern es ist *einfach, zweckmäßig* und *zügig* durchzuführen (§ 9 SGBX). Die Verantwortung hierfür liegt bei der zuständigen Behörde. Zur Aufklärung eines Sachverhalts muss sie *von sich aus* ermitteln. Diese Untersuchungstätigkeit ist eine *Amtspflicht* der Behörde. Der Umfang der notwendigen Ermittlungen ergibt sich aus den Umständen des Einzelfalls. Der Bürger ist also keineswegs immer „selbst Schuld", wenn er vergisst, einen bestimmten Bedarf geltend zu machen. Dies ergibt sich aus dem *Untersuchungsgrundsatz* (auch *Amtsermittlungsgrundsatz* genannt), geregelt in § 20 SGB X.

Wenn hinreichende Gründe vorliegen, ist die Behörde berechtigt und verpflichtet, neben den vom Antragsteller beigebrachten Unterlagen weitere Informationen selbst zu beschaffen – sei es zugunsten des potentiellen Leistungsempfängers, sei es zu dessen Nachteil. Welche Maßnahmen zu ergreifen sind liegt im pflichtgemäßen Ermessen der Behörde. Dienlich können sein die Vernehmung von Zeugen (Aussagepflicht nur Ausnahmsweise, siehe unten), Sachverständigengutachten (z. B. über den Grad der Erwerbsminderung), die Beiziehung von Urkunden oder Akten (unter Beachtung des Datenschutzes) oder der persönliche Augenschein von Räumlichkeiten (Eignung einer Wohnung für eine behinderte Person). Die Kosten hierfür trägt die Behörde, es sei denn, der Betroffene hat die Maßnahmen verschuldet. Sozialleistungsbehörden haben damit eine wesentlich weitgehende Fürsorgepflicht als Unternehmen der freien Wirtschaft und Privatpersonen.

Im Rahmen der Ermittlungen können auch Auskünfte bei anderen Personen oder Behörden eingeholt werden. Hierbei sind allerdings Datenschutzbestimmungen streng zu beachten (ausführlich hierzu unten Seite 167 f, Seite 169 ff). Vorrangig müssen Informationen immer beim Betroffenen selbst eingeholt werden. Die Finanzbehörden sind nach § 21, Abs. 4, SGB X gegenüber den Sozialbehörden zur Auskunft verpflichtet. Nach § 315, Abs. 2 SGB III sind die Eltern eines Arbeitslosen verpflichtet, dem Arbeitsamt Auskunft über ihre Einkommensverhältnisse zu geben, wenn das Kind Arbeitslosenhilfe bezieht. Nach § 116, BSHG sind Unterhaltspflichtige und Arbeitgeber verpflichtet, dem Sozialamt Auskünfte über Einkommens- und Vermögensverhältnisse zu geben. Ähnliches gilt bei Leistungen der Kinder- und Jugendhilfe (§ 97a KJHG/SGBVIII). Das Amt für Ausbildungsförderung hat nach § 47 BAföG ebenfalls bestimmte Auskunftsrechte.

Die Ermittlungen haben allerdings auch Grenzen. So hat die Behörde grundsätzlich Angaben des Betroffenen Glauben zu schenken. Nur bei begründetem Zweifel darf die zuständige Behörde weitere Ermittlungen einleiten. So ist es nach der herrschenden Meinung unzulässig, wenn ein Sozialamt bei Anträgen auf Hilfe zum Lebensunterhalt generell von den Antragstellern eine Ermächtigung verlangt, um deren Angaben über Vermögensverhältnisse bei der Bank des Betroffenen zu überprüfen (etwas anderes gilt bei begründeten Zweifeln im Einzelfall).

## Mitwirkungspflichten des Sozialleistungsberechtigten

Die notwendigen Untersuchungen, um feststellen, ob eine bestimmte Maßnahme zu ergreifen ist (z. B. Leistungsbewilligung), werden von der zuständigen Behörde durchgeführt (hierzu zuvor). Dies ist Aufgabe der staatlichen Leistungsträger und nicht Pflicht der Bürger (§ 20 SGB X). Allerdings kann in vielen Fällen eine Aufklärung des Sachverhalts nur erfolgen, wenn der eine Leistung Begehrende Angaben zu seiner Person und seinen persönlichen Verhältnissen macht und entsprechende Unterlagen vorlegt. Eigene Ermittlungen der Behörde sind häufig mit erheblichem Aufwand verbunden, während der Betroffene mit wesentlich geringerem Aufwand für Klarheit sorgen kann. Aus diesem Grund ist der Leistungsberechtigte zur *Mitwirkung* bei der Feststellung von Leistungsansprüchen verpflichtet. Er muss ggf. Angaben machen, Unterlagen beschaffen und bereit sein, sich ärztlich untersuchen zu lassen. Diese Mitwirkungspflichten des Sozialleistungsberechtigten, die in allen Bereichen des Sozialleistungsbereichen von Bedeutung sind, ergeben sich aus §§ 60 bis 65 SGB I.

---

**Mitwirkungspflichten
des Sozialleistungsberechtigten (§§ 60–65 SGB I)**

Der Leistungsberechtigte ist verpflichtet:
1. alle für die Leistungen erheblichen Tatsachen anzugeben,
2. einer Auskunftserteilung durch Dritte (z. B. Arbeitgeber, Ärzte, Krankenhäuser, Sozialarbeiter) zuzustimmen,
3. Änderungen in den Verhältnissen, die für die Leistungen erheblich sind, unaufgefordert mitzuteilen (z. B. Einkommensänderungen),
4. vorhandene Beweismittel zu benennen,
5. ärztliche und psychologische Untersuchungen zu dulden, soweit sie verhältnismäßig und zumutbar sind,
6. Heilbehandlungen einschließlich Operationen in einem bestimmten Umfang zu dulden,
7. sich an berufsfördernden Maßnahmen zu beteiligen,
8. vor der Leistungsbehörde persönlich zu erscheinen, wenn Aufklärung in anderer Weise nicht möglich ist.

---

Darüber hinaus gibt es weitere spezielle Verpflichtungen in den einzelnen Sozialleistungsbereichen, aber auch Nebenpflichten und Selbsthilfeobliegenheiten, die sich aus dem Zusammenhang der jeweiligen Leistung ergeben.

## Das sozialrechtliche Verwaltungsverfahren

**Orientierung am Einzelfall**

Der Umfang der Mitwirkungspflicht ergibt sich immer aus den Umständen des Einzelfalls. Sie muss in einem angemessenen Verhältnis zur beanspruchten Sozialleistung stehen (§ 65 SGB I) und entbindet die Leistungsbehörde nicht von ihrer eigenständigen Ermittlungspflicht. Außerdem muss die Mitwirkung dem Betroffenen zumutbar sein (§ 65 SGBI). Wer von einer Behörde zur Mitwirkung aufgefordert wird, hat Anspruch auf Erstattung der notwendigen Auslagen (§ 65a SGB I). Ausgenommen hiervon sind (bis auf besondere Härtefälle) Kosten, die durch ein persönliches Erscheinen bei der Behörde entstehen.

Untersuchungspflichten der Leistungsbehörde und Mitwirkungspflichten des Leistungsberechtigten ergänzen sich gegenseitig. Im Einzelfall kann es schwierig sein, die Grenzen der Mitwirkungspflichten und den Umfang der Amtsermittlung zu bestimmen. Bei Einzelfragen ist als Leitgedanke heranzuziehen, dass das Verhältnis zwischen Leistungsträger und Leistungsberechtigtem von einem *Vertrauensverhältnis* geprägt sein soll, in dem beide Seiten das ihnen Zumutbare tun müssen, um einander vor vermeidbarem Schaden zu bewahren.

**Beispiele:** Grundsätzlich ist der Bedürftige verpflichtet, beim Sozialamt persönlich vorzusprechen (§ 61 SGB I). Aber nicht nur gesundheitliche, sondern auch andere Gründe, wie die ständige Betreuung eines Angehörigen, können dagegen sprechen (§ 65 Abs. 1 Nr. 2 SGB I). Zu den Mitwirkungspflichten gehört auch, Angaben zu machen oder Maßnahmen zu dulden, die letztlich zu einer Verweigerung der Leistung führen. So wird von einer berufsunfähigen Person erwartet, dass sie an einer Rehabilitationsmaßnahme teilnimmt, damit die Erwerbsfähigkeit wieder hergestellt werden kann und der Rentenversicherung Rentenzahlungen wegen Erwerbsunfähigkeit erspart bleiben. Ist allerdings eine Operation notwendig, die mit erheblichen Risiken für den Betroffenen verbunden ist, erhebliche Schmerzen erwarten lässt oder deren Erfolgsaussichten ungewiss sind, so kann dies bedeuten, dass eine entsprechende Maßnahme dem Betroffenen nicht zuzumuten ist. Bei der Abwägung der Verhältnismäßigkeit ist immer auch die subjektive Einstellung des Betroffenen zu berücksichtigen (z. B. der Weltanschauung oder Lebensführung). Ebenso spielt eine Rolle, in welchem Umfang unzureichende Mitwirkung öffentliche Kassen belastet. So spielt bei Maßnahmen zur Vermeidung von Berufsunfähigkeit stets eine Rolle, wann der Berufsunfähige ohnehin wegen Erreichen der Altersgrenze aus dem Berufsleben ausscheiden würde.

Abgesehen von extremen Ausnahmefällen ist es für die Mutter eines nichtehelichen Kindes zumutbar, dem Sozialhilfeträger den Namen des Vaters zu nennen, damit gegen ihn Unterhaltsansprüche für das Kind durchgesetzt werden können. Problematisch ist aber die Frage, ob eine Verweigerung entsprechender Mitwirkung es rechtfertigt, dem Kind Sozialhilfe zu verweigern, da hierdurch die Lebensbedingungen eines Menschen gefährdet würden, der diese Situation nicht zu verantworten hat.

**Folgen fehlender Mitwirkung**

Der Leistungsberechtigte kann zwar nicht zur Mitwirkung gezwungen werden. In § 65 SGB I ist aber ausdrücklich vorgesehen, dass eine schuldhafte Verweigerung der Mitwirkung eine *Leistungskürzung* zur Folge haben kann. Voraussetzung für eine vollständige oder teilweise Versagung bzw. Entziehung von Leistungen ist immer, dass der Betroffene auf diese Folge der Verweigerung seiner Mitwirkung schriftlich hingewiesen worden ist und ihm eine angemessene Frist für die Erfüllung seiner Pflichten gesetzt wurde (§ 66 Abs. 3 SGB I). Außerdem muss die Erfüllung dieser Pflicht für die Klärung des Sachverhalts unverzichtbar sein. Die Versagung der Leistung ist eine Ermessensentscheidung („kann ... versagen"), die in Streitfällen ggf. gerichtlich überprüft wird. Bei Nachholung der Mitwirkung ist grundsätzlich eine Nachgewährung möglich.

Zur Vermeidung von *Sozialleistungsmissbrauch*, zur Feststellung des tatsächlichen Bedarfs, zur Beratung des Hilfsbedürftigen oder auch um mehrere Familienmitglieder gleichzeitig zu erreichen, werden solche *Hausbesuche* häufig praktiziert. Selbstverständlich kann dies sinnvoll sein, um ein persönliches Verhältnis zwischen Sozialarbeiter und Klienten aufzubauen. Rechtlich unbedenklich ist dies nur, wenn der Betroffene damit einverstanden ist (Art. 13 GG). Häufig erklären sich Betroffene auch nur deshalb damit einverstanden, weil sie anderenfalls Leistungskürzungen befürchten. Wegen des besonderen Abhängigkeitsverhältnisses sind diese Maßnahmen brisant. Nach der herrschenden Meinung darf ein solcher Besuch nicht routinemäßig zur Voraussetzung für die Gewährung von Sozialhilfeleistungen gemacht werden. Denn für die Prüfung eines Leistungsanspruchs ist ein solcher Besuch nur notwendig, wenn besondere Umstände dies rechtfertigen. Ansonsten darf die Weigerung, den Mitarbeiter des Sozialleistungsträgers in die Wohnung zu lassen, keine Einschränkungen der Leistungen zur Folge haben.

**Pflichten nicht unmittelbar beteiligter Personen**

Die Mitwirkungspflichten richten sich grundsätzlich an den Leistungsberechtigten. Zur Feststellung, ob ein Anspruch auf Sozialleistungen besteht, kommt es häufig aber auch auf Informationen an, die nur *andere Personen* beschaffen können. Ein Anspruch auf Hilfe zum Lebensunterhalt besteht z. B. nur, wenn Ehepartner und in gerader Line Verwandte des Bedürftigen für dessen Lebensunterhalt nicht aufkommen können (§§ 2, 11, BSHG, § 1601 BGB). Das Sozialamt ist deshalb darauf angewiesen, von diesen Personen entsprechende Auskünfte zu erhalten. Ebenso versuchen Sozialämter durch die Befragung von Nachbarn zu ermitteln, ob Bedürftige in einer *eheähnlichen Lebensgemeinschaft* leben, weil dies nach § 122 BSHG Unterhaltspflichten des Lebenspartners begründet. Arbeitsämter sind daran interessiert, von Geschäftspartnern eines Arbeitslosen zu erfahren, ob und wann sie ihm Aufträge erteilt haben. § 21 Abs. 3 SGB X regelt, dass nicht unmittelbar Beteiligte ausnahmsweise verpflichtet sind, Auskünfte zu erteilen, *soweit* dies gesetzliche Regelungen vorschreiben oder eine Aufklärung in anderer Weise nicht möglich ist. Fehlende Kooperationsbereitschaft dieser Personen kann in keinem Fall zu einer Kürzung oder Verweigerung der Sozialleistung führen, da dieses Verhalten dem Leistungsberechtigten nicht zuzurechnen ist. In extremen Fällen können Zeugenaussagen aber durch die Gerichte mit Zwangsgeld oder Beugehaft erzwungen werden (§ 22 SGB X). Stets ist allerdings der Grundsatz der *Verhältnismäßigkeit* zu beachten. Dabei spielen neben dem Umfang der begehrten Sozialleistungen auch die sozialen Beziehungen der Bedürftigen zu Freunden, Nachbarn u.s.w. eine Rolle und sind grundsätzlich schutzwürdig. Nahe Verwandte haben (soweit § 116 BSHG nicht greift) ein Zeugnisverweigerungsrecht. Mitarbeiter sozialer Dienste unterliegen bezogen auf ihre Klienten der Schweigepflicht und dürfen deshalb abgesehen von klar geregelten Ausnahmen *anderen Behörden* gegenüber keine Angaben machen (vgl. hierzu ausführlich unten Seite 169 ff, 175 f, 177 f).

## 2. Rechtsschutzmöglichkeiten

Rechtsschutz im juristischen Sinne bedeutet, dass durch *spezielle Verfahren* die Realisierung von Rechtspositionen sichergestellt wird. Bereits oben wurde auf die Verpflichtung der öffentlichen Verwaltung eingegangen, von sich aus dem Bürger zu seinen Rechten zu verhelfen (oben Seite 72 ff, 88 f und Seite 143), und auf die Bedeutung behördeninterner Kontrolle einschließlich der Aufsicht übergeordneter Behörden hingewiesen (vgl. oben Seite 118 f). Im Folgenden geht es darum, was der betroffene *Bürger tun kann*, wenn sich eine Behörde oder eine Rechtsperson des Privatrechts ihm gegenüber *rechtswidrig* verhält.

Die Rechtsordnung setzt in aller Regel voraus, dass der Betroffene aktiv wird, um einen rechtswidrigen Zustand zu beseitigen. Die stillschweigende Hinnahme rechtswidrigen Verhaltens verhindert eine Beseitigung des einmal eingetretenen Unrechts nicht (hierzu bereits oben Seite 19 f und unten Seite 156 ff). Zu unterscheiden ist zwischen *formlosen* Rechtsbehelfen und *förmlichen* Rechtsbehelfen.

### Formlose Rechtsbehelfe

Jedermann und jede Organisation hat die Möglichkeit, auf bestehendes Unrecht hinzuweisen. Hierbei ist man jedoch auf Einsicht des Ansprechpartners angewiesen und vertraut darauf, dass das Gegenüber letztlich in eigener Verantwortung Abhilfe schafft. Dieser Weg kann erfolgversprechend sein und ist häufig als erster Schritt ratsam. Durch solche *Aufforderungen, Beschwerden* und *Erinnerungen* wird aber kein förmliches Verfahren in Gang gesetzt, welches den Weg zu einer unabhängigen Kontrolle durch die Gerichte eröffnen würde. Im öffentlichen Recht wird unterschieden zwischen *Gegenvorstellung, Fachaufsichtsbeschwerde* und *Dienstaufsichtsbeschwerde*.

Mit einer „Gegenvorstellung" wendet sich der Bürger unmittelbar an die handelnde Behörde mit der Aufforderung, eine beanstandete Maßnahme zu überprüfen und ggf. zu ändern oder aufzuheben. Eine „Fachaufsichtsbeschwerde" richtet sich mit dem gleichen Ziel an die nächst höhere Fachbehörde. Eine „Dienstaufsichtsbeschwerde" richtet sich hingegen nicht in erster Linie gegen eine Sachentscheidung, sondern gegen einen Verwaltungsmitarbeiter persönlich. Sie hat zum Ziel, dass der Bedienstete angewiesen wird, sich ordnungsgemäß zu verhalten und möglicherweise dienstrechtliche Sanktionen verhängt werden.

Kennzeichen dieser „*formlosen Rechtsbehelfe*" ist, dass sie ohne Beachtung bestimmter Formalien und ohne Bindung an bestimmte Fristen *jederzeit* und von *jedermann* geltend gemacht werden können. Die zuständige Behörde hat über die Eingabe nach pflichtgemäßen Ermessen zu entscheiden. Auch sie ist also weitgehend frei, wie sie mit der Beschwerde umgeht. Nach der Rechtsprechung des Bundesverfassungsgerichts hat die Behörde allerdings über die Art der Erledigung den

Bürger innerhalb einer angemessenen Frist schriftlich zu bescheiden. Die Nachteile des formlosen Rechtsbehelfs bestehen darin, dass die jeweilige Behörde oft wenig geneigt ist, das eigene Verhalten oder das eines Mitarbeiters nach außen offenkundig in Misskredit zu bringen. Unter Insidern ist daher die Redewendung formlose Rechtsbehelfe seien „formlos, fristlos, fruchtlos" ein geflügeltes Wort. In Einzelfällen, etwa wenn das Verhalten eines bestimmten Bediensteten immer wieder zu Beanstandungen führt, oder im Hinblick auf eine langfristige Änderung des Verwaltungshandelns kann es aber durchaus sinnvoll sein, diese Rechtsbehelfe zu nutzen.

## Petitionen, Bürgerbegehren, Volksentscheid

Darüber hinaus kann der Bürger sich auch in jeder beliebiger Angelegenheit und in jeder Form an die Volksvertretung, also die *politischen Gremien*, wenden. Hierfür gibt es auf allen Ebenen Bundestag, Landtag, Kreistag, Gemeinderat spezielle Obmänner bzw. Ausschüsse. Der Bürger muss nicht geltend machen können, in seinen subjektiven Rechten verletzt zu sein. Bei *Petitionen* an die Volksvertretung kann davon ausgegangen werden, dass eine unabhängige und sachliche Prüfung der Angelegenheit erfolgt. Außerdem wird der Bürger häufig durch Rat, Auskunft oder Zusendung von Informationsmaterial unterstützt. Auch Petitionen sind aber keine Rechtsmittel im eigentlichen Sinn. Denn im Unterschied zu den Gerichten fehlt es bei der Volksvertretung an der Befugnis, rechtsverbindliche Regelungen aufzuheben oder zu korrigieren (*Gewaltenteilung*). Sie kann an den jeweiligen Entscheidungsträger Appelle und Anregungen richten oder aber für *zukünftige* Fälle auf eine Gesetzesänderung – entsprechende Parlamentsmehrheiten vorausgesetzt – hinwirken.

In den Landesverfassungen der Bundesländer findet man Regelungen über *Bürgerbegehren, Bürgerentscheid* und *Bürgerantrag*. Hierbei handelt es sich um Bestimmungen, die es der Bevölkerung unter genau geregelten Voraussetzungen ermöglichen, einzelne Sachfragen an Stelle des Parlaments zu entscheiden bzw. gegenüber dem Parlament zur Sprache zu bringen. Dies ist in der *repräsentativen Demokratie* die Ausnahme, da sich die Mitsprachemöglichkeiten des Bürgers grundsätzlich auf die Wahl der Volksvertreter beschränken. Von diesen Möglichkeiten wird in Deutschland wenig Gebrauch gemacht, soweit die politischen Parteien eine Mittlerfunktion zwischen Volkswillen und Gesetzgebung übernehmen.

Die Möglichkeiten der Bürgerbeteiligung an der Gesetzgebung sind in den Bundesländern unterschiedlich geregelt. Teilweise besteht die Möglichkeit auch auf kommunaler Ebene. Hierbei geht es aber immer um die Schaffung allgemeiner Regelungen für die Zukunft, nicht aber um die Korrektur von bereits getroffenen Einzelentscheidungen.

## Förmliche Rechtsbehelfe

In einem förmlichen Verfahren müssen bestimmte Formvorschriften, insbesondere Fristen, beachtet werden. Häufig sind mit diesen Verfahren für den Fall des Unterliegens auch Kosten verbunden. Im Unterschied zu den nicht förmlichen Rechtsbehelfen ist eine unabhängige Überprüfung durch formale Vorgaben sichergestellt. Im öffentlichen Recht spielt als Vorstufe zum *gerichtlichen Verfahren* das *Widerspruchsverfahren* eine große Rolle. Die Förmlichkeit kommt bereits darin zum Ausdruck, dass es nicht im Belieben des Betroffenen steht, welchen Weg er zur Rechtskontrolle beschreitet, sondern regelmäßig gibt es nur *genau einen* zulässigen Rechtsweg.

## 3. Widerspruch

Fühlt man sich durch eine Handlungsweise der öffentlichen Verwaltung in unrechtmäßiger Weise betroffen, kann man hiergegen *Widerspruch* einlegen. Voraussetzung ist, dass man in seinen persönlichen Rechten verletzt ist (keine Popularklage, vgl. oben Seite 20) und die Behörde in der Form eines Verwaltungsaktes (hierzu oben Seite Seite 81 ff) gehandelt hat. Der „Widerspruch" ist dann das einzig zulässige Rechtsmittel (neben den nicht förmlichen Rechtsbehelfen). Der Zugang zu den Gerichten ist erst eröffnet, *nachdem* das Widerspruchsverfahren erfolglos durchgeführt wurde. Nur in Ausnahmefällen, wenn die Behörde *nicht* durch *Verwaltungsakt* gehandelt hat (z. B. zum Nachteil des Bürgers untätig blieb), kann ohne Widerspruchsverfahren Klage vor dem zuständigen Gericht erhoben werden.[14]

### Rechtsbehelfsbelehrung
Bereits in dem regelnden Bescheid der Behörde (*Verwaltungsakt*) hat diese, wenn er schriftlich erfolgte, auf die Möglichkeit des Widerspruchs hinzuweisen und anzugeben, wo und innerhalb welcher Frist Widerspruch gegen den Verwaltungsakt eingelegt werden kann (*Rechtsbehelfsbelehrung*, hierzu bereits oben Seite 86 f). Der Widerspruch ist grundsätzlich innerhalb eines Monats nach Zustellung des Bescheids zulässig (*Ausschlussfrist*, vgl. oben Seite 81 f). Für den Fall, dass der Empfänger nicht auf die Möglichkeit des Widerspruchs hingewiesen wurde, z. B. bei einer mündlichen Reglung, oder falls die Belehrung vergessen wurde, verlängert sich die Frist auf ein Jahr. Einzulegen ist der Widerspruch (abgesehen von Ausnahmen) bei der Behörde, die den Verwaltungsakt erlassen hat. Mit der Einlegung des Widerspruchs wird ein *Verwaltungsverfahren* eröffnet (vgl. oben Seite 145 ff). Neben den Vorschriften des SGB X befinden sich spezielle Regelungen über das *Widerspruchsverfahren* in den §§ 68 ff Verwaltungsgerichtsordnung (VwGO) und §§ 68 ff Sozialgerichtsgesetz (SGG).

### Bedeutung des Widerspruchsverfahrens
Geht ein Widerspruch ein, muss die Behörde, die die Maßnahme getroffen hat, die Angelegenheit unverzüglich erneut prüfen. Sie kann dem Widerspruch abhelfen, indem sie den angefochtenen Verwaltungsakt zurücknimmt und ggf. einen neuen erlässt. Für den Fall, dass sie auch nach der internen Überprüfung die getroffene Maßnahme für recht- und zweckmäßig hält, muss sie den Widerspruch an die *Widerspruchsbehörde* weiterleiten. Dies ist in aller Regel die nächst höhere Behörde

---

[14] Es gibt weitere Ausnahmen hinsichtlich der Zulässigkeit einer Klage auch ohne vorausgehendes Widerspruchsverfahren, die aber für die Soziale Arbeit ohne größere Bedeutung sind (vgl. § 68 Verwaltungsgerichtsordnung und § 78 Sozialgerichtsgesetz).

# Rechtsverwirklichung

(meist die *Fachaufsichtsbehörde*). Diese übergeordnete Verwaltungsbehörde überprüft nun das Verhalten der unteren Verwaltungsbehörde. Sie muss je nach dem Ergebnis ihrer Prüfung dem Widerspruch *abhelfen* (die umstrittene Regelung aufheben) oder aber einen *ablehnenden Widerspruchsbescheid* erlassen. Eine Ablehnung ist stets schriftlich zu begründen. Für den Fall, dass der Widerspruch sich gegen die Regelung einer oberste Bundes-, Landes- oder Kommunalbehörde richtet, entscheidet diese Behörde hierüber abschließend selbst, weil es dann im behördenrechtlichen Sinn keine übergeordnete Behörde gibt (vgl. oben Seite 126).

Liegt ein ablehnender Widerspruchsbescheid vor, kann der Betroffene hiergegen im Klagewege vorgehen. Zuständig sind die Verwaltungs- oder Sozialgerichte (hierzu unten). Über die Möglichkeit einer Klage, die Frist (in der Regel ein Monat nach Zugang des Widerspruchsbescheids) und das zuständige Gericht hat die den Widerspruchsbescheid erlassende Behörde den Betroffenen zu belehren. Es gelten ganz ähnliche Grundsätze der Rechtsbehelfsbelehrung wie sonst beim Erlass von Verwaltungsakten.

Das Widerspruchsverfahren hat eine ganz eigene Struktur: Es führt zu einer außergerichtlichen Selbstkontrolle der Verwaltung. Es hat eine die Gerichte entlastende, streitschlichtende Funktion und ist als *Vorverfahren* Voraussetzung für ein gerichtliches Verfahren. Außerdem bewirkt es nach Verstreichen der kurzen Widerspruchsfrist eine verbindliche Rechtslage für alle Beteiligten. Ein vergleichbares Instrument gibt es im Zivilrecht nicht.

## Aufschiebende Wirkung

Solange das Widerspruchsverfahren bzw. das anschließende Klageverfahren läuft, wird der von der Behörde erlassene Verwaltungsakt *nicht rechtskräftig*. Außerdem hat der Widerspruch *aufschiebende Wirkung*, wenn hierdurch in die Rechtsposition eines Bürgers eingegriffen wird (belastende Verwaltungsakte). Das heißt, solange geprüft wird, ob das Rechtsmittel Erfolg hat, entfaltet der Verwaltungsakt, gegen den sich der Bürger wehrt, keine Wirkung (*Suspensiveffekt*, vgl. § 80 Abs. 1 VwGO, § 86a SGG). Das bedeutet z. B., dass Rückerstattungsforderungen und der Entzug einer Pflegeerlaubnis bis zur Entscheidung über einen Widerspruch nicht durchgesetzt werden. Dadurch soll verhindert werden, dass die Behörde ihrer Machtstellung, auch ohne Einverständnis des Betroffenen sofort wirksame Regelungen treffen zu können, zu Lasten des Bürgers ausnutzt (zur unmittelbaren Wirkung eines Verwaltungsaktes vgl. oben Seite 83).

Hiervon gibt es aber bedeutsame *Ausnahmen*. So hat der Widerspruch gegen Beitragsforderungen der Sozialversicherungen nach § 86a Abs. 2 Nr. 1 SGG keine aufschiebende Wirkung. Dasselbe gilt für die Herabsetzung oder den Entzug von Leistungen der Sozialversicherungen. Auch Widersprüche gegen öffentliche Abgaben (z. B. Steuern) und Kosten haben ebenso keine aufschiebende Wirkung wie Maßnahmen des Polizeivollzugsdienstes (vgl. § 80 VwGO). Außerdem gibt es weitere Ausnahmen in speziellen Gesetzen. So hat der Widerspruch eines Ausländers gegen die Ablehnung seines Antrag auf Aufenthaltserlaubnis keine aufschiebende Wirkung (§ 72 Ausländergesetz). Im Übrigen, insbesondere bezogen auf Angelegenheiten der Sozial- und Jugendhilfe, hat der Widerspruch grundsätzlich aufschiebende Wirkung, was durch die besondere Bedeutung der Existenzsicherung gerechtfertigt ist.

Die Widerspruchsbehörde bzw. das Gericht können in Einzelfällen auch darüber hinaus die aufschiebende Wirkung aufheben (Anordnung des sofortigen Vollzugs), wenn dies im öffentlichen Interesse geboten ist. Andererseits können sie aber auch über die gesetzlichen Regelungen hinaus den Vollzug aufschieben, wenn nur dadurch eine unbillige Härte vermieden werden kann (vgl. § 80 Abs. 4–7 VwGO, § 86a Abs. 3 SGG).

In der Praxis der Kinder- und Jugendhilfe, vor allem aber der Sozialhilfe, gibt es immer wieder Auseinandersetzungen darüber, wann ein Bescheid in eine *bestehende* Rechtsposition eingreift. Nach einer Entscheidung des Bundesverwaltungsgerichts ist die Versagung einer Weitergewährung von Jugendhilfeleistungen lediglich eine Nichtbewilligung für die Zukunft. Der Widerspruch hiergegen führt nach dieser Auffassung nicht zu einer vorläufigen Weitergewährung der Leistung. Ebenso herrscht Streit darüber, wann ein negativer Sozialhilfebescheid lediglich die Versagung einer Neugewährung ist und wann hierdurch eine frühere Zusage aufgehoben wird. Nach der überwiegend vertretenen Auffassung muss Hilfe zum Lebensunterhalt ständig den sich wandelnden Verhältnissen angepasst werden, weshalb von einer Bewilligung keine Dauerwirkung ausgeht. Jedenfalls bei Abkürzung eines Bewilligungszeitraums (insbesondere bei Hilfe in besonderen Lebenslagen) führt aber der Widerspruch zu einem Anspruch auf vorläufige Weitergewährung der Leistung.

In all den Fällen, in denen der Widerspruch nicht bewirkt, dass für die Dauer des Verfahrens die Interessen des Betroffenen hinreichend gewahrt sind, kann ein Antrag auf einstweilige Rechtsschutz weiterhelfen (hierzu unten Seite 153 ff). Zu den Kosten des Widerspruchsverfahren vgl. unten Seite 154 ff.

## 4. Gerichtsverfahren

### Zuständigkeiten

Grundsätzlich hat *jeder* Zugang zu den Gerichten, um ihn betreffende streitige Rechtsfragen klären und seine rechtmäßigen Interessen durchsetzen zu können. Im Rechtsstaat darf es keinen rechtlich relevanten Sachverhalt geben, für den nicht im Streitfall ein Gericht zuständig wäre. Eine wichtige Funktion der Rechtsprechung durch die Gerichte liegt auch darin, dass hierdurch Streitigkeiten *endgültig* entschieden werden. Denn nach der Beendigung eines gerichtlichen Verfahrens (und sei es nach mehreren Instanzen) kann in der gleichen Angelegenheit nicht erneut der Gerichtsweg beschritten werden. Die Wiederaufnahme eines abgeschlossenen Verfahrens kommt in sehr engen Grenzen nur im Strafrecht in Betracht.

Es gibt eine ganze Reihe recht unterschiedlicher *Gerichtszweige* (vgl. Art. 95 GG). Man unterscheidet zwischen dem *Bundesverfassungsgericht*, den *Zivilgerichten*, den *Strafgerichten*, den *Arbeitsgerichten*, den *Verwaltungsgerichten*, den *Sozialgerichten* und den *Finanzgerichten*. Die Zivil- und Strafgerichte werden auch (etwas missverständlich) als „ordentliche Gerichtsbarkeit" bezeichnet. Die Zivilgerichte haben als weitgehend selbständige Abteilungen *Familiengerichte* und *Vormundschaftsgerichte*. Die Sozialgerichte sind in der Sache besondere (eigenständig organisierte) Verwaltungsgerichte. Für jeden dieser Gerichtszweige (außer dem Bundesverfassungsgericht) gibt es mehrere (meist drei) Instanzen. Bei den Zivilgerichten sind dies z. B. Amtsgericht, Landgericht, Oberlandesgericht und Bundesgerichtshof. Der Gerichtsaufbau in den einzelnen Gerichtszweigen ist weder einheitlich noch ist das System insgesamt ohne weiteres überschaubar.

Die *sachliche Zuständigkeit* eines der Gerichte ergibt sich aus dem Gegenstand des Rechtsstreits. Es steht also nicht etwa im Belieben des Klägers oder der streitenden Parteien, an welches Gericht sie sich wenden, sondern die Zuständigkeit wird durch das angerufene Gericht festgestellt und die Klage bei Unzuständigkeit als unzulässig abgewiesen oder – meist verbunden mit erheblicher Zeitverzögerung – an das zuständige Gericht weitergeleitet. Innerhalb der Gerichte gibt es Geschäftsverteilungspläne, die regeln, welcher/welche Richter sich mit einer Angelegenheit zu befassen haben.

Neben dieser *sachlichen Zuständigkeit* muss auch die *örtliche Zuständigkeit* gegeben sein. Das heißt der Rechtsstreit muss in die geografische Zuständigkeit des Gerichts fallen. Dies kann bereits zu Schwierigkeiten führen, wenn Kläger und Beklagter an unterschiedlichen Orten wohnen. In Verwaltungsverfahren ist das Gericht zuständig, in dessen Bezirk die Behörde ihren Sitz hat, gegen die sich das Verfahren richtet; während es im Sozialgerichtsverfahren auf den Wohnsitz des Bürgers ankommt. In Zivil- und Strafsachen ist grundsätzlich das Gericht am Wohnsitz des Beklagten zuständig. Von diesen Zuständigkeiten gibt es aber wichtige Ausnahmen: etwa bei Straßenverkehrsunfällen kommt es auf den Unfallort an, bei Arbeitsrechtsstreitigkeiten auf den Sitz des Unternehmens. Da diese Zuständigkeitsfragen schwierig zu durchschauen, gleichzeitig aber von erheblicher Bedeutung sind, ist ein Vorteil, dass in öffentlich-rechtlichen Angelegenheiten die Behörden bei schriftlichen Verwaltungsakten stets angeben müssen, welcher Rechtsweg zulässig ist und im Übrigen auf Anfrage hierüber auskunftspflichtig sind. In allen übrigen Angelegenheiten muss man sich bezogen auf den Einzelfall hierüber bei Experten kundig machen.

Für die Soziale Arbeit können Entscheidungen der Zivilgerichte (z. B. Unterhaltspflichten, elterliche Sorge, Schadenersatz) ebenso von Belang sein wie Entscheidungen der Verwaltungs- (z. B. Sozialhilfe, Jugendhilfe) und Sozialgerichte (z. B. Sozialversicherungen). Aber auch die Strafgerichte spielen eine Rolle (z. B. Jugendgerichtshilfe, eigene Strafverfahren) und in Ausnahmefällen sind auch Entscheidungen des Bundesverfassungsgerichts (vor allem bei Grundrechtsverletzungen) von Bedeutung. Zunehmende Bedeutung hat auch die Rechtsprechung des Europäischen Gerichtshofs (Sitz in Luxemburg) erhalten (hierzu oben Seite 117). Die gerichtlichen Verfahren weisen erhebliche Unterschiede auf, weil unterschiedliche Prozessordnungen und Kostenregelungen gelten.

## Rechtsweg und Gerichtsorganisation in Deutschland

|  | Strafgerichte Zivilgerichte<br>Ordentliche Gerichtsbarkeit jeweils getrennte Abteilungen: | Arbeitsgerichte | Verwaltungsgerichte | Sozialgerichte | Finanzgerichte |
|---|---|---|---|---|---|
| 1. Instanz | Amtsgericht | Arbeitsgericht | Verwaltungsgericht | Sozialgericht | Finanzgericht |
| 2. Instanz | Landgericht | Landesarbeitsgericht | Oberverwaltungsgericht/ Verwaltungsgerichtshof | Landessozialgericht | Bundesfinanzhof |
| 3. Instanz | Oberlandesgericht | Bundesarbeitsgericht | Bundesverwaltungsgericht | Bundessozialgericht |  |
|  | Bundesgerichtshof |  |  |  |  |

- Die Verfassungsgerichtsbarkeit wurde in der Darstellung nicht berücksichtigt.
- Abteilungen der Zivilgerichte sind die Familien- und Vormundschafts-, Nachlass-, Konkurs- und Vollstreckungsgerichte.
- Bei den Landgerichten gibt es spezielle Kammern für Handelssachen.
- In Zivil- und Strafsachen ist in bestimmten Angelegenheiten das Landgericht die 1. Instanz.
- Das Amtsgericht ist auch zuständig für Zwangsvollstreckungen und dort befindet sich das Vereinsregister.
- Die Gerichte sind unterschiedlich mit 1 bis 5 Richtern besetzt. Mit Ausnahme der Zivilgerichte sind in allen anderen Gerichtszweigen auch ehrenamtliche Laienrichter (Schöffen) beteiligt.

## Einstweiliger Rechtsschutz (Eilverfahren)

Verfahren vor den Gerichten dauern meist mehrere Jahre. Häufig sind die Betroffenen aber auf eine schnelle Entscheidung angewiesen (z. B. Maßnahmen der Jugendhilfe, Anspruch auf Rente, Leistungen auf Sozialhilfe). Manchmal verliert das Begehren durch Zeitablauf seine Bedeutung vollständig. Viele Menschen schrecken wegen der langen Verfahrensdauer davor zurück, ihre Rechte gerichtlich durchzusetzen. Deshalb ist es wichtig, über die Möglichkeiten einer Beschleunigung Bescheid zu wissen.

Der Bürger hat nicht nur einen Anspruch auf unabhängige Klärung durch ein Gericht, sondern auch auf einen *effektiven Rechtsschutz*. Zu diesem Zweck kann er (ggf. auch eine Behörde, z. B. das Jugendamt) eine *vorläufige* gerichtliche Entscheidung in einem Eilverfahren erwirken. Voraussetzung ist, dass längeres Warten auf eine Entscheidung im Interesse des Betroffenen nicht zuzumuten ist. Bei allen Gerichten gibt es für diese Aufgaben Bereitschaftsdienste – auch an Wochenenden und Feiertagen –, sodass Entscheidungen in wenigen Tagen oder auch wenigen Stunden möglich sind. Für die Jugendhilfe ist ausdrücklich geregelt, dass freiheitsentziehende Maßnahmen zum Schutz eines Kindes unverzüglich, spätestens innerhalb von 48 Stunden, gerichtlich überprüft werden müssen (§ 42 Abs. 3 KJHG/SGB VIII).

Der Betroffene muss bei dem für den jeweiligen Rechtsstreit auch sonst zuständigen Gericht einen entsprechenden Antrag stellen (vgl. z. B. § 123 VwGO, § 86b Abs. 2 SGG). Aufgrund der Eilbedürftigkeit gelten in diesem Verfahren wesentlich vereinfachte Regeln. So muss der Antragsteller die Dringlichkeit einer einstweiligen Regelung (*Anordnungsanspruch*) nicht beweisen, sondern es reicht eine *Glaubhaftmachung* (eidesstattliche Versicherung, Indizien, Vorlage von Urkunden). Ebenso prüft das Gericht nur in vereinfachter Weise, ob der Anspruch begründet ist (*Anordnungsgrund*). So können Fristen zu Stellungnahmen verkürzt und von der Überprüfung von Beweismitteln und einer mündlichen Anhörung der streitenden Parteien abgesehen werden.

## Kosten

### Allgemeine Grundsätze

Ein Gerichtsverfahren ist grundsätzlich mit einem Kostenrisiko verbunden. Dies kann vor allem für Personen, die nur über eingeschränkte finanzielle Mittel verfügen, dazu führen, dass sie „freiwillig" auf eine Rechtsdurchsetzung verzichten. In jedem Fall ist es sinnvoll, bevor man ein Rechtsmittel einlegt zu prüfen, welche Kosten damit verbunden sein können.

Generell wird unterschieden zwischen *eigenen Aufwendungen* (Kopierkosten, Anwaltskosten, Verdienstausfall, Fahrtkosten), *Gerichtskosten* und *Aufwendungen*, die bei *der Gegenseite* entstehen.

In Verfahren vor den Zivilgerichten gilt der Grundsatz, dass derjenige in vollem Umfang für die Kosten des Verfahrens aufzukommen hat, der in dem Rechtsstreit unterliegt. Bei einem teilweisen Unterliegen werden die Kosten entsprechend aufgeteilt (Quotenregelung, z. B. der Kläger trägt 2/3 der Beklagte 1/3 der Kosten des Verfahrens). Erstattungsfähig sind immer nur die *notwendigen* Kosten und Auslagen. Das heißt, wer mit unverhältnismäßig hohem Aufwand ein Verfahren betreibt, trägt auch dann einen Teil der Kosten, wenn er in dem Rechtsstreit obsiegt. Erstattungsfähig sind immer die Gerichtskosten, in der Regel auch Anwaltskosten und unter Umständen weitere Kosten und Auslagen, z. B. für Sachverständigengutachten. Die Höhe der Gerichts- und erstattungsfähigen Anwaltskosten ist in den meisten Fällen abhängig von dem Wert, um den gestritten wird (*Streitwert*), und ergibt sich aus den gesetzlichen Regelungen (*Gebührentabellen*). Die Verfahrenskosten sind im Zivilprozess relativ hoch und können bei einem Streit über mehrere Instanzen oder mit aufwendigen Gutachten ohne weiteres höher werden als der Streitwert. Lediglich in Verfahren nach dem Gesetz über die Feiwillige Gerichtsbarkeit (familien-, kindschafts- und betreuungsrechtliche Angelegenheiten) gelten günstigere Regelungen.

Die Kosten in öffentlich-rechtlichen Streitigkeiten sind generell deutlich niedriger. Das fängt damit an, dass die Gerichte wesentlich niedrigere Gebühren erheben. Anders als im Zivilprozess geht es nicht darum, dass die streitenden Parteien möglichst umfassend für die Verfahrenskosten selbst aufkommen sollen. Es gehört zu den Aufgaben des Rechtsstaats, gerichtliche Kontrolle von Verwaltungsmaßnahmen auch in finanzieller Hinsicht jedermann zu ermöglichen.

In öffentlich-rechtlichen Widerspruchsverfahren und Verfahren vor den Verwaltungsgerichten fallen grundsätzlich Gebühren und Kosten an. Sie werden im Widerspruchsbescheid bzw. im Gerichtsurteil festgesetzt und sind vom Betroffenen zu erstatten, soweit er im Rechtsstreit unterliegt. Für den gesamten Geltungsbereich des SGB X ist allerdings sowohl das Widerspruchsverfahren als auch das Klageverfahren generell *kostenfrei* (vgl. § 64 SGB X, § 188 VwGO). In Verfahren vor den Sozialgerichten wird lediglich von den Sozialversicherungen eine pauschale Gebühr (derzeit 150 €) erhoben (vgl. §§ 183 ff SGG). Zu klären ist allein, wer in welchem Umfang für die beim Bürger und der beklagten Behörde entstandenen Aufwendungen aufzukommen hat. Die dort entstehenden Kosten sind meist relativ gering, weil ein *Anwaltszwang* im verwaltungsgerichtlichen Verfahren nicht besteht. Die Behörden lassen sich meist von ihren Mitarbeitern vertreten. Aber auch die betroffenen Bürger verfolgen ihre Angelegenheiten oft selbst. Verliert der Bürger den Rechtsstreit, hat er lediglich bei Verfahren vor den Verwaltungsgerichten die bei der Gegenseite entstandenen Aufwendungen zu tragen. Gewinnt er das Verfahren, kann er die Erstattung seiner notwendigen Kosten verlangen (§ 154 VwGO).

Gebühren und Auslagen für einen Rechtsanwalt oder einen sonstigen Bevollmächtigten werden nur dann erstattet, wenn dessen Zuziehung notwendig war. Wann dies der Fall ist, ist nicht immer einfach zu beurteilen. Hierbei kommt es auf die Umstände des Einzelfalles an. Bei einer rechtsunkundigen Partei wird daher in aller Regel die Zuziehung eines Beistands angemessen sein (außer bei offensichtlichem Missbrauch).

## Beratungs- und Prozesskostenhilfe

Mit Beratungs- und Prozesskostenhilfe (früher *Armenrecht*) soll sichergestellt werden, dass eine Durchsetzung berechtigter Interessen nicht am Kostenrisiko scheitert. Diese Unterstützung wird sowohl zur Durchsetzung eigener Interessen als auch zur Abwehr ungerechtfertigter Forderungen gewährt. Prozess- und Beratungshilfe ist ausgeschlossen, wenn jemand in anderer Weise eine kostenlose Beratungsmöglichkeit hat (z. B. Rechtsschutzversicherung). Die anfallende Kosten werden von der Staatskasse übernommen.

Prozesskostenhilfe wird in allen gerichtlichen Verfahren (Zivil-, Verwaltungs-, Sozial- und Arbeitsgerichtsverfahren) gewährt. Prozesskostenhilfe kann – bei Vorliegen der entsprechenden Voraussetzungen – auch juristischen Personen (Verein, Stiftung usw.) gewährt werden. Ausländer und Deutsche haben insoweit gleiche Rechte. Voraussetzung ist stets, dass der Betroffene einen (formlosen) Antrag bei dem für den zu führenden Rechtsstreit zuständigen Gericht stellt. Das Gericht prüft daraufhin, ob für das Begehren des Antragstellers eine hinreichende Aussicht auf Erfolg besteht. Damit soll vermieden werden, dass völlig unsinnige und aussichtslose

Verfahren finanziert werden. Eine „hinreichende Aussicht auf Erfolg" führt zu einem *Anspruch* auf Prozesskostenhilfe (§§ 114, 119 ZPO).

Mit der Beratungshilfe wird ermöglicht, sich durch einen Rechtsanwalt *beraten* zu lassen. Dadurch kann der Bedürftige feststellen, ob seine Rechte überhaupt verletzt sind. Sie ist der Prozesskostenhilfe in der Regel vorgelagert. Gerade bezogen auf soziale Leistungen hat die Beratung entscheidende Bedeutung, weil die Klientel besonders häufig über ihre Rechte nicht hinreichend informiert ist. Neben den Verpflichtungen der Leistungsträger zu umfassender Beratung (hierzu unten) wird durch die Beratungshilfe ein Anspruch auf *behördenunabhängige* Rechtsberatung realisiert. Die Beratung erfolgt bis auf eine *einmalige Gebühr* von 10 € kostenfrei. Der rechtliche Beratung Suchende kann entweder einen Berechtigungsschein für Beratungshilfe bei dem Amtsgericht an seinem Wohnort beantragen und damit einen Rechtsanwalt seiner Wahl aufsuchen oder aber zuerst anwaltlichen Rat suchen und durch den Anwalt nachträglich einen entsprechenden Antrag stellen lassen. (Zur Rechtsberatung durch Sozialeinrichtungen vgl. unten Seite 159 ff.)

Die Art und der Umfang der Beratungs- und Prozesskostenhilfe sind abhängig von der Höhe des Einkommens und Vermögens. Personen, die über ein geringeres Netto-Einkommen (ohne Mietkosten und Heizung) als 360 € monatlich verfügen (Stand 2003), werden vollkommenen von den Kosten befreit. Für Verheiratete erhöht sich der Betrag um das Doppelte, für jede weitere Person, für die Unterhalt gezahlt wird, um 253 €. Vermögen ist nach den Grundsätzen der Sozialhilfe einzusetzen (vgl. § 88 BSHG). Personen mit höherem Einkommen können anteilig zu den Kosten herangezogen werden.

## 5. Unzulänglichkeiten bei der Rechtsverwirklichung

Bekanntlich ist „Recht haben" nicht unbedingt mit „Recht bekommen" verbunden. Rechtsanspruch und Rechtswirklichkeit können vielmehr weit auseinander klaffen. Im Folgenden werden typische Probleme der Rechtsdurchsetzung aufgezeigt. Dabei geht es nicht um die Änderung sozialer Leistungsangebote – dies ist ein Thema der Politik –, sondern um die Unzulänglichkeit der Rechtsstrukturen, *bestehende Rechtsansprüche* zu verwirklichen. Wenn man diese Unzulänglichkeiten kennt, können sie durch entsprechende Beratung bzw. Begleitung zumindest teilweise überwunden werden.

### Kostenrisiko

Ein Haupthindernis bei der Durchsetzung von berechtigten Leistungsansprüchen besteht nach wie vor in dem *Aufwand*, insbesondere den Kosten, der zur Rechtsdurchsetzung notwendig ist. Da der Ausgang eines Rechtsstreits meist nicht vollständig absehbar ist, verhindert dieses *Kostenrisiko* häufig, dass der Betroffene seinen Rechtsansprüchen nachgeht (vgl. oben Seite 154 f). Von diesem Grundsatz gibt es zwar gewisse Abweichungen, etwa wenn es um Ansprüche nach dem SGB geht, durch die Prozesskostenhilfe und die Möglichkeiten kostenloser Rechtsberatung. Die subjektiven Unsicherheiten hierüber und der unvermeidbare persönliche Aufwand führen aber dennoch dazu, dass auf die Durchsetzung von berechtigten Ansprüchen häufig verzichtet wird.

## Fehlende Eigeninitiative

Ein noch größeres Problem besteht gerade im sozialen Bereich darin, dass der Betroffene seine Rechte kennen und bereit und fähig sein muss, diese durchzusetzen. Viele Menschen, insbesondere in konkreten Not- bzw. Krisensituation, sind aber bereits körperlich oder geistig *nicht in der Lage*, selbst initiativ zu werden. Hinzu kommt, dass viele Rechtsverletzungen keineswegs offenkundig sind, sondern es eines außenstehenden Experten bedarf, um die Unzulänglichkeiten zu entdecken. Da aber, abgesehen von wenigen Ausnahmen, allein der in seinen Rechten Betroffene gegen solche Missstände vorgehen kann (klagebefugt ist der in seinen subjektiven Rechten Betroffene), bleibt Unrecht häufig unerkannt oder es wird nichts dagegen unternommen (vgl. oben Seite 19, Seite 52 f und Seite 156 ff).

## Vertrauen in die Verwaltung

Auch heute noch ist ein Vertrauen in die Rechtmäßigkeit staatlichen Handelns weit verbreitet. Dies führt dazu, dass Verwaltungshandeln – möglicherweise verbunden mit heftigem Protest unter Freunden – als unabänderlich hingenommen wird. In den allermeisten Fällen sind zwar Maßnahmen der öffentlichen Verwaltung und sozialer Einrichtungen auch berechtigt, aber eben nicht in allen.

Durch entsprechende Beratung allein (hierzu unten) lassen sich diese Defizite nicht vollständig lösen. Denn auch bei entsprechender Rechtskenntnis wird wohl kaum ein Obdachloser gegen das Sozialamt vorgehen, um eine wöchentliche Vorauszahlung der Hilfe zum Lebensunterhalt zu erhalten, oder eine alleinerziehende Mutter die Stadt verklagen, damit sie endlich eine qualifizierte Beratung in Erziehungsfragen erhält. In vielen Bereichen wird deshalb darüber diskutiert, wie gerade im sozialen Bereich kontrollierende Strukturen geschaffen oder verbessert werden können.

## Beispiel Verfahrenspflegschaft

Kinder werden bis zu ihrer Volljährigkeit in der Regel in vollem Umfang von den personensorgeberechtigten Eltern vertreten (vgl. oben Seite 54 ff). Längst nicht immer geschieht dies so, wie es den Interessen der Minderjährigen tatsächlich entspricht. Missstände bestehen insbesondere bei einem Konflikt zwischen den Interessen der Eltern und denen ihrer Kinder. Geht es zum Beispiel um die Neuregelung der elterlichen Sorge in Folge einer Ehescheidung, sind auch wohlmeinende Eltern kaum in der Lage, die Interessen des Kindes von den eigenen und den Emotionen gegenüber dem früheren Ehepartner zu trennen. Im Zuge der Neuregelungen des Kindschaftsrechts im Jahr 1998 wurde dieses Problem etwas entschärft. In Gerichtsverfahren, in denen Interessen von Kindern berührt sind (Familiengericht, Vormundschaftsgericht), kann das Gericht eine unabhängige Person bestellen, mit dem Auftrag, die Interessen des Kindes festzustellen und vor Gericht zur Sprache zu bringen (§ 50 FGG). Die Funktion eines Verfahrenspflegers als *„Anwalt des Kindes"* (§ 50 FGG) können Sozialpädagogen, Juristen, Ärzte, Psychologen oder Angehörige des Kindes übernehmen.

Dieses Instrument hat sich bereits bewährt, auch wenn es noch Unklarheiten gibt, wann und in welcher Weise der Verfahrenspfleger zum Einsatz kommt. Bisher gibt es diese Form eines amtlich bestellten Beistands nur in *gerichtlichen* Verfahren, in denen *Minderjährige* betroffen sind, oder in selteneren Fällen auch wenn ein rechtlicher Betreuer bestellt werden soll (vgl. § 67 FGG). In anderen Verfahren (z. B. vor

## Rechtsverwirklichung

den Zivilgerichten) gibt es diese Möglichkeit nicht. Auch in allen übrigen (außergerichtlichen) Situationen, in denen Interessen von Kindern berührt sind, bleiben sie – jedenfalls soweit das Jugendamt hierüber nicht informiert ist – ihren Eltern ausgeliefert. Vergleichbare Problemlagen bestehen, wenn Erwachsene aufgrund von Alter oder Krankheit ihre Angelegenheiten selbst nicht mehr verantwortlich gestalten können und ein Betreuer nicht bestellt wurde (vgl. oben Seite 62 f).

## 6. Sozial- und Rechtsberatung

Die Information über bestehende Rechte hat zentrale Bedeutung für das Funktionieren des sozialen Leistungssystems. Ohne diese Informationen ist Rechtsdurchsetzung von vornherein ausgeschlossen und entsprechende Vorschriften gelten nur in der Theorie, nicht aber in der sozialen Praxis. Angemessene Beratung erordert allerdings erheblichen Aufwand und Kosten.

Reine Rechtsberatung, wie sie typischer Weise durch Rechtsanwälte erflogt, führt dazu, dass der vielfältige Problemkomplex einer Lebenssituation auf das „rechtlich Erhebliche" reduziert wird und sich viele Menschen durch diese Art der „selektiven Wahrnehmung" nicht ernst genommen fühlen (vgl. oben Seite 26 ff). Häufig ist für den Einzelnen auch nicht erkennbar, dass konkrete Lebenssituationen in einer Beziehung gesehen werden können zu rechtlichen Lösungsmöglichkeiten. Innerhalb der Sozialen Arbeit sollte Sozialberatung und Rechtsberatung integrativ ineinander greifen. Deshalb ist es unverzichtbar, dass der Sozialarbeiter/Sozialpädagoge über fundierte Rechtskenntnisse verfügt. Schon weil das Grundgesetz von der Eigenverantwortlichkeit jedes erwachsenen Menschen ausgeht haben die individuellen Lebensvorstellungen des Ratsuchenden im Mittelpunkt zu stehen und ist bei der Beratung dessen Eigenverantwortlichkeit zu respektieren und zu fördern.

**Pflichten öffentlicher Stellen**
Sämtliche öffentlichen Sozialleistungsträger sind zu umfassender Information über ihre Leistungsangebote verpflichtet. Neben speziellen Regelungen in den einzelnen Leistungsbereichen (z. B. § 8 BSHG, §§ 8, 17, 18, 28 KJHG/SGB VIII) ergibt sich dies für alle Bereiche des Sozialrechts aus den §§ 13 ff SGB I. Unterschieden wird zwischen *allgemeinen Aufklärungspflichten* (§ 13 SGB I), *Pflichten zur Auskunft* (§ 15 SGB I) und *individuellen Beratung* (§ 14 SGB I). Die allgemeinen Informationspflichten zielen auf eine Information der Bevölkerung über öffentliche Sozialleistungen (z. B. Plakate, Merkblätter, Informationsveranstaltungen). Eine Auskunft ist gerichtet auf eine sachliche Information über eine Leistung oder Handlungsweise der Verwaltung. Der Anspruch hierauf wird ausgelöst durch eine Anfrage des Bürgers. Die Behörde muss diese beantworten unabhängig davon, ob der Betroffenen berechtigt ist eine Leistung zu erhalten oder hierfür in Betracht kommt. Am weitesten gehend ist die Beratung. Dies bedeutet eine inhaltliche Erläuterung möglicher Sozialleistungen bezogen auf die individuelle Situation des Ratsuchenden. Beratung und Auskunft greifen ineinander. Auf beides besteht ein *subjektiver Rechtsanspruch*.

Durch welche Stellen Informationen, Auskünfte und Beratungen erteilt werden, haben die Leistungsträger in eigener Verantwortung zu organisieren. § 15 SGB I sieht eine umfassende Auskunftspflicht der Krankenkassen vor. Es gibt aber auch

## Sozial- und Rechtsberatung

Anlaufstellen in den Gemeindeverwaltungen. Häufig kommt dem Allgemeinen Sozialdienst (ASD) hierbei eine wichtige Funktion zu.

Der Sozialleistungsberechtigte hat selbstverständlich nicht nur Anspruch auf irgendeine Beratung. Sie muss vielmehr sachkundig, umfassend, zutreffend und unmissverständlich formuliert sein. Auch bei der Erlangung gesetzlicher Rechte ist ihm beizustehen. Allerdings bezieht der Anspruch auf Beratung sich stets nur auf die Leistungen, die von der Behörde gegenüber dem Ratsuchenden erbracht werden können. Ein Anspruch auf Beratung über angrenzende Rechtsfragen (z. B. steuerliche Auswirkungen, arbeitsrechtliche Konsequenzen) besteht nicht. Sofern aber aufgrund einer fehlerhaften Beratung ein Schaden entsteht, kann dies zu einem Anspruch auf Schadenersatz führen (z. B. § 321 Nr. 2 SGB III, § 47a BAföG, aber auch nach den allgemeinen Regeln der Amtshaftung, § 839 BGB i. V. m. Art. 34 GG).

Problematisch ist immer wieder die Frage, inwieweit Minderjährige einen eigenen Anspruch auf Beratung haben. Dies insbesondere dann, wenn die Erziehungsberechtigten mit einer Beratung nicht einverstanden sind. Wer einen Anspruch auf Beratung hat, ist aus dem jeweiligen Gesetzeszusammenhang zu erschließen. Nach § 36 SGB I in Verbindung mit § 11 SGB I hat jedenfalls ein Minderjähriger nach Vollendung des 15. Lebensjahrs Anspruch auf Beratung, wenn er Sozialleistungen beantragen will. Im Bereich der Kinder- und Jugendhilfe haben Kinder und Jugendliche – ohne Festlegung einer Altersgrenze – das Recht, sich in Fragen der Erziehung und Entwicklung an das Jugendamt zu wenden und sich ggf. auch ohne Kenntnis der Eltern beraten zu lassen, wenn dies wegen einer Not- und Konfliktlage erforderlich ist (vgl. § 8 Abs. 2, 3 SGB KJHG/VIII). Liegt eine solche Konfliktlage nicht vor, bedarf die Beratung im Bereich des KJHG/SGB VIII grundsätzlich einer Zustimmung der Eltern, weil allein dort die Verantwortung für die Erziehung liegt.

### Beratung durch freie Träger

Bei den geschilderten Beratungs- und Informationspflichten handelt es sich um öffentlich-rechtliche Pflichten. Freie Träger sind hiervon nicht betroffen. Sie können grundsätzlich selbst frei bestimmen, in welchem Umfang und welchen Bereichen sie Beratungen durchführen. Häufig übernehmen sie aber solche Aufgaben auf der Grundlage von Verträgen mit öffentlich-rechtlichen Leistungsträgern (vgl. oben Seite 109 ff). Vielfach werden Beratungsaufgaben auch entsprechend dem Selbstverständnis des freien Trägers in größerem Umfang wahrgenommen. Stets ist allerdings zu prüfen, ob es sich hierbei um eine *unzulässige* Rechtsberatung handelt.

### Unerlaubte Rechtsberatung

Sozialbehörden und hierzu beauftragten Stellen sind zu einer umfassende Beratung verpflichtet. Anderen Stellen und Personen ist dies weitgehend untersagt, soweit es sich um *Rechtsberatung* handelt.

Rechtsberatung darf nach dem Rechtsberatungsgesetz grundsätzlich nur durch hierfür ausgebildete Berufsgruppen, insbesondere Rechtsanwälte, erfolgen (vgl. Art. 1 § 3 Rechtsberatungsgesetz). Sozialpädagogen/Sozialarbeiter oder anderen Personen ist dies weder geschäftsmäßig (gegen Entgelt) noch unentgeltlich gestattet. Mit dieser starren Regelung soll eine Rechtsberatung durch qualifizierte Juristen sichergestellt, aber auch unkontrollierbarer Wettbewerb zu Lasten der hiervon lebenden Rechtsanwälte vermieden werden.

## Rechtsverwirklichung

Damit ist es auch in der Sozialen Arbeit Tätigen und entsprechenden Einrichtungen (z. B. der Wohlfahrtsverbände) verwehrt, Rechtsberatung und eine rechtliche Vertretung ihrer Klienten durchzuführen. Aufgrund ihrer Nähe zu den betroffenen Personen, aber auch aufgrund ihrer Kenntnis der tatsächlichen und rechtlichen Praxis könnten sie häufig sehr effektive Rechtsberatung leisten. Vor allem aber führt dies zu einer Trennung zwischen Rechts- und Sozialberatung, die, wie oben dargelegt, weder sinnvoll noch in der Praxis durchführbar ist. Die geltende Regelung ist auch deshalb unbefriedigend, weil sich gerade in sozialrechtlichen Fällen häufig kein Rechtsanwalt finden lässt, der bereit ist, die meist wenig lukrativen sozialrechtlichen Mandate zu übernehmen. Hinzu kommt, dass viele Personen wegen Krankheit, hohem Alter, psychischer Krisensituation oder Unerfahrenheit den Weg zu Rechtsanwälten nicht finden. Besonders ärgerlich ist diese Regelung, wenn die zuständigen Behörden ihre Aufgabe nur unzulänglich wahrnehmen (etwa um Ausgaben für die Beratung und sich anknüpfende Leistungen zu sparen).

Eine geringfügige Ausnahme des Verbots einer rechtlichen Betreuung ergibt sich allerdings aus § 8 Abs. 2 BSHG. Hiernach können Verbände der freien Wohlfahrtspflege „Beratung in Fragen der Sozialhilfe" übernehmen. In Sozialhilfeangelegenheiten ist es deshalb zulässig, dass unter anderen Sozialarbeiter/Sozialpädagogen über rechtliche Möglichkeiten informieren, Unterlagen besorgen oder Verbindung zu einem Rechtsanwalt herstellen, sofern die betroffene Person z. B. wegen Unerfahrenheit, Sprachschwierigkeiten oder Krankheit hierzu nicht in der Lage ist. Die Formulierung einer Klage oder eine Vertretung vor Gericht ist aber auch unter diesen Voraussetzungen nicht zulässig.

Zulässig ist es hingegen, für jedermann *allgemeine Informationen* über den Inhalt von Rechts- und Verwaltungsvorschriften, die Voraussetzungen von Sozialleistungen und Fristen zu geben. Zulässig sind auch Hilfestellungen nicht rechtlicher Art, zur Überwindung von Sprach-, Verständnis- und Formulierungsschwierigkeiten. Außerdem bleibt Sozialpädagogen/Sozialarbeitern die durchaus bedeutsame Möglichkeit, auf die bestehenden Möglichkeiten einer rechtlichen Beratung, Rechtsmittel und deren Finanzierung über Beratungs- und Prozesskostenhilfe hinzuweisen.

Im Ergebnis wird durch diese Regelungen zahlreichen sozial benachteiligten Personen wirksamer Rechtsschutz vorenthalten. Es bestehen auch verfassungsrechtliche Bedenken (vgl. Art. 19 Abs. 4 GG). Eine Änderung des Rechtsberatungsgesetzes wird deshalb immer wieder gefordert. Gelegentlich lassen vor allem die Sozialgerichte Sozialpädagogen/Sozialarbeiter als Prozessvertreter zu. Sofern eine unerlaubte Rechtsberatung bekannt wird, muss jedoch damit gerechnet werden, dass sich insbesondere die Rechtsanwaltskammern gegen diese Form des „unlauteren Wettbewerbs" wehren.

Immer wieder wird aus den genannten Gründen gefordert, spezielle *Sozialanwälte* einzuführen. Dies könnte ein eigenes Berufsfeld werden (z. B. als „Anwalt des Kindes"), in dem sozialpädagogische und sozialrechtliche Kompetenzen eng verbunden sind und das für soziale Angelegenheiten jedermann kostenfrei zur Verfügung steht. Mit der Einführung des Verfahrenspflegers wurde bereits ein Schritt in diese Richtung gegangen (vgl. oben Seite 157 f). Auf absehbare Zeit ist mit einer Etablierung des Sozialanwalts mit notwendigen umfassenden Zuständigkeiten jedoch nicht zu rechnen.

## 7. Das „doppelte Mandat" des Sozialpädagogen/ Sozialarbeiters

Soziale Arbeit – insbesondere ehrenamtliche – ist eng verknüpft mit der Wahrnehmung von Interessen der Benachteiligten und Schwachen in der Gesellschaft. Auch die Wohlfahrtsverbände verstehen sich in vielen Fragen als „Anwalt der Armen". Moderne Sozialarbeit sucht in sozialen Notlagen zunächst das Gespräch mit den Klienten und ist von einem verstehenden Sicheinlassen auf die konkrete Person geprägt. Sinnvolle Maßnahmen können häufig nur individuell im dialogischen Prozess mit den Betroffenen entwickelt werden. Subjektive Wahrnehmungen und Wertvorstellungen der jeweiligen Fachkraft und des Klienten prägen insbesondere persönliche Hilfen. Viele Bürger erleben gesetzliche Regelungen und Verwaltungsstrukturen hingegen als wenig vertrauenswürdig, unzulänglich und aufgrund ihrer tatsächlichen Macht oft auch als bedrohend.

Das Rechts- und Sozialsystem ist geprägt von den jeweils herrschenden gesellschaftlichen Bedingungen. Vor allem wenn das Sozialsystem als lückenhaft empfunden wird oder mit Eingriffen in die Lebenswelt des Bürgers verbunden ist, können Interessenkonflikte entstehen. Für die in der Sozialen Arbeit beschäftigten Personen kann dies zu Zielkonflikten führen. Jeder Sozialarbeiter/Sozialpädagoge kennt Situationen, in denen er meint, Leistungen erbringen oder Maßnahmen verhindern zu sollen, wie es in der geltenden Ordnung nicht vorgesehen ist. Es entsteht ein Konflikt zwischen dem sozialpädagogisch Notwendigen und dem rechtlich Möglichen. Dieses Spannungsverhältnis kann bisweilen an der Sinnhaftigkeit des eigenen beruflichen Handelns zweifeln lassen. Man fühlt sich zwischen zwei Auftraggebern hin und her gerissen, und es wird schwierig, diesem „doppelten Mandat" gerecht zu werden. Dies kann z. B. der Fall sein, wenn eine Stadtverwaltung Nichtsesshafte aus der Innenstadt vertreiben möchte und sich hierbei der Hilfe des städtischen Sozialamtes bedient. Im Strafvollzug kann es sein, dass der Sozialdienst angewiesen wird, Aufgaben der Kontrolle über Strafgefangene zu übernehmen oder ihm anvertraute Informationen weiterzuleiten.

In den 70-er Jahren des vergangenen Jahrhunderts war die Sensibilität für diese Interessenkollisionen sehr groß. Sozialarbeiter sahen sich in der Rolle, dem „herrschenden System" dienen zu müssen und auf es angewiesen zu sein, obwohl sie die Veränderung der sozialen und gesellschaftlichen Verhältnisse für notwendig hielten. Es wurde als Verrat empfunden, einerseits zu den Klienten ein persönliches Vertrauensverhältnis aufzubauen und dessen Persönlichkeitsentfaltung fördern zu wollen, gleichzeitig aber kontrollierende oder repressive Aufgaben erfüllen zu müssen. So wurde z. B. befürchtet, dass „Allianzen von Jugendamt, Polizei und psychiatrischen Kliniken zu einer klienten- und bevölkerungsfeindlichen Bedrohung werden".

Heute wird dies weniger krass empfunden und die politischen Auseinandersetzungen wurden (von beiden Seiten) überwunden. Aber nach wie vor gibt es Situationen, in denen engagierte Fachkräfte die Gefahr sehen, dass das eigene Hilfehandeln sich in sein Gegenteil verkehrt und das Durchhalten der persönlichen Überzeugungen zum Problem wird. Z. B. wenn es um die Herausnahme von Kindern aus der Familie geht, kann es sein, dass die Einschätzung der sozialpädagogischen Fachkraft von der des Familiengerichts abweicht. Dies kann in Anbetracht der unterschiedlichen Einzelfälle ebenso der Fall sein, wenn das Gericht eine Heraus-

## Rechtsverwirklichung

nahme angeordnet wie wenn es sie nicht angeordnet hat. Immer häufiger ergeben sich auch schwierige Situationen aus zahlreichen Sorgfalts- und Aufsichtspflichten, die haftungs- und disziplinarrechtliche Konsequenzen haben können (*Garantenstellung*). Diese Pflichten können in Konkurrenz stehen zu einem partnerschaftlichen Leistungsangebot (Spannungsfeld: *Hilfe und Kontrolle*). Dieses „Doppelmandat" kann auch empfunden werden, wenn sinnvolle Lösungen im Einzelfall nicht möglich sind aufgrund von Unzulänglichkeiten des Systems, wegen nicht hinreichend qualifizierten Vorgesetzten, auf Grund von persönlichen Interessen der Mitarbeiter oder aus anderen Gründen. Wer bei einem freien Träger beschäftigt ist, hat neben den öffentlich-rechtlichen Vorgaben auch noch andere (z. B. kirchliche) Bestimmungen zu beachten. Insoweit kann man von einem „dreifachen Mandat" sprechen. Die sich aus solchen Konflikten ergebenden Beeinträchtigungen effektiver Sozialarbeit machen besonders betroffen, weil es häufig um Schicksale von Menschen geht.

Rechtlich gesehen stellt sich diese Problematik wie folgt dar: Im Arbeitsrecht obliegt dem Arbeitgeber bezogen auf die Erfüllung dienstlicher Angelegenheiten ein umfassendes Organisations- und Weisungsrecht. Er kann im Rahmen der rechtlichen Vorgaben Verantwortung delegieren, aber auch an sich ziehen. Daraus ergibt sich für den Arbeitnehmer eine *Gehorsamspflicht*, die im öffentlichen Recht wie im Privatrecht eingefordert wird. Für Beamte gilt dies in besonderer Weise, bis in den privaten Bereich hinein. Auf die persönliche Einschätzung des Mitarbeiters kommt es nur insoweit an, wie dies aufgrund von Gesetzen oder interner Regelungen vorgesehen ist (häufig bei Ermessensentscheidungen). Soweit persönliche Interessen des Mitarbeiters betroffen sind, bestehen Mitsprachemöglichkeiten über die Mitarbeitervertretungen.

Lediglich bei rechtswidrigen Verhalten stellt sich die Frage, in welcher Weise ein Mitarbeiter hiergegen vorgehen kann. Auch in solchen Fällen hat er sich (außer bei Gefahr im Verzug) zunächst an seinen Vorgesetzten zu wenden.

Soweit gegen das Handeln oder Unterlassen eines anderen Rechtsträgers vorgegangen werden soll (*Außenverhältnis*), werden die Möglichkeiten durch das Rechtssystem abschließend vorgegeben. Es gehört nun einmal zum Wesen des Rechts, dass es allgemeine Gültigkeit beansprucht. Veränderungen sind über die demokratisch gewählten Institutionen möglich, stehen aber nicht zur Disposition des Einzelnen (vgl. oben Seite 12 ff). Daraus ergibt sich ein permanenter Prozess, durch den die oben geschilderten Widersprüche über die vorgegebenen Strukturen geprüft und nach und nach beseitigt werden können. Zu beachten ist dabei, dass im deutschen Recht die Grundrechte besondere Bedeutung haben (vgl. Seite 30 ff). Gegen eine wie auch immer geartete Verletzung dieser persönlichen Rechte durch Verwaltungsvorschriften und Behörden kann deshalb – mit den Mitteln des Rechts (notfalls Klage vor dem Bundesverfassungsgericht) – vorgegangen werden. Fraglos bestehende Unzulänglichkeiten der Rechtsdurchsetzung werden hierdurch allerdings nicht vollständig beseitigt (vgl. oben Seite 156 ff). Die in der Sozialverwaltung beschäftigten Personen haben kein *rechtliches* Mandat für ihre Klienten, sondern handeln ausschließlich im Auftrag der öffentlichen Verwaltung. Für die Wahrnehmung der Interessen der Hilfe Bedürftigen ist daher nur Raum, soweit dies durch die Rechtsordnung vorgegeben ist.

Es führt kein Weg daran vorbei, zur Kenntnis zu nehmen, dass das sozialpädagogisch Notwendige sich mit dem tatsächlich und rechtlich Möglichen häufig nicht deckt. Die sozial-pädagogische und die rechtliche Beurteilung sind damit keine sich deckenden Größen, sondern sind als zwei sich überschneidende Kreise zu verstehen. Realistisch kann dieser Konflikt aber weder dadurch aufgelöst werden, dass der Gesetzgeber in vollständiger und abschließender Weise individuelle Situationsbeurteilungen vornimmt, noch in der Weise, dass auf allgemeingültige rechtliche Vorgaben vollständig verzichtet wird. Der Sozialarbeiter/Sozialpädagoge hat vielmehr diesen Konflikt wahrzunehmen, auszuhalten und dieses Spannungsfeld durch sein persönliches Handeln möglichst positiv zu gestalten. Da nicht nur für den Mitarbeiter, sondern auch für den Klienten eine unauflösbare Abhängigkeit von der öffentlichen Verwaltung besteht, ist eine Durchdringung oder zumindest ergebnisorientierte Vernetzung zwischen praktischer Sozialarbeit und Sozialadministration wünschenswert. Da Verwaltung immer auch Gestaltung heißt, besteht auch auf diesem Wege eine Möglichkeit, auf das soziale Wirken in der Gesellschaft aktiv Einfluss zu nehmen.

## Literaturhinweise zur Vertiefung:

*Barabas:* Beratungsrecht (1999).
*Dörr, Gernot u. a.:* Sozialverwaltungsrecht (2002), S. 265 ff., S. 281 ff. u. S. 325 ff.
*Krasney, Otto Ernst u. a.:* Handbuch des sozialgerichtlichen Verfahrens (2002).
*Oberloskamp, Helga:* Die Idee des Sozialanwalts, in: Lehmann (Hrsg.): Recht sozial, S. 275–284.
*Papenheim, Heinz-Gerd u. a.:* Verwaltungsrecht für die soziale Praxis (2002), S. 240 ff. u. S. 167 ff.
*Roscher, Falk:* Außergerichtliche und gerichtliche Rechtsverwirklichung, in: Kreft, Dieter u. a.: Soziale Arbeit und Recht (1994), S. 126 ff.
*Schulin, Bertram u. a.:* Sozialrecht (2002), S. 484 ff.
*Straub, Hartmut:* Sozialverwaltungsverfahren (1991).
*Wenner, Ulrich u. a.:* Grundzüge der Sozialgerichtsbarkeit (1999).

Vgl. auch die Literaturhinweise oben zu Kapitel IV.

# IX. Datenschutz in der Sozialen Arbeit

Zu Kapitel IX: Übungsfall 10 (Der freundliche Polizist) Seite 225 ff und Übungsfall 11 (Erziehungsverantwortung der sozialpädagogischen Fachkraft) Seite 228 ff.

## 1. Überblick

### Eigener Rechtsbereich

Sozialdatenschutz ist ein eigener Rechtsbereich, der erst in den letzten Jahren erheblich an Bedeutung gewonnen hat. Da durch ihn nicht unmittelbar Inhalte Sozialer Arbeit beschrieben werden und er aus sehr detaillierten Regelungen besteht, erfreut sich dieser Bereich vor allem bei Studierenden meist geringen Interesses. In der praktischen Arbeit kommt dem Schutz sozialer Daten aber erhebliche Bedeutung zu. Sowohl für den Bürger ist dieses Thema von erheblichem Interesse als auch für den Sozialpädagogen/Sozialarbeiter, dem hierdurch besondere Pflichten auferlegt werden, für den sich hieraus aber auch – oft unterschätzte – Handlungsmöglichkeiten ergeben.

In allen Bereichen der Sozialen Arbeit spielt der Datenschutz eine Rolle und hat meist vielfältige einschneidende Auswirkungen. Die Systematik des Datenschutzes ist geprägt von einem Wechselspiel zwischen *Vertrauensschutzbestimmungen* und *Informationspflichten/-rechten*. Das sich daraus ergebende Hin und Her von Ausnahme und Regel ist nicht einfach zu durchschauen und wird durch häufige Gesetzesänderungen und zum Teil auch widersprüchliche Einzelregelungen nicht gerade erleichtert. Eine Annäherung an das Thema wird außerdem dadurch erschwert, dass die entsprechenden Regelungen in unterschiedlichen Gesetzen festgeschrieben sind und in den einzelnen Arbeitsfeldern Sozialer Arbeit inhaltlich unterschiedliche Maßstäbe zu beachten sind. Die nicht ganz einfache Handhabung der Materie ist auch ein Grund dafür, dass dem Datenschutz in allen Bereichen des öffentlichen Lebens bisher keine hinreichende Beachtung geschenkt wird.

### Informationelle Selbstbestimmung als Grundrecht

Es ist ganz selbstverständlich, dass Personen, die soziale Leistungen in Anspruch nehmen, nicht möchten, dass ihre familiären Probleme oder auch die Tatsache, dass sie Leistungen vom Arbeitsamt oder Sozialamt beziehen, in ihrer Nachbarschaft bekannt werden. Andererseits haben öffentliche Behörden, etwa Finanzbehörden, Gesundheitsbehörden, Polizei- und Ausländerbehörden, ein erhebliches Interesse daran, Informationen auch von sozialen Einrichtungen zu erhalten, um ihre Ermittlungstätigkeit erfolgreich durchführen zu können (Der Untersuchungsgrundsatz gilt im gesamten öffentlichen Recht, vgl. oben Seite 143 f). Ebenso sind viele Fälle von Sozialleistungsmissbrauch nur aufklärbar in Kooperation mit den an der Basis arbeitenden Sozialpädagogen/Sozialarbeitern. Die entscheidende Frage ist, in welchen Fällen sie – auch gegen den Willen und die Interessen der Klienten – Informationen auf Anfrage weiterleiten dürfen bzw. wann sie befugt oder verpflichtet sind, Verdächtigungen von sich aus an die zuständigen Behörden weiterzuleiten. Im Bereich der Kinder- und Jugendhilfe hat das Thema Datenschutz darüber hinaus erhebliche Bedeutung in der Auseinandersetzung mit Eltern von Jugendlichen, die erzieherische Hilfen in Anspruch nehmen.

Im Jahr 1984 hat das Bundesverfassungsgericht in einer grundlegenden Entscheidung deutlich gemacht, dass im demokratischen Staat „Wert und Würde der Person" auch von der freien Selbstbestimmung über die Verbreitung seiner persönlichen Daten abhängig ist. Seither ist davon auszugehen, dass *jeder Mensch* - also auch Minderjährige und Geschäftsunfähige – *ein Recht* auf *informationelle Selbstbestimmung* hat. Andererseits erfordert die effektive Erfüllung öffentlicher Aufgaben in vielen Bereichen eine umfassende Datenerhebung. Es besteht ein *Spannungsverhältnis* zwischen dem Recht auf informationelle Selbstbestimmung und den Interessen der Allgemeinheit, welches – auch abhängig von aktuellen Ereignissen und Stimmungen – immer wieder neu austariert werden muss.

Informationelle Selbstbestimmung ist Teil des allgemeinen Persönlichkeitsrechtes und in untrennbarer Weise mit den Grundrechten verbunden und deshalb als Teil der im Grundgesetz genannten Freiheitsrechte zu schützen. Nur zur Wahrung *überragender* Interessen der Allgemeinheit dürfen diese Rechte in engen Grenzen und nur auf der Grundlage *gesetzlicher Regelungen* eingeschränkt werden (vgl. zur Abwehrfunktion der Grundrechte oben Seite 30, Seite 32). Im Folgenden geht es im Wesentlichen um Schutzvorschriften, die durch Behörden der *öffentlichen Verwaltung*, durch sämtliche dort tätigen Personen und durch die Organisationsstrukturen gewährleistet sein müssen.

Diese Regelungen gelten nicht in gleicher Weise im Zivilrecht, da die Bürger untereinander nicht in gleicher Weise wie der Staat zum Schutz und zur Förderung der Grundrechte verpflichtet sind. Im Zivilrecht ist der Datenschutz deutlich schwächer ausgeprägt (hierzu unten Seite 174 f). Dies ergibt sich daraus, dass von den Grundrechten nur sehr eingeschränkt eine Drittwirkung ausgeht (hierzu bereits oben Seite 34 f).

## Besondere Bedeutung für die Soziale Arbeit

Typisch für Datenschutzfragen ist, dass *unterschiedliche Interessen* von Personen oder Institutionen bezüglich der Weitergabe von Informationen aufeinander treffen. Das Verständnis der Materie wird dadurch erschwert, dass die unterschiedlichen Interessen *für sich genommen* legitim sind. Die der Strafverfolgungsbehörden, der Eltern, des Finanzamtes oder der Einrichtungsleitung ebenso wie die der Sozialämter, der Jugendämter oder der freien Träger. Sie stehen aber in Konkurrenz zu anderen legitimen Interessen des Bürgers auf Daten- und Vertrauensschutz. Beim Thema Datenschutz geht es also meist nicht um eine generelle Missachtung bestimmter Informationsinteressen, sondern darum, ob sie gegenüber den grundsätzlichen Verschwiegenheitspflichten (Schutz der Intimsspähre) vorrangig sind.

Das Bundesverfassungsgericht hat in eindeutiger Weise anerkannt, dass „die grundsätzliche Wahrung des Geheimhaltungsinteresses des Klienten Vorbedingung des Vertrauens" ist, welches notwendig ist, um Soziale Arbeit überhaupt leisten zu können. Ein umfassender Vertrauensschutz ist danach „Grundlage für die funktionsgerechte Tätigkeit" (BVerfGE 44,353 gleich NJW 1977, 1489). Wenn die Klienten nicht wissen, dass sie sich unbedingt auf die Verschwiegenheit des Personals in sozialen Einrichtungen verlassen können, würden viele Bürger soziale Dienste letztlich nicht mehr in Anspruch nehmen oder aus Angst für sozialpädagogische Arbeit wichtige Informationen verschweigen. Eine strenge Beachtung von Datenschutzbestimmungen ist deshalb wesentliches Qualitätsmerkmal Sozialer Arbeit.

## 2. Grundsätze des Sozialdatenschutzes

### Generalnorm im SGB I

In § 35 SGB I ist in grundlegender Weise geregelt, dass Sozialdaten nicht unbefugt „erhoben, verarbeitet oder genutzt" werden dürfen. Dies umfasst auch die interne Geschäftsabläufe. Informationen an Kollegen und Vorgesetzte sind deshalb immer nur insoweit zulässig, wie dies zur Erfüllung der konkreten Aufgabe und damit im Interesse des Klienten unverzichtbar ist. Auch die Sozialdaten der Beschäftigten und ihrer Angehörigen (Mitarbeiter) dürfen Personen, die Personalentscheidungen treffen, nicht zugänglich sein.

Davon abweichende behördeninterne Dienstvorschriften, Einzelanweisungen oder Üblichkeiten können für die in den Einrichtungen beschäftigten Personen erhebliche Konflikte hervorrufen: entweder den einrichtungsspezifischen Anforderungen zu genügen, möglicherweise um nicht eine Kündigung oder Versetzung zu riskieren, oder aber die entsprechenden Datenschutzbestimmungen strikt einzuhalten. Derartige Loyalitätskonflikte sind keineswegs selten (zu dieser Problematik vgl. oben Seite 161 f, zu Besonderheiten für Sozialarbeiter/Sozialpädagogen unten Seite 175 ff).

### Übermittlung als Ausnahme

Daraus ergibt sich als wichtigster rechtlicher Grundsatz, dass eine Weitergabe von Daten seitens öffentlicher Einrichtungen ohne Einwilligung des Betroffenen *grundsätzlich unzulässig* ist (vgl. § 35 Abs. 2 SGB I). Eine Weiterleitung von Daten ist generell nur mit Zustimmung des Betroffenen oder auf der Grundlage einer gesetzlichen Ermächtigung zulässig (*Gesetzesvorbehalt,* hierzu bereits oben Seite 38 f). Ansonsten ist eine Übermittlung personenbezogener Daten immer rechtswidrig. Bis zur oben genannten Grundsatzentscheidung des Bundesverfassungsgerichts wurde weitgehend davon ausgegangen, dass persönliche Daten grundsätzlich weitergeleitet werden dürfen, sofern der Betroffene nicht von sich aus ausdrücklich widerspricht.

Dieser Grundgedanke ist in der Gesetzessystematik und Rechtspraxis immer noch nicht vollständig umgesetzt. Es bedarf, scheint es – auch in den sozialen Arbeitsfeldern – eines längeren Umdenkungsprozesses, um generell und ganz selbstverständlich Datenschutz zu gewährleisten, und Ausnahmen hiervon nur bei Kenntnis einer gesetzlichen Ermächtigung zuzulassen.

# Grundsätze des Sozialdatenschutzes

> **Grundlagen des Sozialdatenschutzes**
>
> Die Würde und der Wert der Person verpflichtet den Staat, dessen Selbstbestimmung zu gewährleisten (vgl. Art. 1, 2 GG). Hierzu gehört die **informationelle Selbstbestimmung** jedes Menschen.
>
> Die Grundsätzliche Wahrung des Geheimhaltungsinteresses der Klienten ist Vorbedingung des Vertrauens, das sie um ihrer selbst willen dem Berater entgegen bringen müssen, und damit zugleich **Grundlage** für die funktionsgerechte Tätigkeit **Sozialer Dienste** (so BVerfGE 44, 353).
>
> Im Bereich der Sozialen Arbeit sind deshalb personenbezogene Daten generell geschützt, es sein denn, gesetzliche Normen regeln ausdrücklich etwas anderes (Regel-Ausnahme-Systematik).

## Spezialbestimmungen im SGB X

In den §§ 67–85a SGB X ist im Einzelnen der Umgang mit Daten geregelt. Die dort genannten Regelungen sind bindend für das gesamte Sozialrecht. Darüber hinaus gibt es spezielle Datenschutzbestimmungen, die bereichsspezifisch zusätzlich zu beachten sind. Dort sind zum Teil weitergehende Schutzbestimmungen (z. B. § 62 ff KJHG/SGB VIII) und zum Teil weitergehende Eingriffsbefugnisse geregelt (z. B. Datenabgleich zwischen Sozialleistungsträgern, vgl. z. B. § 117 BSHG). Von grundlegender Bedeutung ist, dass in anderen Bereichen der öffentlichen Verwaltung (etwa Polizei, Gesundheitsamt, Finanzamt) wesentlich *andere* Regelungen des Sozialdatenschutzes bestehen, die aufgrund des besonderen Vertrauensschutzes im sozialen Bereich mit den Vorschriften des Sozialdatenschutzes nicht vergleichbar sind.

Bereits bei der *Erhebung* (Ermittlung) von Sozialdaten sind gem. § 67a SGB X bestimmte Grundsätze zu beachten. Vor allem die Erhebung ohne Einverständnis des Betroffenen bei anderen Personen und Stellen (§ 67a Abs. 2 u. 3) ist problematisch und nur auf der Grundlage gesetzlicher Ausnahmeregelungen und unter Beachtung schutzwürdiger Interessen des Betroffenen zulässig. So dürfen Angehörige nicht ohne Einverständnis des Klienten befragt werden, außer z. B. bei einer erheblichen Gefährdung des Kindeswohls (zu gesetzlichen Bestimmungen vgl. oben Seite 146 f).

> **Erhebung von Sozialdaten**
>
> – Grundsätze –
>
> - Das Erheben von Sozialdaten ist nur zulässig, wenn ihre Kenntnis zur Erfüllung einer Aufgabe der erhebenden Stelle erforderlich ist (§ 67a I SGB X).
> - Sozialdaten sind grundsätzlich unmittelbar bei dem Betroffenen zu erheben (§ 67a II SGB X). Ausnahmen hiervon sind abschließend in § 67a II SGB X bzw. § 62 II SGB VIII geregelt.
> - Die erhebende Stelle muss die technischen und organisatorischen Maßnahmen einschließlich der Dienstanweisungen treffen, um Datenschutz zu gewährleisten (z. B. Telefonate, Klientengespräche in geschützten Räumen, kontrollierter EDV-Zugang) (§ 78a SGB X)
> - Der Betroffene ist über den Zweck der Erhebung der Sozialdaten zu informieren, wenn diese bei ihm mit seiner Kenntnis erhoben werden (§ 67a III SGB X).
> - Der Betroffene ist vorher über die Rechtsgrundlage der Erhebung aufzuklären.(§ 67a III SGB X).
> - Werden Sozialdaten statt beim Betroffenen bei einer nicht öffentlichen Stelle (z. B. Freien Träger) erhoben, so ist die Stelle auf die Rechtsvorschrift, die zur Auskunft verpflichtet, sonst auf die Freiwilligkeit der Angaben hinzuweisen (§ 67a IV SGB X).

## Schutzbereich

Geschützt sind generell sämtliche objektiven Merkmale des Betroffenen (vgl. § 67 Abs. 1 SGB X), also Name, Anschrift, Geburtsdatum, Geschlecht, Familienstand, Kinderzahl, Arbeitgeber, Einkommen, Bankverbindung, Ausbildung, Titel, Krankheiten, Vorstrafen, Alkoholkonsum etc., aber ebenso Meinungen und Wertungen des Betroffenen, die in Erzählungen erfolgen, in Anträgen, Beschwerden oder in anderer Weise zur Kenntnis gebracht werden. Ebenso geschützt sind Stellungnahmen von Dritten bezogen auf den Betroffenen, wie interne Aktenvermerke, Diagnosen, Gutachten oder Ähnliches. Der Datenschutz bezieht sich in gleicher Weise auf die *Erhebung* der Daten, deren *Verarbeitung, Nutzung* und *Weitergabe*.

Auch wenn eine gesetzliche Grundlage zur Weitergabe gegeben ist, muss immer so schonend wie möglich mit persönlichen Daten umgegangen werden (§ 67c SGB X). Das heißt, unter keinen Umständen dürfen mehr Daten erhoben oder gespeichert werden, als zur Erfüllung der jeweiligen sozialen Aufgabe erforderlich ist. Daraus ergibt sich für alle öffentlichen Einrichtungen die Verpflichtung, entsprechende behördeninterne Schutzmaßnahmen einschließlich technischer und organisatorischer Strukturen zu schaffen. Hierzu gehören z. B. verschließbare Aktenschränke, Abhörschutz bei Telefongesprächen, Besprechungsräume in hinreichender Anzahl, aber auch Dienstanweisungen über den sachgerechten Umgang und die Vernichtung von Daten.

## Einwilligung des Betroffenen

Neben einer gesetzlichen Ermächtigung kann die Erhebung, Speicherung oder Nutzung persönlicher Daten auch auf Grund einer *Einwilligung* des Betroffenen rechtmäßig sein. Sofern eine solche Einwilligung vorliegt, wird der Bürger nicht in seinen Rechten verletzt. Da die Verwendung seinem Willen entspricht, liegt ein Eingriff in seine informationelle Selbstbestimmung dann nicht vor. Es entspricht einer weit verbreiteten Praxis, sich durch Entbindungserklärungen von der Schweigepflicht vor Datenschutzverletzungen zu schützen. Dabei ist allerdings einiges zu beachten:

Notwendig ist, von wenigen Ausnahmen abgesehen, eine *ausdrückliche* Einwilligung des Betroffenen. Um deren Vorliegen im Streitfall nachweisen zu können, ist sie meist in schriftlicher Form abzufassen (vgl. § 4a Abs. 1 Bundesdatenschutzgesetz). Sie muss *vor* der Erhebung bzw. Weiterleitung eingeholt werden, und aus ihr muss hervorgehen, zu welchem konkreten Zweck sie erfolgt. D. h. die Weiterleitung von personenbezogenen Daten ohne gesetzliche Grundlage wird auch durch eine nachträgliche Einwilligung des Betroffenen nicht rechtmäßig. Auch wenn eine Einwilligung vorliegt, bleibt die öffentliche Einrichtung verpflichtet, von dieser Einwilligung im geringst möglichem Umfang Gebrauch zu machen (*Verhältnismäßigkeit*). Die verbreitete Übung, umfassende Entbindungserklärungen von der Schweigepflicht von Klienten unterschreiben zu lassen, um sich dann intern und langfristig ungehemmt über die persönlichen Angelegenheiten der Betroffenen auszutauschen, ist häufig wegen unzulänglicher Präzisierung rechtswidrig.

Oft werden Klienten auch *vorsorglich* aufgefordert, eine Einwilligung abzugeben, weil die gesetzlichen Befugnisse nicht überschaut werden. Wenn tatsächlich eine gesetzliche Befugnis vorliegt, ist dies unschädlich, kann sogar sinnvoll sein, damit der Klient informiert ist über die Verwendung seiner persönlichen Daten. Andererseits können mit einer Entbindungserklärung die gesetzlichen Schutzbestimmungen nicht beliebig unterlaufen werden. Die Behörde könnte sonst mit ihrer Machtposition die Abgabe einer „freiwilligen" Entbindung von der Schweigepflicht erzwingen. So wäre es z. B. unzulässig, auf der Grundlage einer Einwilligung das Finanzamt über Erkenntnisse einer Sozialleistungsbehörde zu informieren. Worauf sich eine Entbindungserklärung des Betroffnen beziehen kann, ist nicht immer einfach zu klären. Die Gerichte haben immer wieder bestätigt, dass an die Wirksamkeit einer Entbindung von der Schweigepflicht strenge Anforderungen zu stellen sind. Wenn sie nicht erfüllt sind, ist die Erklärung unwirksam und eine Datenweitergabe rechtswidrig.

## 3. Informationsinteressen anderer Behörden (§ 68 ff SGB X)

Besonders heikel ist, wenn andere Behörden eine soziale Einrichtung auf Mitteilung bestimmter Sozialdaten ersuchen, die Datenweitergabe also anderen als sozialen Zwecken dienen soll. Grundsätzlich sind öffentliche Behörden zur wechselseitigen *Amtshilfe* verpflichtet, um eine effektive und einheitliche Staatsverwaltung zu ermöglichen (für die Sozialverwaltung vgl. hierzu § 3 ff SGB X). Diese Pflichten können hinsichtlich des Datenschutzrechts allerdings nur soweit zur Anwendung kommen, als hierdurch höchst persönliche Rechte des Bürgers nicht beeinträchtigt werden. Der Grundsatz der Amtshilfe wird also durch Datenschutzbestimmungen wesentlich eingeschränkt (nicht umgekehrt!). Auch hinsichtlich der Rechte und Pflichten zur Amtshilfe zwischen gleichgearteten und unterschiedlichen Behörden gilt: die Weitergabe personenbezogener Daten ist nur zulässig, soweit dies ausdrücklich gesetzlich geregelt ist (§ 67d Abs. 1 SGB X).

Die Verantwortung für die Zulässigkeit der Übermittlung von Daten trägt die *übermittelnde* Stelle (§ 67d Abs. 2 SGB X). Das heißt, eine Sozialbehörde prüft in eigener Verantwortung, ob eine Weiterleitung von Daten rechtmäßig ist. Außerdem ist immer zu prüfen, ob eine solche Weiterleitung auch *verhältnismäßig* ist. Sie hat etwa zu unterbleiben, wenn die ersuchende Behörde auch auf andere Weise die gewünschten Daten erhalten kann. Außerdem ist zu beachten, dass eine Prüfung und ggf. Weiterleitung in der Regel allein durch den *Behördenleiter* bzw. eine hierfür speziell beauftragte Person veranlasst werden darf (vgl. § 68 Abs. 2, § 72 Abs. 2 SGB X). Ansonsten ist eine Übermittlung schon aus formalen Gründen rechtswidrig. Dies bedeutet Schutz für den einzelnen Mitarbeiter und ermöglicht eine zuverlässige und unabhängige Prüfung der Übermittlungspflichten. D. h., die mit einem Klienten persönlich befasste Person befindet in aller Regel nicht selbst über ein Übermittlungsersuchen. Hat die übermittelnde Behörde rechtliche Bedenken, *muss* sie die Weitergabe verweigern. Von der ersuchenden Stelle kann die Weitergabe nicht erzwungen werden (außer über ein gerichtliches Verfahren).

Bei Vorliegen der Voraussetzungen und einer entsprechenden Anfrage einer anderen Behörde wird die im Gesetz bezeichnete Übermittlungs*befugnis* wegen der Amtshilfeverpflichtung zu einer Übermittlungs*pflicht*. Zu beachten ist, dass diese Übermittlungspflicht der *Behörden* nur mit Einschränkungen gilt, wenn Daten von staatlich anerkannten Sozialarbeitern/Sozialpädagogen erhoben wurden (besonderer Vertauensschutz, hierzu unten Seite 175 ff).

Vor allem für folgende Fälle ist die Datenübermittlung in der Sozialen Arbeit gesetzlich geregelt (vgl. die Regelungen in §§ 67d ff SGB X):

### Anzeige von Straftaten

Häufig stellt sich die Frage, ob Mitarbeiter in sozialen Einrichtungen bei der Polizei Anzeige erstatten müssen, wenn sie erfahren, dass ihre Klienten Straftaten begangen haben oder begehen wollen. Eine generelle Verpflichtung, bei Bekanntwerden von Straftaten diese bei den Strafverfolgungsbehören (Polizei, Staatsanwaltschaft, Gericht) anzuzeigen, gibt es im deutschen Recht nicht. Insbesondere wenn eine Tat bereits begangen wurde, besteht für niemand eine Verpflichtung zur Anzeige.

Lediglich wenn bestimmte, besonders schwere Straftaten drohen (also noch nicht begangen wurden), besteht für *jedermann* die Verpflichtung zur Strafanzeige bei den zuständigen Behörden oder den hierdurch gefährdeten Personen. Nach § 138 StGB gilt dies insbesondere für folgende Straftaten: Vorbereitung eines Angriffskrieges, Geld- oder Wertpapierfälschung, Mord, Totschlag, Völkermord, Raub, räuberische Erpressung und gemeingefährliche Straftaten wie Brandstiftung (vgl. im Einzelnen die abschließende Aufzählung in § 138 StGB). Für die häufiger begangenen, weniger schweren Straftaten wie z. B. Körperverletzung, Kindesentziehung, Diebstahl, Betrug, Urkundenfälschung, Vergewaltigung, sexueller Missbrauch, Verstöße gegen das Betäubungsmittelgesetz besteht eine solche Anzeige*pflicht* nicht. Selbstverständlich ist aber jeder Bürger *berechtigt*, Straftaten vor oder nach Begehung einer tatsächlich oder vermeintlich begangenen Straftat (auch anonym) anzuzeigen.

Die Frage ist nun, ob in sozialen Einrichtungen tätige Personen weitergehende Pflichten haben, also aufgrund ihrer Verpflichtung zum Vertrauensschutz schweigen müssen oder wegen bestehender Amtshilfepflichten andere Behörden informieren müssen. Beides ist der Fall.

§ 71 Abs. 1 Satz 1 Nr. 1 regelt zunächst, dass die allgemeinen Anzeigepflichten gemäß § 138 StGB (anders als z. B. für Seelsorger) auch für Sozialbehörden gelten. Aus § 71 SGB X ergeben sich darüber hinaus weitere Übermittlungsbefugnisse bei schweren und ansteckenden *Infektionskrankheiten*, bestimmten sozialschädlichen Verhaltensweisen (*Schwarzarbeit, Steuervergehen, Verstöße gegen das Wohngeldgesetz*) (Abs.1), Übermittlungsersuchen der *Ausländer- und Asylbehörden* (Abs. 2, 2 a) und hinsichtlich der Aufgaben des Verfassungsschutzes (§ 72 SGB X).[15] Insoweit haben Sozialbehörden weitergehende Übermittlungspflichten als der normale Bürger. Im Übrigen besteht aber die allgemeine Schweigepflicht. Wenn man in der beruflichen Tätigkeit erfährt, dass Klienten Straftaten wie Diebstahl, Körperverletzung oder Hausfriedensbruch begangen haben oder begehen wollen, unterliegen diese Informationen grundsätzlich der Schweigepflicht. Mitarbeiter sozialer Einrichtungen sind insoweit – im Unterschied zu Privatpersonen – nicht befugt, Anzeige zu erstatten.

Diese Rechtslage kann im Einzelfall durchaus als problematisch empfunden werden. Z. B. wenn eine Sozialpädagogin in der Jugendhilfe von sexuellem Missbrauch erfährt. Aufgrund der Verpflichtung zum Datenschutz kann sie ohne Einwilligung des Betroffenen nichts unternehmen. Dasselbe gilt, wenn der Sozialarbeiter durch den Täter hiervon erfährt. Die Verschwiegenheitspflicht hat auch unter sozialarbeiterischen Gesichtspunkten durchaus ihren Preis. Der Sozialarbeiter/Sozialpädagoge ist gehalten, mit dem Klienten und nicht gegen ihn zu arbeiten. In extremen Notlagen kommt allerdings – wenn weitere Straftaten zu befürchten sind – auch eine Übermittlung nach den Regeln des *Notstands* (hierzu unten Seite 177 f) ohne Einwilligung oder Wissen des Klienten in Betracht. Bei anderen Delikten kann die Beendigung der sozialen Betreuung angezeigt sein, wobei die Schweigeverpflichtung danach allerdings fortbesteht. Eine generelle Aufhebung der Schweigepflicht bei Straftaten hätte zur Folge, dass Straftäter sich nicht mehr an sozialpädagogische Einrichtungen wenden würden und professionelle Dienste nicht mehr ins Vertrauen gezogen würden. Gerade Problemgruppen würden durch soziale Dienste nicht mehr erreicht.

### Strafverfahren

Wird die Polizei zur Strafverfolgung bereits begangener Straftaten tätig und bittet andere Personen um Auskünfte, so besteht grundsätzlich für niemanden eine Auskunftspflicht. Man kann die Ermittlungen unterstützen, muss es aber nicht (Ausnahme: § 68 SGB X, hierzu unten). Wird man allerdings von der Staatsanwaltschaft oder einem Gericht zu einer Vernehmung geladen, so muss man erscheinen und auf

---

[15] Insbesondere im Zusammenhang mit dem Ausländerrecht sind die Mitteilungspflichten höchst fragwürdig und müssen jedenfalls bei Kindern und Jugendlichen hinter den sozialen Förderungspflichten zurück treten (vgl. § 65 SGB KJHG/SGB VIII als speziellere Vorschrift). Dies ist aber umstritten.

die Befragungen wahrheitsgemäße Angaben machen. Anderenfalls droht eine zwangsweise Vorführung und Ordnungsgeld.

Für den Sozialen Bereich gelten folgende Besonderheiten:

Bei einem Strafverfahren wegen einer Straftat von erheblicher Bedeutung (Tat mit mindestens einem Jahr Freiheitsstrafe bedroht) besteht eine Verpflichtung zur Datenübermittlung – allerdings nur, sofern dies durch den zuständigen *Richter angeordnet* wurde (§ 73 Abs. 3 SGB X). Bei einer Vorladung durch den Richter (oder die Staatsanwaltschaft) als *Zeuge* ist stets zu prüfen, ob ein Aussageverweigerungsrecht besteht (hierzu unten Seite 179 f).

### Gefahrenabwehr

Nach § 68 SGB X kommt eine Datenübermittlung im *öffentlichen Interesse* an Polizeibehörden, Staatsanwaltschaften, Justizvollzugsanstalten und andere Behörden der Gefahrenabwehr in Betracht, zur Erfüllung deren Aufgaben bzw. zur Durchsetzung von öffentlich-rechtlichen Ansprüchen in Höhe von mindestens 600 €. Diese Befugnis dient sowohl der Vermeidung bevorstehender Gefahren als auch Maßnahmen der Strafverfolgung.

Die Übermittlung setzt ein *Ersuchen* der jeweiligen Behörde voraus, und es dürfen hierdurch schutzwürdige Interessen des Betroffenen (*Verhältnismäßigkeit*) nicht beeinträchtigt werden. In diesem Zusammenhang dürfen außerdem immer nur „harte Daten", d. h. *Name, Vorname, Geburtsdatum, Geburtsort, derzeitige Anschrift, Aufenthaltsort* sowie *Anschrift des Arbeitgebers* übermittelt werden. Die Entscheidung darüber, ob Daten übermittelt werden, trifft der *Leiter der Behörde* bzw. dessen Stellvertreter (§ 68 Abs. 2 SGB X). Weitere Angaben, z. B. welche *Sozialleistungen* erbracht werden, Familienstand des Klienten oder Angaben über Gesprächsinhalte dürfen in keinem Fall gemacht werden.

### Soziale Aufgaben, Forschung und Planung

Hinsichtlich der Erfüllung sozialer Aufgaben (69 SGB X) besteht der Datenschutz ebenso in abgeschwächter Form wie bei der Durchsetzung von Ansprüchen wegen Unterhaltspflichtverletzungen oder Versorgungsausgleich (§ 74 SGB X) und für Zwecke der Forschung und Planung. Auch in diesen Bereichen ist aber stets zu prüfen, ob eine Anonymisierung mit zumutbarem Aufwand möglich ist und auf welche notwendigen Daten die Weitergabe beschränkt werden kann. Denn der Eingriff in die Rechte des Betroffenen muss auch hier so gering wie möglich gehalten werden.

### Verlängerter Datenschutz

Auch wenn personenbezogene Daten nach den §§ 67–77 SGB X zulässig an andere Personen oder Stellen übermittelt wurden, endet damit der Datenschutz nicht. Die Behörde, die die Daten empfangen hat, darf die Daten nur zu dem Zweck verwenden, zu dem sie diese erhalten hat (*Zweckbindung*), und sie muss die empfangenen Daten in gleicher Weise schützen, wie dies die übermittelnde Behörde musste. Die Regeln des Sozialdatenschutzes gelten dann auch für Stellen, die keine Sozialbehörden sind. Man spricht von einem *verlängerten Datenschutz*.

Informationsinteressen anderer Behörden

## Übermittlungsbefugnisse nach dem SGB X
### Alle Daten sind grundsätzlich zu schützen außer

| Amtshilfe (§ 68 SGB X) | Soziale Aufgaben (§ 69 SGB X) | Arbeitsschutz (§ 70 SGB X) | Mitteilungspflichten (§ 71 SGB X) | Innere u. äußere Sicherheit (§ 72 SGB X) | Strafverfahren (§ 73 SGB X) | Unterhaltspflichten (§ 74 SGB X) | Forschung und Planung (§ 75 SGB X) |
|---|---|---|---|---|---|---|---|
| • Polizeibehörden • Gerichte u. a. • öffentlich rechtliche Ansprüche, mindestens 600 € nur harte Daten Zuständig: Behördenleiter | • Aufgaben nach dem SGB • Lastenausgleich • Unterhaltssicherung • Beamtenversorgung ... | • Staatliche Stellen (nur bei erheblicher Bedeutung) | • geplante Straftaten nach § 138 StGB • Ansteckende Krankheiten nach dem ISG • Wehrüberwachung • Verfolgung Schwarzarbeit • auf Ersuchen der Ausländerbehörde ... | • Verfassungsschutz • Bundesnachrichtendienst • Militärischer Abschirmdienst • Bundeskriminalamt ... nur harte Daten | • Verbrechen (Mindeststrafe 1 Jahr) • Andere schwere Straftaten | • Unterhalt • Versorgungsausgleich im gerichtlichen Verfahren und bei gesetzlichen Auskunftspflichten | • Wissenschaftliche Forschung • Planung öffentl. Leistungen Nur nach vorheriger Genehmigung durch oberste Bundes- bzw. Landesbehörde |

Daneben sind Reglungen in den einzelnen Büchern des SGB zu beachten: z. B. verschärfter Datenschutz im KJHG (§§ 61 ff KJHG/SGB VIII) und Befugnisse zum Datenabgleich mit andern Leistungsträgern im BSHG (§ 117 BSHG).
Darüber hinaus ist bei Notstand und Notwehr (§§ 32 ff StGB) eine Weitergabe von Daten zulässig zum Schutz überragender Rechtsgüter.
Insoweit besteht aber *keine Pflicht* zur Übermittlung.
Die Daten erhaltende Behörde darf diese immer nur zu dem Zweck verwenden, zu welchem sie übermittelt wurden.

Für öffentliche Einrichtungen gilt dieser verlängerte Datenschutz unmittelbar durch das Gesetz. Auch hier gibt es Probleme in der Umsetzung, schon weil die Bestimmungen des Sozialdatenschutzes nicht hinreichend bekannt sind. Besonders schwierig ist die Umsetzung des verlängerten Datenschutzes aber bei einer Übermittlung von Daten an private Träger, da diese weder dem öffentlichen Recht noch der Kontrolle durch öffentliche Behörden unterliegen. In § 78 Abs. SGB X heißt es lediglich, dass „nicht öffentliche Stellen auf die Einhaltung dieser Pflichten *hinzuweisen* sind". Tatsächlich muss der öffentliche Träger aber aktiv dafür Sorge tragen, dass diese Bestimmungen in der Praxis auch eingehalten werden. Ansonsten würde er seine öffentlich-rechtlichen Schutzpflichten verletzen. Im Wesentlichen geschieht dies durch Vereinbarungen zwischen den öffentlichen und privaten Stellen.

## 4. Datenschutz bei freien Trägern

In den letzten Jahren wurden auch im Bereich des Zivilrechts die Pflichten von Privatpersonen, insbesondere Firmen, die in großem Umfang Dateien nutzen, erheblich ausgeweitet. Die entsprechenden Vorschriften befinden sich vor allem im *Bundesdatenschutzgesetz* und den Datenschutzgesetzen der Länder.[16] Bereits im Anwendungsbereich werden die Lücken des Bundesdatenschutzgesetzes deutlich. So gelten die Datenschutzbestimmungen nicht für „persönliche oder familiäre Tätigkeiten" (§ 1 BDSG) und nur bei einer Verwendung von Datenverarbeitungsanlagen und bezogen auf automatisierte Dateien (vgl. § 1 und § 27 BDSG). Damit sind persönliche Daten in erheblichem Umfang, z. B. solche, die mündlich übermittelt werden, nicht erfasst. Für die kirchliche Einrichtungen von Caritas und Diakonie finden allerdings die entsprechenden kirchlichen Datenschutzgesetze Anwendung, deren Standard mit dem staatlicher Einrichtungen vergleichbar ist.

Alle öffentlichen und nicht öffentlichen Stellen, die in größerem Umfang Daten erheben, verarbeiten oder nutzen, sind allerdings verpflichtet, in eigener Verantwortung einen *Datenschutzbeauftragten* zu benennen, der die Einhaltung bestehender Bestimmungen zu überwachen hat (§ 4f BDSG). Außerdem gelten bei einer Übermittlung durch öffentliche Träger die Grundsätze des verlängerten Datenschutzes (hierzu bereits oben).

Im Übrigen kommen hier Datenschutzpflichten aufgrund vertraglicher Vereinbarungen mit den Klienten und aus dem allgemeinen Persönlichkeitsrecht in Betracht. Heute wird weitgehend davon ausgegangen, dass allein aufgrund der Tatsache, dass ein Vertrag über eine soziale Leistung (mündlich oder schriftlich) geschlossen wird, der Leistungserbringer automatisch verpflichtet ist, als *Nebenpflicht* die persönlichen Daten der Kunden zu schützen. Die Schutzbestimmungen sind allerdings nicht so klar umschrieben wie im öffentlichen Bereich. Je nach Aufgabenbereich und Üblichkeit können deutliche Unterschiede zwischen einzelnen Einrichtungen bestehen. So wird allgemein anerkannt, dass in kirchlichen Krankenhäusern eine Datenübermittlung an den zuständigen Seelsorger dem Datenschutz nicht widerspricht.

---

[16] Diese Datenschutzgesetze richten sich sowohl an öffentliche als auch nicht öffentliche Stellen. Da die Vorschriften des SGB X weitergehend sind, war bezüglich der öffentlichen Sozialleistungsträger auf die Datenschutzgesetze nicht näher einzugehen.

> **Datenschutz bei freien/privaten Trägern**
> - **Eine eindeutige, umfassende gesetzliche Regelung fehlt.** Das Bundesdatenschutzgesetz (§§ 1)) erfasst nicht „persönliche und familiäre Tätigkeiten" und gilt zu einem großen Teil nur bei einer Anwendung von „Datenverarbeitungsanlagen" (§ 27 ff BDSG). Trotz Verschärfung der Bestimmungen und der Errichtung von Aussichtsbehörden ist die allgemeine Kontrolle privater Unternehmen nach wie vor lückenhaft.
> - **Es bestehen weitgehende vertragliche Verpflichtungen.** Z. B. in Arbeitsverträgen, Verträgen mit staatlichen Leistungsträgern und durch Vereinbarungen mit den Klienten, die strikt zu beachten sind. Auch ohne ausdrückliche Formulierung können sie als vertragliche Nebenpflichten bestehen (bisher fehlt aber eine Einheitlichkeit).
> - **Verlängerter Sozialdatenschutz (§ 78 SGB X).** Daten, die eine freie/private Einrichtung von einem öffentlichen (staatlichen) Leistungsträger erhält, muss diese immer in gleichem Umfang schützen wie der staatliche Träger.
> - **Übertragene Aufgaben.** Soweit private Träger öffentliche Angelegenheiten als „übertragene Aufgaben" wahrnehmen (z. B. nach § 61 Abs. 4 KJHG/SGB VIII), gelten die Datenschutzregelungen des SGB ohne Einschränkung (vgl. auch § 2 Abs. 3 BDSG).
> - **Selbstverpflichtungen.** Insbesondere die Kirchen haben für ihren Bereich eigene Datenschutzrichtlinien erlassen, die einen Schutz entsprechend den staatlichen Einrichtungen gewährleisten (teilweise auch darüber hinausgehend).
> - **Die berufsbezogenen Pflichten** (vgl. § 203 StGB) gelten ohne Einschränkung.
> - Private Träger sind **in keinem Fall** im Wege der **Amtshilfe** zur Übermittlung von Daten verpflichtet. Insoweit besteht hier ein weitergehender Datenschutz als bei öffentlichen Trägern.

Zu beachten ist, dass nichtstaatliche Einrichtungen generell *nicht* zur *Amtshilfe* verpflichtet sind, da sie kein Teil der öffentlichen Verwaltung sind, §§ 68 ff SGB X gelten nicht. So kommen Übermittlungspflichten an staatliche Behörden überhaupt nur in Betracht, soweit es sich um eine gerichtliche Anordnung im Rahmen eines Strafverfahrens oder um Zeugenaussagen (hierzu unten) handelt. Insoweit ist der Datenschutz bei freien Trägern deutlich weitergehend als bei öffentlichen.

## 5. Berufspflichten des Sozialarbeiters/Sozialpädagogen

Neben den allgemeinen Vorschriften des Sozialdatenschutzes ist zu beachten, dass *Sozialarbeiter* und *Sozialpädagogen* aufgrund ihrer Ausbildung und Tätigkeit in *besonderer Weise* zur Verschwiegenheit verpflichtet sind. Die Klienten sollen sich stärker noch als bei anderen Mitarbeitern darauf verlassen können, dass die qualifizierten Fachkräfte bei ihrer beruflichen Tätigkeit erhaltene Informationen für sich behalten. Diese Pflichten und Rechte zur Verschwiegenheit bedeuten eine besondere Anerkennung dieser Berufsgruppe, wie sie unter anderem auch für Psychologen,

Ärzte, Rechtsanwälte besteht. Diese besondere Verschwiegenheitsverpflichtung ist an den jeweiligen Berufsstand („staatlich anerkannter Sozialpädagoge", „staatlich anerkannter Sozialarbeiter") gebunden. Personen, die in bestimmten staatlich anerkannten Beratungsstellen arbeiten, im öffentlichen Dienst besonders verpflichtete Personen und Personen, die für einen dieser Berufe ausgebildet werden (vgl. die Aufzählung in § 203 StGB), sind ebenfalls erfasst.

In Abweichung zu den geschilderten allgemeinen Grundsätzen gelten für diese Personen die *Offenbarungspflichten* der §§ 68 ff SGB X nur mit deutlichen Einschränkungen. Dies ergibt sich aus § 203 StGB und wird durch § 76 SGB X ausdrücklich bestätigt. Gesetzliche Offenbarungspflichten sind insoweit neben den allgemeinen Grundsätzen von Notstand und Notwehr (hierzu unten) lediglich die in § 71 SGB X genannten Anzeigepflichten (z. B. geplanter schwerer Straftaten), die Aussagepflichten in gerichtlichen Strafverfahren (vgl. § 53 StPO) und die jugendhilfespezifischen Pflichten (§ 50 KJHG/SGB VIII und Informationspflichten gegenüber Eltern gem. Art. 6 Grundgesetz). Insbesondere die Übermittlungspflichten nach § 68 SGB X (gegenüber Polizeibehörden, zur Durchsetzung öffentlich rechtlicher Ansprüche u. a.) und § 73 SGB X (schriftliche Angaben zur Durchführung eines Strafverfahrens) gelten nicht.

§ 76 SGB X regelt, dass Daten, die durch eine dieser Vertrauenspersonen erhoben wurden, auch von einer Sozialbehörde nur nach diesen Grundsätzen weitergegeben werden dürfen (*verlängerter Datenschutz*). § 65 Abs. 3 KJHG/SGB VIII bezieht in diese besondere Verschwiegenheitspflicht sogar generell alle „Mitarbeiter eines Träger der öffentlichen Jugendhilfe" ein.

Für staatlich anerkannte Sozialarbeiter/Sozialpädagogen gilt diese besondere Verpflichtung (anders als bei Mitarbeitern in Beratungsstellen) unabhängig von der konkreten Aufgabe und unabhängig davon, ob sie bei öffentlichen oder freien Trägern beschäftigt sind. Es kommt also nicht darauf an, ob die *konkrete* Tätigkeit tatsächlich bzw. nach der Beurteilung der Fachkraft oder ihres Vorgesetzten des besonderen Vertrauensschutzes bedarf.

### Strafbarkeit von Fehlverhalten

Diese besondere Verschwiegenheitspflicht kommt auch darin deutlich zum Ausdruck, dass eine rechtswidrige Weitergabe personenbezogener Daten als *Straftat* geahndet und mit strafrechtlichen Konsequenzen (*Freiheitsstrafe* oder *Geldstrafe*) verbunden sein kann (§ 203 Strafgesetzbuch).

Für die Anwendbarkeit dieser Strafnorm gelten im Wesentlichen die oben genannten Grundsätze. So kommt es nicht darauf an, in welcher Weise Daten bekannt wurden, und jede Form der Datenweitergabe ohne Einwilligung oder gesetzliche Grundlage ist strafbar. Auch Mitteilungen gegenüber Kollegen oder Vorgesetzten fallen hierunter, wenn sie nicht zur Erfüllung der konkreten Aufgabe unverzichtbar sind.

Allerdings werden solche Straftaten *nur auf Antrag* dessen verfolgt, der in seinen Rechten auf Vertrauensschutz verletzt wurde (§ 205 StGB). Gedankenlose Geschwätzigkeit berechtigt einen Außenstehenden (z. B. einen missgünstigen Kollegen) somit nicht zur Einleitung eines Strafverfahrens. Mit dieser Regelung wird auch der Tatsache Rechnung getragen, dass es immer wieder Situationen gibt, in denen Hilfe für einen Betroffenen erst durch eine Verletzung von Datenschutzbestimmungen möglich wird (z. B. Informierung einer anderen Stelle oder naher Angehöriger) oder von dem Einverständnis des Betroffenen auszugehen ist. In diesen Fällen ist mit einer Strafverfolgung nicht zu rechnen. Die Bedeutung der Strafnorm liegt damit *nicht* darin, dass wirklich *alle* Verstöße geahndet werden, sondern darin, dass die in den entsprechenden Berufen tätigen Personen die Datenschutzinteressen ihrer Klienten ernst nehmen und die Betroffenen sich bei bekannt gewordenen Verstößen sehr wirksam wehren *können*. Ein gravierendes Problem besteht allerdings darin, dass der Bruch des Vertrauensverhältnisses dem Betroffenen oft gar nicht bekannt ist.

Aufgrund der Strafdrohung ist der staatlich anerkannte Sozialpädagoge/Sozialarbeiter persönlich verpflichtet, auf die Einhaltung der Datenschutzbestimmungen zu achten und kann sich auch gegenüber seinem Vorgesetzen sehr wirksam darauf berufen. Denn der Vorgesetzte kann nicht erwarten, dass sich ein Mitarbeiter zwecks Erfüllung einer dienstlichen Anweisung strafbar macht.

## 6. Notstand/Notwehr

In Abweichung von den genannten gesetzlichen Pflichten zur Verschwiegenheit/zum Datenschutz kann eine Weitergabe von Daten zur Abwendung einer konkreten, überragenden Gefahr ausnahmsweise zulässig sein. Nach den Grundsätzen des Notstands und der Notwehr (vgl. §§ 32, 34 StGB) gelten hierfür strenge Voraussetzungen. Durch diese allgemein gehaltenen Anforderungen (*Generalklauseln*), die in allen Bereichen der Rechtsordnung gelten, wird sichergestellt, dass die Schweigepflicht nicht in Einzelfällen zu untragbaren Verpflichtungen führt.

Im Einzelnen gilt folgendes: Die Verpflichtung zur Verschwiegenheit darf durchbrochen werden, wenn eine *gegenwärtige Gefahr* für ein Rechtsgut besteht und diese Gefahr *nur* durch eine solche Rechtsverletzung wirksam begegnet werden kann. Außerdem muss das zu schützende Rechtsgut wesentlich *höherwertig* sein als das des Klienten auf Verschwiegenheit. Notstand und Notwehr führen immer nur zu einer Mitteilungsbefugnis und *niemals* zu einer Mitteilungs*pflicht*. Außerdem wird demjenigen, der sich hierauf beruft, zugestanden, dass er die oft eilbedürftige Entscheidung nach seiner persönlichen Einschätzung (nicht objektiven Kriterien) trifft. Notwendig ist aber, dass er eine *Abwägung* zwischen den Rechtsgütern (zu schützendes Rechtsgut und Verletzung des Datenschutzes) vornimmt und keine leichtfertige Entscheidung trifft. Konkret heißt dies, dass z. B. ein Sozialpädagoge, der von einem Klienten von Gewalttaten in der Familie des Klienten erfährt, auch gegen den Willen des Klienten die Polizei informieren darf, wenn der Schutz der betroffenen Personen höher einzuschätzen ist als der Schutz der ihm anvertrauten Daten. Er muss seine Entscheidung zwar verantwortungsvoll treffen, zulässig ist aber, dass diese auch von seiner persönlichen Sicht geprägt ist. Stellt sich nachher heraus, dass die Notlage gar nicht bestanden hat (Fehlinformation), ist er dennoch entschuldigt, wenn er dies hat nicht wissen müssen und ihm eine Überprüfung der Angaben (z. B. wegen Eilbedürftigkeit) nicht möglich war. Dasselbe gilt, wenn der zur Verschwiegenheit Verpflichtete tätlich angegriffen oder beleidigt wird und er sich hiergegen z. B. durch Herbeirufen der Polizei zur Wehr setzt.

Die sich aus Notstand bzw. Notwehr ergebende Übermittlung kann sich auf alle Arten von Daten beziehen, wobei allerdings bei höchstpersönlichen Daten das Interesse des Klienten stärkeres Gewicht hat. Generell dürfen auch unter diesen Voraussetzungen Daten nur soweit herausgegeben werden, wie dies zur Abwendung der konkreten Gefahr notwendig ist bzw. für notwendig gehalten wird.

Auf dieser Grundlage kann eine soziale Einrichtung z. B. bei sexuellem Missbrauch oder Drogendealern in *eigener Verantwortung* prüfen, ob sie Strafanzeige stellt (z. B. wenn soziale Hilfe nicht möglich ist) oder nicht (z. B. um mit dem Täter sozialpädagogisch arbeiten zu können). Auch auf Anfrage der Ermittlungsbehörden besteht (jedenfalls bei den genannten Beispielen) *keine Verpflichtung*, detaillierte Angaben über eine Tatbeteiligung zu machen (hierzu bereits oben Seite 170 ff).

## 7. Folgen bei Verstößen gegen Datenschutz

Kommt es zu Verstößen gegen Datenschutzbestimmungen, handelt es sich immer um eine Verletzung von *Dienstpflichten* (öffentliche Stellen) oder von vertraglichen Pflichten (private Träger). Möglicherweise ist auch der Tatbestand einer unerlaubten Handlung (§ 823 BGB) erfüllt. Dies kann zu *dienstrechtlichen/arbeitsrechtlichen Konsequenzen* führen. Häufig fehlt es dem Arbeitgeber aber an der nötigen Sensibilität für die Belange des Datenschutzes und viele Verstöße werden ihm nicht bekannt. Mit dienst- oder arbeitsrechtlichen Konsequenzen ist deshalb, abgesehen von Fällen groben Datenmissbrauchs, meist nicht zu rechnen.

Derjenige, dessen Daten rechtswidrig verwendet oder weitergegeben wurden, kann beanspruchen, dass seine persönlichen Daten insoweit *nicht verwendet*, sondern gelöscht werden (*Verwendungsverbot*).

Darüber hinaus kann er *Schadenersatzansprüche* gegenüber der verantwortlichen Stelle geltend machen, sofern die „gebotenen Sorgfaltspflichten" nicht beachtet wurden (§ 7 Bundesdatenschutzgesetz). Sofern er gegen öffentliche Stellen vorgeht, haften diese unabhängig vom Verschulden, bis zu einem Betrag von 130 000 €. Daneben können auch Schadenersatzansprüche gegen Personen in Betracht kommen (§ 823 BGB). Hierzu muss diesen aber ein schuldhaftes Verhalten nachgewiesen werden (vgl. oben Seite 57). Diese Regelungen sind sehr unzulänglich, weil Schadenersatz nur in Geld in Betracht kommt, ein materieller oder materialisierbarer Schaden häufig aber nicht entsteht. Sofern „lediglich" das Empfinden des Betroffenen oder sein Ruf in der Öffentlichkeit beeinträchtigt ist, führt dies nach deutschem Recht in der Regel zu keinem oder allenfalls sehr geringen Ersatzansprüchen (Ausnahme: schwere Verletzungen des Persönlichkeitsrechts).

Das Hauptproblem besteht darin, dass der Datenmissbrauch in der Regel hinter dem Rücken des Betroffenen erfolgt. Hat der Missbrauch Erfolg und erfährt der Betroffene nichts von der Weitergabe oder bleibt unklar, woher die Daten stammen, so kann er sich auch nicht wehren.

> **Rechtsfolgen bei Verstoß gegen Datenschutzvorschriften**
>
> **Verwendungsverbot:** Unrechtmäßig übermittelte Sozialdaten dürfen nicht verwendet werden.
> **Strafverfolgung:** Die unbefugte Verbreitung geschützter Sozialdaten ist eine Straftat bzw. Ordnungswidrigkeit (§§ 78, 85 SGB X, §§ 203, 205 StGB).
> **Schadensersatz und Schmerzensgeld:** Der Betroffene hat Anspruch auf Ersatz seines materiellen und immateriellen Schadens (Verletzung des allgemeinen Persönlichkeitsrechts, §§ 823, 847 BGB; z.T. auch ohne Verschulden vgl. § 82 SGB X und § 7 BDSG).
> **Löschung:** Sozialdaten sind zu löschen, wenn die Erhebung bzw. Speicherung unzulässig erfolgte.
> **Unterlassungs- und Folgenbeseitigungsansprüche:** Der Betroffene hat einen gerichtlich durchsetzbaren Anspruch auf Unterlassung weiterer Verbreitung der Daten und (soweit möglich) auf Beseitigung der Folgen des rechtswidrigen Handelns.
> **Dienst-/arbeitsrechtliche Folgen:** Die handelnde Person verstößt gegen dienst-/arbeitsrechtliche Pflichten und kann entsprechend belangt werden (z.B. Abmahnung, bei Wiederholung Kündigung).

## 8. Zeugenaussagen vor Gericht

Eine weitere wichtige Frage ist, ob Mitarbeiter in sozialen Einrichtungen vor Gericht Angaben machen müssen, wenn sie als Zeugen vorgeladen werden. Im Unterschied zur Anzeige von Straftaten ist in einem Gerichtsverfahren jedermann verpflichtet, als Zeuge zu erscheinen und wahrheitsgemäße Angaben nach bestem Wissen und Gewissen zu machen. Dies gilt lediglich dann nicht, wenn in dem konkreten Verfahren ausnahmsweise ein *Zeugnisverweigerungsrecht* besteht.

In zivilgerichtlichen, arbeitsgerichtlichen, verwaltungsgerichtlichen und sozialgerichtlichen Verfahren besteht ein sehr weit gehendes Aussageverweigerungsrecht bzgl. Tatsachen, „deren Geheimhaltung durch ihre Natur oder durch gesetzliche Vorschrift geboten ist" (§ 383 Abs. 1 Nr. 6 ZPO). Insoweit kann kein Zweifel an einem umfassenden Zeugnisverweigerungsrecht für im sozialen Bereich Tätige bestehen.

Für strafgerichtliche Verfahren bestehen wesentlich eingeschränktere Zeugnisverweigerungsrechte. Ein solches Recht haben aus persönlichen Gründen unter anderem Verlobte, Verheiratete und Lebenspartner des Angeklagten sowie aus beruflichen Gründen Geistliche, Ärzte, Rechtsanwälte, Mitglieder des Bundestages und Mitarbeiter bei Organen der Presse (vgl. §§ 52, 53 Strafprozessordnung). Aus dem sozialen Bereich sind einzig Suchtberater und in der Schwangerschaftskonfliktberatung Tätige erfasst (vgl. § 53 Abs. 1 Nr. 3a u. 3b Strafprozessordnung). Es wird deshalb unter Juristen überwiegend die Auffassung vertreten, Sozialarbeiter und Sozialpädagogen seien im Strafverfahren zur Zeugenaussage verpflichtet. Ob dies in Anbetracht der besonderen Bedeutung des Datenschutzes und im Vergleich zu den anderen zur Aussageverweigerung berechtigten Personen angemessen ist, muss allerdings bezweifelt werden. Zumal ein Widerspruch besteht zwischen den Regelungen im Strafverfahrensrecht (§ 53 StPO) und denen im SGB (§ 35 Abs. 3 SGB I). Denn in § 35 Abs. 3 SGB I heißt es, dass „keine Zeugnispflicht" besteht, „soweit eine Übermittlung nicht zulässig ist". Eine Übermittlungsbefugnis besteht aber nach § 73 SGB X nur bei Verfahren wegen schwerer Straftaten. Eine Aussagepflicht bei weniger schweren Delikten darf daher in der Tat bezweifelt werden.

Bei Mitarbeitern des öffentlichen Dienstes ist außerdem zu beachten, dass sie überhaupt nur als Zeuge vor Gericht aussagen dürfen, soweit ihnen von ihrem Dienstherrn eine Aussagegenehmigung erteilt wurde (§ 54 StPO, § 376 StPO). Hierbei geht es vor allem darum, dass durch eine Aussage öffentliche Aufgaben und staatliche Interessen nicht gefährdet werden. Selbstverständlich muss der Dienstherr auch die klientenorientierten sozialrechtlichen Datenschutzbestimmungen beachten. Häufig hat der Dienstgeber (Kommune, Land) die speziellen Belange im sozialen Bereich (§ 35 Abs. 3 SGB X) nicht hinreichend im Blick. Relativ häufig kommt es daher zu *rechtswidrigen* Aussagegenehmigungen. Den Betroffenen stellt sich dann die Frage, ob dies aufgrund ihrer Weisungsgebundenheit eine *Aussagepflicht* bedeutet oder ob sie sich trotz der Genehmigung auf ein persönliches Aussageverweigerungsrecht berufen können. Diese Fragen sind rechtlich umstritten und werden sehr unterschiedlich gehandhabt. Lediglich für staatlich anerkannte Sozialarbeiter/ Sozialpädagogen ergibt sich aus § 203 StGB eindeutig ein persönliches Aussageverweigerungsrecht (hierzu ausführlicher unten).

Da für Mitarbeiter privater Träger eine solche Genehmigungspflicht nicht besteht, können diese sich in zivil- und verwaltungsrechtlichen Verfahren auf § 383 ZPO berufen und haben insoweit immer und eindeutig ein Zeugnisverweigerungsrecht.

## 9. Schweigerecht gegenüber Eltern

Ein spezielles Problem ist die Datenweitergabe an die Eltern (bzw. andere Personensorgeberechtigte) im Bereich der Kinder- und Jugendhilfe. Nach dem Grundgesetz (Art. 6 GG) sind die Eltern verantwortlich für die Erziehung ihrer Kinder. Diese Rechte und Pflichten können sie aber nur wahrnehmen, wenn sie umfassend hinsichtlich der Belange ihrer Kinder informiert sind. Deshalb sind sie über alle Angelegenheiten ihrer Kinder, auch wenn diese sich auf Dauer nicht bei ihnen aufhalten (z. B. in einem Heim untergebracht sind), zu informieren. Das heißt Kinder und Jugendliche haben grundsätzlich kein Recht auf Datenschutz gegenüber ihren Personensorgeberechtigten. Hinzu kommt, dass Kinder- und Jugendliche bis zum Erreichen des 18. Lebensjahrs nicht voll geschäftsfähig sind und deshalb weitgehend von einer Vertretung durch ihre Eltern abhängig sind.

In der Praxis führt dies zu erheblichen Problemen, wenn die zur Personensorge verpflichteten und berechtigten Eltern nicht in der Lage sind, ihrer Verantwortung gerecht zu werden, oder aber der Kontakt zwischen Eltern und Kind so gering ist, dass sie ihrer Sorgeverantwortung tatsächlich kaum genügen können. Solange in einem Verfahren vor dem Familiengericht keine abweichende Regelung herbeigeführt wurde (§ 1666 BGB), bleiben sie aber rechtlich voll verantwortlich. Dies selbst dann, wenn das Kind sich ständig in einem Heim aufhält. Vor allem wenn grundlegende Konflikte das Eltern-Kind-Verhältnis prägen, ist die Weitergabe von Informationen an die Eltern durch die sozialpädagogische Fachkraft problematisch. Die Erziehungspersonen sehen sich häufig hin und her gerissen zwischen ihrer Verantwortung gegenüber den Eltern, diese auch unaufgefordert über besondere Vorkommnisse zu informieren, damit sie wichtige Belange entscheiden können, und ihrer Erziehungsverantwortung gegenüber dem Kind/Jugendlichen. Durch unterschiedliche Erziehungsstile wird dieser unterschwellige Konflikt häufig noch verstärkt.

Diese Problematik ist grundsätzlich unauflösbar, zumal heute aus psychologischen Gründen, soweit eben möglich, von einer Einschränkung der Elternverantwortung abgesehen wird. Im Zusammenhang mit dem Datenschutz ist allerdings auf zwei wichtige Einschränkungen dieser ansonsten umfassenden Elternbefugnisse hinzuweisen (zu den Befugnissen der nicht voll Geschäftsfähigen vgl. oben Seite 54 f):

Zum einen beginnt zwar die volle Geschäftsfähigkeit im Rechtsverkehr erst mit Vollendung des 18. Lebensjahrs, im Eltern-Kind-Verhältnis ist aber von einem allmählichen Mündigwerden auszugehen (vgl. § 1626 Abs. 2 BGB). Nach der ständigen Rechsprechung bedeutet dies, dass Minderjährige mit zunehmenden Alter *persönliche Angelegenheiten* zunehmend selbst (mit)bestimmen. Da sie selbst Grundrechtsträger sind, können sie mit zunehmenden Alter daher auch selbst entscheiden, wem sie welche Dinge unter dem Mantel der Verschwiegenheit anvertrauen (vgl. oben Seite Seite 34). Rechtlich heißt dies, dass sie selbst für eine Entbindung von der Schweigepflicht zuständig sind und *nicht* die Erziehungsberechtigten. Dies gilt entsprechend der Reife und Einsichtsfähigkeit des Jugendlichen vor allem dann, wenn es sich um sehr persönliche Angelegenheiten *ohne rechtsgeschäftliche* Bedeutung handelt.[17] Klare und einheitliche Vorgaben gibt es aber insoweit nicht. Im Verhältnis zum Arzt oder Therapeuten wird die Verschwiegenheit gegenüber den Sorgeberechtigten in weitem Umfang praktiziert. Hinsichtlich Hilfen zur Erziehung nach dem KJHG/SGB VIII hat die betreuende Person abzuwägen, ob in besonderen Situationen der Schutz der *Intimsphäre* des Heranwachsenden ein Zurückhalten *erziehungsrelevanter* Daten erfordert. Ist dies der Fall, sind die Persönlichkeitsrechte des Minderjährigen – entsprechend dessen Willen – auch gegenüber den Sorgeberechtigten zu schützen. Anderenfalls besteht auch bei einem 16- oder 17-Jährigen eine Informationspflicht gegenüber den Eltern.

Zum anderen ist mittlerweile anerkannt, dass ausnahmsweise dann von fachkundigen Stellen eine Information der Eltern unterbleiben darf, wenn dies zur Vermeidung von Gefahren für das Kind unverzichtbar ist. Insofern hat § 8 KJHG/SGB VIII eine wesentliche Neuerung gebracht. Hiernach können Kinder und Jugendliche ohne Wissen ihrer Erziehungsberechtigten von einer Beratungsstelle beraten werden, ohne dass in jedem Fall hierüber die Eltern zu informieren wären. Hierbei kommt es nicht auf die Reife des Minderjährigen an, sondern es geht um die Ver-

---

[17] Eine 16-Jährige kann z. B. bei durchschnittlicher, altersgemäßer Persönlichkeitsentwicklung eine Schwangerschaftskonfliktberatung in Anspruch nehmen, ohne dass die Eltern einverstanden sein oder informiert werden müssten. Das Bundesverfassungsgericht hatte vor länger Zeit entschieden, dass das Selbstbestimmungsrecht der 16-Jährigen soweit gehe, auch über einen Schwangerschaftsabbruch alleine entscheiden zu können. Von dieser Auffassung weichen neuere Gerichtsurteile allerdings teilweise ab.

meidung größerer Gefahren. Dieser Grundsatz gilt für alle Einrichtungen der Jugendhilfe und eröffnet für die dort tätigen Personen einen Ermessensspielraum. Von dieser Befugnis ist aber dennoch zurückhaltend Gebrauch zu machen. Jedenfalls sobald ohne Gefährdung für den Minderjährigen eine Information der Eltern möglich ist, hat diese zu erfolgen (vgl. § 8 Abs. 3 KJHG/SGB VIII). Letztlich handelt es sich hierbei um Notstandssituationen, die eine Missachtung der Rechte der Personensorgeberechtigten rechtfertigt (vgl. hierzu bereits oben Seite 177 f).

## Literaturhinweise zur Vertiefung:

*Claessen, Herbert:* Datenschutz in der evangelischen Kirche (1998).
*Fachet, Siegfried:* Datenschutz in der katholischen Kirche (1998).
*Falterbaum, Johannes:* Behördlicher Datenschutz in der Jugendhilfe, in: Zentralblatt für Jugendrecht (1999), S. 99–106.
*Krahmer, Utz:* Sozialdatenschutz nach dem SGB I und X (1996).
*Kunkel, Peter-Christian:* zu § 61 ff SGB VIII, in: Gemeinschaftskommentar zum SGB VIII (GK-SGB VIII), herausgegeben von Fieseler, Gerhard u. a.
*Papenheim, Heinz-Gert:* Zeugnisverweigerungsrechte der Sozialarbeiter und Sozialpädagogen, in: Lehmann (Hrsg.): Recht sozial, S. 285–310
*Proksch, Roland:* Sozialdatenschutz in der Jugendhilfe (1996).
*Roos, Elke:* zu § 67 ff SGB X, in: von Wulffen (Hrsg.): Sozialverwaltungsverfahren und Sozialdatenschutz (2001).

# Fälle und Lösungsskizzen

Die folgenden elf Fälle und Lösungsskizzen dienen der Wiederholung und Vertiefung des vorausgehenden Textteils. Hierdurch soll das Verständnis und das eigenständige Umgehen mit der rechtlichen Materie gefördert und die sozialarbeiterische Relevanz verdeutlicht werden. Es empfiehlt sich, die Fälle im Zusammenhang mit den jeweils angegebenen Kapiteln zu bearbeiten (vgl. Angaben zu Beginn der einzelnen Kapitel). Eine strenge Zuordnung bedeutet dies allerdings nicht. Die in Bearbeitungsumfang und Schwierigkeitsgrad unterschiedlichen Fälle verknüpfen vielmehr die verschiedenen Gebiete und führen – stets in verständlicher Sprache – auch in speziellere und aktuelle Probleme ein.

## Fall 1: Eine ganz normale Familie

Ziel: Ein Gespür entwickeln für die Notwendigkeit der Arbeitsteilung zwischen unterschiedlichen Diensten, trotz der Komplexität sozialer Notlagen. Sozialpädagogische Arbeit setzt in aller Regel Kooperation mit den Betroffenen voraus (Freiwilligkeit). Das Selbstbestimmungsrecht der Menschen begrenzt soziale und ethische Ziele. Das Vertrauensverhältnis und Parteilichkeit für die Klienten wird durch klare Zuständigkeiten und Abgrenzung zwischen unterschiedlichen Behörden gefördert. Grundfragen der elterlichen Sorge und der Wächterfunktion des Staats werden ebenso behandelt wie Grundlagen des sozialrechtlichen Verwaltungsverfahrens.

### Fall:

Die Eheleute M und F haben drei Kinder im Alter von 2, 5 und 7 Jahren. Sie lebten glücklich, bis M vor einem Jahr arbeitslos wurde. F arbeitet seither als Sekretärin. M versorgte den Haushalt und die Kinder nicht nur wegen der finanziellen Not sehr unzulänglich. Nach heftigen Streitereien und Handgreiflichkeiten zwischen allen Familienmitgliedern trennt sich M von F und verlässt die gemeinsame Wohnung. Er zieht zu seiner Freundin K. Die Eheleute wollen auf keinen Fall in der Öffentlichkeit auffallen, weshalb sich insbesondere M gegen eine Scheidung und jede fremde Betreuung oder Erziehung der Kinder wehrt. Als die Kinder, wie oft, unbeaufsichtigt zu Hause sind, montiert Alex (7 Jahre) am PKW des Nachbarn N die Scheibenwischer ab und zerkratzt mutwillig den Lack des Autos. Bettina (5 Jahre) zerstört derzeit die Stereoanlage des M. Carlo (2 Jahre) befindet sich in der Zeit bei der Großmutter (O), der durch Anweisung des Arztes die Kinderbetreuung wegen ihrer starken Herzprobleme untersagt ist. Die Nachbarin N, die über die Verhältnisse in der Familie gut Bescheid weiß und alles beobachtet hat, berichtet dies der Sozialpädagogin S im Jugendamt. N bittet S für eine Änderung der Verhältnisse zu sorgen. S überlegt nun, was sie im Interesse aller Beteiligten tun muss bzw. tun kann.
1. *Benennen Sie die unterschiedlichen Interessen der beteiligten Personen in dieser Familiensituation.*
2. *Wie wird sich die Sozialpädagogin S verhalten, und unter welchen Voraussetzungen kann soziale Hilfe geleistet werden?*
3. *Kann S sich der unterschiedlichen sozialen Aufgaben in gleicher Weise annehmen?*
4. *Kommt die Großmutter als Ansprechpartnerin in Betracht?*
5. *Ist der Widerstand des Ehemanns M von Bedeutung, wenn die Ehefrau E mit Hilfemaßnahmen für die Kinder einverstanden ist?*
6. *Wie hat S sich gegenüber der Nachbarin N zu verhalten?*
7. *Welche unterschiedlichen Rechtsbereiche werden durch diesen Fall angesprochen?*

### Lösung:

zu 1.) Der Fall ist geprägt von ganz unterschiedlichen Interessen der beteiligten Personen. M hat offensichtlich Beziehungsprobleme, will nach außen nicht auffallen und ist auf der Suche nach Arbeit. F könnte sich bei hinreichender finanzieller

Unterstützung (Hilfe zum Lebensunterhalt) möglicherweise selbst um die Kinder kümmern und hat Beratungsbedarf hinsichtlich einer möglichen Scheidung von M. Die Erziehung und Betreuung der Kinder erfolgt sehr unzulänglich, so dass deren Entwicklungsmöglichkeiten beeinträchtigt sind. Aber auch die gesundheitlichen Risiken der O, das Interesse der N an Schadenersatz für die Beschädigung des PKW und mögliche Schutzmaßnahmen vor weiteren Störungen können sozialpädagogisch relevant sein.

In der sozialpädagogischen Praxis ist es keineswegs selten, dass – wie hier – ganz unterschiedliche soziale Problemlagen aufeinandertreffen, sich gegenseitig bedingen und verschärfen. Dabei kann es sein, dass die Bedürfnisse und Interessen der Klienten miteinander konkurrieren. Deshalb ist stets Wachsamkeit geboten, dass sozialpädagogische Hilfe für bestimmte Personen nicht auf Kosten von anderen Beteiligten geht. Eine Skizze kann helfen, die unterschiedlichen Situationen und ihre Zusammenhänge zu verdeutlichen (siehe unten).

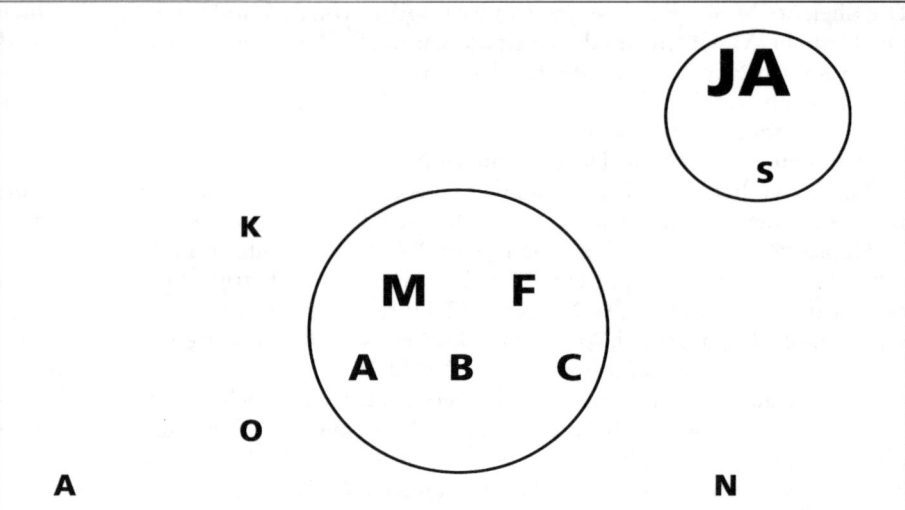

- Die zuständige Mitarbeiterin (S) des Jugendamtes (JA) muss im öffentlichen Interesse den Hinweisen nachgehen (§ 1, § 69 Abs. 1 KJHG/SGB VIII, Art. 6 Abs. 2 S. 1 GG).
- Die umfassende rechtliche Verantwortung der Eltern (M,F) für ihre Kinder (A,B,C) besteht unabhängig von familiären Verhältnissen (§ 1626 ff. BGB). Eine Neuregelung der elterlichen Sorge ist nur über das Familiengericht möglich.
- Alle anderen Beteiligten (S,O,N,K) müssen dies grundsätzlich respektieren. Ausnahme: Bei erheblicher Gefährdung des Kindeswohls (§ 1666 BGB) muss S das Familiengericht informieren (§ 50 Abs. III SGB VIII).
- Auch Ermittlungsbemühungen im Interesse der Kinder sind hinter dem Rücken der Eltern (Kindergarten, Schule) nur bei einem konkreten Verdacht auf erhebliche Gefährdungen zulässig (§ 67a SGB X).
- Den durchaus berechtigten Interessen von N,O,K kann S nicht nachgehen. Das Jugendamt ist der Kinder- und Jugendhilfe verpflichtet. Leistungen an andere Personen (M,F,O) (z. B. Beratung) sind hierauf zu beziehen.

zu 2.) Professionelle Arbeit erfolgt eingebunden in einen bestimmten Aufgabenbereich. Hier geht es darum, was die im Jugendamt beschäftigte Sozialpädagogin S zur Bewältigung der Problemlage beitragen kann. Zunächst einmal ist es wichtig zu wissen, dass sie als Vertreterin des Jugendamtes verpflichtet ist, dem Hinweis der N nachzugehen. Denn Kinder- und Jugendhilfe ist eine öffentliche Aufgabe, die im Interesse der Kinder und Jugendlichen in Gesamtverantwortung des Jugendamtes wahrgenommen wird (vgl. §§ 1, 69 KJHG/SGB VIII, grundlegend Art. 6 Abs. 2 S. 2 GG). Das Jugendamt hat sich darum zu bemühen, dafür zu werben, dass dort, wo Hilfen nach dem Kinder- und Jugendhilfegesetz notwendig sind, diese auch in Anspruch genommen werden können. In pflichtgemäßer Ermessensausübung entscheidet das Jugendamt, wann und welches Tätigwerden im Einzelfall notwendig und sinnvoll ist (*Opportunitätsprinzip*). Gibt es, wie im vorliegenden Fall, Hinweise auf grobe Verletzungen der Aufsichtspflicht und Vernachlässigung von Kindern, muss das Jugendamt der Sache nachgehen („*Ermessensschrumpfung auf Null*"). Im Unterschied zu anderen Sozialleistungen ist ein Antrag der Leistungsberechtigten hierfür nicht Voraussetzung (vgl. § 18 SGB X). S darf also nicht wegen Arbeitsüberlastung oder um Kosten für das Jugendamt zu sparen, untätig bleiben. Von Amts wegen hat S sich zu bemühen, mit der Familie Kontakt aufzunehmen (*Untersuchungsgrundsatz* § 20 SBG X). Dies kann zunächst schriftlich, telefonisch oder auch durch einen unangemeldeten Hausbesuch geschehen. Psychologische Überlegungen und die Kenntnis der näheren Umstände sind hier von erheblicher Bedeutung. Ebenso spielt es für die Betroffenen oft eine erhebliche Rolle, ob ein Besuch, eine erste Begegnung in der Wohnung der Familie oder in den Räumen des Jugendamtes angestrebt wird. In der Art des Vorgehens ist nicht rechtliche Kompetenz, sondern sozialpädagogisches Fingerspitzengefühl gefordert.

Lehnen die Eltern einen Kontakt mit S ab, hat sie keine Möglichkeit, für die Belange auch nur eines der Familienmitglieder tätig zu werden. Denn nur wenn eine ganz konkrete Gefährdung für das Leben eines Menschen vorliegt, kann gegen dessen Willen Hilfe erbracht werden. In allen anderen Fällen kann Hilfe – gleich welcher Art und unabhängig, ob dies objektiv sinnvoll ist – nur mit Zustimmung des Betroffenen erbracht werden (vgl. Art. 1, 2 GG). Für minderjährige Kinder gilt, dass deren Interessen normalerweise ausschließlich und vollständig von deren Personensorgeberechtigten als deren gesetzliche Vertreter (in der Regel den Eltern) wahrgenommen werden (vgl. Art. 6 Abs. 2 S. 1 GG, § 1626 BGB). Nur wenn diese ihre Pflichten in grober Weise verletzen und dadurch das Wohl eines Kindes erheblich gefährdet wird, kann in die Sorgeverantwortung der Eltern eingegriffen werden (vgl. § 1666 BGB). Die Situation, wie sie hier geschildert ist, rechtfertigt nach der Rechtsprechung einen solch gravierenden Einriff in die Elternrechte nicht. Vor allem dann nicht, wenn, wie hier, durch den Auszug des M körperliche Gewaltanwendung für die Zukunft nicht zu befürchten ist.

Ggf. könnte über eine Einschränkung der elterlichen Verantwortung auch nicht im Jugendamt entschieden werden (außer bei Gefahr im Verzug und dann nur für kurze Dauer), sondern hierzu bedarf es einer entsprechenden Entscheidung durch das zuständige Familiengericht (vgl. § 50 ABS. 3 KJHG/SGB VIII). Sind die Eltern nicht zu einer Kooperation mit dem Jugendamt bereit, kann S nicht tätig werden (Bemühungen die Rechte der Kinder auch gegenüber ihren Eltern zu stärken haben bisher geringen Erfolg: vgl. etwa Verfahrenspflegschaft, Recht auf Beratung nach § 8 KJHG, Recht auf Sozialleistungen nach § 36 Abs. 1 SGB I). Solche Situationen, in denen Hilfsangebote an der fehlenden Zustimmung der Betroffenen oder deren Personensorgeberechtigten scheitern, gibt es leider aus ganz unterschiedlichen Gründen häufig in der Sozialen Arbeit. Neben unzulänglichen Mitteln ist die fehlende Kooperationsbereitschaft ein grundlegendes Problem Sozialer Arbeit, sobald die Leistungen über rein finanzielle Zuwendungen hinausgehen.

**zu 3.**) Ist aber, wovon im Folgenden ausgegangen wird, eine intensivere Kontaktaufnahme möglich, muss sich S sehr schnell über die Ziele und Möglichkeiten ihrer Arbeit klar werden: Die Vermittlung einer beruflichen Tätigkeit für M, finanzielle Unterstützung, vor allem aber auch eine Aufarbeitung der Beziehungsprobleme zwischen F und M könnten Ansatzpunkte sein, um wirkungsvoll allen Beteiligten zu helfen. Würde S all diesen Fragen intensiv nachgehen wollen, wäre sie unweigerlich fachlich überfordert. Denn sie hat im Jugendamt keine Möglichkeiten zur Arbeitsvermittlung, kann nicht im Einzelnen die Leistungen nach dem BSHG kennen und wäre auch mit einer Eheberatung bzw. einer umfassenden rechtlichen Information über die Voraussetzungen und Folgen einer Scheidung überfordert. Als Mitarbeiterin des Jugendamtes ist sie zur Förderung der Entwicklung von Kindern und Jugendlichen verpflichtet (vgl. § 1 KJHG). Sie muss über die unterschiedlichen sozialen Dienste informieren können, sich aber gleichzeitig auf die unmittelbare Förderung der Kinder beschränken. Damit werden unlösbare Interessenkollisionen vermieden (etwa unterschiedliche Interessen der Eltern), aber auch eine klare Parteilichkeit – hier für die Kinder – ermöglicht, ohne die Notwendigkeit und Qualität der anderen Dienste in Frage zu stellen. Da es aber gleichzeitig einen Bedarf an umfassender Hilfe gibt, um Lebenswelt orientiert ganzheitliche Hilfe leisten zu können, wurde der Allgemeine Soziale Dienst (auch Allgemeiner Sozialdienst genannt kurz: ASD) eingeführt. Die interne Struktur dieses Dienstes und seine Zuständigkeit ist recht unterschiedlich geregelt. Als organisationsrechtlicher Teil des Jugendamtes bleibt der ASD teilweise für die Belange der Jugendhilfe verantwortlich, während hinsichtlich der anderen Leistungsbereiche auf die spezielleren Einrichtungen und Dienste verwiesen wird. Es besteht ein Spannungsverhältnis zwischen der Notwendigkeit ganzheitlicher Sozialer Arbeit und spezialisierter Zuständigkeiten. Kann S nicht selbst umfassend über die ganze Breite der sozialen Angebote informieren, wird sie hierzu den ASD einschalten.

**zu 4.**) Bei der Abwägung unterschiedlicher Maßnahmen zur Förderung in der Familie bzw. Hilfe zur Erziehung (z. B. Tagesbetreuung, sozialpädagogische Familienhilfe) spielt die Funktion der O eine Rolle. Denn hier liegen positive Ressourcen, die es im Interesse der Kinder möglichst zu nutzen gilt. Zunächst ist zu prüfen, welche Bedeutung das ärztliche Verbot, die Kinder zu betreuen, hat. Eine ärztliche Anweisung, im Unterschied etwa zu einer gerichtlichen Anordnung, schränkt die Handlungsfreiheit eines erwachsenen und mündigen Menschen nicht ein. Auch wenn sie zugunsten der Enkel ihre eigenen Interessen vernachlässigt, hat sie dies letztlich selbst zu verantworten. Auch das Verhalten von O – mag es ethisch bedenklich sein oder nicht – rechtfertigt kein Eingreifen von außen (*Abwehrfunktion der Grundrechte*). S hat außerdem zu beachten, dass unabhängig davon, ob O eine wichtige Bezugsperson für die Kinder ist und ob sie für S eine kompetente Gesprächspartnerin ist, rechtlich für sie allein der Wille der Eltern (Personensorgeberechtigten) maßgeblich ist. Denn die Familie steht zwar unter dem besonderen Schutz der staatlichen

Ordnung und wird von ihr in vielfältiger Weise gefördert, aber (von wenigen Ausnahmen abgesehen) bezieht sich der Familienbegriff rechtlich auf das Eltern-Kind-Verhältnis, also die Kleinfamilie.

**zu 5.)** Grundsätzlich sind beide Personensorgeberechtigten (i. d. R. die Eltern) in gleicher Weise für die Belange des Kindes verantwortlich (§ 1626 BGB). Das heißt, *beide* müssen mit Maßnahmen der Jugendhilfe einverstanden sein. Es kommt nicht darauf an, ob die Eltern mit dem Kinde in einer gemeinsamen Wohnung leben. Auch durch eine Scheidung der Ehe ändert sich die Verantwortlichkeit für die Kinder nicht zwangsläufig (vgl. § 1671 BGB). Widerspricht z. B. M, so kann Hilfe nicht erbracht werden, auch wenn F sich dafür ausspricht. Leben die Eltern nicht nur vorübergehend getrennt, hat der Elternteil bei dem sich das Kind ständig aufhält zwar in Angelegenheiten des täglichen Lebens die alleinige Sorgeverantwortung, bei Angelegenheiten, „die für das Kind von erheblicher Bedeutung sind", steht aber auch dann die Verantwortung beiden gemeinsam zu (vgl. § 1687 BGB). Eine Beratung ist in diesem Sinne noch keine Angelegenheit von erheblicher Bedeutung, wohl aber eine stationäre Hilfe zur Erziehung nach dem KJHG/SGB VIII. Wenn allerdings ein Elternteil sich nicht äußert (z. B. wenn M informiert wurde, aber an den Gesprächen nicht teilnimmt und sich hierzu auch nicht äußert), kann je nach den Umständen von einem „stillschweigendem Einverständnis" ausgegangen werden, so dass die ausdrückliche Erklärung des anderen Elternteiles ausreicht. Für den Fall, dass M und F nicht verheiratet sind, hat M nur dann die Personensorge für die Kinder, wenn beide Eltern dies vor dem Jugendamt oder einem Notar erklärt haben (§ 1626a BGB). Wenn sie dies nicht erklärt haben, ist seine Meinung über Belange der Kinder unerheblich. Sollten Hilfemaßnahmen am Widerstand des M zu scheitern drohen, ist es für S wichtig zu wissen, wie die elterliche Sorge geregelt ist.

**zu 6.)** Damit ist aber noch nicht die Frage beantwortet, wie S mit N umgeht. N hat einen Anspruch auf Schadenersatz für die Beschädigung ihres PKW und ein berechtigtes Interesse, künftig nicht mehr belästigt zu werden. Außerdem kann sie ein Interesse an einer strafrechtlichen Verfolgung haben (Strafmündigkeit besteht allerdings erst für mindestens 14-Jährige!). Möglicherweise wird sie S bedrängen, ihre Interessen wahrzunehmen, sie darauf hinweisen, dass das Jugendamt als aus Steuermitteln finanzierte Behörde die Interessen der Allgemeinheit wahrzunehmen habe und sich nach dem Erfolg der Bemühungen der S erkundigen. Falls S Informationen aus ihren Gesprächen mit den Familienmitgliedern preisgibt, ihr z. B. den Wohnort von M mitteilt oder ihr auch nur rät, die Hilfe eines Rechtsanwalts oder der Polizei in Anspruch zu nehmen, so würde dies zwangsläufig das Vertrauensverhältnis zu den Familienmitgliedern beeinträchtigen und möglicherweise Hilfemaßnahmen vereiteln. Sie wird N daher ohne die Rechte der N in Frage zu stellen erklären, dass das Jugendamt hierfür nicht zuständig ist. Mit einem anderen Verhalten würde S ihre Pflichten zur Verschwiegenheit (Datenschutz) verletzten (vgl. § 35 SGB I, hier insbesondere § 64 KJHG/SGB VIII; im Einzelnen geregelt in §§ 67a ff SGB X).

**zu 7.)** In dem Sachverhalt sind unterschiedliche Rechtsbereiche vom Verfassungsrecht (Art. 1, 2, 6 GG), Zivilrecht (Familienrecht, Schadensersatzrecht), Sozialrecht (Arbeitsförderungsgesetz, Sozialhilfegesetz, Kinder- und Jugendhilfegesetz) bis hin zum Jugendstraf- und Polizeirechts berührt. Jedes dieser Gesetze hat eine eigene Systematik mit Eigengesetzlichkeiten. Dies führt zu unterschiedlichen Zuständigkeiten für den ASD als wohnraumorientierte allgemeine Anlaufstelle und die speziellen sozialen Einrichtungen wie Jugendamt, Sozialamt, Eheberatungsstelle. Daneben gibt es Einrichtungen der Gefahrenabwehr wie Polizei- und Strafverfolgungsbehörden. In die Freiheitsrechte dürfen die Behörden grundsätzlich (außer bei Gefahr im Verzug) nicht eingreifen. Hierzu bedarf es einer Entscheidung des zuständigen Gerichts. Dies gilt ebenso für Eingriffe in die elterliche Verantwortung im Interesse der Jugendhilfe (Familiengericht), wie für Hausdurchsuchungen durch die Polizei zur Abwehr von Gefahren für die Allgemeinheit. Im Fall geht es um Fragen des öffentlichen Rechts, soweit öffentliche Verwaltung berührt ist. Aber auch um Privatrecht, soweit das Eltern-Kind-Verhältnis berührt ist. In der Ausbildung und der Fachliteratur werden diese Bereiche oft getrennt behandelt, da es um unterschiedliche Rechtsbereiche geht. In der praktischen Sozialarbeit greifen sie – wie hier – häufig ineinander. Der Sozialarbeiter/Sozialpädagoge muss sich in diesen vorgegebenen Strukturen bewegen. Auch bei einem Bemühen um ganzheitlich integratives Hilfehandeln ist die Unterscheidung zwischen diesen unterschiedlichen Rechtsbereichen (insbesondere öffentliches Recht/Privatrecht, aber auch den unterschiedlichen Bereichen des Sozialrechts) und Kompetenzen von grundlegender Bedeutung.

## Fall 2: Der hilfsbereite Student

Thema: Unterscheidung objektives/subjektives Recht, Gesetzesbindung der Verwaltung (am Beispiel § 25 BSHG), Grundsätze des Verwaltungsverfahrens, Untersuchungsgrundsatz im Sozialrecht, Bedeutung der Antragstellung (Besonderheit § 5 BSHG), Gleichbehandlungsgrundsatz (eingeschränkte Bedeutung bei unterschiedlichen Leistungsträgern, keine Gleichheit im Unrecht), Ermessensausübung.

### Fall:

Der 19-jährige Student S, wohnhaft in E, beschließt, im vollen Bewusstsein seiner Verantwortung als volljähriger Bürger, sich für sich und andere einzusetzen:

a) Als erstes beantragt er beim örtlichen Arbeitsamt die Zahlung von Kindergeld. Seine Eltern haben dies unterlassen und auch den Kinderfreibetrag beim Finanzamt nicht geltend gemacht. Sie sind aus erzieherischen Gründen der Meinung, dass S, als volljähriger Student, nun selbst für sich sorgen soll, was ihm aufgrund einer Nebentätigkeit mit gewissen Einschränkungen auch gelingt.

b) Während sein Begehren beim Arbeitsamt geprüft wird, erinnert S sich an seinen früheren Schulfreund F aus der Nachbarstadt K, der die Schulausbildung vorzeitig abgebrochen hatte. Er informiert das Sozialamt der Stadt E darüber, dass F weder eine Ausbildung noch eine Arbeit aufgenommen hat und derzeit von geringen Zuwendungen seiner Mutter lebt, die selbst nur über eine geringe Rente verfügt. F traut sich nicht, selbst einen Antrag auf Hilfe zum Lebensunterhalt (Sozialhilfe) zu stellen, weil er das in seinem Alter für unschicklich hält.

## Fall 2: Der hilfsbereite Student

c) Wider Erwarten führt diese Aktion zu einem sehr schnellen Erfolg. F berichtet, dass er vom Sozialamt der Stadt K angeschrieben wurde und eine freundliche Mitarbeiterin sich nun seiner Lage angenommen habe. Dabei erfährt S, dass der verstorbene Vater von F für F eine Ausbildungsversicherung abgeschlossen hatte. S und F sind unsicher, ob diese in irgendeiner Weise verwertet werden könnte. Durch die positive Resonanz der Sozialämter motiviert, schreibt S nun, wieder ohne Veranlassung durch F, an die private Versicherungsgesellschaft, um mit dieser über eine Auszahlung des Guthabens zu verhandeln.

d) Von dort bekommt er keine Antwort. Er erfährt aber von F, dass dieser nun regelmäßig Hilfe zum Lebensunterhalt vom Sozialamt der Stadt K erhält. Dies veranlasst S nun für einen Obdachlosen, der in der Stadt E lebt, tätig zu werden. O wird seit längerem Hilfe zum Lebensunterhalt unter Berufung auf § 25 Abs. 1 BSHG verweigert. Dies verstößt nach Ansicht von S eindeutig gegen Art. 1 und 3 GG.

e) Nachdem ihn ein Mitarbeiter des Sozialamtes über die Bedeutung des Gleichbehandlungsgrundsatzes informiert hat, verklagt er nun den Wohnungseigentümer V in K, der sich weigerte, ihm ein möbliertes Zimmer zu vermieten, weil er Sozialpädagogik studiert. Das Zimmer in Zentrumslage bewohnt jetzt ein Student der Technischen Hochschule.

Wie sind die Unternehmungen des Studenten S rechtlich zu beurteilen?

## Lösung:

**zu a)** Zur Entlastung derjenigen, die für Erziehung und Unterhalt von Kindern zu sorgen haben, wird von staatlicher Seite ein finanzieller *Familienlastenausgleich* gewährt. Dies geschieht entweder durch monatliche Zahlung von Kindergeld oder durch einen entsprechenden Steuerfreibetrag. Die entsprechenden Regelungen befinden sich deshalb im Bundeskindergeldgesetz (BKGG) und im Einkommensteuergesetz (EStG). (Faktisch ist der Anspruch auf Kindergeld die Ausnahme, er besteht nur für Personen, die nicht der Einkommensteuerpflicht unterliegen). Hierbei handelt es sich um eine Sozialleistung, die unabhängig von den Einkommensverhältnissen der Unterhaltspflichtigen, abhängig von der Zahl der Kinder gewährt wird. Dieser Anspruch erlischt bei Kindern, die sich in Ausbildung befinden mit Vollendung des 27. Lebensjahrs oder wenn sie über eigenes Einkommen verfügen, welches höher ist als 7.188,-€ im Jahr (ab 2004: 7.428€). Im vorliegenden Fall besteht daher kein Zweifel daran, dass der Familie Kindergeld bzw. entsprechende steuerliche Vergünstigungen zustehen. Die *objektive Rechtslage* ist somit eindeutig.

Dies führt aber keineswegs automatisch dazu, dass die Leistungen auch erbracht werden. Alle Behörden haben zwar allgemeine Informations-, Beratungs- und Aufklärungspflichten. Dies ergibt sich für die öffentliche Verwaltung insgesamt aus §§ 24f Verwaltungsverfahrensgesetz (VwVfG) und speziell für den sozialen Bereich aus §§ 13 ff SGB I. Damit ist aber keineswegs geklärt, dass eine Behörde ein konkretes Anliegen auch bearbeitet. In den meisten Fällen muss (bzw. darf) die Behörde nur tätig werden, wenn ein Antrag des Betroffenen vorliegt (vgl. § 18 SGB X). Nur soweit eine solche gesetzliche Regelung nicht getroffen wurde, hat die Sozialleistungsbehörde in „pflichtgemäßem Ermessen" selbst zu entscheiden, ob sie die Angelegenheit prüft und damit ein *Verwaltungsverfahren* eingeleitet wird. Ein Antrag des Berechtigten ist nach den gesetzlichen Regelungen zwingend erforderlich bezogen auf Leistungen der gesetzlichen Krankenversicherung, Pflegeversicherung, Arbeitsförderung und auch für die Bewilligung von Kindergeld. Das heißt, dass derjenige, dessen *subjektive Rechte* berührt sind, notwendig einen auf die begehrte Leistung gerichteten Antrag stellen muss (vgl. § 19 SGB IV). Die Behörden haben bei Anfragen lediglich die Pflicht, „darauf hinzuwirken, dass unverzüglich klare und sachdienliche Anträge gestellt und unvollständige Angaben ergänzt werden" (vgl. § 16 Abs. 3 SGB I).

Es kommt somit entscheidend darauf an, ob S selbst anspruchsberechtigt, also Inhaber des entsprechenden subjektives Rechts auf Kindergeld ist. Da diese Sozialleistung der Entlastung der Unterhaltspflichtigen dient, können grundsätzlich auch nur diese entsprechende Anträge stellen (*Antragsbefugnis* der Eltern). Diese Regelung hat allerdings in Einzelfällen immer wieder zu unbefriedigenden Ergebnissen geführt. § 9 Abs. I S. 2 BKGG und § 67 EStG sehen deshalb vor, dass neben den Berechtigten auch derjenige antragsberechtigt ist, der „ein *berechtigtes Interesse* an der Leistung" hat. Ausdrücklich regelt § 74 EStG, dass das Kindergeld an das Kind ausgezahlt werden kann, wenn der Kindergeldberechtigte seinen Unterhaltspflichten nicht nachkommt. Aufgrund dieser Regelung hat S, da seine Eltern für seinen Unterhalt nicht aufkommen, ein eigenes Recht (*Ermessensschrumpfung auf Null*) auf Kindergeldleistungen. Nach § 9 BKKG muss er diesen Antrag schriftlich stellen.

Als nächstes ist zu prüfen, ob er sein Begehren an der richtigen Stelle vorgebracht hat. Nach § 16 Abs. 1 SGB I sind Anträge auf Sozialleistungen generell beim „zuständigen Leistungsträger" zu stellen. S hat seinen Antrag beim Arbeitsamt gestellt. Dies ist (man mag sich wundern) die richtige Stelle, denn die zuständige *Familienkasse* ist beim Arbeitsamt angesiedelt (vgl. § 9 BKGG, § 67 EStG).

Von der wirksamen Antragstellung zu unterscheiden ist die Frage, ab welchem Zeitpunkt ein Anspruch auf Leistungen besteht. Im Unterschied zu Leistungen der Sozialhilfe oder Arbeitslosenhilfe kann sich ein Antrag auf Kindergeld generell auch auf einen zurückliegenden Zeitraum von bis zu vier Jahren beziehen (vgl. § 52 Abs. 62 EStG).

S hat somit Anspruch auf Kindergeld. Außerdem kann S selbstverständlich Unterhaltsansprüche gegenüber seinen Eltern geltend machen. Denn soweit sie über hinreichendes Einkommen verfügen, haben sie S gegenüber Unterhaltspflichten zu erfüllen (vgl. § 1601 BGB). Wenn die Eltern nicht von sich aus ihren gesetzlich festgelegten Pflichten nachkommen, kommt S nur zu seinem Recht, wenn er dies aktiv, notfalls in einem gerichtlichen Verfahren (Zivilgericht), geltend macht. Ob er dies tut, ist allein seine Entscheidung (Dispositionsmaxime). Nur wenn die Eltern nicht in der Lage sind, Unterhalt zu leisten, und S nicht über hinreichende eigene Mittel verfügt, kommt zwecks Erreichung eines ersten berufsqualifizierenden Abschlusses ein Anspruch nach dem Bundesausbildungsförderungsgesetz (BAföG) in Betracht.

**zu b)** In dieser Fallvariante zeigt der leistungsberechtigte F keinerlei Initiative. Zunächst wird geprüft, ob das Sozialamt dennoch tätig werden muss.

Hinsichtlich der Sozialhilfe und Kinder- und Jugendhilfe gilt das Antragsprinzip nur mit erheblichen Einschränkungen. Die Jugend- und Sozialämter gewähren zwar ganz überwiegend Leistungen ebenfalls auf Antrag der Leistungsberechtigten. Der Unterschied zu den anderen Leistungsträgern (Kranken-, Renten-, Arbeitslosenver-

## Fall 2: Der hilfsbereite Student

sicherung, Kindergeld, BAföG ect.) besteht aber darin, dass der Antrag nicht Voraussetzung für jedes Tätigwerden ist, sondern Sozial- und Jugendämter unabhängig hiervon auch Hinweisen von Unbeteiligten nachzugehen und eigene Ermittlungen anzustellen haben. Der Antrag des Betroffenen ist in diesen Bereichen häufig Folge von Untersuchungen und Bemühungen der Ämter. In den anderen Bereichen beginnt die Untersuchungspflicht der Behörde erst, nachdem ein Antrag wirksam gestellt wurde. In der Jugend- und Sozialhilfe hat der Leistungsträger in pflichtgemäßem Ermessen zu prüfen, ob und welche Maßnahmen notwendig sind.

Hinsichtlich der Sozialhilfe ergibt sich dies aus § 5 Abs. 1 BSHG. Ein Anspruch entsteht hiernach, sobald dem Träger der Sozialhilfe (Sozialamt) – in welcher Weise auch immer – *„bekannt wird"*, dass die Voraussetzungen vorliegen. Auf eine Antragstellung durch den Betroffenen kommt es deshalb weder für die Untersuchung der Umstände noch für die Gewährung der Leistung an – auch wenn Antragsformulare von den Sozialämtern in der Regel verwendet werden. Damit wird dem Umstand Rechnung getragen, dass in vielen Fällen von den Sozialhilfeberechtigten ein eigenständiges Tätigwerden nicht erwartet werden kann (körperliche, geistige Unfähigkeit, Scham) und Hilfe zum Lebensunterhalt, als letzte Sicherung der materiellen Existenzgrundlagen, möglichst jeder bedürftige Mensch, unabhängig von formalen Anforderungen, erhalten soll (vgl. Art. 1 GG).

Das Sozialamt hat deshalb – ebenso wie das Jugendamt – nach Bekanntwerden von entsprechenden Hinweisen in pflichtgemäßem Ermessen zu prüfen, ob weitere Ermittlungen notwendig sind und damit ein *Verwaltungsverfahren* zu eröffnen ist (§ 18 Abs. 1 SGB X). Im vorliegenden Fall geht es darum, ob auf F von Amtswegen zugegangen werden muss, oder davon ausgegangen werden kann, dass er sich schon selbst melden wird, wenn er der Hilfe bedarf und diese erhalten möchte. Diese *Ermessensentscheidung* kann zu unterschiedlichen Ergebnissen führen. Es ist denkbar, dass im vorliegenden Fall F ganz allgemein schriftlich oder telefonisch über die Leistungen des BSHG informiert wird. Wenn von konkreten Beeinträchtigungen nichts bekannt ist, ist es aber auch vertretbar, dass gar nichts unternommen wird. Bei Hinweisen auf Personen mit erheblichen psychischen Beeinträchtigungen oder lebensbedrohlichen Situationen aufgrund materieller Not müsste der Betroffene hingegen unverzüglich persönlich aufgesucht werden. Eine Entscheidung hierüber hat das zuständige Sozialamt zu treffen.

Die örtliche Zuständigkeit ergibt sich aus dem Wohnort des Hilfeempfängers (vgl. § 97 BSHG). S hat aber eine nicht zuständige Behörde mit der Angelegenheit befasst, nämlich das Sozialamt in E, obwohl F in K wohnt. § 16 Abs. 2 SGB I regelt für alle Sozialleistungsbereiche, dass Anträge, die bei einem nicht zuständigen Leistungsträger oder einer nicht zuständigen Gemeinde eingehen, von diesen öffentlichen Behörden unverzüglich an den zuständigen Träger weiterzuleiten sind (vgl. § 16 Abs. 2 S. 1 BSBG I). Diese wichtige Bestimmung wird durch den 2. Satz noch dahingehend ergänzt, dass Anträge ggf. auch als zu dem Zeitpunkt gestellt gelten, zu dem sie bei der *unzuständigen* Behörde eingehen. Durch § 5 Abs. 2 BSHG wird dieser Gedanke auf die Sozialhilfe bezogen dahingehend ausgeweitet, dass in Sozialhilfeangelegenheiten nicht nur Anträge, sondern auch Umstände, die auf einen Sozialhilfebedarf schließen lassen, von unzuständigen Sozialleistungsbehörden und Gemeindeverwaltungen fristwahrend weitergeleitet werden müssen. S hätte seine Mitteilungen bzgl. F deshalb z. B. auch im Rathaus der Stadt E oder beim Arbeitsamt machen können.

## Fälle und Lösungsskizzen

Letztlich hat sich das Sozialamt der Stadt K der Sache anzunehmen. Kommt es zu dem Ergebnis, dass ein Tätigwerden geboten ist, muss der Sachverhalt von Amts wegen untersucht werden (*Untersuchungsgrundsatz/Amtsermittlungsgrundsatz*). Diese Untersuchungspflicht ergibt sich aus § 20 SGB X und für alle Sozialleistungsbehörden.

Nach § 20 SGB X haben die Sozialleistungsbehörden einen Sachverhalt „von Amts wegen" aufzuklären und dabei auch die „für die Beteiligten günstigen Umstände" zu berücksichtigen. Anders als private Wirtschaftsunternehmen und nichtstaatliche Träger sozialer Einrichtungen ist die Behörde verpflichtet, auch im Interesse des Bürgers zu ermitteln, selbst wenn dies mit finanziellen Lasten für den Träger verbunden ist. Dies ist vor allem dann von Bedeutung, wenn der Betroffene selbst nicht in der Lage ist, sein Anliegen vorzubringen und zu begründen oder ihm dies – aus welchen Gründen auch immer – nicht zugemutet werden kann. Der Umfang erforderlicher Ermittlungstätigkeiten ist im Einzelfall nicht immer leicht zu bestimmen, die Behörde hat hierüber in pflichtgemäßer Ermessensausübung zu befinden (Opportunitätsprinzip).

Bei ihren Ermittlungen darf die Behörde vom Leistungsberechtigten erwarten, dass er sie hierbei unterstützt. So muss der Betroffene z. B. Angaben über seine Vermögensverhältnisse machen und, falls erforderlich, bei der Behörde erscheinen. Diese *Mitwirkungspflichten* des Leistungsberechtigten ergeben sich aus § 60 ff SGB I. Kommt der Betroffene diesen Pflichten nicht nach, kann die Behörde, wenn die Mitwirkung erforderlich und zumutbar ist, dem Betroffnen die Leistung versagen (§ 66 SGB I).

Im vorliegenden Fall wäre das Sozialamt der Stadt K sicher nicht verpflichtet, mehr zu tun, als über Leistungen allgemein zu informieren. Da keine Hinderungsgründe ersichtlich sind, kann es eine weitere Bearbeitung der Angelegenheit auch davon abhängig machen, dass F ein (meist umfangreiches) Antragsformular ausfüllt und notwendige Unterlagen beschafft. Ist er hierzu nicht bereit, wird er keine Leistungen erhalten. Die jeweiligen Pflichten der Leistungsempfänger müssen jedoch individuell festgestellt werden. Je stärker der Betroffene in seinen Handlungsmöglichkeiten eingeschränkt ist, um so mehr muss die Behörde dem Betroffenen entgegenkommen. Die Untersuchungspflichten der Behörde und die Mitwirkungspflichten der Behörde bedingen einander wechselseitig. Immer wieder gibt es über deren Umfang schwierige Auseinandersetzungen.

Falls F das seine dazu beiträgt, hat er nach § 5 Abs. 2 S. 2 BSHG einen Anspruch auf Sozialhilfe ab dem Zeitpunkt der Kenntnis beim Sozialamt der Stadt E. Ob und ab welchem Zeitpunkt F Leistungen der Sozialhilfe erhält, ist damit nicht vom Wohlwollen, Arbeitstempo und Kooperationsfähigkeit der Mitarbeiter der Sozialämter E und K abhängig.

**zu c)** Bei der Ausbildungsversicherung handelt es sich um eine privatrechtliche Vereinbarung zwischen dem Vater des F und dem Versicherungsunternehmen. Aus diesem Vertrag ergeben sich die Verpflichtungen der Parteien. Soweit gesetzliche Bestimmungen bestehen, sind diese zu beachten; im Übrigen können die Parteien Vereinbarungen frei treffen (*Vorrang des Gesetzes*). Der Untersuchungsgrundsatz des öffentlichen Rechts findet keine Anwendung. Vielmehr muss jede der gleichberechtigten Seiten ihre Interessen selbst wahrnehmen. Da S weder Partner noch Begünstigter des Vertrags ist, wird das Unternehmen auf die Initiative des S nicht

## Fall 2: Der hilfsbereite Student

reagieren und auch keine Auskunft über die Möglichkeiten einer Rückzahlung der erbrachten Einzahlungen geben.

Falls das Sozialamt von diesem Ausbildungsvertrag Kenntnis erlangt, wird es F auffordern, diesen so weit wie möglich zur Deckung seines Lebensbedarfs zu verwerten und dem entsprechend die Hilfe zum Lebensunterhalt einstellen (*Mitwirkungspflicht* des F). Dies setzt voraus, dass er in dem Versicherungsvertrag als Begünstigter eingesetzt wurde (häufig gehen die Auszahlungen an die unterhaltspflichtigen Eltern). Das Sozialamt hat aber auch dann keine Möglichkeit, anstelle von F gegenüber dem Versicherungsunternehmen tätig zu werden, da auch die öffentliche Verwaltung nicht in die fremden Rechtsbeziehungen eingreifen darf. Im Privatrecht wie im öffentlichen Recht ist stets genau darauf zu achten, wer in einem Rechtsverhältnis Inhaber von Rechten und Pflichten ist. (Eine gesetzliche Übertragung zivilrechtlicher Ansprüche auf Behörden gibt es kaum, vgl. aber § 90f BSHG). Darüber hinaus sind Datenschutzbestimmungen zu beachten. Befugnisse zur Weitergabe von Informationen ohne Einverständnis des Betroffenen bestehen nur auf der Grundlage gesetzlicher Bestimmungen. Ein automatischer Datenabgleich zur Vermeidung von Sozialleistungsmissbrauch ist ausschließlich unter genau benannten öffentlichen Leistungsträgern zulässig (vgl. § 117 BSHG).

**zu d)** § 25 Abs. 1 BSGH regelt, dass derjenige, „der sich weigert, zumutbare Arbeit aufzunehmen", keinen Anspruch auf Hilfe zum Lebensunterhalt hat (Verlust des subjektiven Rechtsanspruchs) und die Hilfe um „mindestens 25 % des maßgeblichen Regelsatzes" zu kürzen ist. Diese Vorschrift ist umstritten, weil es sein kann, dass die gekürzte Hilfe zur Sicherung einer menschenwürdigen Existenz nicht mehr ausreicht. Außerdem besteht die Gefahr einer „Pädagogisierung" des Sozialrechts, da Leistungen von einem bestimmten Verhalten abhängig gemacht werden. Es ist auch keineswegs sicher, ob diese Vorschrift mit dem *Gleichbehandlungsgrundsatz* (Art. 3 GG) vereinbar ist. Denn selbst bei Missbrauchstatbeständen nach § 25 Abs. 2 BSHG ist jede Kürzung auf das zum „Lebensunterhalt unerlässliche" begrenzt, und eine Rückzahlung erschlichener Sozialleistungen kommt nur in Betracht, soweit dies im Einzelfall *zumutbar* ist. Auch kann bezweifelt werden, ob diese Vorschrift mit der Würde des Menschen (Art. 1 GG) vereinbar ist, da hierdurch neben dem Betroffenen auch seinem Haushalt angehörenden Familienmitgliedern möglicherweise das Existenzminimum verloren geht.

Aufgrund der Gesetzesbindung der Verwaltung haben aber gleichwohl alle Sozialämter diese Norm zu beachten (bis zu einer möglichen Gesetzesänderung oder entsprechenden Entscheidung des Bundesverfassungsgerichts). Denn öffentliche Verwaltung hat die gesetzlichen Wertungen zu übernehmen und auf der Grundlage der Gesetze alle Bürger gleich zu behandeln, nicht aber die Verfassungsmäßigkeit einzelner Gesetze zu überprüfen (*Gewaltenteilung*). Die Behörde kann auch keine gerichtliche Überprüfung herbeiführen, da sie durch diese Regelung nicht in ihren *subjektiven Rechten* verletzt ist. Auf die Rechtsauffassung des Rechtsanwenders kommt es bei der Rechtsanwendung nicht an.[1]

---

[1] Ausführlich zu dieser Problematik: *J. Falterbaum*, Kürzung der Hilfe zum Lebensunterhalt wegen Fehlverhalten des Leistungsberechtigten nach § 25 BSHG, in: Zeitschrift für Sozialhilfe und Sozialgesetzbuch (ZFSH/SGB), 39. Jg. (2000), S. 579–589.

## Fälle und Lösungsskizzen

Im Rahmen der bestehenden gesetzlichen Regelungen bleiben allerdings erhebliche Spielräume bestehen. So sagt das Gesetz nichts darüber aus, wie die Voraussetzungen des § 25 BSHG (Arbeitsfähigkeit, Zumutbarkeit einer bestimmten Arbeit) zu überprüfen sind, *wie lange* eine Kürzung anzudauern und *wann* sie auch über 25 Prozent hinauszugehen hat. In diesen wichtigen Fragen, mit erheblichen Konsequenzen für die Betroffenen, ist vielmehr eine unterschiedliche Handhabung der Sozialämter zulässig. Denn durch das Recht werden nicht nur verbindliche Rahmenbedingungen vorgegeben, sondern auch Gestaltungsspielräume beschrieben. Die Eigenständigkeit und Unterschiedlichkeit der Kommunen rechtfertigt eine regional unterschiedliche Anwendung soweit es sich um Angelegenheiten der Kommunen handelt (z. B. Sozialhilfe und Kinder- und Jugendhilfe). Auch durch die Sozialhilferichtlinien der einzelnen Bundesländer werden diese Gestaltungsfreiheiten nicht völlig aufgehoben. Die „Sozialhilferichtlinien Baden-Württemberg" weisen unter Bezug auf § 25 Abs. 1 BSHG darauf hin, dass in einer „2. Stufe" neben der 25-prozentigen Kürzung der Hilfe eine Umstellung von Geld auf Sachleistungen bzw. eine tage- oder wochenweise Auszahlung der Hilfe zum Lebensunterhalt „in Betracht kommt".

O kann sich daher nicht darauf berufen, dass das Sozialamt der Stadt K in einer vergleichbaren Angelegenheit möglicherweise anders verfahren wäre. O kann gegen den ablehnenden Sozialhilfebescheid Widerspruch einlegen und bei einem ablehnenden Widerspruchsbescheid Klage beim Verwaltungsgericht einreichen. Das Gericht hätte zu überprüfen, ob das Sozialamt von seinem Ermessensspielraum – unter Berücksichtigung der Grundrechte – pflichtgemäß Gebrauch gemacht hat. Sollten O keine anderen Mittel zur Existenzsicherung zur Verfügung stehen, wäre diese Anwendung des § 25 BSHG rechtswidrig (*Ermessensfehlgebrauch*).

Innerhalb einer Kommunalbehörde müssen hingegen einheitliche Kriterien gelten. Denn der *Gleichbehandlungsgrundsatz* (Art. 3 GG) verpflichtet den jeweiligen Leistungsträger nicht nur zur gleichmäßigen Beachtung der Gesetze, sondern auch zur *einheitlichen Handhabung* von Ermessens- und Gestaltungsspielräumen in seinem Wirkungskreis. In ihrem Bereich ist die Behörde verpflichtet sicherzustellen, dass vergleichbare Fälle auch gleich behandelt werden. Sollte F aber durch das Sozialamt der Stadt K rechtswidrig Hilfe zum Lebensunterhalt erhalten haben, würde dies auch für Bedürftige in der Stadt K keinen Anspruch auf Gleichbehandlung begründen, da „im Unrecht" ausnahmsweise kein Anspruch auf Gleichbehandlung besteht.

**zu e)** Die Grundrechte verpflichten in erster Linie staatliche Macht, die Freiheitsrechte der Bürger zu achten. Das Verhältnis der Bürger untereinander wird durch die Grundrechte nur in sehr geringem Umfang bestimmt (*Drittwirkung*). So sind generell nur staatliche Einrichtungen zur Gleichbehandlung verpflichtet. Ein privater Vermieter ist frei in der Entscheidung, wem er eine Wohnung vermietet. Er darf Personen bis zur Grenze der Diskriminierung, aus welchen Gründen auch immer, bevorzugen. Erst der Abschluss eines Mietvertrages verpflichtet beide Parteien zur Beachtung des geltenden Mietrechts. V kann somit nicht verpflichtet werden, F sein Zimmer zu vermieten, und ist, im Unterschied zu öffentlichen Einrichtungen, auch nicht verpflichtet, Rechenschaft darüber abzugeben, nach welchen Kriterien er seine Mieter auswählt.

## Fall 3: „Auffällig!"

Thema: Unterschiedliche Aufgaben und Kooperation der Polizei-, Gesundheits-, Baurechts- und Sozialleistungsbehörden; Eingriffsbefugnisse der Polizei- und Gesundheitsbehörden; öffentliche Sicherheit und Ordnung; Infektionsschutzgesetz; Grundrechte als Grenze sozialer Handlungsmöglichkeiten; Problematik und Bedeutung der Wohnraumbeschaffung durch Sozialämter.

## Fall:

Bei der Sozialarbeiterin S des ASD ruft ein Mitarbeiter des Ordnungsamtes an und weist auf Probleme mit einem Herrn A (65 Jahre) hin. Er berichtet, dass A „vor sich hin gammele", gebrechlich sei und meist in angetrunkenem Zustand anzutreffen sei. Vor zwei Jahren habe das Gesundheitsamt einschreiten müssen, weil A an einer offenen Tuberkulose litt. In letzter Zeit hatten sich mehrere Nachbarn beim Ordnungsamt beschwert, weil sie sich durch die Lebensweise des A belästigt fühlten.

Sozialarbeiterin S macht nach telefonischer Anmeldung einen Hausbesuch bei A. Sie findet ihn in einem kleinen, fast abbruchreifen Haus, in welchem A im Dachgeschoss ein Zimmer ohne Wasseranschluss und Toilette bewohnt. Er macht tatsächlich einen recht ungepflegten Eindruck, im Zimmer riecht es sehr stark nach Urin. Unter dem Bett sieht S mehrere, mit Flüssigkeit gefüllte Gefäße und auf Fragen erklärt A dazu, dass die Toilette im Erdgeschoss sei und er wegen eines Sturzes vor Weihnachten nur an Krücken gehen könne und deshalb das Treppensteigen soweit wie möglich vermeide. Seine Schwester würde ihn ab und zu besuchen und die Gefäße bald leeren. Sie wasche ihm auch gelegentlich seine Wäsche. Ein Mädchen aus der Nachbarschaft kaufe für ihn gelegentlich ein, sein Essen koche er selbst. In das gemeindeeigene Haus wurde A von der Gemeinde wegen drohender Obdachlosigkeit vor mehreren Jahren eingewiesen. Hierfür zahlt er von seiner Rente in Höhe von 600 € ein Nutzungsentgelt in Höhe von 110 € monatlich.

Auf die Anregung von S zu überlegen, in ein Altersheim zu ziehen, antwortet A: „Bevor ich in ein Altersheim gehe, hole ich mir einen Strick und gehe auf den Friedhof." Insgesamt ist Herr A sehr höflich und freundlich und macht einen geistig wachen Eindruck.

Welche Möglichkeiten bestehen für die öffentliche Verwaltung, im Interesse des A und der Nachbarn tätig zu werden?

Fälle und Lösungsskizzen

## Lösung:

1.) In jeder Gemeinde gibt es Menschen, die unterhalb jedes sozialen Standards leben, ohne von sich aus eine Veränderung anzustreben (*„Diogenessyndrom"*). Hilfe scheitert häufig schon daran, dass diese Situationen sozialen Diensten nicht bekannt sind. Hinweise aus der Nachbarschaft – oft in Form von massiven Beschwerden – lösen dann eine Kettenreaktion aus. Das Ordnungsamt, das Gesundheitsamt und Sozialdienste überlegen unabhängig oder gemeinsam, was zu tun ist.

Zu den Grundrechten gehört, dass jeder Mensch sein Leben selbst bestimmen kann und insbesondere der private Bereich vor staatlichen Eingriffen und Bevormundung geschützt ist (*Abwehrfunktion der Grundrechte*). Wenn allerdings die freie Entfaltung der Persönlichkeit mit Interessen und Freiheitsrechten anderer Menschen kollidiert, muss staatliche Macht zur Konfliktregelung eingreifen. Auf der Grundlage eines Gesetzes (*Gesetzesvorbehalt*) können Grundrechte eingeschränkt werden, soweit dies zum Schutz der Freiheitsrechte anderer Bürger notwendig ist. Dabei geht es nicht nur darum, durch wen eine Beeinträchtigung verursacht wird, sondern ein massiver Eingriff in die Grundrechte (hier Art. 13 GG, geschützter Wohnraum) ist von allen Ämtern möglichst zu vermeiden.

2.) Folgende Rechtsgrundlagen kommen für ein Handeln gegen den Willen des A in Betracht:

Die örtliche *Polizeibehörde* ist zuständig für Sicherheit und Ordnung und muss deshalb von Amts wegen bei einer „Selbst- oder Fremdgefährdung" einschreiten. In solchen Situationen darf sie notfalls auch mit Gewalt gegen Personen vorgehen (vgl. Polizeigesetze der Länder, z. B. § 1, 3 Polizeigesetz Baden-Württemberg). So kann es sein, dass durch das Wohnverhalten Einzelner legitime Interessen der Nachbarschaft so stark beeinträchtigt werden, dass Auflagen oder Anweisungen des Ordnungsamtes gerechtfertigt sind. Bei einer akuten Selbstgefährdung kann in Einzelfällen ein Eingreifen des Ordnungsamtes gerechtfertigt sein. Etwa Brandgefahr durch Zigarettenkippen oder verschimmelte Lebensmittel können einen eng umgrenzten Eingriff in die Eigentumsrechte rechtfertigen *(Ersatzvornahme)*. Gerüche oder ästhetisches Empfinden andere Menschen rechtfertigt die zwangsweise Räumung der Wohnung grundsätzlich nicht, da dem Grundrecht auf Unverletzlichkeit der Wohnung (Art. 13 GG) vorrangige Bedeutung zukommt gegenüber einer vergleichsweise geringfügigen Beeinträchtigung der Grundrechte anderer Personen. Eine Fremd*gefährdung* ist im vorliegenden Fall nicht erkennbar.

Die offene Tuberkulose ist eine im Infektionsschutzgesetz (§ 6 Abs. 1 Nr. 1 IfSG) (früher Bundesseuchengesetz) genannte Krankheit, die insbesondere für Ärzte (aber auch Heimleiter) eine Meldepflicht (entgegen der generell bestehenden ärztlichen Schweigepflicht) begründet und das *Gesundheitsamt* berechtigt, zum Schutze der Bevölkerung notfalls zwangsweise Maßnahmen gegenüber den Betroffenen einzuleiten. Die Voraussetzungen für solche Eingriffe in die Selbstbestimmung des Menschen sind im Gesetz genau bestimmt. Nach §§ 16 ff Infektionsschutzgesetz muss zumindest „anzunehmen sein", dass eine der im Gesetz genannten Krankheiten vorliegt. Unhygienische Verhältnisse, frühere Erkrankungen und sich daraus ergebende gesundheitliche Gefahren rechtfertigen nach der Wertung des Gesetzes keine Eingriffe in die in Art. 2, 11, 13 GG genannten Grundrechte.

## Fall 3: „Auffällig!"

Kann eine Person ihre Angelegenheiten aufgrund einer geistigen oder körperlichen Erkrankung/Behinderung nicht selbst besorgen, so kann ihm durch das Vormundschaftsgericht ein *rechtlicher Betreuer* zur Seite gestellt werden (§ 1896 ff. BGB). Liegt, wie hier, eine geistige Beeinträchtigung nicht vor, kommt dies gegen den Willen eines Volljährigen nicht in Betracht (§ 1896 Abs. 1 S. 3 BGB). Aufgrund der besonderen Bedeutung des Wohnraums bedarf es selbst nach der amtlichen Bestellung eines Betreuers für die Kündigung einer Wohnung der Zustimmung des Vormundschaftsgerichts. Bestehen, wie hier bei A, an der Zurechnungsfähigkeit keine Zweifel, sondern ist davon auszugehen, dass er seine Situation realistisch einschätzen kann, ist es jedem Menschen selbst überlassen, wie er seinen Wohn- und Lebensbereich gestaltet. S kann A weder allein noch zusammen mit dem Ordnungsamt dazu zwingen die Wohnung zu verlassen.

Lediglich für den Fall, dass die zuständige Baurechtsbehörde – möglicherweise auf Veranlassung des Ordnungsamtes – eine akute Baufälligkeit des Gebäudes feststellt, kann zum Schutz der Bewohner eine weitere erwerbswirtschaftliche Nutzung untersagt werden. Nur auf dieser Grundlage kann das Ordnungsamt bei Gefahr für Leib und Leben ggf. eine Räumung androhen und notfalls durchführen.

3.) Daneben ist zu prüfen, welche Hilfsangebote A gemacht werden können. Das Sozialhilferecht gewährt in Notlagen *finanzielle* Unterstützung zur Beschaffung/ Aufrechterhaltung von Wohnraum entsprechend dem persönlichen Bedarf (vgl. §§ 12, 72 BSHG). Daraus ergibt sich aber nach geltendem Recht keine Verpflichtung für die Sozialämter, entsprechenden Wohnraum auch zu beschaffen. Die Grundrechte verpflichten, die Eigenverantwortung der Bürger zu respektieren und zu fördern, begründen aber (nach der herrschenden Meinung) keinen Anspruch auf umfassende staatliche Versorgung (*Leistungsansprüche*). Durch öffentliche Förderung (Beratung, evtl. Vermittlung, Wohngeld) wird die Eigeninitiative unterstützt, aber nicht ersetzt.

Lediglich im Fall vorhandener oder drohender Obdachlosigkeit sind die Kommunen zur „Aufrechterhaltung von Sicherheit und Ordnung" verpflichtet, Obdachlosigkeit zu vermeiden. Diese Wohnraumbeschaffung erfolgt nach *polizeirechtlichen* Vorschriften. Sie erfolgt nur ersatzweise und vorübergehend und muss nicht dem Standard genügen, der sozialhilferechtlich anerkannt ist. Wann, in welcher Weise und in welchem Umfang entsprechender Wohnraum zur Verfügung gestellt wird, liegt in der Verantwortung der jeweiligen Kommune (*Beurteilungsspielraum*). Trotz der seit langem anhaltenden Diskussion über einen Anspruch auf *Beschaffung angemessenen* Wohnraums durch die Sozialämter, besteht ein sozialhilferechtlicher Anspruch hierauf grundsätzlich nicht. Nur ausnahmsweise kann dies als Hilfe in besonderen Lebenslagen in Betracht kommen. Einheitliche und rechtsverbindliche Standards, wie der aus polizeirechtlichen Gründen zur Verfügung gestellte Wohnraum beschaffen sein muss, gibt es nicht. Aus dem Sozialstaatsprinzip ergeben sich lediglich allgemeine, aber weitgehend unverbindliche Zielsetzungen.

Auf einer solchen polizeilichen Maßnahme beruht die bereits längere Zeit zurückliegende Einweisung des A in das „fast baufällige Haus". Aufgrund der Freiheitsrechte des A kann eine solche Wohnungseinweisung nicht gegen seinen Willen erfolgen und er kann sie auch jederzeit beenden. Falls A entgegen seiner Ankündigung doch bereit sein sollte, in ein Altenheim umzuziehen, hat das zuständige

Sozialamt die anfallenden Kosten zu übernehmen, soweit A sie nicht selbst tragen kann. Solange die Einweisung zur Vermeidung von Obdachlosigkeit fortbesteht, hat der Eingewiesene für die durch ihn als „Störer" entstehenden Kosten im Rahmen seiner Möglichkeiten einzustehen, auch wenn kein Mietvertragsverhältnis begründet wird *(Nutzungsentgelt)*. Soweit er hierzu nicht in der Lage ist, kommt die Kommune für diese Kosten auf, die aufgrund der beschriebenen Umstände deutlich geringer sein dürfen als die sozialhilferechtlich anerkannten Unterkunftskosten.

4.) Für die Sozialpädagogin S ist die Situation nicht einfach. Wenn es ihr gelingt, ein Vertrauensverhältnis zu A aufzubauen, ergeben sich zahlreiche Möglichkeiten einer Verbesserung der Lebenssituation, angefangen von der Vermittlung eines ambulanten Pflegedienstes, mobiler Versorgung mit warmen Mahlzeiten bis hin zu einer Unterbringung in einem Altenheim. Dabei kann es jedoch nicht allein auf eine materielle Versorgung ankommen, sondern die individuellen Vorstellungen und Gewohnheiten des A sind zu berücksichtigen. Allerdings haben weder S noch A Möglichkeiten (unabhängig von der Höhe der Kosten), bauliche Veränderungen an dem Wohngebäude zu erzwingen. Dahin gehende sozialrechtliche Ansprüche gibt es nicht. Je nachdem wie die Zusammenarbeit mit dem Ordnungsamt (bzw. Liegenschaftsamt) und ggf. der Baurechtsbehörde funktioniert, kann aber auf deren Entscheidungen Einfluss genommen werden.

Durch den Allgemeinen Sozialen Dienst (ASD) können sich bei günstigen Konstellationen Möglichkeiten einer Vernetzung der unterschiedlichen Bereiche kommunaler Verwaltung ergeben. Im vorliegenden Fall wäre es anzustreben gewesen, bereits die Wohnungseinweisung zu vermeiden, da die eingetretene Entwicklung absehbar war. Durch die Bereitstellung und Vermittlung von langfristig geeignetem Wohnraum wäre eine menschenwürdige Existenzsicherung des A möglich gewesen. Aufgrund der durch das Grundgesetz garantierten Freiheitsrechte kann A Hilfe gegen seinen Willen nicht aufgedrängt werden. Sozialleistungen sind regelmäßig Angebote, die freiwillig angenommen werden müssen *(Leistungsverwaltung),* im Unterschied zu polizeilichen Maßnahmen *(Eingriffsverwaltung)*. Wieweit S in Gesprächen auf A einwirken wird, freiwillig aus dem Gebäude auszuziehen, ist nicht nach rechtlichen, sondern sozialpädagogischen Kriterien zu entscheiden.

## Fall 4: Der Schuhstreit von Lörrach

Thema: Unterscheidung Öffentliches Recht – Privatrecht; Grundrechte Art. 4, 12,13 GG; Drittwirkung der Grundrechte; Formen staatlichen Verwaltungshandelns.

### Fall:

Stuttgarter Zeitung vom 13. 3. 1998

# Der Schuhstreit von Lörrach endet mit einem Vergleich

### Heizungsableser muß auf Strümpfen gehen oder Plastikschuhe mitbringen

LÖRRACH (lsw). Mit einem Vergleich geendet hat jetzt der Streit zwischen der Städtischen Wohnungsbau-Gesellschaft Rheinfelden und einer türkischen Familie um das Einlassen von Heizungsablesern in die Wohnung. Vor dem Amtsgericht Lörrach verpflichtete sich die Gesellschaft gestern, in Zukunft nur noch solche Heizungsableser zu beauftragen, die bereit sind, auf Wunsch der Bewohner vor dem Betreten der Wohnung entweder die Schuhe auszuziehen oder Plastikschuhe überzustreifen. Die vom Arbeitgeber gestellten Plastiküberzieher haben sie bei sich zu tragen. (AZ 2C 2722/97)

Die Auseinandersetzung begann vor zwei Jahren, als ein Mitarbeiter der beauftragten Firma Minol-Brunata zur jährlichen Heizkostenermittlung die Wohnung einer türkischen Familie betreten wollte. Die gläubigen Muslime baten ihn, ohne Schuhe hereinzukommen, da nach den Reinlichkeitsvorschriften des Islam Gebetsräume nicht mit Straßenschuhen betreten werden dürften. Auch die Privatwohnung eines Muslims diene dem fünfmaligen Gebet pro Tag. Damit falle sie ebenso unter diese Bestimmung des islamischen Rechts wie eine Moschee.

Der Heizungsableser wollte dies nicht einsehen und zog unverrichteterdinge wieder ab. Daraufhin ließ die Wohnbau die Heizkosten schätzen. Die Türken bezahlten die um 200 Mark höhere Rechnung nicht, worauf die Wohnbau klagte.

Der Fall bedeutete für den Lörracher Amtsrichter keine leichte Aufgabe, sah er doch eine Kollision von Grundrechten. Zum einen habe die muslimische Familie das Recht auf freie Religionsausübung und könne selbstverständlich bestimmen, wer ihre Wohnung auf welche Art betrete. Demgegenüber hätten aber auch die Mitarbeiter der Firma das Recht auf freie Ausübung ihrer Tätigkeit. Der erste Vergleichsvorschlag sah vor, daß die Heizungsableser die Wohnung mit Kunststoffüberschuhen betreten sollten, die die türkische Familie bereitzustellen habe. Die Anwältin der Beklagten sah darin jedoch eine Diskriminierung der Türken.

Im Vorfeld des neuerlichen Gerichtstermins war Rheinfeldens Sozialbürgermeister Dieter Rottmann tätig geworden. Er fürchtete um den Ruf der Stadt. Bisher wurde noch nie islamisches Recht von türkischen Bewohnern bemüht, wenn die Heizungsableser klingelten. Der Anwalt der Wohnungsbaugesellschaft sagte zu der Entscheidung: „Wir sind nicht ganz so glücklich damit, haben uns aber dem politischen Druck gebeugt."

1. *In welcher Weise kann öffentliche Verwaltung erfolgen? Welche Auswirkungen hat dies auf die Bedeutung der Grundrechte?*
2. *Wie ist der Fall zu beurteilen, wenn öffentliches Recht anzuwenden ist?*
3. *Warum hat sich das Amtsgericht und nicht das Verwaltungsgericht mit dem Fall beschäftigt?*

4. *Welche Rolle spielen die Grundrechte innerhalb des Privatrechts? In welcher Weise könnte im vorliegenden Fall die „Drittwirkung" der Grundrechte von Bedeutung sein?*
5. *Warum hat die Wohnbau-Gesellschaft Rheinfelden sich wohl mit diesem Vergleich einverstanden erklärt?*

## Lösung:

Umstrittene Rechtspositionen werden längst nicht immer durch gerichtliche Urteile entschieden. In allen Bereichen des Rechts kann ein Rechtsstreit auch durch einvernehmliche Regelungen zwischen den Parteien beendet werden. Dies kommt vor allem in Betracht, wenn die Rechtsfindung besonders schwierig ist. Außerdem können hierdurch unterschiedliche Interessen in vermittelnder Weise ausgeglichen werden, ohne dass eine Partei die unterlegene ist. Solche Streitschlichtung kann innerhalb oder auch ohne gerichtliches Verfahren erfolgen (gerichtlicher oder außergerichtlicher Vergleich). In solchen Fällen kann dann allerdings – so wie hier – nur darüber spekuliert werden, wie der Fall durch ein Gericht abschließend beurteilt worden wäre.

Dem Fall liegt zu Grunde, dass eine türkische Familie von der Wohnungsbaugesellschaft Rheinfelden eine Wohnung gemietet hat, wobei die Heizkosten entsprechend dem individuellen Verbrauch an die Vermieter zu zahlen sind. In dem Rechtsstreit geht es nun darum, dass die Familie der Wohnungsbaugesellschaft verwehrt, zum Ablesen des Heizkostenzählers einen bestimmten Raum der Wohnung mit Schuhen zu betreten. (Dass die Vermieterin das von der Firma Mino-Brunata durchführen lässt ist unerheblich.) Der tatsächliche Verbrauch kann deshalb nicht ermittelt werden.

**zu 1.**) Die türkische Familie kann sich bei ihrer Weigerung auf die Grundrechte Art. 13 GG (Unverletzlichkeit der Wohnung) und Art. 4 GG (Religionsfreiheit) berufen (Grundrechtsträger sind die einzelnen Familienmitglieder). Die Grundrechte (Art. 1–19 GG) sind in erster Linie Abwehrrechte zum Schutz vor staatlichen Eingriffen in die Persönlichkeitsrechte. Hierdurch werden somit Bund, Länder und Gemeinden verpflichtet, bei ihrem öffentlich-rechtlichen (hoheitlichen) Handeln die Grundrechte der Bürger in strenger Weise zu respektieren und zu schützen (primäre Funktion der Grundrechte). Insoweit ist öffentliche Verwaltung zu besonderer Rücksichtnahme verpflichtet. Auch die öffentliche Hand kann aber privatrechtlich handeln, z. B. bei Kauf von Büromaterial oder der Anschaffung eines PKW (*fiskalisches Handeln*). Für dieses Handeln gelten dann die Regeln des Zivilrechts, weil gerade nicht typisch öffentlich-rechtliche Aufgaben erfüllt werden, sondern die öffentliche Hand wie eine Rechtspersönlichkeit des Privatrechts am Geschäftsverkehr teilnimmt. In vielen Fällen können die staatlichen Organe wählen, ob sie Aufgaben durch die Beauftragung privater Unternehmen (*privatrechtlich*) oder aber selbst (*öffentlich-rechtlich*) wahrnehmen. Dies kann zu schwierigen Abgrenzungsproblemen führen, z. B. dann, wenn private Firmen, für die grundsätzlich das Zivilrecht gilt, teilweise öffentliche Aufgaben übernehmen (z. B. private Pflegeheime die Leistungen nach der Pflegeversicherung erbringen). Es gibt auch Mischformen, in denen in bestimmter Hinsicht öffentliches Recht und in anderen Belangen Privatrecht anzuwenden ist. Durch die Rechtsprechung wurde außerdem entschieden, dass die öffentliche Hand bei der Erfüllung typischer öffentlicher Aufgaben an die Grundsätze des Verwaltungsrechts gebunden bleibt (Grundrechtsbindung, Untersuchungsgrundsatz, Beratungspflicht) – auch wenn sie sich privatrechtlicher Handlungsformen bedient. *Wenn* die Stadt Lörrach z. B. Sozialwohnungen zur Verfügung stellen würde, fände öffentliches Recht Anwendung, auch wenn sie nicht selbst als Vermieterin auftritt. (Der Zeitungsartikel macht hierüber keine Angaben). Dann müssten die religiösen Empfindungen der Familie in vollem Umfang berücksichtigt werden.

**zu 2.)** Da die Religionsfreiheit nach dem Wortlaut des Art. 4 GG ohne Einschränkung „unverletzlich" ist, darf öffentliche Gewalt in keinem Fall in dieses Grundrecht eingreifen. Da religiöser Kult und religiöse Gebräuche in gleicher Weise durch Art. 4 GG geschützt sind, muss die Stadt die religiöse Haltung der türkischen Familie respektieren und vermeiden, dass ihr dadurch Benachteiligungen entstehen. Art. 13 GG bietet dem gegenüber einen schwächeren Schutz, da hier in Abs. 2 und 3 des Art. 13 GG die Möglichkeit einer Einschränkung der Grundrechte aufgrund von Gesetzen, in Notstandssituationen und im Interesse der Allgemeinheit vorgesehen ist. Da eine der gesetzlich geregelten Einschränkungsbefugnisse (z. B. Abhören von Wohnungen zur Bekämpfung schwerer Straftaten) hier nicht vorliegt, hat die Stadt (wie jeder andere) aber auch aufgrund von Art. 13 GG keine Befugnis, die Wohnung der Familie gegen deren Willen zu betreten (*Hausfriedensbruch*).

**zu 3.)** Im vorliegenden Fall handelt aber nicht die Stadt Lörrach, sondern die Wohnbau-Gesellschaft. Durch diese Rechtsform („*Gesellschaft*") wird deutlich, dass – auch wenn die Stadt Lörrach Eigentümerin der Gesellschaft ist – diese privatrechtlich tätig wird. Es ist auch nicht ersichtlich, dass mit der Vermietung öffentliche Aufgaben der Kommune wahrgenommen würden, die zwingend dem öffentlichen Recht zugeordnet sein müssten. Damit ist für die Verpflichtungen zwischen Mieter und Vermieter der Mietvertrag maßgeblich. Es gilt allein das Zivilrecht. Deshalb ist hier das Amtsgericht als Zivilgericht zuständig. Das Tätigwerden dieses Gerichts ist bereits ein (widerlegbares) Indiz dafür, dass es sich um einen Rechtsstreit auf dem Gebiet des Privatrechts handelt. Jedenfalls ging das Amtsgericht zunächst davon aus, sonst hätte es sich mit der Angelegenheit gar nicht befassen dürfen.

**zu 4.)** Möglicherweise enthält der Mietvertrag eine Regelung über das Ablesen der Heizung. Anderenfalls wären im Wege einer Vertragsauslegung die Interessen beider Seiten zu berücksichtigen. Die türkische Familie kann sich (in Ausübung ihrer Grundrechte) auch vertraglich zu einem Verhalten verpflichten, zu welchem sie von staatlicher Seite nicht gezwungen werden könnte (Zivilrechtlich ist z. B. auch eine Verpflichtung zur Armut und Ehelosigkeit aufgrund des Eintritts in ein Kloster zulässig). Da die Grundrechte im Zivilrecht keine unmittelbare Bedeutung haben, sind die Parteien nicht auf den Schutz und Förderung der Grundrechte des Vertragspartners verpflichtet. Die Vertragsfreiheit wird nur dadurch begrenzt, dass Vereinbarungen entsprechend den Regeln von „Treu und Glauben" auszulegen sind und nichtig sind, wenn sie „gegen die guten Sitten" verstoßen (so geregelt in §§ 138, 242 BGB). Diese Regelungen sind Ausdruck der „Drittwirkung" der Grundrechte. Bei einer solchen Vertragsauslegung sind die Interessen beider Seiten zu berücksichtigen; hier also auch die Interessen des Vermieters auf Eigentumsschutz (Art. 14 GG) und freie Berufsausübung (Art. 12 GG). Im vorliegenden Fall spricht vieles dafür, dass nach dem Gebot der gegenseitigen Rücksichtnahme der Mieter dafür verantwortlich ist, dem Vermieter entsprechend der allgemeinen Üblichkeit den Zugang zu den Messgeräten zu ermöglichen und wenn er hierzu nicht bereit ist, die Konsequenzen zu tragen hat (evtl. Umzug oder Zahlung der höheren Pauschale).

**zu 5.)** Das Beispiel macht deutlich, wie öffentliche Verwaltung sich durch die Wahl bestimmter Rechtsformen ihrer Pflichten teilweise entledigen kann. Dies ist keineswegs immer unproblematisch. Für viele Bereiche der Sozialen Arbeit kommt privatrechtliches Tätigwerden in engen Grenzen in Betracht. Wenn die Stadt hier die Wohnbau-Gesellschaft zu einem Vergleich gedrängt hat („Wir haben uns dem politischen Druck gebeugt") zeigt dies, dass sie sich jedenfalls in diesem Fall nicht vollständig den öffentlich-rechtlichen Pflichten entziehen will, obwohl sie es durch die Wahl der Rechtsform hier wohl gekonnt hätte. Sofern es dem Sozialbürgermeister nicht allein um den „Ruf der Stadt" ging, hatte er hier die Interessen der Verwaltung mit denen der betroffenen Menschen abzuwägen (*Doppelmandat*). Seine Einflussmöglichkeiten werden allerdings wegen der Zuständigkeit des städtischen Liegenschaftsamtes (*Baubürgermeister*) begrenzt sein.

## Fall 5: Selbständigkeit im Alter

Thema: Einfacher Fall zum Betreuungsrecht.

**Fall:**

Nach einem Sturz in ihrer Mietwohnung im 2. Stock wird die 82-jährige A kurzfristig im Wohnstift St. Anna aufgenommen. Sie ist dort gut eingelebt, unterlässt es aber, den Mietzins für ihre Mietwohnung zu bezahlen. Auf entsprechende Nachfrage des Vermieters und des Personals des Wohnstifts erklärt sie: „Solange ich dort nicht wohne, zahle ich auch keine Miete. Vielleicht gehe ich aber bald wieder nach Hause."

Das Vormundschaftsgericht beauftragt schließlich die Tochter T mit der Betreuung der A hinsichtlich der „Regelung von Mietangelegenheiten".

Die sich um ihre Mutter treu sorgende T gewinnt den Eindruck, dass A im Wohnstift St. Anna am besten aufgehoben ist. A kann dort auch langfristig wohnen bleiben. T kündigt deshalb die Wohnung der A und beabsichtigt die alte Wohnung zu räumen. Den Wohnungsschlüssel hat T von A erhalten, um diverse Wäschestücke für ihre Mutter zu holen.

Anlässlich der Überweisung der Mietrückstände durch die T erfährt die Hausbank B von der Betreuung für A. Als A kurze Zeit später den Betrag von 500 € bei der Bank abheben möchte, verweigert die Bank die Auszahlung, um „A, T und B vor Schaden zu bewahren".

1. *Welche Befugnisse haben T und B?*
2. *Wie ist die Situation zu beurteilen, wenn A zunehmend auch geistig abbaut, sich aber gegenüber T schließlich bereit erklärt, die Wohnung aufzugeben?*

## Fall 5: Selbständigkeit im Alter

**Lösung:**

**zu 1)** Grundsätzlich verfügt jeder erwachsene Mensch über eigene Angelegenheiten ausschließlich selbst (*Geschäftsführungsbefugnis*). Andere Personen können in fremden Angelegenheiten nur tätig werden, wenn der Rechtsinhaber sie hierzu eindeutig beauftragt hat (*Stellvertretung*). Dies ergibt sich aus der Personenorientierung der Grund- und Menschenrechte.

Von diesem Grundsatz gibt es abweichende Regelungen für Menschen, die nicht in der Lage sind, ihre Angelegenheiten selbst zu regeln. Für Minderjährige sieht das Gesetz eine Stellvertretung durch die Eltern vor. Für Erwachsene kann durch das Vormundschaftsgericht ein Betreuer bestellt werden (*rechtliche Betreuung*), um „die Angelegenheiten des Betreuten rechtlich zu besorgen und ihn in dem hierfür erforderlichen Umfang zu unterstützen" (§ 1897 Abs. 1 BGB).

a) Befugnisse der Tochter

Bezogen auf den Fall heißt das, dass sich Befugnisse der Tochter T bezüglich Angelegenheiten der Mutter A nur aus einer amtlichen Bestellung zum Betreuer oder aus einer Erklärung der Mutter selbst ergeben können.

Das Vormundschaftsgericht hat T zur Betreuerin bestellt. Als solche ist sie beauftragt, *Mietangelegenheiten* der A zu regeln. Damit hat das Gericht entsprechend § 1896 Abs. 2 BGB den Aufgabenkreis der Betreuerin umschrieben. Nur in diesem Umfang hat die Tochter durch das Vormundschaftsgericht Befugnisse erhalten. Zum Schutz der betreuten Person ist sie nicht berechtigt, weitergehend für A tätig zu werden. Die Frage ist, ob die Kündigung der Wohnung von der Befugnis der T gedeckt ist. § 1907 BGB regelt, dass „die Kündigung eines Mietverhältnisse über Wohnraum" immer einer ausdrücklichen Zustimmung des Vormundschaftsgerichts bedarf. Bestimmte im Gesetz genannte höchst persönliche Angelegenheiten sind damit generell der Regelungsbefugnis des Betreuer entzogen. Obwohl die Kündigung einer Wohnung eine „Mietangelegenheit" ist, ist T als Betreuerin nicht befugt, eine solche Erklärung für A abzugeben. Nach § 1907 Abs. 2 BGB ist sie verpflichtet, das Vormundschaftsgericht zu benachrichtigen, wenn „Umstände auftreten, aufgrund derer eine Beendigung des Mietverhältnisses in Betracht kommt". Für das Räumen der Wohnung ergibt sich aus dem Betreuungsverhältnis schon deshalb keine Befugnis, weil dies keine Mietangelegenheit ist.

Die Bestellung eines Betreuers ändert nichts an der Geschäftsfähigkeit der A. Sie kann also wie jeder Erwachsene einen anderen bevollmächtigen, für ihn zu handeln. A hat von dieser Möglichkeit Gebrauch gemacht und ihre Tochter beauftragt, ihre Wohnung zu betreten und dort Wäschestücke für sie zu holen. Weitergehende Befugnisse hat sie nicht erteilt. Von einer weitergehenden Bevollmächtigung ist nichts bekannt.

T ist deshalb weder befugt, die Wohnung an Stelle von A zu kündigen noch die Wohnung zu räumen. Da das Mietverhältnis zwischen Frau A und dem Vermieter besteht, sind allein diese Parteien zur Kündigung berechtigt. Die von T ausgesprochene Erklärung ist wirkungslos. Beachtet der Vermieter dies nicht, kann von ihm im Nachhinein verlangt werden, den Wohnraum wieder zur Verfügung zu stellen oder Schadenersatz zu leisten.

### b) Befugnisse der Bank

Die Bank B ist aufgrund des Kontoführungsvertrages verpflichtet, Guthaben der A an diese auszuzahlen und ihr entsprechend den getroffenen Vereinbarungen Darlehen zu gewähren. Falls T durch das Vormundschaftsgericht bestellt worden wäre, um Bankgeschäfte für A zu erledigen, würde auch dies nichts daran ändern, dass neben T auch A selbst solche Geschäfte in vollem Umfang tätigen kann. Etwas anderes würde nur gelten, wenn das Gericht gemäß § 1903 BGB zum Schutze der A einen *Einwilligungsvorbehalt* angeordnet hätte. Dann könnte A in den Angelegenheiten, die hierdurch erfasst sind, nur tätig werden, wenn der rechtliche Betreuer vorher zugestimmt hat. Dies ist aber hier nicht der Fall. Das Verhalten der Bank ist somit rechtswidrig. A kann auf einer Auszahlung bestehen. Notfalls könnte sie den Gerichtsweg beschreiten und falls ihr durch das Verhalten der Bank ein Schaden entsteht, hierfür Ersatz verlangen.

### zu 2)

#### a) Befugnisse der Tochter

An den Befugnissen der T aus dem Betreuungsverhältnis ändert sich auch bei einer Veränderung des Zustandes von A nichts. Hierfür kommt es allein auf die förmlich getroffene Regelung des Vormundschaftsgericht an. Zu den Aufgaben der T gehört es aber, das Vormundschaftsgericht zu informieren, wenn ein entsprechender Bedarf erkennbar ist.

Grundsätzlich kommt aber in Betracht, dass A ihre Tochter durch Rechtsgeschäft mit der Kündigung beauftragt hat (*Vollmacht*). Aufgrund des Gesundheitszustands von A ist fraglich, ob die Beauftragung wirksam erfolgt ist. Nach § 104f BGB ist eine Erklärung, die jemand im Zustand der Geschäftsunfähigkeit abgibt, nichtig. Sollte A geschäftsunfähig sein, wäre die Erteilung der Vollmacht unwirksam. T hätte dann keine weitergehenden Befugnisse als oben beschrieben. In Streitfällen muss die Geschäftsunfähigkeit durch ärztliches Gutachten festgestellt werden. Für T ist es deshalb durchaus riskant, auf die Wirksamkeit der Beauftragung zu vertrauen. A oder auch der Vermieter könnten sich darauf berufen, dass A bei der Beauftragung geschäftsunfähig war. Würde diese Auffassung in einem gerichtlichen Verfahren bestätigt, hätte T als Vertreter ohne Vertretungsmacht gehandelt und müsste für die Folgen einstehen (vgl. § 179 BGB).

Mit einer *Vorsorgevollmacht* hätte A diese für sie selbst und ihre Tochter missliche Lage vermeiden können: Zu einer Zeit, als an ihren geistigen und körperlichen Fähigkeiten kein Zweifel bestand, hätte A ihre Tochter (oder auch jede andere Person) bevollmächtigen können, statt ihrer Rechtsgeschäfte zu tätigen. Eine solche Vollmacht kann umfassend oder auch bezogen auf bestimmte Tätigkeiten für einen bestimmten Zeitraum oder bestimmte Lebenssituationen erteilt werden. Um den Nachweis hierüber zu erleichtern, wird sie üblicherweise schriftlich abgefasst oder noch besser notariell beurkundet. T könnte auf einer solchen Grundlage (auch bei der 1. Fallvariante) umfassend in Angelegenheiten der T als deren Stellvertreterin tätig werden. Auf diese Weise können auch bei plötzlichen Unglücksfällen Unklarheiten (z. B. darüber welcher Angehörige entscheiden soll) und Regelungslücken sehr wirksam vermieden werden. Die Vorsorgevollmacht setzt allerdings das Vertrauen voraus, dass der Bevollmächtigte den tatsächlichen oder mutmaßlichen Willen des Vollmachtgeber beachtet. Der Betroffene kann eine solche Vollmacht jederzeit zurücknehmen oder einschränken. Im Fall der Geschäftsunfähigkeit bleibt die Möglichkeit, das Vormundschaftsgericht hierzu zu veranlassen.

b) Befugnisse der Bank

Ähnliches gilt für die Bank. Allerdings ist es für sie erheblich schwieriger, mit unklaren Situationen umzugehen. Für den Fall, dass A geschäftsfähig ist, muss sie den Betrag auszahlen (vgl. oben). Dies ist allerdings für den Bankangestellten in aller Regel nicht ohne weiteres erkennbar. Sollte A bei der beabsichtigten Geldabhebung nicht geschäftsfähig sein, wäre das Begehren der A von Anfang an unwirksam. Die Bank hätte ohne rechtlichen Grund gehandelt und müsste z. B. bei Verschwendung durch A den abhanden gekommenen Betrag ersetzen. Bei der Gewährung von Bankkredit bestünde Unsicherheit über eine Verpflichtung zur Rückzahlung. Lediglich bei „Geschäften des täglichen Lebens", die mit „geringwertigen Mitteln" bewirkt werden, ist auch das Rechtsgeschäft eines Geschäftsunfähigen wirksam (§ 150a BGB). Wegen dieses Risikos ist es verständlich, dass die Bank gegenüber A zurückhaltend ist.

Falls die rechtliche Betreuung sich auch auf die finanziellen Angelegenheiten der A erstrecken würde, bedeutet dies für die Bank auch keine Klarheit. Denn hierdurch werden die Befugnisse des Betreuten nicht eingeschränkt. Falls eine Betreuung mit Einwilligungsvorbehalt angeordnet wäre, wäre dies zwar ein Indiz für Geschäftsunfähigkeit in diesem Bereich, aber auch keine zwingende Konsequenz.

Die gesetzliche Regelung belastet Geschäftspartner gebrechlicher Menschen mit dem Risiko der Wirksamkeit vertraglicher Vereinbarungen und schützt geschäftsunfähige Personen.

Alle beteiligten Personen, also die Tochter, der Vermieter, der Pflegedienst in der Einrichtung, die Bank und auch Frau A selbst haben die Möglichkeit das Vormundschaftsgericht einzuschalten. Der zuständige Richter wird sich dann der Angelegenheit annehmen. Er wäre verpflichtet, A aufzusuchen, um sich selbst ein Bild von deren Fähigkeiten zu machen. Entsprechend dem Bedarf und den Interessen der A hätte der Richter die Betreuung neu zu regeln und würde möglicherweise die Kündigung des Mietverhältnisses genehmigen.

An den Risiken für die Bank würde sich dadurch unmittelbar nichts ändern. Falls T Befugnisse (durch Vollmacht oder Betreuung) hat, könnte die Bank aber darauf drängen, Bankgeschäfte ausschließlich im Beisein der Tochter zu tätigen. Um dies ohne Kränkungen für A umzusetzen, bedarf es erheblichen Geschicks aller Beteiligten. Man könnte dies z. B. so handhaben, dass Frau A weiterhin Bankaufträge selbst unterschreibt und die Bank sich damit begnügt, die Anwesenheit des Betreuers in ihren eigenen Unterlagen zu vermerken.

Fälle und Lösungsskizzen

## Fall 6: Gefährdung der Existenzgrundlagen

Thema: Einübung der Rechtsanwendungstechnik (Subsumtion); unbestimmte Rechtsbegriffe, Ermessens- und Beurteilungsspielräume; Probleme einer Prognoseentscheidung; Grundsätze der Sozialhilfe (aktuelle Bedürftigkeit, Unterscheidung Hilfe zum Lebensunterhalt/Hilfe in besondern Lebenslagen); Problematik vorbeugender Sozialhilfe; Auswirkungen der Sozialhilfe.

### Fall:

Seit 15 Jahren betreibt der 46-jährige M mit seiner gleichaltrigen Frau F, beide ohne Berufsausbildung, einen kleinen Gemüseladen. Mit den bescheidenen Einnahmen können sie gerade die Miete für den Laden, die laufenden Kosten für ihren kleinen Lieferwagen und ihren Lebensunterhalt finanzieren. Rücklagen haben sie nicht gebildet. Sie sind auch nicht krankenversichert. Vor längerer Zeit hatten sie sich vergeblich bemüht, über das örtliche Arbeitsamt eine andere Tätigkeit zu finden. M stellt plötzlich fest, dass eine Reparatur des Lieferwagens unvermeidlich ist. Eine Kfz-Werkstatt veranschlagt hierfür Kosten in Höhe von 1.200 €. Außerdem hat F seit einiger Zeit Zahnschmerzen. Wegen der durch eine ärztliche Behandlung entstehenden Kosten vermeidet sie, einen Zahnarzt aufzusuchen. In seiner Not wendet sich M an das örtliche Sozialamt und bittet um Rat, wie er und seine Frau die schwierige Situation meistern können.

1. *Prüfen Sie, ob M und F nach § 30 BSHG einen Anspruch auf Übernahme der Reparaturkosten für den Lieferwagen durch das Sozialamt haben.*
2. *Benennen Sie hierzu die in § 30 BSHG vorhandenen unbestimmten Rechtsbegriffe und Ermessensspielräume. In wieweit ergeben sich für das Sozialamt aus der Norm Entscheidungsspielräume?*
3. *Welche Rolle spielen § 1 Abs. 2 S. 2, § 2 Abs. 1, § 3, § 4, § 6 Abs. 1 S. 1 und § 19 Abs. 1 BSHG für die Anwendung des § 30 BSHG?*
4. *Muss das Sozialamt nach § 37 BSHG die Kosten für eine Zahnarztbehandlung der F übernehmen?*
5. *Muss das Sozialamt möglicherweise auch Kosten für F übernehmen, die von einer gesetzlichen Krankenversicherung nicht übernommen würden?*

### Lösung:

**zu 1.) und 2.)** Aufgrund der Gesetzesbindung der Verwaltung (*Gesetzesvorbehalt*) ergeben sich die Handlungsmöglichkeiten und Pflichten des Sozialamtes vollständig aus dem Gesetz. § 30 BSHG kann hier eine Leistung begründen (*Anpruchsgrundlage*). Bei der Prüfung, ob das Gesetz auf den vorliegenden Fall Anwendung findet (*Subsumtion*), muss zunächst Klarheit über die dort verwendeten Begriffe hergestellt werden, dann ist im Einzelnen zu prüfen, ob hierdurch die Situation von F und M erfasst wird, und schließlich – falls die Norm hier Anwendung findet – ist zu prüfen, welche Rechtsfolge das Gesetz vorsieht.

## Fall 6: Gefährdung der Existenzgrundlagen

Bereits bei dem Wort „Personen" in § 30 Abs. 1 BSHG handelt es sich um einen unbestimmten Rechtsbegriff, weil nicht von vornherein klar ist, welche Menschen im Rechtssinn als Personen bezeichnet werden. Zur Begriffsklärung ist zunächst das Gesetz, in dessen Kontext die anzuwendende Norm steht, und als nächstes Bestimmungen aus anderen Gesetzen heranzuziehen. Aus § 1 BGB ergibt sich, dass jeder Mensch Träger von Rechten und Pflichten sein kann, soweit nichts anderes bestimmt ist. Person ist also jeder Mensch, unabhängig vom Alter, Geisteszustand und Nationalität. An der Anwendbarkeit auf F und M bestehen keinerlei Zweifel.

Als nächstes ist zu klären, was mit dem Tatbestandsmerkmal „ausreichender wirtschaftlicher Grundlage" gemeint ist. Es wird heftig darüber gestritten, welche materiellen Mittel zur Sicherung der Existenz notwendig sind. Hierbei handelt es sich um einen Begriff, der letztlich von politischen und soziologischen Festlegungen abhängig ist. Für eine Interpretation durch den Rechtsanwender ist aber nur dann Raum, wenn es für den vorliegenden rechtlichen Zusammenhang keine klare Begriffsbestimmung gibt. Durch die Bestimmungen des BSHG, insbesondere die durch Rechtsverordnung festgelegten *Regelsätze* der Hilfe zum Lebensunterhalt, wird recht präzise festgelegt, welcher Bedarf zur Sicherung der Lebensgrundlagen im Zusammenhang des BSHG rechtlich anerkannt ist. Anhand der dort vorgegebenen Kriterien hat das Sozialamt zu prüfen, ob die wirtschaftlichen Grundlagen bei M und F fehlen. Der Sachverhalt gibt Auskunft, dass dies *derzeit* nicht der Fall ist. Insoweit ist daher eine Anwendung des § 30 BSHG ausgeschlossen. Allerdings ist durch die Formulierung „oder gefährdet ist" eine weitere Alternative geregelt. Zur Beurteilung, ob eine Gefährdung vorliegt, bedarf es einer Einschätzung der gegenwärtigen Situation und einer *Prognose* über die zukünftige Entwicklung. Hinsichtlich des Merkmals „gefährdet" hat die Rechtsprechung klar gestellt, dass die Beeinträchtigung des Existenzminimums zwar nicht „unmittelbar bevorstehen", zumindest aber „nach der allgemeinen Lebenserfahrung zu erwarten" sein muss. Um dies bezogen auf M und F zu beurteilen, bedarf es zahlreicher Bewertungen auf der Grundlage vorzunehmender Ermittlungen. Diese Beurteilung muss der zuständige Bearbeiter im Sozialamt im Sinne des Gesetzes vornehmen. Da dies aber ohne subjektive Prägung gar nicht möglich ist, hat der jeweilige Bearbeiter nach herrschender Meinung hierbei einen *Beurteilungsspielraum*. Vorliegend wird davon ausgegangen, dass diese Prüfung mit positivem Ergebnis vorgenommen wurde. Damit ist der Tatbestand des § 30 BSHG erfüllt.

Satz 2 des § 30 BSHG schreibt außerdem vor, dass die Hilfe dazu dienen „soll", den Aufbau oder die Sicherung der Lebensgrundlage durch „eigene Tätigkeit" zu „ermöglichen". Dies bedeutet, dass als weiteres Tatbestandsmerkmal zu prüfen ist, ob ohne die Maßnahme die Aufrechterhaltung der Lebensgrundlagen unmöglich ist (Umkehrschluss). Denn erst dann wird dies in einem strengen Sinn „*durch*" die Hilfe ermöglicht. Die Soll-Bestimmung räumt dem Sozialamt hierüber nur dann einen Spielraum ein, wenn ganz besondere Gründe in der Person des Antragstellers eine Abweichung rechtfertigen. Auf den Fall bezogen heißt dies, dass zu prüfen ist, ob F und M auch ohne den Lieferwagen ihr Geschäft betreiben können (tatsächliche Verwendung des KFZ für den Geschäftsbetrieb, Möglichkeiten einer Fremdanlieferung) und ob durch die Hilfe künftig Hilfe zum Lebensunterhalt vermieden wird. Häufig werden hierzu fachliche Gutachten z. B. vom Arbeitsamt, von der Handwerkskammer oder von der Industrie- und Handelskammer eingeholt, um die Erfolgsaussichten einer Maßnahme nach § 30 BSHG einschätzen zu können. Hierbei ist die wirtschaftliche Situation des *Betriebs*, die voraussichtliche *Weiterentwicklung* mit und ohne Hilfe sowie eine Einschätzung der *Marktsituation* von Bedeutung. In welchem Umfang Ermittlungen durchzuführen sind, liegt im pflichtgemäßen Ermessen des Sozialamtes (§ 20 SGB X). Außerdem soll nach Abs. 2 des § 30 BSHG die Hilfe „nur" gewährt werden, wenn sonst „voraussichtlich" Hilfe zum Lebensunterhalt gewährt werden müsste. Diese Einschränkung ist wiederum von einer Prognose des Rechtsanwenders abhängig und wird durch die Formulierung „in der Regel" relativiert.

Sind die Tatbestandsvoraussetzungen erfüllt, wovon aufgrund der Schilderung im Sachverhalt ausgegangen werden kann, ergibt sich als Rechtsfolge aus § 30 BSHG, dass „Hilfe" gewährt werden „kann". Der Begriff Hilfe ist in § 8 BSHG definiert, wonach Beratung, Geldleistungen (als Beihilfe oder Darlehen, vgl. auch § 30 Abs. 3 BSHG) oder Sachleistungen, also alle Hilfeformen in Betracht kommen. Ob sie gewährt wird, ist aufgrund der „Kann-Bestimmung" abhängig von einer Ermessensentscheidung des Rechtsanwenders. Dabei sind ganz unterschiedliche Argumente zu berücksichtigen: Aufwand und Risiko einer Prognose, Effektivität der Hilfe (langfristige Wirkung), aber auch die Auswirkungen auf andere Fälle (Möglichkeiten missbräuchlicher Inanspruchnahme) und die Gefahren einer Wettbewerbsverzerrung durch „Subventionierung" einzelner Betriebe durch das Sozialamt. In allen Sozialämtern gibt es für zahlreiche Ermessensentscheidungen interne Richtlinien, die von den Mitarbeitern zu beachten sind und für eine einheitliche Anwendung innerhalb einer Behörde sorgen.

In der Praxis kommt § 30 BSHG wenig zur Anwendung. Es bestehen jedoch erhebliche Unterschiede in der Anwendung zwischen den Sozialämtern.

**zu 3)** Grundsätzlich ist Voraussetzung für Leistungen der Sozialhilfe als Not- und Soforthilfe, dass zum Zeitpunkt der Gewährung eine Notlage bereits akut besteht. Insoweit ist § 30 eine *Ausnahme*. Da eine Leistungspflicht nicht besteht („Kann-Leistung"), findet sie in der Praxis auch wenig Beachtung. Sie kann als weitgehend „vergessene Norm" bezeichnet werden. Tatsächlich werden hierdurch aber Möglichkeiten für langfristig sinnvolle Hilfe eröffnet, die im Ergebnis zu einer finanziellen Entlastung für die Sozialleistungsträger beitragen können. Eine Anwendung dieser Norm könnte mit dazu beitragen, die Zahl der langfristigen Empfänger von Hilfe zum Lebensunterhalt zu senken.

Der in § 2 BSHG formulierte Grundsatz der „*Nachrangigkeit der Sozialhilfe*" wird häufig als Argument herangezogen, dass es nicht Aufgabe der Sozialhilfe sei, Berufsförderung zu betreiben. Zu beachten ist aber auch § 1 Abs. 2 S. 2 BSHG, wo ausdrücklich geregelt ist, dass der Hilfeempfänger „so weit wie möglich befähigt werden soll, unabhängig von der Hilfe zu leben", und in § 6 Abs. 1 S. 1 BSHG vorbeugende Hilfe ausdrücklich vorgesehen ist, wenn „dadurch eine drohende Notlage ganz oder teilweise abgewendet werden kann". Diese allgemeine Verpflichtung zu vorbeugender Hilfe gem. § 6 BSHG (*Soll-Bestimmung*) erscheint zunächst als Widerspruch zur Kann-Regelung in § 30 BSHG. Bemühungen um eine widerspruchsfreie Gesetzesauslegung führen aber zu der Leseweise, dass vorbeugende Hilfe gewährt werden soll, soweit in einzelnen Bestimmungen des BSHG nichts Abweichendes geregelt ist. Bezüglich der Sicherung der Existenzgrundlagen ist § 30 BSHG die speziellere Norm, sodass (nach herrschender Meinung) insoweit die Soll-Verpflichtung nicht besteht. § 3 BSHG schreibt darüber hinaus zwingend vor, dass sich „Art, Form und Maß der Sozialhilfe nach den Besonderheiten des Einzelfalls, vor allem nach der Person des Hilfeempfängers und der Art seines Bedarfs" zu richten hat. Dieses sich aus der Menschenwürde (Art. 1 GG) ergebende Individualisierungsprinzip erfordert bei der Gewährung immer eine am Einzelfall orientierte Bedarfsfeststellung. Dies führt allerdings lediglich zu einer Verpflichtung für die Sozialämter, eine Anwendung des § 30 BSHG in Betracht zu ziehen, ohne diesen aber ihren Ermessensspielraum zu nehmen.

Eine Förderung nach § 30 BSHG bedeutet immer auch einen Eingriff in den freien Wettbewerb der Unternehmen, was zu Wettbewerbverzerrungen führen und verdeckte Subventionierung einzelner Betriebe bedeuten kann. Bei dieser Argumentation ist aber zu beachten, dass hinsichtlich der sozialen Absicherung von Selbständigen (letztlich aus historischen Gründen) immer noch erhebliche Lücken bestehen. Denn die Leistungen nach dem Arbeitsförderungsgesetz (Arbeitsamt) sind fast ausschließlich auf die Förderung abhängiger Beschäftigungsverhältnisse (als Arbeitnehmer) gerichtet bzw. setzen ein solches Arbeitsverhältnis voraus. Auch die Schaffung von Arbeitsgelegenheiten nach § 19 BSHG kommt nur für die Personen in Betracht, die eine neue, abhängige Tätigkeit suchen.

Aus alledem wird deutlich, dass sich § 30 sehr wohl in die Konzeption des BSHG einfügt. Da diese Leistung aber im Unterschied zur Hilfe zum Lebensunterhalt eine „Kann-Bestimmung" ist, sind die Sozialämter nicht verpflichtet, diese Leistungen auch zu erbringen (vgl. § 4 BSHG).

**zu 4)** Krankenhilfe (§ 37 BSHG) ist ebenso wie Hilfe zum Aufbau oder zur Sicherung der Lebensgrundlagen (§ 30 BSHG) in Abschnitt 3 (§§ 27 ff BSHG) als „Hilfe in besonderen Lebenslagen" geregelt. § 28 BSHG gibt über den Verweis auf den 4. Abschnitt des BSHG (§§ 76 ff) Aufschluss über den möglichen Empfängerkreis. Voraussetzung ist, dass die in § 79 BSHG geregelte, jedes Jahr neu festgesetzte Einkommensgrenze (im Jahr 2002 für eine alleinstehende Person 551 €) nicht überschritten wird. Darauf, ob gleichzeitig Hilfe zum Lebensunterhalt bezogen wird, kommt es nicht an. Häufig wird lediglich Hilfe für besondere Lebenslagen, nicht aber für den regelmäßigen Unterhalt benötigt. Die (in § 37 BSHG nicht erwähnte) Bedürftigkeit ist Voraussetzung alle Arten der Sozialhilfe (vgl. § 3 BSHG), also auch für Krankenhilfe. Außerdem ist nach § 2 ABS. 1 BSHG stets zu prüfen, ob andere Sozialleistungsträger leistungspflichtig sind, da Sozialhilfe nur dann in Betracht kommt, wenn keine andere Finanzierungsmöglichkeit besteht (*Nachrangigkeit der Sozialhilfe*). Seit 1992 ist geplant, Bezieher von Sozialhilfe generell in die gesetzliche Krankenversicherung einzubeziehen (vgl. Art. 28 des Gesundheitsstrukturgesetzes vom 21. Dezember 1992), dies wurde aber bisher nicht umgesetzt. Deshalb gibt es immer noch Personen, die gegen Krankheitsfälle weder durch eigene Mittel noch durch eine Krankenversicherung hinreichend abgesichert sind.

Weiter ist für die Anwendung des § 37 BSHG das Vorliegen einer „Krankheit" Voraussetzung. Im Zusammenhang mit Leistungspflichten der gesetzlichen Krankenversicherungen hat die Rechtsprechung Krankheit definiert als „jeden regelwidrigen Körper- oder Geisteszustand, der die Notwendigkeit einer (ärztlichen) Heilbehandlung zur Folge hat" (BSGE 33, 202; 39, 167). Diese Definition findet auch auf das BSHG Anwendung (vgl. BVerwGE 30,62). Auch wenn im Einzelnen umstritten ist, wann eine behandlungsbedürftige Krankheit vorliegt (nach der Rechtsprechung z. B. nicht: O-Beine und altersbedingte Demenzerscheinungen) und ob welche psychotherapeutische Behandlung anerkannt wird, bestehen keine Zweifel, dass Zahnschmerzen Ausdruck einer behandlungsbedürftigen Krankheit sind. § 37 BSHG regelt ausdrücklich, dass unter diesen Voraussetzungen ein Anspruch auf zahnärztliche Behandlung besteht.

Da das BSHG zwischen dem üblichen und ständig bestehenden Lebensbedarf und dem Bedarf in besonderen Lebendlagen unterscheidet, müssen diese Ansprüche getrennt geprüft werden. F kann mit eigenen Mitteln lediglich ihren Lebensbedarf decken. Für besondere Situationen, wie sie durch Krankenbehandlung entstehen, reicht dies nicht aus. F muss daher Krankenhilfe gewährt werden („wird gewährt" = Muss-Vorschrift). Nach § 37 Abs. 2 BSHG hat das Sozialamt alle „erforderlichen Leistungen" zu gewährleisten, die zur Erkennung, Heilung oder Linderung der Krankheit notwenig sind. Mit der Ausstellung einer Kostenübernahmeerklärung (*Behandlungsschein*) durch das Sozialamt, welche F dem behandelnden Zahnarzt vorlegt, wird die für F kostenfreie ärztliche Behandlung möglich. Der behandelnde Arzt rechnet seine Leistungen direkt mit dem Sozialamt ab.

**zu 5)** In § 38 Abs. 1 BSHG ist geregelt, dass die Leistungen grundsätzlich den Leistungen der gesetzlichen Krankenkassen „entsprechen". Damit wird der Behandlungsstandard verbindlich festgelegt. Durch die zunehmende Beteiligung an den Krankenkosten der gesetzlich Versicherten (Zuzahlungen bei Wegekosten, Medikamenten und Zahnersatz) wird die Frage bedeutsam, welche Auswirkungen diese Einschränkungen auf die Krankenhilfe hat. Da Sozialhilfe insgesamt auf die Bedarfsdeckung verpflichtet ist, können Versorgungslücken, die im gesetzlichen Krankenversicherungssystem bestehen, nicht durch Eigenleistung der Sozialhilfeempfänger geschlossen werden.

Auch wenn die Leistungen weitgehend angeglichen sind (z. B. Befreiungen von der Zuzahlungspflicht für Versicherte mit geringem Einkommen), kann in Einzelfällen ein Anspruch auf Krankenhilfe weitergehende Leistungen rechtfertigen als durch die Krankenversicherungen abgedeckt ist (in besonderen Fällen z. B. Gebühren für Telefonanschluss). Dies kommt insbesondere bei Kann-Leistungen in Betracht, die von den gesetzlichen Versicherungen nur eingeschränkt erbracht werden (vgl. § 38 Abs. 1. S. 2 BSHG). Bisher ist dies insbesondere bei Zahnersatz von Bedeutung. Die gesetzlichen Krankenversicherungen gewähren insoweit generell (wenn auch gestaffelt durch Bonuspunkte für regelmäßige Zahnpflege und Härtefallregelungen) lediglich Festbeträge, unabhängig vom medizinisch notwendigen Umfang der Behandlung. Im Einzelnen sind diese Fragen umstritten.

## Fall 7: Unklarheiten im Sozialamt

**Thema:** Bedeutung von Verwaltungsakten im Sozialrecht; Unterscheidung zwischen belastenden und begünstigenden Verwaltungsakten; unterschiedliche Möglichkeiten einer Aufhebung durch die erlassende Behörde; Rechtsschutz für den Betroffenen durch Widerspruch und Klage.

### Fall:

Der zuvor behandelte Fall (Gefährdung der Existenzgrundlagen) entwickelt sich wie folgt weiter:

Nach einer Prüfung der Angelegenheit bewilligt die noch junge, engagierte Mitarbeiterin des Sozialamtes S in einem schriftlichen Bescheid die Übernahme der Reparaturkosten für den Lieferwagen. Gleichzeitig lehnt sie Krankenhilfe für eine Zahnbehandlung bei F vorläufig ab, da bei einer positiven wirtschaftlichen Entwicklung des Geschäftsbetriebs, die nach Aussage des M unbedingt zu erwarten ist, die Arztkosten von M und F in naher Zukunft selbst getragen werden könnten.
1. *Was kann der Leiter des Sozialamtes tun, wenn er im Nachhinein mit den Entscheidungen seiner Mitarbeiterin S nicht einverstanden ist?*
2. *Was kann F tun, wenn sie nun doch eine durch das Sozialamt finanzierte zahnärztliche Behandlung in Anspruch nehmen möchte?*

### Lösung:

**zu 1.)** Zunächst ist zu prüfen, ob hinsichtlich der Leistungen gegenüber F und M bereits eine verbindliche Regelung besteht. Dies ist der Fall, wenn die Erklärung von S die Qualität eines Verwaltungsaktes hat. Die in einem Verwaltungsakt getroffenen Regelungen sind mit der Bekanntgabe beim Betroffenen (*Zugang*) für beide Seiten – also auch die Behörde – verbindlich. Davon zu unterscheiden sind Informationen, aber auch Zusicherungen (sofern sie nicht schriftlich erfolgen, vgl. § 34 SGB X). Ob S zu diesen Regelungen behördenintern befugt war und den Richtlinien des örtlichen Sozialamts entspricht, ist für diese Bindungswirkung nach außen (*Bestandskraft*) unerheblich. Im vorliegenden Fall besteht kein Zweifel daran, dass S als Mitarbeiterin einer Behörde Regelungen bezüglich der Übernahme der Reparaturkosten und der Behandlungskosten mit rechtsgestaltender Wirkung nach außen getroffen hat. Da es sich hierbei um unterschiedliche Sachverhalte handelt, liegen *zwei* Verwaltungsakte vor, auch wenn M und F dies in einem Schreiben mitgeteilt worden ist. Zwischen dem Zuschuss für den Lieferwagen und Behandlungskosten ist deshalb zu unterscheiden. Das Sozialamt prüft, ob eine Aufhebung dieser Regelungen in Betracht kommt. Hierzu ist die Behörde aber nur im Rahmen der gesetzlichen Regelungen befugt.

a) Lieferwagen

Insoweit handelt es sich für F und M um einen begünstigenden Verwaltungsakt. Im Gesetz wird hierbei zwischen *„rechtswidrigen begünstigenden Verwaltungsakten"* und *„rechtmäßigen begünstigenden Verwaltungsakten"* unterschieden (§§ 45,

47 SBG X). Der Widerruf rechtmäßiger begünstigender Verwaltungsakte ist nur in ganz engen Grenzen zulässig (wenn die Möglichkeit ausdrücklich vorbehalten wurde oder eine mit dem Verwaltungsakt verbundene Auflage nicht erfüllt wurde). Aber selbst *rechtswidrige* begünstigende Verwaltungsakte (z. B. wenn das Sozialamt bestimmte Unterlagen aus eigenem Verschulden nicht berücksichtigt hat) dürfen nicht zurückgenommen werden, wenn der Betroffene „auf die Rechtmäßigkeit des Verwaltungsaktes vertraut hat und sein Vertrauen unter Abwägung öffentlicher Interessen schutzwürdig war" (§ 45 Abs. 2 SGB X). Daran wird deutlich, dass das Vertrauen des Betroffenen auf die Entscheidung einer Behörde ein wichtiges Rechtsgut ist und ein Sinneswandel einer Behörde grundsätzlich nicht und rechtsfehlerhaftes Verhalten einer Behörde nur mit erheblichen Einschränkungen den Bürger belasten darf.

Hinsichtlich der Finanzierung der Reparatur war das Sozialamt nicht zu einer Leistung verpflichtet (vgl. Lösung zum vorhergehenden Fall). Die Übernahme der Reparaturkosten kommt aber als Hilfe zur Sicherung der Existenzgrundlagen nach § 30 BSHG in Betracht. Wenn S die Voraussetzungen (Notwendigkeit zur Existenzsicherung, keine andern Möglichkeiten der Selbsthilfe, Vermeidung späterer Hilfe zum Lebensunterhalt) ordnungsgemäß geprüft hatte, war die Hilfegewährung *rechtmäßig*. Die Tatsache, dass die Entscheidung auf einer Ermessensentscheidung beruht, beeinträchtigt die Bestandskraft des entsprechenden Bescheids nicht. Auch darauf, ob diese Entscheidung behördeninternen Richtlinien entspricht, kann es im Verhältnis nach außen nicht ankommen. Denn die Rechtmäßigkeit des Verwaltungshandelns ergibt sich allein aus dem Gesetz. Selbst wenn eine Gewährung der Hilfe für F und M der üblichen Handhabung in dem Sozialamt widersprechen sollte, also hierdurch die Gleichbehandlungspflicht (Art. 3 GG) verletzt wird, ändert dies gegenüber F und M an der Rechtmäßigkeit des Verwaltungsaktes nichts. Denn der Gleichbehandlungsgrundsatz kann nur für benachteiligte Personengruppen zu einem Rechtsanspruch führen, aber keine Nachteile für jemanden bedeuten, dem im Rahmen des Rechts eine Leistung gewährt wurde.

Nach § 47 SGB X kann ein rechtmäßiger begünstigender Verwaltungsakt grundsätzlich nicht widerrufen werden. Ausnahmsweise kommt der Widerruf eine rechtmäßigen begünstigenden Verwaltungsaktes in Betracht, wenn die Möglichkeit eines Widerrufs im Gesetz geregelt oder in dem begünstigenden Verwaltungsakt ausdrücklich vorbehalten wurde. Solche gesetzlichen Regelungen gibt es kaum. Um den eigenen Handlungsspielraum zu erhöhen, ist es in vielen Sozialleistungsbehörden üblich geworden, Kann-Leistungen vorsorglich unter Vorbehalt oder verbunden mit Auflagen zu gewähren. Durch solche Nebenbestimmungen kann die Bestandskraft und der von Verwaltungsakten ausgehende Vertrauensschutz in rechtmäßiger Weise eingeschränkt werden. Von einem solchen Widerrufsvorbehalt ist im vorliegenden Fall aber nichts bekannt. Der Verwaltungsakt kann somit nicht widerrufen werden.

Darauf, ob das Geld bereits ausgezahlt wurde, kommt es nicht an (Zweistufigkeit der Leistungsgewährung). Dies bedeutet gleichzeitig, dass die Auszahlung oder Überweisung eines Geldbetrags nicht automatisch eine Verbindlichkeit der Verwaltung begründet oder bestätigt (z. B. offensichtlich irrtümliche Auszahlung). Bei sofortigen Geldleistungen von Sozialleistungsträgern ist im Einzelfall zu prüfen, ob diesem Realakt die Qualität eines Verwaltungsaktes – mit den entsprechenden Rechtswirkungen – zukommt. Nach der neueren Rechtsprechung ist dies in der Regel anzunehmen, anderenfalls wären solche Leistungen ohne Rechtsgrund erbracht.

## Fall 7: Unklarheiten im Sozialamt

b) Krankenhilfe für F

Hinsichtlich der Nichtgewährung von Krankenhilfe handelte S *rechtswidrig* (vgl. oben vorausgehende Fall). Denn hinsichtlich der Leistungspflichten nach § 37 BSHG (Krankenhilfe) kommt es allein darauf an, ob andere Möglichkeiten der Kostendeckung zur Zeit der Behandlungsbedürftigkeit gegeben sind. Insbesondere besteht dieser Anspruch unabhängig von anderen Leistungen des Sozialamtes (Hilfe zum Lebensunterhalt, Hilfen zur Sicherung der Existenzgrundlagen). Damit geht es hinsichtlich der Nichtgewährung einer Krankenhilfe um die „Rücknahme eines rechtswidrigen nicht begünstigenden Verwaltungsaktes". Dieser muss von der Behörde – auch ohne dass F aktiv wird – mit Wirkung für die Vergangenheit unverzüglich zurückgenommen werden (§ 44 SGB X). F ist entsprechend zu bescheiden.

**zu 2.)** Für den Fall, dass das Sozialamt nicht von sich aus tätig wird, stellt sich die Frage, welche Möglichkeiten dennoch bestehen, dass F zu ihrem Recht kommt. Da sie nicht krankenversichert ist, muss sie vor jeder Behandlung von einem Arzt einen durch das zuständige Sozialamt ausgestellten Behandlungsschein vorlegen. Auf diese Weise wird die Kostenübernahme gesichert. Darüber hinaus besteht eine Behandlungspflicht für Ärzte lediglich in akuten Notlagen (nachträgliche Kostenerstattung ohne Behandlungsschein). Während kaum Möglichkeiten bestehen, sich gegen nicht zutreffende Informationen oder lange Bearbeitungszeiten von Behörden zu wehren (Dienstaufsichtbeschwerde, Untätigkeitsklage), ist der Rechtsschutz gegen rechtswidrige, belastende Veraltungsakte detailliert geregelt. Die in dem ablehnenden Bescheid getroffene Regelung ist ein Verwaltungsakt. Hierdurch wird F unmittelbar in ihren subjektiven Rechten belastet. Er ist Gegenstand der rechtlichen Überprüfung.

Enthält die Mitteilung der S – wie üblich – eine Rechtsbehelfsbelehrung (für schriftliche Verwaltungsakte vorgeschrieben, vgl. § 36 SGB X), kann S gegen den sie belastenden Bescheid innerhalb eines Monats *Widerspruch* einlegen. Sollte die Mitteilung eine solche Belehrung nicht enthalten, was aufgrund von Nachlässigkeit durchaus vorkommt, kann S innerhalb eines Jahres Widerspruch gegen den Bescheid einlegen. Für den Beginn der Frist ist die Bekanntgabe des Bescheids (Zugang bei F) entscheidend. Nach Ablauf der Frist (1 Monat oder ein Jahr) hat sie keine Möglichkeit mehr, sich gegen den rechtswidrigen Verwaltungsakt zu wehren. Den Widerspruch muss F schriftlich (oder zur Niederschrift) beim Sozialamt einlegen (der Behörde, die den belastenden Bescheid erlassen hat, vgl. § 84 SGG). Das Sozialamt ist verpflichtet, daraufhin seine Entscheidung umfassend zu überprüfen. Hieran müssen nach § 114 Abs. 2 BSHG zwingend „sozial erfahrene Personen" (nicht Bedienste der Behörde!) beteiligt werden. Dies kann zu einer Aufhebung des Bescheids und zu einem neuen positiven Bescheid führen (*Abhilfebescheid*). Bleibt das Sozialamt bei seiner (hier eindeutig rechtswidrigen) Auffassung, erlässt es, da es bei Kommunalbehörden keine nächsthöhere Behörde gibt, einen *Widerspruchsbescheid*, der zu begründen ist. Hiergegen kann F innerhalb einer Frist von einem Monat *Klage* (*Verpflichtungsklage*) beim zuständigen Verwaltungsgericht einreichen. Da es sich um eine Sozialhilfeangelegenheit handelt, fallen generell weder Kosten für das Widerspruchs- noch für das Gerichtsverfahren an. Würde sie in einem Rechtsstreit (teilweise) unterliegen, könnte sie aber eigene Kosten (Porto, Telefon, Rechtsanwalt) zu tragen haben, sofern ihr nicht Prozesskostenhilfe gewährt wird (Vorraussetzung: Antrag und keine hinreichenden eigenen Mittel). Aufgrund der

Eilbedürftigkeit dieser Angelegenheit (Zahnschmerzen) kann sie in einem *Eilverfahren* vor dem Verwaltungsgericht vorläufigen Rechtsschutz erhalten.

## Fall 8: Gestaltungsfreiheit der freien Träger

**Thema:** Grundfragen des Management sozialer Einrichtungen; Finanzierungsfragen mit Kosten-/Leistungsträgern unterschiedlicher Art; Struktur der Leistungsvereinbarungen am Beispiel der Sozialhilfe; Auswirkungen des Heimgesetzes; finanzielle Risiken einer stationären Einrichtung (insbesondere Unterbelegung, zahlungsunfähige Klienten); ehrenamtliches Engagement im wirtschaftlichen Kontext.

### Fall:

Das St. Martin Alten- und Pflegeheim (GmbH) möchte ein integriertes Betreuungskonzept umsetzen, durch welches ambulante Altenbetreuung, das Altenwohnheim sowie ambulante und stationäre Pflege stärker als bisher miteinander vernetzt werden sollen. Ziel ist es, eine kontinuierliche Betreuung für die alten Menschen auch bei wechselndem Pflege- und Betreuungsbedarf zu gewährleisten. In Betracht gezogen wird auch die Einbeziehung ehrenamtlicher Helfer. Die Einrichtung finanziert sich bisher aus Mitteln der Pflegeversicherung, Leistungen nach dem BSHG (insbesondere für Bewohner ohne eigene Mittel und behinderte Menschen) sowie in geringem Umfang aus eigenen (kirchlichen) Mitteln. Darüber hinaus zahlen die Bewohner je nach Unterbringungsart einen eigenen Beitrag in Höhe von bis zu 2 500,00 € monatlich. Einzelne medizinisch-therapeutische Maßnahmen werden durch die Krankenkassen finanziert. Es geht nun um die Entwicklung eines tragfähigen Finanzierungskonzeptes.
1. *Welche Vereinbarungen sind Grundlage für eine zuverlässige Kalkulation der St. Martin GmbH?*
2. *Was muss nach § 93 ff BSHG im Einzelnen zwischen Sozialhilfeträgern und freien Trägern vereinbart werden?*
3. *Wer trägt das Risiko für Fehlkalkulationen und Unterbelegungen?*
4. *Woraus ergeben sich Gestaltungsspielräume für die St. Martin GmbH?*

### Lösung:

zu 1.) Ein solides Finanzierungskonzept basiert auf möglichst zuverlässigen Finanzquellen. Aufgrund der enormen Pflegekosten ist es schlechterdings unmöglich, ein Alten- und Pflegeheim zu betreiben, ohne einen wesentlichen Teil der Kosten aus *öffentlichen Mitteln* zu decken. Üblich ist die Finanzierung aus Leistungen der Pflegeversicherung und nach dem BSHG. Eine Kostenübernahme kommt insoweit nur in Betracht, wenn vorher in einer Leistungsvereinbarung (*Versorgungsvertrag*) die Bedingungen ausgehandelt und verbindlich geregelt wurden. Erst der Abschluss solcher Vereinbarungen führt zu einer Berechtigung *(Zulassung)*, entsprechend der

## Fall 8: Gestaltungsfreiheit der freien Träger

tatsächlichen Belegung gegenüber dem Leistungsträger abzurechnen. Diese Vereinbarungen sind daher stets *vor* einer Inbetriebnahme abzuschließen. Sie sind mit entsprechenden Qualitätsnachweisen und Kontrollen verbunden.

Mit den Krankenkassen werden solche Leistungsvereinbarungen nicht abgeschlossen. Die Leistungen nach SGB V werden vielmehr nach dem *Dienst- und Sachleistungsprinzip* grundsätzlich ohne Kostenbegrenzung gewährt. Allerdings hat allein der *Patient* – ohne Beteiligung des Heimes – Anspruch auf Maßnahmen, die im Rahmen der Wirtschaftlichkeit für eine Heilbehandlung notwendig sind. Der behandelnde Arzt bzw. Therapeut rechnet unmittelbar gegenüber der gesetzlichen Krankenkasse ab. (Hier gelten die zwischen den Ärzten und der kassenärztlichen Vereinigung ausgehandelten Gebührensätze und Leistungsvereinbarungen). Eine Ausnahme gilt allein hinsichtlich der Behandlungspflege bei stationär pflegebedürftigen Menschen. Diese Leistung wird derzeit (systemwidrig) von den Pflegeheimen erbracht und pauschal mit den Pflegesätzen der Pflegekassen abgegolten. Die Attraktivität der Einrichtung kann möglicherweise steigen, wenn z. B. Räume im Haus an Ärzte oder Therapeuten vermietet werden. An deren Einnahmen ist die St. Martin GmbH aber nicht beteiligt. Rechtliche Beziehungen zwischen Heimen und den Krankenkassen bestehen ebenfalls grundsätzlich nicht.

Mit den Leistungen der Pflegekassen und aus der Sozialhilfe lassen sich die Heimkosten bei weitem nicht decken. Die jeweilige Pflegekasse übernimmt ohnehin nur Kosten, wenn für einen bestimmten Bewohner ein „erheblicher Pflegebedarf" festgestellt wurde. Abhängig vom Pflegebedarf wird ein nach Stufen (I, II, III) bemessener *Teilbetrag* der tatsächlich notwendigen Kosten übernommen (vgl. § 43 SGB XI). Die Sozialhilfeträger springen für den Restbetrag nur ein, wenn und soweit der Betroffene und dessen unterhaltsverpflichtete Angehörigen nicht für die Kosten aufkommen können (§ 68 BSHG, evtl. § 39 ff BSHG). Außerdem ist diese Finanzierung am unteren Standard ausgerichtet (*Bedarfsdeckungsprinzip*).

Öffentliche *Zuwendungen* dürfen im Altenheim- und Altenpflegebereich nicht gewährt werden, weil dies eine marktverfälschende Bevorzugung gegenüber Mitbewerbern bedeuten würde. Es besteht ein freier Wettbewerb zwischen unterschiedlichen, wirtschaftlich arbeitenden Anbietern. Finanzierungskosten (insbesondere bei einer Neuerrichtung von Bedeutung) sind bei den *Leistungsvereinbarungen* (Entgeltvereinbarungen) zu berücksichtigen.

Daneben ist eine *Eigenbeteiligung* der Heimbewohner festzusetzen. In soweit ist der Betreiber weitgehend frei. Die Marktlage ist aber genau zu prüfen. Wird eine Einrichtung mit guter Ausstattung und hoher Eigenbeteiligung konzipiert, stellt sich die Frage, ob eine hinreichende Nachfrage besteht. Soweit Leistungen an Heimbewohner erbracht werden, ist das *Heimgesetz* zu beachten. Hier sind eine ganze Reihe vertraglicher, baulicher, personeller und anderer Vorgaben geregelt. Auf betreutes Wohnen finden diese Bestimmungen grundsätzlich keine Anwendung (vgl. § 1 Abs. 2 Heimgesetz). Bei der Konzeption eines „integrierten Betreuungskonzeptes" ist aber zu beachten, dass bei fehlender klarer räumlicher und organisatorischer Trennung diese Vorschriften auch für das betreute Wohnen gelten. Dies kann unter anderem erhebliche finanzielle Auswirkungen haben.

Mit den künftigen Bewohnern werden die einzelnen Leistungen und Preise einschließlich variabler Zusatzleistungen in Heimverträgen verbindlich vereinbart. Dabei wird die St. Martin GmbH sich darum bemühen, Sicherheiten zu erhalten für den Fall, dass der Bewohner für die Kosten selbst nicht mehr aufkommen kann. In

## Fälle und Lösungsskizzen

Anbetracht der hohen Kosten für die Bewohner können auf den Träger sonst erhebliche Schwierigkeiten zukommen, seine Forderungen durchzusetzen. Regelmäßig werden deshalb vor einer Aufnahme in eine Einrichtung Nachweise über die finanziellen Verhältnisse, Abtretungserklärungen bezogen auf Unterhaltsansprüche gegenüber Angehörigen oder Bürgschaften verlangt. Zu beachten ist dabei, dass das Sozialamt keinesfalls für über dem Notwendigen liegende Zusatzleistungen aufkommt. Wenn Vermögen oder unterhaltspflichtige Personen vorhanden sind, muss der Träger hierauf zugreifen, auch wenn die Durchsetzung äußerst schwierig ist (*Nachrangigkeit* der Sozialhilfe).

**zu 2.)** Nach § 93 BSHG müssen die Leistungen, Entgelte und die Qualitätssicherung verbindlich geregelt werden.

§ 93a Abs. 1 BSHG präzisiert, dass in der Leistungsbeschreibung die wesentlichen Leistungsmerkmale, die *betriebsnotwendigen Anlagen*, der zu *betreuende Personenkreis*, Art Ziel und Qualität der *Leistungen*, Qualifikation des *Personals* und die erforderliche sächliche und personelle *Ausstattung* festgeschrieben werden müssen.

§ 93a Abs. 2 BSHG legt fest, dass hinsichtlich der Vergütungssätze zu differenzieren ist nach einer *Grundpauschale* (für Unterkunft und Verpflegung), *Maßnahmenpauschalen* (für jede einzelne pflegerische und therapeutische Maßnahme) und einem *Investitionsbetrag* (für betriebsnotwendigen Anlagen einschließlich ihre Ausstattung). Dabei ist nach unterschiedlichen *Bedarfsgruppen* zu differenzieren.

Abs. 3 des § 93a BSHG regelt schließlich, dass Grundsätze und Maßstäbe der Wirtschaftlichkeit und *Qualitätssicherung* sowie ein Verfahren zur Durchführung entsprechender Prüfungen zwischen den Parteien festgelegt werden muss. In der Regel werden hierzu unabhängige Prüfstellen errichtet, die häufig nach positiver Begutachtung Zertifikate vergeben.

Nach dem Gesetz sind diese Leistungsbeschreibungen, Vergütungssätze und Qualitätssicherungsverfahren individuell zwischen Einrichtungsträger und Leistungsträger auszuhandeln. Grundlage dieser Vereinbarungen sind *Rahmenverträge* zwischen dem Verband der Pflegeversicherungen und überörtlichen Trägern der Sozialhilfe auf der einen und den Vereinigungen der Pflegeeinrichtungen auf der anderen Seite (§ 93d Abs. 2 BSHG). Grundlage für diese landesweiten Rahmenverträge sind wiederum bundeseinheitliche Richtlinien, die von den entsprechenden Verbänden auf Bundesebene erstellt werden (§ 93d Abs. 3 BSHG). Die im Ergebnis vereinbarten Pflegesätze (Grundpauschale und Maßnahmenpauschalen) sind im Pflegebereich für Pflegeversicherung und Sozialhilfeträger einheitlich (vgl. § 68 Abs. 2 BSHG, § 93 Abs. 7 BSHG).

**Zu 3.)** Das Risiko für Unterbelegung trägt allein die St. Martin GmbH. Durch die verbindlichen Vereinbarungen zwischen öffentlichem und freiem Träger soll für beide Seiten *Planungssicherheit* entstehen und die Eigenverantwortung der freien Träger gestärkt werden. Um diesem Risiko zu begegnen, ist eine *Profitkalkulation* grundsätzlich zulässig. Außerdem ist das Interesse an einer guten Belegung ein Anreiz für gute Leistungen und qualifizierte Öffentlichkeitsarbeit (Informationsabende u. a.). Der sich daraus zwangsläufig ergebende Wettbewerb unter freien Träger ist durchaus gewollt. Durch die Rechtsform GmbH (Gesellschaft mit beschränkter Haftung) wird das Risiko für den Betreiber der Einrichtung überschaubar.

zu 4.) Das Gesetz sieht hinsichtlich der Leistungs-, Entgelt- und Qualitätsvereinbarungen zwar einen individuellen Gestaltungsspielraum vor. Die St. Martin GmbH wird es aber schwer haben, innovative Maßnahmen zu vereinbaren. Denn in der Praxis kommt es derzeit kaum zu Abweichungen von den auf Landesebene geltenden Rahmenvereinbarungen. Die Verhandlungen sind in der Praxis – gerade für kleinere Einrichtungen – zu aufwändig und die öffentlichen Träger befürchten durch neue individuell entwickelte Maßnahmen zunehmende Kosten. Verbindlichkeit erhalten diese landesweiten Regelungen für die einzelne Einrichtung dadurch nur, dass sie dieser Rahmenvereinbarung „freiwillig" zustimmen. Am ehesten kommen individuelle Vereinbarungen im Bereich der Jugendhilfe im Betracht.

Möglicherweise kann die St. Martin GmbH auf eine Unterstützung aus Kirchensteuermitteln hoffen. Dies wäre im Verhältnis zu den Kirchen zu prüfen. Ebenso ist es der Einrichtung unbenommen, sich um Sponsoren und andere, private Geldquellen (Fundraising) zu bemühen. In der Regel kann auf diese Weise aber allenfalls eine kurzfristige Finanzierungslücke geschlossen werden.

Die ehrenamtlichen Helfer sind eine wichtige Ressource, da es in vielen Einrichtungen neben materiellen Angeboten vor allem an sozialarbeiterischen/sozialpädagogischen Fachkräften und an Möglichkeiten zur Teilnahme am gesellschaftlichen Leben mangelt. Während sozialpädagogische Fachkräfte kostenauslösende Faktoren sind, sind die ehrenamtlichen Helfer kostenneutral, können aber die Attraktivität und Qualität des Heimes erheblich steigern. Dies hat unmittelbare Auswirkungen auf die wirtschaftliche Kalkulation. In dem Konzept der St. Martin GmbH könnte deshalb der Motivierung, Profilierung und Strukturierung ehrenamtlicher Hilfe eine wichtige Rolle zukommen.

## Fall 9: Misshandelt

Thema: Anwendung von Rechtsvorschriften (Vertiefung), Gewalt gegen Frauen, Finanzierung von Frauenhäusern als Beispiel unzulänglich geregelter Hilfen in Notlagen, Grenzen des Individualprinzips im BSHG, Problematik der kommunalen Zuständigkeit für Sozialhilfe, alternative Finanzierungsmöglichkeiten durch Bund und Länder, Finanzierung und Bedeutung freier Träger, Bedeutung der rechtlichen Anerkennung sozialer Notlagen, Zusammenhang zwischen gesellschaftspolitischen Vorstellungen und rechtlichen Normen.

### Fall:

Frau Z, 40 Jahre alt, kommt in die Beratung des Sozialdienstes des Sozialamtes der Großen Kreisstadt B zur Sozialarbeiterin C. Sie ist sehr aufgeregt und äußert, sie sei fest entschlossen, von ihrem Ehemann wegzuziehen und sich scheiden zu lassen. Sie erzählt von den seit längerem andauernden Streitigkeiten und vor allem von Misshandlungen durch ihren Mann in der letzten Zeit. Mit ihm will sie auf keinen Fall in einer Wohnung weiter zusammenleben. Frau Z hat keine Kinder, zu dem einzigen Bruder in Norddeutschland hat sie nur sehr lose Verbindung. Sie ist ratlos, was sie jetzt tun könnte. Während des Gesprächs zwischen Frau Z und Sozialarbeiterin C klagt Frau Z über starke Rücken- und Bauchschmerzen. C veranlasst eine ärztliche Untersuchung, bei der offene Wunden am Rücken und innere Verletzungen festgestellt werden. Z wird sofort zur stationären Behandlung in ein Krankenhaus eingewiesen.

Herr und Frau Z sind beim ASD seit längerem bekannt, da sie in der Vergangenheit immer wieder Sozialhilfe in Anspruch nehmen mussten und außerdem Frau Z seit längerem mit Alkoholproblemen zu tun hat. C nimmt telefonisch Kontakt mit Herrn Z auf und erfährt von Herrn Z, dass er und seine Frau bei der AOK krankenversichert sind. Herr Z erklärt bei dieser Gelegenheit, dass auch er mit seiner Frau nichts mehr zu tun haben wolle. Außerdem beabsichtige er, in der Wohnung, die er bereits vor der Eheschließung allein angemietet hatte, wohnen zu bleiben. C überlegt, welche Möglichkeiten bestehen, Frau Z zu helfen. Dabei stellt sie mit Bedauern fest, dass es im Landkreis noch kein Frauenhaus gibt und prüft unter anderem, ob die Kosten für eine Unterkunft und Betreuung im Frauenhaus eines benachbarten Landkreises von dem Sozialamt der Stadt D zu übernehmen sind.

1. Welche Möglichkeiten bestehen für Frau Z, nach ihrem Krankenhausaufenthalt alleine die Ehewohnung zu bewohnen?
2. Welche Ansprüche auf Unterstützung hat Frau Z?
3. Ist der Landkreis verpflichtet, ein Frauenhaus zu errichten und zu betreiben?

## Lösung:

zu 1.) Seit mehreren Jahrzehnten wird diskutiert, wie dem sozialen Problem der Gewalt von Männern gegen Frauen wirksam begegnet werden kann. Neben der Tatsache, dass es in diesem Bereich eine hohe Dunkelziffer gibt, weil die betroffenen Frauen aus unterschiedlichen Gründen diese Straftaten für sich behalten, sind auch bei offenkundiger Gewaltanwendung die rechtlichen Möglichkeiten unzulänglich. Eine Scheidung der Ehe, wie im Fall angesprochen, und auch eine Klärung der Frage nach finanzieller Absicherung haben keinen Einfluss auf die Wohnverhältnisse von Herrn und Frau Z. Vielmehr ist es so, dass jeder der beiden – wie jeder Mensch – ein Recht auf Unverletzlichkeit der Wohnung hat (Art. 13 GG). Deshalb kann Frau Z nicht ohne weiteres verlangen, dass Herr Z die Wohnung ihr allein überlässt. Andererseits kann Herr Z, auch wenn er allein den Mietvertrag mit dem Vermieter abgeschlossen hat, Frau Z nicht einfach vor die Tür setzen. In der Praxis wird der Streit um die gemeinsam genutzte Wohnung häufig dadurch „gelöst", dass einer der Betroffenen „freiwillig" auszieht, in der Regel nach dem Motto „das Opfer geht, der Täter bleibt".

Mit Einführung des im Jahr 2002 in Kraft getretenen *Gewaltschutzgesetzes* besteht eine Rechtsgrundlage, im Wege einer gerichtlichen Anordnung einer Person, die „vorsätzlich den Körper, die Gesundheit oder die Freiheit verletzt" hat oder mit einer solchen Verletzung droht, untersagen zu lassen, die Wohnung der verletzten Person zu betreten, bestimmte Orte aufzusuchen oder Verbindung (einschließlich Telefonanrufe) zur verletzten Person aufzunehmen (vgl. § 1f Gewaltschutzgesetz). Bis dahin bestand eine ähnliche Handhabe gegenüber Ehegatten und zur Vermeidung einer „besonderen Härte" (vgl. § 1361b BGB). Da es sich hierbei um *privatrechtliche* Ansprüche handelt, ist die Initiative der Betroffenen (Antrag bei Gericht) notwendig und die Antragstellerin muss die Rechtsverletzungen beweisen können.

## Fall 9: Misshandelt

Aber selbst dann kann eine solche Maßnahme nur befristet angeordnet werden und unter der Voraussetzung, dass schwerwiegende Belange des Täters nicht entgegenstehen. Das Gericht kann zwar für den Fall der Zuwiderhandlung Strafen androhen, ein zuverlässiger Schutz vor Gewalttaten und Belästigungen lässt sich hierdurch aber wegen der Ängste der Betroffenen vor Repressalien und fehlender Kontrollmöglichkeiten nicht erreichen.

Im vorliegenden Fall würde das Zivilgericht außerdem nicht ohne weiteres davon ausgehen können, dass weitere Gewalt durch Herrn Z droht, da Herr Z angibt, mit Frau Z nichts mehr zu tun haben zu wollen (Beweisprobleme). Es ist auch kaum zu erwarten, dass Frau Z in der Lage ist, die Räumung der Wohnung in eigener Initiative gerichtlich zu betreiben. Zu beachten ist außerdem, dass auch ein alleiniges Wohnrecht Frau Z weder automatisch vor Belästigungen durch Herrn Z schützt noch hierdurch die meist komplexe Problemlage aufgearbeitet würde.

Daneben kommt in Betracht, dass die Polizei im öffentlichen Interesse, zur Vermeidung von *Gefahren für Sicherheit und Ordnung,* eine gewalttätige Person vorrübergehend aus der Wohnung weist. Voraussetzung hierfür ist aber, dass nachweislich weitere Gewaltanwendung unmittelbar droht und andere Abhilfe nicht möglich ist. Diese polizeiliche Variante (*Platzverweis*) ist umstritten, weil hierdurch mit staatlicher Macht in das Grundrecht auf geschützten Wohnraum ohne gerichtliches Verfahren eingegriffen wird und die Hilfe erfolgen kann, auch ohne dass die Betroffenen öffentliche Unterstützung wollen (z. B. kann dies aufgrund von Hinweisen aus der Nachbarschaft erfolgen). Seit längerem wird dieser Platzverweis unter anderem in Baden-Württemberg praktiziert und hat sich im Wesentlichen bewährt. Ungelöst bleibt allerdings das Problem, dass die Polizei über Gewalttaten im häuslichen Bereich meist nicht informiert ist. Im vorliegenden Fall kommt ein Platzverweis nicht in Betracht, da eine akute Gefahr für Frau Z nicht besteht.

**zu 2.)** Vor diesem Hintergrund wurden seit 1976 im gesamten Bundesgebiet durch private Initiativen Frauenhäuser (derzeit insgesamt ca. 400) gegründet. In diesen stationären Einrichtungen finden betroffene Frauen nicht nur einen geschützten Lebensraum, in dem sie medizinisch und psychologisch versorgt und rechtlich beraten werden, sondern sie erhalten ebenso sozialtherapeutische und sozialpädagogische Betreuung und Gelegenheit zum Austausch mit anderen Betroffenen. Fraglich und umstritten ist aber, wer für die Kosten eines solchen, in seiner sozialpädagogischen Wirksamkeit anerkannten, Angebotes aufkommt.[2]

Die Krankenkasse übernimmt lediglich Kosten für eine Krankenbehandlung, also die körperlichen Verletzungen der Frau Z. Hinsichtlich der Alkoholabhängigkeit kommt ebenfalls eine medizinisch verordnete Therapie in Betracht. Für die spezielle soziale Notlage von Frau Z ist die gesetzlichen Krankenkasse aber nicht zuständig. Dasselbe gilt für die Pflegeversicherung, da von einem erheblichen Pflegebedarf im

---

[2] Insgesamt zum Thema: P. Mrozynski, Die Hilfe im Frauenhaus zwischen sozialpolitischer und sozialrechtlicher Argumentation, in: Beiträge zum Recht der sozialen Dienste und Einrichtungen, Heft 27 1995; E.-M. Bordt, Finanzierungsquellen, Finanzierungsverfahren und Kostenstrukturen von Frauenhäusern, in: B. Halfar (Hrsg.), Finanzierung sozialer Dienste und Einrichtungen, Baden-Baden 1999, S. 407–431; Stellungnahme des Deutschen Vereins für öffentliche und private Fürsorge, in: Nachrichtendienst des Deutschen Vereins, Heft 8, 2000, S. 229 ff.

Sinne des § 15 SGB XI nicht auszugehen ist. Sofern Frau Z aus eigenen Mitteln einen solchen Aufenthalt nicht bestreiten kann, könnte sie dies im Rahmen des Ehegattenunterhalts als Sonderbedarf gegenüber ihrem Ehemann geltend machen (§ 1360a BGB). Da Herr Z aber offensichtlich kaum in der Lage ist, seinen eigenen Unterhalt zu bestreiten, wird dies hier ausscheiden. Der Bruder von Frau Z, als einziger Verwandter, ist nicht unterhaltspflichtig (vgl. § 1601 BGB).

Die Sozialpädagogin C wird daher prüfen, ob eine Unterstützung aus Mitteln der Sozialhilfe in Betracht kommt. Falls Frau Z ihren Lebensbedarf nicht aus eigenen und anderen Mitteln decken kann, werden Kosten für eine angemessene Unterkunft vom Sozialamt übernommen (§§ 11 ff BSHG). Möglicherweise kann C auch bei der Vermittlung einer Wohnung behilflich sein. Ein Anspruch auf Beschaffung von Wohnraum besteht aber im Zusammenhang mit Hilfe zum Lebensunterhalt nicht. Über § 11 BSHG können außerdem nur Kosten für eine übliche Unterkunft abgedeckt werden, nicht aber die wesentlich weitergehenden Leistungen und Kosten eines Frauenhauses. Zu prüfen ist deshalb, ob weitere Leistungen, also Hilfe in besonderen Lebenslagen (§§ 27 ff BSHG), in Betracht kommen.

Während im Übrigen wirtschaftliche und gesundheitliche Schwierigkeiten Voraussetzung für Leistungen nach dem BSHG sind, werden in § 72 BSHG soziale Probleme als sozialhilferechtlich relevanter Bedarf anerkannt. Voraussetzung sind allerdings „soziale Schwierigkeiten", die mit „besonderen Lebensverhältnissen" verbunden sind und „aus eigener Kraft" nicht überwunden werden können (vgl. § 72 BSHG). Wenn allerdings eine Notlage nach Abs. 1 vorliegt, sind gemäß Abs. 2 „alle notwendigen Maßnahmen" bereit zu stellen (Muss-Bestimmung). Art und Umfang der Hilfe ergibt sich also aus der individuellen Notlage. Dazu kann dann auch ein Anspruch auf Beschaffung von angemessenem Wohnraum gehören. Beachtlich ist, dass nach Abs. 3 persönliche Hilfe im Einzelfall ohne Berücksichtigung des Einkommens und Vermögens des Hilfeempfängers und unabhängig von Unterhaltspflichten naher Angehöriger zu leisten ist, wenn sonst der „Erfolg der Hilfe gefährdet würde". Damit soll in besonders begründeten Fällen vermieden werden, dass eine Hilfe scheitert, weil der Unterhaltsverpflichtete zu einer Finanzierung nicht bereit ist.

Erhebliche Schwierigkeiten bereitet seit langem die Frage, was Kennzeichen einer solchen „besonderen Lebenslage" ist und welche „sozialen Schwierigkeiten" durch § 72 BSHG tatsächlich erfasst werden. Denn jeder Mensch ist in irgendeiner Weise von sozialen Problemen betroffen, die naturgemäß die individuelle Lebenslage prägen. Bei der Auslegung der in § 72 BSHG verwendeten unbestimmten Rechtsbegriffe ist die Durchführungsverordnung (DVO) zu § 72 BSHG heranzuziehen. § 1 Abs. 2 DVO § 72 BSHG präzisiert nunmehr eindeutig, dass besondere Lebensverhältnisse im Sinne von § 72 BSHG unter anderem bei „gewaltgeprägten Lebensumständen" vorliegen. Herr Z beteuert zwar, mit seiner Frau nichts mehr zu tun haben zu wollen, aber selbst wenn sich dies für die Zukunft bewahrheiten sollte, dürfte dies nichts daran ändern, dass Frau Z derzeit in „gewaltgeprägten Lebensumständen" lebt. Hinsichtlich der sozialen Schwierigkeiten erläutert § 1 Abs. 3 DVO § 72 BSHG, dass das „Leben in der Gemeinschaft durch ausgrenzendes Verhalten" „wesentlich eingeschränkt" sein muss. Das sozial-gesellschaftliche Leben von Frau Z wird durch das Verhalten ihres Ehemanns erheblich erschwert, den Alkoholproblemen von Frau Z kommt zusätzliche Bedeutung zu. Nach der Verordnung reicht es aus, dass die sozialen Schwierigkeiten sich auf *einen Lebensbereich* beziehen, namentlich auf die

## Fall 9: Misshandelt

Beschaffung einer Wohnung, die Sicherung des Arbeitsplatzes, familiärer oder anderer Beziehungen (Abs. 3).

Nach § 72 Abs. 1 BSHG muss es dem Betroffenen außerdem unmöglich sein, sich „aus eigener Kraft" zu helfen. Da die Regelungen im Gewaltschutzgesetz, in § 1361a BGB und polizeiliche Maßnahmen eine Handhabe bieten (hierzu oben unter 1.), können viele betroffenen Frauen hierauf verwiesen werden. In der vorliegenden Fallkonstellation kann aber kein Zweifel bestehen, dass Frau Z diese Eigeninitiative – jedenfalls in ihrem gegenwärtigen Zustand – nicht zuzumuten ist. Die Voraussetzungen des § 72 BSHG sind damit erfüllt.

Fraglich ist aber, ob das Sozialamt der Stadt B Leistungen zu erbringen hat. Für ambulante Maßnahmen ist das örtliche Sozialamt zuständig, während für (teil)stationäre Maßnahmen nach § 100 Abs. 1 Nr. 5 BSHG der *überörtliche Träger* der Sozialhilfe zuständig ist. Ggf. hat C die Angelegenheit zum überörtlichen Träger weiterzuleiten (in Baden-Württemberg ist dies der Landeswohlfahrtsverband). Lange Zeit war umstritten, ob Frauenhäuser stationäre Einrichtungen im Sinne des BSHG sind. Denn hier fehlt es an der „Gesamtverantwortung des Einrichtungsträgers für die tägliche Lebensführung" der Hilfeempfängerinnen. In § 2 Abs. 5 DVO § 72 BSHG ist jetzt festgelegt, dass Frauenhäuser keine stationäre Einrichtung im Sinne des § 72 BSHG sind. Das heißt, dass ein *Anspruch* auf Unterbringung in einem Frauenhaus nicht besteht. Nach dem Wortlaut der Verordnung können aber dennoch Leistungen in einem Frauenhaus als *ambulante* Leistungen finanziert werden. Damit liegt die Zuständigkeit nun doch bei C.

C hat zu prüfen, welche ambulante „Maßnahmen im Einzelnen notwendig sind, um die Schwierigkeiten abzuwenden, zu beseitigen, zu mildern oder ihre Verschlimmerung zu verhüten" (§ 72 Abs. 2 BSHG). Die Rechtsprechung hat Ansprüche auf Übernahme der vollen Kosten für einen Platz in einem Frauenhaus durch die Träger der Sozialhilfe stets abgelehnt, weil dies den sozialhilferechtlich anerkannten Bedarf überschreite. Sehr wohl kommt aber in Betracht, dass Kostenanteile, etwa Unterbringungskosten als Hilfe zum Lebensunterhalt oder Kosten einer Beratung, der persönlichen Unterstützung oder für die Ermittlung der Ursachen (vgl. § 3 DVO § 72 BSHG), entsprechend der individuellen Bedarfslage zu übernehmen sind. Darüber hinaus kann der örtliche Träger auch Kann-Leistungen gemäß § 27 Abs. 2 BSHG bereitstellen. In einer extremen Notlage kann auch die kurzfristige Unterbringung in einem Hotel in Betracht kommen.

Auch wenn die große Kreisstadt B ein eigenes Sozialamt unterhält, hat C die Handhabung im Landkreis zu beachten, da der Landkreis (in kreisfreien Städten die Stadt) nach § 96 BSHG Rechtsträger der Sozialhilfe ist und in dessen Zuständigkeitsbereich der Gleichbehandlungsgrundsatz zu beachten ist. Ob die Leistungen letztlich in der Stadt B oder einem Frauenhaus in einer ganz andern Stadt erbracht werden, ist dabei unerheblich.

**zu 3.)** Auch wenn Frau Z einen Anspruch auf Hilfe § 72 BSHG hat und die im Frauenhaus anfallenden Kosten teilweise übernommen werden, bedeutet dies keineswegs für den Träger die Sozialhilfe eine rechtliche Verpflichtung, solche Einrichtungen auch in ausreichender Zahl zu errichten und zu betreiben. Solche Verpflichtungen zur Bereithaltung einer hinreichenden Zahl ambulanter oder stationärer Plätze bedürften einer eigenen rechtlichen Grundlage. Erst vor einigen Jahren wurden beispielsweise die Gemeinden verpflichtet, für Kinder ab dem 3. Lebensjahr eine hinreichende Zahl von Kindergartenplätzen bereitzuhalten. Hinsichtlich gewaltbedrohter Frauen besteht zwar eine Verpflichtung zur Hilfe unter den oben beschriebenen Voraussetzungen. Lediglich, wenn es keine entsprechenden Einrichtungen in privater Trägerschaft gäbe und die Soziahilfeträger auch nicht in anderer Weise in der Lage wären, ihre rechtlichen Pflichten zu erfüllen, könnte sich hieraus eine Pflicht ergeben, Frauenhäuser zu betreiben.

Wird das Frauenhaus (wie meist) von einem privaten/freien Träger unterhalten, ist dieser letztlich für die Finanzierung und Belegung selbst verantwortlich. Die Kommune kann sich darauf beschränken, einen Teil der Bau- und/oder Personalkosten zu übernehmen, lediglich eine bestimmte Zahl an Plätzen zu finanzieren oder im Bedarfsfall einen Teil der Unterbringungskosten in Form von Belegtagegeldern (i. d. R. ohne Therapie und Unterhaltungskosten für die Einrichtung) zu übernehmen. Werden projektbezogene *Zuwendungen* geleistet, hat dies gegenüber personenbezogenen Leistungen den Vorteil, dass der peinliche und schwierige Nachweis des individuellen Hilfebedarfs (hinsichtlich der Gewaltanwendung und der Vermögensverhältnisse der Hilfeempfängerinnen) gegenüber dem Sozialamt entfällt. Die Einrichtungen haben aber keinen Rechtsanspruch auf Zuwendungen in einem bestimmten Umfang. Unklar ist, wie in diesem Bereich eine Umstellung auf *Leistungsvereinbarungen* mit Qualitätskontrollen und Belegungsnachweisen erfolgen wird.

Da die Aufgaben der Sozialhilfe von den Kommunen als *eigene Angelegenheiten* wahrgenommen werden, leisten sie diese freiwilligen, projektbezogenen Zuwendungen in sehr unterschiedlichem Umfang. Die Versorgung mit Frauenhäusern ist deshalb regional sehr verschieden. Die freien Träger müssen sich außerdem den für sie unabsehbaren Schwankungen kommunaler Zuschüsse anpassen und können nur mit Ideen und vielfältigen Bemühungen um Kostendeckung (z. B. Fundraising, Sponsoring, Spendenaufkommen) ein umfassend qualifiziertes Angebot aufrechterhalten (angefangen von einem 24-stündigen Ruf- und Aufnahmebereitschaft). In Betracht kommen auch Mittel des Jugendamtes (nach §§ 16–18, 27 ff KJHG, wenn mit der Frau Kinder untergebracht werden), von Wohlfahrtsverbänden, die Errichtung einer Stiftung und eine Beteiligung der Bewohner an den Kosten (meist einkommensabhängig gestaffelt).

Die ganz unterschiedliche Angebotsdichte hat zur Folge, dass häufig Frauen in Not um Aufnahme in ein Frauenhaus außerhalb ihres Landkreises nachsuchen. Unlösbare Probleme ergeben sich, wenn das zuständige Sozialamt zu keinerlei Kostenübernahme bereit ist. Um dem „Sozialtourismus innerhalb der Bundesrepublik" zu Lasten sozial engagierter Kommunen zu begegnen, werden für die Errichtung und Betreibung von Frauenhäusern Landes- und Bundeszuschüsse gewährt. Auch dies bedeutet allerdings keine Verpflichtung zur Errichtung von Frauenhäusern, sondern lediglich finanzielle Anreize, die wiederum in den einzelnen Bundesländern sehr unterschiedlich sind (vgl. Förderrichtlinien der Bundesländer). In Schleswig-Holstein z. B. sind alle Kommunen durch ein Umlageverfahren an den Landeszuschüssen beteiligt. Eine bundeseinheitliche Regelung steht noch aus. Zu beachten ist allerdings auch, dass generell vereinheitlichende Tendenzen die Möglichkeiten der Kommunen einschränken, unterschiedliche Akzente zu setzen und neue Hilfemöglichkeiten zu erproben.

An dem hier behandelten Thema wird deutlich, dass mit den Regelungen im Sozialhilferecht nicht alle sozialen Notlagen in gleicher Weise erfasst sind. So sind bestimmte Notsituationen quasi etabliert (Blindenhilfe, Hilfe für werdende Mütter,

Krankenhilfe usw.), während für andere Notlagen eine sozialhilferechtliche Anerkennung (noch) nicht oder nur bedingt besteht. Rückblickend zeigt sich, wie stark gesetzliche Normierungen vom Wandel gesellschaftlicher Vorstellungen abhängig sind (vgl. Umfang der Behindertenhilfe, Hilfe zur Familienplanung, sozialpädagogische Familienhilfe usw.). Abhängig von politischen Vorstellungen werden soziale Notlagen immer neu definiert. Kommunale Verantwortung setzt den nötigen finanziellen Spielraum und entsprechende Sensibilität in der Bevölkerung und den Kommunal-Parlamenten voraus, ermöglicht aber auch bürgernahe Pilotprojekte.

## Fall 10: Der freundliche Polizist

Thema: Grundprobleme des Datenschutzes

### Fall:

Ein Polizeibeamter des örtlichen Polizeipostens (P) tritt an das zuständige Jugendamt heran und meldet, dass eine Gruppe 16-Jähriger jüngere Schüler auf dem Heimweg abfängt und in zum Teil schwerwiegende Schlägereien verwickelt. Da bekannt ist, dass einige dieser Jugendlichen intensive sozialpädagogische Einzelbetreuung durch das Jugendamt erhalten, bittet der Polizist im Rahmen eines Streifengangs die für die Maßnahmen verantwortliche Fachkraft (F) freundlich um Unterstützung bei der Aufklärung des Tathergangs; denn nur so könnten die jüngeren Schüler vor ernsthaften Verletzungen geschützt werden. Außerdem möchte er bewirken, dass das Jugendamt in dem betreffenden Wohngebiet geeignete Maßnahmen der Jugendarbeit und Jugendsozialarbeit einrichtet, um die Gefahr weiterer Auseinandersetzungen abzubauen.
1. Wie hat die Fachkraft F auf die Anfrage des Polisten P zu regieren?
2. Welche Auswirkungen hat die Anregung der Polizei auf die Planung von Jugendhilfemaßnahmen?

### Lösung:

zu 1.) Häufig gibt es wie in dem vorliegenden Fall Situationen, in denen unterschiedliche Behörden mit einer Lebenssituation befasst sind. Hierbei kann es sein, dass die Interessen der Behörden gegeneinander gerichtet sind (z. B. bei von Abschiebung bedrohten Ausländern) oder wie hier auf das gleiche Ziel gerichtet sind (Eindämmung von Gewalt unter Jugendlichen). Behörden sind untereinander zur Amtshilfe verpflichtet (§§ 3 ff SGB X). Geht es um die Weitergabe von personenbezogenen Daten, ist bevor eine solche Kooperation stattfindet zu prüfen, ob dies mit den Rechten der betroffenen Klienten vereinbar ist. Denn Datenweitergabe ohne Einwilligung des Betroffenen bedeutet einen Eingriff in die durch das Grundgesetz geschützten Persönlichkeitsrechte (insbesondere Art. 1 GG).

In § 35 SGB I kommt zum Ausdruck, welch grundlegende Bedeutung dem Datenschutz gerade in der Sozialen Arbeit zukommt. Ausdrücklich ist hier erwähnt, dass die Klienten einen *Rechtsanspruch* auf Datenschutz haben. Selbst innerhalb einer Einrichtung sind persönliche Angaben über Klienten zu schützen. Umso mehr gilt dies für außenstehende Personen und andere Einrichtungen aller Art, also auch für Polizeidienste. Eine Weitergabe von Daten ist nur zulässig mit dem Einverständnis des Betroffenen oder auf der Grundlage einer speziellen gesetzlichen Regelung (*Gesetzesvorbehalt*). Im vorliegenden Fall ist deshalb zu prüfen, ob die Fachkraft F ohne Wissen der betroffenen Jugendlichen dem Polizisten Informationen weitergeben darf. In Betracht käme eine Weitergabe von Personalien (Name, Wohnort) der Betroffenen, von Informationen über deren persönliche Verhältnisse oder Angaben über den Tathergang, die F möglicherweise in Gesprächen mit den Tätern oder von anderen Personen erfahren haben könnte.

Unter welchen Voraussetzungen soziale Einrichtungen Daten weitergeben dürfen, ist abschließend in §§ 67 ff SGB X geregelt.

Zunächst stellt sich die Frage, ob F auch ohne das Ersuchen des Polizisten P verpflichtet ist, Straftaten bei den zuständigen Behörden anzuzeigen, sobald sie hiervon erfährt. Eine solch generelle Anzeigepflicht kennt unsere Rechtsordnung allerdings nicht. Nach § 138 StGB besteht eine Anzeigepflicht lediglich, wenn man von der Planung bestimmter, besonders schwerer Straftaten wie Mord, Menschenraub oder Landesverrat weiß und die Begehung einer solchen Tat noch verhindert werden kann. § 71 Abs. 1 SGB X stellt klar, dass diese Verpflichtung auch für im sozialen Bereich tätige Personen gilt. Darüber hinaus müssen drohende Straftaten nicht angezeigt werden. Bezogen auf bereits begangene Straftaten gibt es generell keine Anzeigepflicht. Da im vorliegenden Fall von der Planung einer in § 138 StGB genannten Straftat nichts bekannt ist, besteht für F keine Verpflichtung, die Polizei über Straftaten von sich aus zu informieren, falls sie Informationen hierüber erhalten haben sollte. Es gibt aber weitere Bestimmungen, die regeln, unter welchen Voraussetzungen auf Anfrage Unterstützung zu leisten ist.

§ 73 SGB X regelt Verpflichtungen zur Mithilfe bei der *Strafverfolgung*. Hiernach besteht eine Verpflichtung zur Datenübermittlung ausschließlich bei *schweren* Straftaten und auf der Grundlage einer *richterlichen Anordnung*. An beidem fehlt es im vorliegenden Fall.

Darüber hinaus kommt eine Übermittlungspflicht gegenüber der Polizei auf der Grundlage von § 68 SGB X in Betracht. Für den Fall, dass ohne erheblichen Mehraufwand Informationen nicht beschafft werden können, sind Sozialbehörden zur Unterstützung der im Gesetz benannten Stellen (unter anderem Polizeibehörden) verpflichtet. Allerdings dürfen auf dieser Grundlage nur „harte Daten", also Angaben über Vorname, Name, Geburtsdatum, Wohnort, Aufenthaltsort und Anschrift des Arbeitgeber übermittelt werden. Weitere Angaben etwa über Gesprächsinhalte oder in Anspruch genommene Sozialleistungen sind *nicht* zulässig. Aber auch über harte Daten besteht eine Informationspflicht dann nicht, wenn schutzwürdige Interessen des betroffenen Klienten einer Weitergabe entgegenstehen. Nach dem *Verhältnismäßigkeitsprinzip* hat die Sozialbehörde eigenständig zu prüfen und zu beurteilen, ob der Erfolg sozialer Maßnahmen hierdurch unzumutbar gefährdet würde. Es besteht somit für Sozialleistungsbehörden nur eine sehr bedingte Befugnis, die Arbeit der Polizei zu unterstützen. Dies ist ein Kompromiss zwischen den öffentlichen Strafverfolgungsinteressen und dem Anspruch des Betroffenen auf eine vertrauensvolle Sozialarbeit.

## Fall 10: Der freundliche Polizist

Zu beachten hat F, dass die Befugnis über die Weitergabe von Klientendaten zu entscheiden nach § 68 Abs. 2 SGB X allein dem *Leiter* der Behörde bzw. seinen hierzu beauftragten Stellvertreter zusteht. Um ein geordnetes Verfahren und eine zuverlässige Beachtung der bestehenden Vorschriften sicherzustellen, ist der Sachbearbeiter zu keinerlei eigenmächtiger Weitergabe von Informationen an Außenstehende befugt. Dies vermeidet schwierige Konfliktsituationen für den betroffenen Mitarbeiter.

Das bisher Gesagte gilt allgemein für alle *Sozialbehörden*. Darüber hinaus sind im vorliegenden Fall spezielle Regelungen für die Berufsgruppe der Sozialarbeiter/Sozialpädagogen und für die Kinder- und Jugendhilfe zu beachten. § 76 SGB X schränkt die Übermittlungsbefugnis von Daten ein, die durch eine in § 203 StGB genannte Person (z. B. staatlich anerkannte Sozialarbeiter und Sozialpädagogen) erhoben wurde. Für solche Daten gilt die Regelung des § 68 SGB X nicht. Für den Fall, dass F staatlich anerkannte Sozialpädagogin ist (oder sich in einer entsprechenden Ausbildung befindet), dürfen die von ihr erhobenen Daten weder von ihr selbst noch durch das Jugendamt an P weitergegeben werden. Darüber hinaus ist § 64 SGB KJHG/VIIII zu beachten. Hiernach dürfen Daten, die im Bereich der Jugendhilfe erhoben wurden, generell nur „zu dem Zweck übermittelt oder genutzt werden, zu dem sie erhoben worden sind" (*Zweckbindung der Sozialdaten*). Eine Weitergabe zu anderen Zwecken (hier polizeiliche Maßnahmen) ist in diesem Bereich generell unzulässig. Auch aus diesem Grund kommt eine Weitergabe von Daten an P nicht in Betracht.

Daneben könnte nach den Grundsätzen des *Notstands* eine *Befugnis* (keine Verpflichtung) bestehen – auch unabhängig von dem Ersuchen der Polizei –, anvertraute Daten weiterzugeben. Dies setzt voraus, dass auf andere Weise wichtige Interessen anderer Personen nicht geschützt werden können und der Vertrauensschutz der Personen, über deren Daten verfügt wird, demgegenüber deutlich geringere Bedeutung hat. Im vorliegenden Fall käme dies in Betracht, wenn F z. B. einerseits bekannt wäre, dass die jugendlichen Täter weitere Gewalttaten planen und andererseits keine Aussicht besteht, mit Maßnahmen der Jugendhilfe auf die Täter sinnvoll einzuwirken. F ist dann nicht wegen des Datenschutzes verpflichtet, untätig zuzusehen wie weiterer Schaden herbeigeführt wird. In den meisten Fällen wird in der Sozialen Arbeit eine Weitergabe von Informationen allerdings nicht ohne Einbeziehung der Betroffenen geschehen, sondern erst nach entsprechenden Gesprächen und unter Abwägung aller damit verbundenen Auswirkungen. Falls keine weiteren Straftaten geplant sind, scheidet Notstand aus.

F ist deshalb nicht verpflichtet, gegenüber der Polizei Angaben über die verdächtigten Jugendlichen zu machen. Der Leiter des Jugendamtes (oder dessen Vertreter) muss Namen und Anschrift u. ä. weitergeben, wenn berechtigte Interessen der durch das Jugendamt betreuten Jugendlichen dem nicht entgegenstehen. Ob dies der Fall ist, beurteilt der Jugendamtsleiter. Bei drohenden Gefahren ist F berechtigt, sich über die Datenschutzverpflichtung hinwegzusetzen, wenn anders diesen Gefahren nicht wirksam begegnet werden kann. Ansonsten ist F zur Weitergabe von Daten nicht befugt.

**zu 2)** Die Konzeption und Durchführung von Maßnahmen der Jugendhilfe fällt in die Zuständigkeit des Jugendamtes. Der Jugendhilfeausschuss ist im Rahmen der Vorgaben des Kreistages/Stadtrats verantwortlich für die Gesamtplanung und die Verwaltung für die Durchführung. Zu diesen Aufgaben gehören auch Maßnahmen der Jugendarbeit und Jugendsozialarbeit, soweit sie nicht von freien Trägern erbracht werden. Die Polizei ist rechtlich nicht befugt, dem Jugendamt Vorgaben zu machen. Die Umsetzung der Vorstellungen der Polizei kann auch im Wege der Amtshilfe schon deshalb nicht vom Jugendamt verlangt werden, da es bei diesen Maßnahmen nicht unmittelbar um die Erfüllung polizeilicher Aufgaben geht, sondern um sozialpädagogische. Auf Grund der Eigenständigkeit des Jugendamtes darf auch der Landrat bzw. Oberbürgermeister in die Jugendhilfeplanung nicht eingreifen.

In der praktischen Arbeit sind Polizei und Sozialdienste aber auf eine gute Kooperation angewiesen. Bei schwierigen Konflikten (z. B. Gewalt gegen Kinder) bedarf Sozialarbeit der Unterstützung durch die Polizei, ebenso wie die Polizei auf Hilfe durch soziale Dienste angewiesen ist (z. B. Hinweise auf kriminelle Vorkommnisse). In vielen Fällen ist es sinnvoll, dass beide Institutionen – trotz ihrer Unterschiedlichkeit – gemeinsam tätig werden (z. B. Eingreifen bei akuten Konfliktsituationen, wenn Kinder oder andere schutzbedürftigen Personen beteiligt sind). Insbesondere in zahlreichen Großstädten haben sich in den letzten Jahren im Kampf gegen Kriminalität von Jugendlichen enge Kooperationsstrukturen zwischen Polizei und Jugendamt herausgebildet. Diese Zusammenarbeit ist häufig sinnvoll, um gemeinsame Ziele effektiv erreichen zu können. Aufgrund des unterschiedlichen Selbstverständnisses beider Institutionen kann dies aber nicht unproblematisch sein. Auch positive Beispiele moderner Jugendgerichtshilfe (Diversion, Täter-Opfer-Ausgleich, Hilfe statt Strafe) können das Spannungsverhältnis zwischen repressiven Maßnahmen der Polizei und Justiz und auf Freiwilligkeit ausgerichtete Maßnahmen der Jugendhilfe nicht vollständig auflösen. Solche Kooperationen ändern auch nichts an der Eigenverantwortlichkeit der Institutionen und den unterschiedlichen gesetzlich vorgegebenen Aufgaben. Konkrete rechtliche Probleme ergeben sich bereits beim Datenaustausch (vgl. oben zu Frage 1).

## Fall 11: Erziehungsverantwortung der sozialpädagogischen Fachkraft

Thema: Ein nicht ganz einfacher Fall zum Datenschutz im Zusammenhang des Familienrechts und der Kinder- und Jugendhilfe. Zusammentreffen unterschiedlicher Interessen: Jugendlicher, Eltern, Einrichtung, Drogenbekämpfung. Grenzen der elterlichen Verantwortung, Erziehungsbefugnisse sozialpädagogischer Fachkräfte, verantwortliche Gestaltung einer Konfliktsituation.

### Fall:

Der 16-jährige Jörg (J) lebt mit anderen Jugendlichen in einer sozialpädagogisch betreuten Wohnform. Die dort tätige Sozialpädagogin (S) erfährt von Jörg, dass er außerhalb der Wohngruppe gelegentlich Drogen konsumiert. Sie kann ihn dazu bewegen, ärztliche Behandlung bei einem niedergelassenen Arzt in Anspruch zu nehmen. Nach einiger Zeit sprechen die Eltern von Jörg (E) bei der Jugend-

## Fall 11: Erziehungsverantwortung der sozialpädagogischen Fachkraft

hilfeeinrichtung vor und wollen detaillierte Informationen über ihren Sohn, insbesondere über seinen Gesundheitszustand. Bei einem Kollegen der Sozialpädagogin ist der Verdacht entstanden, dass der Drogenkonsum auch bei anderen Jugendlichen der Wohngruppe um sich greift. Der Kollege (K) verlangt von der Sozialpädagogin, dass sie sich deshalb bei dem behandelnden Arzt (A) über eine mögliche Drogenabhängigkeit des Jörg erkundigt.

Für die Sozialpädagogin stellt sich die Frage, was sie im Interesse des Jörg unternehmen kann. Zu beachten sind hierbei die Rechte aller im Fall genannten Personen.

## Lösung:

Die Sozialpädagogin ist eingebunden in ganz unterschiedliche Verpflichtungen gegenüber Jörg, dessen Eltern, der Jugendhilfeeinrichtung, den anderen Jugendlichen in der Einrichtung und ihrem Kollegen. Allen Interessen wird sie nicht in gleicher Weise gerecht werden können. Dem Umgang mit Informationen kommt in der Sozialen Arbeit entscheidende Bedeutung zu. An Schweigepflichten und Informationsrechten – lange in ihrer Bedeutung unterschätzt – werden Loyalitätspflichten deutlich, durch welche Handlungsmöglichkeiten sozialpädagogischer Dienste weitgehend bestimmt werden. Wie häufig im Datenschutzrecht sind auch im vorliegenden Fall die Informationsinteressen der Personen/Institutionen gerade in ihrer Unterschiedlichkeit verständlich und jeweils für sich genommen auch legitim. Entscheidend kommt es darauf an, welche Interessen im Mittelpunkt stehen. Daraus ergeben sich konkrete Recht und Pflichten für S.

### Grundsatz der Schweigepflicht

Datenschutz ist ein höchstpersönliches Recht, worauf staatliche Einrichtungen generell und soziale Einrichtungen im Besonderen verpflichtet sind. Grundsätzlich dürfen persönliche Daten – gleich welcher Art – nur mit Zustimmung des Betroffenen oder aber auf der Grundlage einer konkreten gesetzlichen Ermächtigung verwertet werden (§ 35 Abs. 1 u. 2 SGB I). Das Bundesverfassungsgericht hat bereits im Jahr 1977 formuliert: „Die grundsätzliche Wahrung des Geheimhaltungsinteresses des Klienten ist Vorbedingung des Vertrauens, das sie um ihrer selbst Willen dem Berater entgegenbringen müssen, und damit zugleich Grundlage für die funktionsgerechte Tätigkeit". Dieser Grundsatz gilt für den gesamten Bereich Sozialer Arbeit und in besonderem Maße für den Umgang mit Kindern und Jugendlichen, da diese sich oft vorbehaltlos ihren Bezugspersonen gegenüber öffnen und auf Verletzungen von Vertrauensverhältnissen besonders sensibel reagieren. Minderjährige haben daher nicht nur, wie jeder Mensch, einen eigenen Anspruch auf Schutz persönlicher Daten (vgl. § 35 SGB I, §§ 67 ff SGB X), sondern das Kinder- und Jugendhilfegesetz (§ 65 SGB VIII) bindet darüber hinausgehend jede Verwendung von persönlichen Daten an den *Zweck der Jugendhilfe* und damit an die Interessen der Klienten. Da diese Verpflichtung zur Verschwiegenheit ganz besonders auch für die Berufsgruppe der Sozialarbeiter und Sozialpädagogen gilt (vgl. die Strafandrohung in § 203 StGB), steht außer Frage, dass S grundsätzlich verpflichtet ist, sämtliche persönliche Daten, die sie von J erfahren hat, für sich zu behalten. Dies gilt grundsätzlich gegenüber jedermann. Im vorliegenden Fall geht darum, ob Ausnahmen von diesem Grundsatz zur Anwendung kommen.

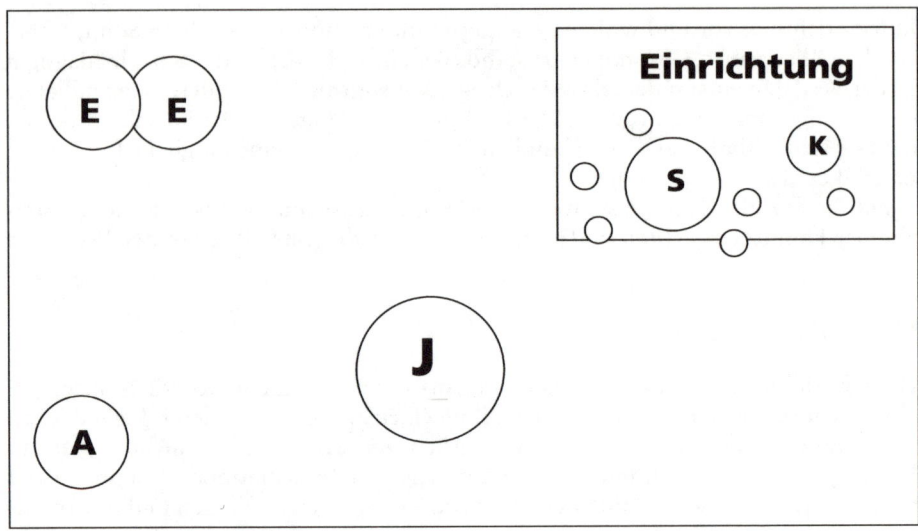

**Informationspflicht gegenüber Kollegen**
Innerhalb einer Einrichtung kann eine Weitergabe von personenbezogenen Daten ohne ausdrückliche Einwilligung des Betroffenen und gesetzliche Ermächtigung erfolgen, soweit dies „zur Erfüllung der Aufgaben der Jugendhilfe" notwendig ist. Eine solche Befugnis ergibt sich aus dem Recht und dem Begehren des Betroffenen auf bestimmte Leistungen. Aber auch insoweit besteht kein Automatismus, sondern die zuständige Fachkraft muss immer abwägen, ob eine konkrete Geheimnisoffenbarung im Interesse des *betroffenen Jugendlichen* zweckdienlich, unvermeidlich und verhältnismäßig ist (§ 64f KJHG/SGB VIII). Falls möglich, hat eine Namensnennung zu unterbleiben (*Anonymisierung der Daten*). Auch der Schutz anderer Heimbewohner rechtfertigt keineswegs immer den Eingriff in das Grundrecht auf informationelle Selbstbestimmung. Lediglich bei einer ernstlichen Gefährdung anderer Personen kann auf der Grundlage von *Notstand oder Notwehr* (§ 32, § 34 StGB) dem Datenschutz nachrangige Bedeutung zukommen. Voraussetzung wäre aber, dass die Gefahr anders nicht beseitigt werden kann. Außerdem sind die Interessen des Betroffenen zu berücksichtigen. Im vorliegenden Fall spricht gegen eine Weiterleitung, dass eine Gefährdung anderer Bewohner wenig konkret ist, ein solcher Vertrauensbruch aber das Verhältnis zu J erheblich belasten müsste. Wenn sich die Vermutungen weiter herumsprechen, kann dies sinnvolle Hilfe für J erschweren. Eine sofortige, ungeprüfte Weitergabe der Informationen an Kollegen wäre im vorliegenden Fall deshalb nicht zulässig.

Durch interne *Dienstanweisungen* kann die Sozialpädagogin zwar grundsätzlich zu bestimmten Verhaltensweisen verpflichtet sein. Rechtlich zulässig ist dies jedoch nur, soweit hierdurch nicht gegen gesetzliche Bestimmungen verstoßen wird. Das Recht auf Schutz persönlicher Daten ist Teil des allgemeinen Persönlichkeitsrechtes und hat als solches besondere Bedeutung. Selbst eine eindeutige Drogenabhängigkeit kann deshalb nicht generell zu einer internen Meldepflicht führen. Der Geheimnisträger muss stets in eigener Verantwortung vorher die Verhältnismäßigkeit prüfen. Generelle Offenbarungspflichten sieht das Gesetz – unter Zurückdrängung des Datenschutzes – nur in eng umgrenzten Fällen vor. Mitteilungspflichten, auch ohne Anfrage von außen, bestehen nach § 71 SGB X z. B. bei Abbruch einer begonnenen Drogentherapie und bei bestimmten Krankheiten nach dem Infektionsschutzgesetz. Selbst diese Verpflichtungen bestehen nur für bestimmte Einrichtungen und gegenüber dem Gesundheitsamt bzw. dem Strafrichter – nicht aber gegenüber Kollegen einer sozialen Einrichtung.

### Pauschale Entbindung von der Schweigepflicht
Wenn die Sozialpädagogin im Interesse des J oder der anderen Jugendlichen eine Informierung des Kollegen für geboten hält und die Voraussetzungen des Notstands nicht gegeben sind, muss sie sich darum bemühen, von Jörg bzw. seinen Eltern (hierzu unten) von ihrer Schweigepflicht entbunden zu werden.

Möglicherweise haben J und seine Eltern bereits bei der Aufnahme in die Jugendhilfeeinrichtung „Entbindungserklärungen von der Schweigepflicht" bezüglich bestimmter Vorkommnisse unterschrieben. Rechtlich sind solche Entbindungen von der Schweigepflicht – entgegen einer verbreiteten Handhabung – unwirksam, soweit sie pauschal, also ohne Bezug zu einer konkreten Situation abgegeben werden. Hinzu kommt, dass eine Entbindung, wenn sie wirksam erklärt worden sein sollte, jederzeit widerrufen werden kann.

Aber auch eine formal korrekte Erklärung entbindet die pädagogische Fachkraft nicht von ihrer Pflicht, die individuelle Situation des Betroffenen vorrangig zu berücksichtigen und ggf. von der Ermächtigung keinen Gebrauch zu machen (*Verhältnismäßigkeitsprüfung*). Es besteht auch unter diesen Voraussetzungen eine Pflicht, abzuwägen zwischen den (mutmaßlichen) Interessen anderer Klienten und der Wahrung des Vertrauensverhältnisse zu einem Klienten. Im vorliegenden Fall ist zu beachten, dass die Weitergabe von Informationen an den Kollegen weder geeignet ist, Klarheit über die mögliche Abhängigkeit des J zu erhalten, noch würde dies zu einer sinnvollen Lösung für Jörg beitragen.

### Auskunftsersuchen beim behandelnden Arzt
Auch unabhängig von Schutzpflichten gegenüber den anderen Jugendlichen ist für S, im Interesse des J, ein Gespräch mit dem behandelnden Arzt (A) wichtig. Denn ohne eine qualifizierte medizinische Beurteilung ist weder eine Klärung der Situation noch sinnvolle Hilfe möglich. Da S aufgrund des guten persönlichen Verhältnisses zu J um dessen ärztliche Behandlung weiß, könnte sie auf die Idee kommen, sich um ein vertrauliches Gespräch mit dem Arzt zu bemühen.

Da A aber seinerseits ebenfalls an eine strenge Schweigepflicht gebunden ist, wird er S keinerlei Informationen über J geben, selbst darüber nicht, ob J sich noch bei ihm in Behandlung befindet. Jedes andere Verhalten seitens des A wäre rechtswidrig und strafbar.

Unverzichtbare Voraussetzung für ein solches Gespräch ist, dass der Arzt vorher von seiner ärztlichen Schweigepflicht entbunden wurde. Eine Mitteilung an J reicht in keinem Fall aus. Es bedarf hierzu vielmehr einer eindeutigen *Ermächtigung*. Fraglich ist, ob J selbst dies wirksam erklären kann, obwohl er noch minderjährig ist. Ansonsten könnten allein die Erziehungsberechtigten den Arzt von seiner Schweigepflicht entbinden.

Auch wenn J als 16-Jähriger keine Rechtsgeschäfte verbindlich abschließen kann, ist er nach der eindeutigen Rechtsprechung befugt, über *höchstpersönliche Rechts-*

*güter* in gewissem Umfang selbst zu entscheiden. Im Unterschied zur nach außen gerichteten Geschäftsfähigkeit wird bei *geschäftsähnlichen Erklärungen* von einer kontinuierlich wachsenden Eigenständigkeit des Heranwachsenden ausgegangen. Die Eltern haben diese wachsende Eigenständigkeit zu fördern und zu respektieren. Je persönlicher die Belange sind, um so eher entscheidet das Kind/der Jugendliche eigenverantwortlich. Feste Altersgrenzen und exakte Handlungsbereiche gibt es insoweit allerdings nicht. Hierzu bedarf es vielmehr immer einer Beurteilung im Einzelfall.

Besitzt ein nicht voll Geschäftsfähiger die für die Einwilligung in Eingriffe in höchstpersönliche Rechtsgüter erforderliche *Einsichts- und Urteilsfähigkeit*, so ist der Wille seines gesetzlichen Vertreters grundsätzlich unbeachtlich. Für bestimmte Bereiche wird deshalb von einer „Teilmündigkeit des Minderjährigen" gesprochen[3]. Je älter ein Jugendlicher ist, desto weitergehend ist er deshalb auch befugt, darüber zu verfügen, wer von seinen persönlichen Daten Kenntnis erlangen soll und wer nicht.

Im vorliegenden Fall wird davon auszugehen sein, dass der 16-jährige J seinen Arzt selbst von seiner Schweigepflicht entbinden kann. Wenn J nicht einverstanden ist, kann es daher zu dem an sich sinnvollen Gespräch zwischen A und S nicht kommen. Sollte A aufgrund dessen persönlicher Entwicklung J nicht für hinreichend reif halten, ist die Einwilligung der Sorgeberechtigten unverzichtbar.

### Informationspflichten gegenüber den Eltern

Zu beachten hat die S, dass die Sorgeverantwortung grundsätzlich bei den Eltern (E) liegt, gänzlich unabhängig davon, in welchem Umfang sie Kontakt zu ihrem Kind pflegen. Sofern die Sorgeverantwortung nicht ganz oder teilweise durch das Familien- oder Vormundschaftsgericht auf andere Personen übertragen wurde – was heute nur noch selten geschieht –, tragen die Eltern die umfassende Verantwortung für alle Belange des Kindes. Sämtliche Maßnahmen der Jugendhilfe haben ausschließlich unterstützende Funktion, ohne die Verantwortung der Eltern zu ersetzten oder in irgendeiner Weise einzuschränken (vgl. § 1626 BGB). Um diese Elternverantwortung ausüben zu können, wird ihnen ein *umfassendes Informationsrecht* über ihre Kinder zuerkannt. Das heißt, dass Datenschutzbestimmungen zu Gunsten des Kindes grundsätzlich nicht gegenüber dessen Eltern gelten. S hat daher nicht nur die Pflicht, Anfragen von E umfassend zu beantworten, sondern sie muss diese auch über wichtige Belange des J von sich aus informieren und notwendig werdende Entscheidungen den Eltern überlassen. Auch soweit das Kind in persönlichen Belangen selbst bestimmten kann (hierzu oben), beeinträchtigt dies nicht unmittelbar die Informationspflichten gegenüber den Erziehungsberechtigten.

Diese starke Elternposition ist problematisch, wenn die Eltern nicht in der Lage sind, ihre Verantwortung angemessen auszuüben oder das Eltern-Kind-Verhältnis

---

[3] Nach der herrschenden Meinung soll eine schwangere 17-Jährige über einen Schwangerschaftsabbruch auch gegen den erklärten Willen ihrer Eltern selber entscheiden können. Einer 5-Jährigen wurde zugestanden, über ihr Zeugnisverweigerungsrecht selbst zu entscheiden. Andererseits ist nach der Rechtssprechung für die Begründung von Ausbildungs- und Arbeitsverhältnissen bis zum 18. Lebensjahr nach wie vor der Wille der Erziehungsberechtigten entscheidend. Ausführlich zum Thema: *Oberloskamp/Adams*, Jugendhilferechtliche Fälle für Studium und Praxis, 2001, S. 212 ff; *Wiesner/Kaufmann* u. a. SGB VIII/ Kinder- und Jugendhilfe (Kommentar), 1995, zu § 8 Rn 12 ff.

von tiefgreifenden Konflikten geprägt ist. Bei einer Drogenproblematik, wie sie im vorliegenden Fall geschildert ist, kann häufig nicht davon ausgegangen werden, dass die Eltern das nötige Verständnis für ihr drogengefährdetes oder bereits abhängiges Kind aufbringen. Hinzu kommt, dass Information und Nachfragen bei Eltern zu Unstimmigkeiten mit der Jugendhilfeeinrichtung führen können, was gerade in Krisensituationen verheerende Auswirkungen haben kann. Von erheblicher praktischer Bedeutung ist daher, *wann* im Interesse des Kindes *ausnahmsweise* eine Einbeziehung der Eltern unterbleiben kann.

### Grenzen der Elternverantwortung

Unverändert gilt, dass sämtliche pädagogische Maßnahmen einer Jugendhilfeeinrichtung grundsätzlich von der Einwilligung der Eltern gedeckt sein müssen. Bereits bei der Aufnahme in eine Jugendhilfeeinrichtung werden in einer (mündlichen, schriftlichen oder auch stillschweigenden) Vereinbarung zwischen Eltern und Einrichtung die Befugnisse der betreuenden Personen (seitens der Eltern jederzeit widerruflich) geregelt. Ist dies nicht der Fall, greift § 1688 BGB.

Grundsätzlich darf die Jugendhilfe nicht in das elterliche Erziehungsrecht eingreifen. Aufgrund des fürsorglichen und uneigennützigen Charakters der elterlichen Sorge handeln die für die Erziehung tatsächlich verantwortlichen Personen aber gleichwohl letztlich nicht in Vertretung der Personensorgeberechtigten, sondern in Vertretung und im Interesse des Kindes. Die Erziehungsverantwortung der Eltern findet deshalb dort ihre Grenze, wo sie mittelbar oder unmittelbar Gefährdungen für das Kind bedeutet. Eine dort ansetzende *eigenständige Verantwortlichkeit* der pädagogischen Fachkräfte führt unweigerlich immer wieder zu Konflikten mit den tatsächlich Sorgeberechtigten. Bei offenen Konflikten ist die Einschaltung des Jugendamtes (§ 38 KJHG/SGB VIII) und ggf. die Entscheidung des Familiengerichts (§ 50 Abs. 3 KJHG/SGB VIII) unvermeidlich. Solche Vorgehensweisen kommen erst in Betracht, *nachdem* Konflikte bzw. grobe Versäumnisse offenkundig sind. Diese Regelung berechtigt nicht dazu, Informationen zu unterschlagen, um Meinungsverschiedenheiten zu vermeiden.

### Nichtinformation der Eltern als Recht des Kindes

Das Bundesverfassungsgericht hat in grundlegender Weise entschieden, dass ausnahmsweise auch in wichtigen Belangen eine Information der Eltern unterbleiben darf, wenn „unter Abwägung aller Umstände des Einzelfalles deren Unterrichtung Gesundheit und Wohlergehen des betroffenen Minderjährigen gefährden würde". Dieser Gedanke hat in § 8 Abs. 3 KJHG/SGB VIII Ausdruck gefunden. Hier ist geregelt, dass die *Beratung* eines Minderjährigen ohne Einwilligung bzw. Information der Eltern erfolgen darf, „solange durch eine Mitteilung an den Personensorgeberechtigten der Beratungszweck vereitelt würde". Diese *Schweigebefugnis* ist nach der Rechtssprechung und der herrschenden Meinung nicht auf Beratungsgespräche beschränkt, sondern besteht auch in anderen Konfliktsituationen.

Die Beurteilung, ob eine Elterninformation tatsächlich eine gravierende Gefährdung des Kindes bedeutet, ist bezogen auf eine konkrete Situation oft schwierig. Da allein die betreuende Fachkraft die Umstände des Einzelfalls abschätzen kann, liegt die Entscheidungsverantwortung für so begründete Geheimhaltungen gegenüber den Eltern bei ihr. Im Fallbeispiel eröffnet sich für S damit zumindest die Möglichkeit, trotz der Anfrage der Eltern im Interesse des J jedenfalls zunächst von deren

Information abzusehen. Wenn die Umstände dies erfordern, hat das Vertrauensverhältnis zum Jörg und dessen Beratung Vorrang vor den Informationspflichten gegenüber den Eltern.

**Sinnvolle Lösung**
Aus den bisherigen Darlegungen ergibt sich, dass die S in Ausübung ihrer erzieherischen Verantwortung die persönlichen Daten an niemanden ohne eigenständige Beurteilung der konkreten Umstände und unter vorrangiger Beachtung der Interessen des J preisgeben darf. Damit allein wird allerdings J mit seinen möglicherweise vorhandenen Drogenproblem nicht geholfen. Um tatsächlich ihrer erzieherischen Verantwortung für J nachzukommen und nicht unter dem Deckmantel falsch verstandenen Datenschutzes letztlich *Sorgfaltspflichten* zu verletzen, muss sich S aktiv des Themas annehmen.

Aus den Schweigebefugnissen der S ergeben sich Spielräume, die sie in ihrer Verantwortung für den J wie folgt nutzen kann:

Im Gespräch mit J kann sie zunächst die Ernsthaftigkeit des Problems deutlich machen. Deshalb wird sie auf die Einbeziehung des Arztes drängen, auf die grundsätzliche Verantwortung der Eltern hinweisen und die Belange der anderen Jugendlichen verdeutlichen. Es ist aber nicht notwendig, J eine bestimmte Vorgehensweise vorzugeben. Ergebnis der Gespräche kann vielmehr sein, dass J – entsprechend seinen persönlichen Bindungen – entweder mit S zusammen seinen Arzt aufsucht und S dort über die Ergebnisse entsprechender Untersuchungen informiert wird, J sich selbst an seine Eltern wendet oder aber den Arzt um Kontaktaufnahme mit den Eltern bittet, ohne sich S weiter anvertrauen zu müssen. Die weitere Vorgehensweise kann auf diese Weise entscheidend von J bestimmt werden und S ist nicht gezwungen, einen Vertrauensbruch zu begehen. Sie kann vielmehr in dieser kritischen Situation Chancen wahrnehmen, bestehende Vertrauensverhältnisse zu stärken.

Sollte eine Kooperation mit J nicht möglich sein, kann eine Beendigung des Aufenthalts in der Jugendhilfeeinrichtung unvermeidlich sein. Für solche Fälle besteht – in der Regel vertraglich geregelt – ein außerordentliches *Kündigungsrecht* wegen fehlender Kooperationsbereitschaft. Aber auch dann spricht vieles dafür, zunächst J mit einer solchen Konsequenz zu konfrontieren. Selbst wenn diese unvermeidlich sein sollte, bedeutet dies aber nicht, dass S daraufhin ihr anvertraute Informationen einrichtungsintern ohne Einverständnis des J verbreiten dürfte. Die Verpflichtungen zum Datenschutz bleiben bestehen. Wohl aber stünde dann unvermeidlich eine Information der Eltern über den zu Grunde liegenden Verdacht an.

# Literaturverzeichnis

*Barabas, Friedrich K.:* Beratungsrecht, 2. Auflage, Frankfurt a.M. 2003.
*Bauer, Jost/Schimke, Hans-Jürgen/Dohmel, Wolfgang:* Recht und Familie. Rechtliche Grundlagen der Sozialisation, 2. Auflage, Neuwied-Kriftel 2001.
*Bienwald, Werner:* Betreuungsrecht, Bielefeld 1999.
*Bley, Helmar/Kreikebohm, Ralf, Marschner, Andreas:* Sozialrecht, 8. Auflage, Neuwied-Kriftel-Berlin 2001.
*Bordt, Eva-Maria:* Finanzierungsquellen, Finanzierungsverfahren und Kostenstrukturen von Frauenhäusern, in: Halfar, Bernd (Hrsg.), Finanzierung sozialer Dienste und Einrichtungen, Baden-Baden 1999, S. 407–431.
*Boessenecker, Karl-Heinz:* Spitzenverbände der Freien Wohlfahrtspflege in der BRD. Eine Einführung in Organisationsstrukturen und Handlungsfelder, 2. Auflage, Münster 1998.
*Braczyk, Hans-Joachim/Ganter, Hans-Dieter/Seltz, Rüdiger:* Neue Organisationsformen in Dienstleistung und Verwaltung, Stuttgart 1996.
*Brülle, Heiner/Reis, Claus:* Neue Steuerung in der Sozialhilfe. Sozialberichterstattung, Controlling, Benchmarking, Casemanagement, Neuwied-Kriftel-Berlin 2002.
*Bull, Hans Peter:* Allgemeines Verwaltungsrecht, 5. Auflage, Heidelberg 1997.
*Bundessozialhilfegesetz:* Lehr- und Praxiskommentar (LPK-BSHG), Baden-Baden 1998.
*Burghardt, Heinz:* Recht und Soziale Arbeit. Grundlagen für eine rechtsgebundene sozialpädagogische Fachlichkeit, Weinheim-München 2001.
*Claessen, Herbert:* Datenschutz in der evangelischen Kirche. Praxiskommentar zum Kirchengesetz über den Datenschutz der EKD, 2. Auflage, Neuwied-Kriftel-Berlin 1998.
*Claussen, Hans/Vent, Helmut u. a.:* Aufsichtspflicht und Aufsichtspflichtverletzung unter besonderer Berücksichtigung von Einrichtungen der Jugendhilfe, 3. Auflage, Hannover 1995.
*Damkowski, Wulf/Precht, Claus:* Moderne Verwaltung in Deutschland, Stuttgart 1998.
*Deckert, Klaus/Wind, Ferdinand:* Das Neue Steuerungsmodell, Stuttgart 1996.
*Dols, Heinz/Plate, Klaus:* Kommunalrecht, 5. Auflage, Stuttgart 1999.
*Dörr, Gernot/Francke, Konrad:* Sozialverwaltungsrecht. Ein Grundriss, Berlin-Bielefeld-München 2002.
*Eichenhofer, Eberhard:* Sozialrecht der Europäischen Union, Berlin 2000.
*Eichenhofer, Eberhard:* Sozialrecht, 3. Auflage, Tübingen 2000.
*Fachet, Siegfried:* Datenschutz in der katholischen Kirche, Neuwied-Kriftel-Berlin 1998.
*Falterbaum, Johannes:* Caritas und Diakonie. Struktur- und Rechtsfragen, Neuwied-Kriftel-Berlin 2000.
*Falterbaum, Johannes:* Die Übernahme der Beiträge zur Kranken-, Pflege- und Rentenversicherung durch den Sozialhilfeträger, in: Zeitschrift für Sozialhilfe und Sozialgesetzbuch (ZFSH/SGB), 38. Jg. (1999), S. 643–649.
*Falterbaum, Johannes:* Gefahrenabwehr mit Hilfe des Jugendamtes? – Behördlicher Datenschutz als Garant der Rechts- und Sozialstaatlichkeit, in: Zentralblatt für Jugendrecht, (ZfJ) 86. Jg. (1999), S. 99–106.
*Falterbaum, Johannes:* Kenntnis und Vermutung im Sozialamt, in: Gastiger, Sigmund/Oberloskamp, Helga/Winkler, Jürgen (Hrsg.), Recht Konkret, Freiburg i. Br. 2002, S. 146–158.
*Falterbaum, Johannes:* Kürzung der Hilfe zum Lebensunterhalt wegen „Fehlverhalten" des Leistungsberechtigten nach § 25 BSHG, in: Zeitschrift für Sozialhilfe und Sozialgesetzbuch (ZFSH/SGB), 39. Jg. (2000), S. 579–589.
*Falterbaum, Johannes:* Schweigepflichten – Zur Verantwortung in der öffentlichen Jugendhilfe, in: Theorie und Praxis der Sozialen Arbeit, 51. Jg. (2000), Heft 3, S. 98–103.

# Literaturverzeichnis

*Falterbaum, Johannes:* Was kann der Staat für die Kirchen tun? Zugleich eine Untersuchung zur Neutralität des Staates, in: Der Staat. Zeitschrift für Staatslehre, Öffentliches Recht und Verfassungsgeschichte, 37. Jg. (1998), S. 624–645.
*Fundraising-Akademie (Hrsg.):* Fundraising-Handbuch für Grundlagen, Strategien und Instrumente, Wiesbaden 2001
*Gastiger, Sigmund:* Erste Hilfe in Recht. Ein Einstieg für das Studium der Sozialen Arbeit, 2. Auflage, March-Holzhausen 2002.
*Gastiger, Sigmund/Oberloskamp, Helga/Winkler, Jürgen (Hrsg.):* Recht Konkret. 21 neue juristische Fälle und Lösungen aus der sozialen Arbeit, 3. Auflage, Verlag für das Studium der sozialen Arbeit, Freiburg 2002.
*Gern, Alfons:* Deutsches Kommunalrecht, 2. Auflage, Baden-Baden 1999.
*Gern, Alfons:* Kommunalrecht Baden-Württemberg, 8. Auflage, Baden-Baden 2001.
*Gernert, Wolfgang:* Kommunale Sozialverwaltung und Sozialpolitik. Ein Grundriss für Sozialarbeiter, Pädagogen und Kommunalpolitiker, München-Hannover 1990.
*Gitter, Wolfgang/Schmitt, Jochen:* Sozialrecht, 5. Auflage, München 2001.
*Griep, Heinrich/Renn, Heribert:* Pflegesozialrecht. Ein Handbuch für Betroffene und Pflegeeinrichtungen und die juristische Praxis, 3. Auflage, Baden-Baden 2002.
*Jäger, Horst:* Sozialversicherungsrecht und sonstige Bereiche der Sozialgesetzbuches. Leitfaden für Praxis und Ausbildung mit Schaubildern und Beispielen, 11. Auflage, Berlin 1997.
*Jordan Erwin/Reismann, Hendrik:* Qualitätssicherung und Verwaltungsmodernisierung in der Jugendhilfe. Soziale Praxis Heft 19, Münster 1998.
*Jürgens, Andreas/Kröger, Detlef u. a.:* Das neue Betreuungsrecht. Systematische Darstellung mit den Änderungen zum 1. Januar 1999, 4. Auflage, München 1999.
*Kämpfer, Horst-Dieter:* Recht und Verwaltung, Ein Lehr- und Arbeitsbuch für die Fachschule für Sozialpädagogik, 2. Auflage, Köln 1999.
*Kienzle, Theo:* Das Recht in der Heilerziehungs- und Altenpflege. Lehrbuch für die Aus- und Weiterbildung, 2. Auflage, Stuttgart 2000.
*Klie, Thomas/Maier, Konrad/Meysen, Thomas:* Verwaltungswissenschaft. Eine Einführung für soziale Berufe, Freiburg i. Br. 1999.
*Klinger, Roland/Kunkel, Peter-Christian:* Sozialhilferecht. Lehr- und Praxisbuch mit systematischer Darstellung, 6. Auflage, Stuttgart 1997.
*Knittel, Bernhard:* Betreuungsrecht. Textsammlung mit einer Einführung in das Betreuungsrechtsänderungsgesetz, Köln 1999.
*Krahmer, Utz:* Sozialdatenschutz nach dem SGB I und X. Eine Einführung mit Schaubildern und Kommentar der Datenschutznormen, Köln-Berlin-Bonn-München 1996.
*Klie, Thomas/Krahmer, Utz:* Soziale Pflegeversicherung. Lehr- und Praxiskommentar (LPK-SGB XI).Mit Kommentierung der wichtigsten BSHG-Regelungen sowie Anhang Verfahren und Rechtsschutz, Baden-Baden 2003.
*Krasney, Otto Ernst/Udsching, Peter:* Handbuch des sozialgerichtlichen Verfahrens. Systematische Gesamtdarstellung mit zahlreichen Beispielen und Mustertexten, 3. Auflage, Berlin-Bielefeld-München 2002.
*Kreft, Dieter/Münder, Johannes u. a. (Hrsg.):* Soziale Arbeit und Recht. Eine Einführung in das Recht für Sozialarbeiter/Sozialpädagogen, 4. Auflage, Weinheim-Basel 1994.
*Kreft, Dieter:* Die sozialpädagogische Fachbehörde Jugendamt in der Sozialverwaltung – sozialpolitische Inpflichtnahme contra organisationspolitische Eigenständigkeit, in: Arbeitsgemeinschaft für Jugendhilfe (Hrsg.), Das Jugendamt als Dienstleistungsunternehmen, Bonn 1995, S. 40–57.
*Kuhlbach, Roderich/Wohlfahrt, Norbert:* Öffentliche Verwaltung und Soziale Arbeit. Eine Einführung für soziale Berufe, Freiburg i. Br. 1994.
*Kunkel, Peter-Christian:* zu § 61 ff SGB VIII, in: Gemeinschaftskommentar zum SGB VIII (GK-SGB VIII), herausgegeben von Fieseler, Gerhard/Schleicher, Hans, Stand: März 2002.
*Kunkel, Peter-Christian:* Rechtsfragen der Finanzierung freier Träger, in: Zentralblatt für Jugendrecht, 78. Jg., 2000, S. 413–419.
*Lehmann, M. Karl-Heinz (Hrsg.):* Recht sozial. Rechtsfragen der Sozialen Arbeit, 2. erweiterte Auflage, Hannover 2001.

*Lütgen, Ulf:* Organisation und Finanzierung von Trägern der freien Jugendhilfe. Ein Praxisleitfaden, Neuwied-Kriftel-Berlin 1997.
*Luthe, Ernst Wilhelm:* Wettbewerb, Vergabe und Rechtsanspruch ein „Sozialraum" der Jugendhilfe, in: Nachrichtendienst des deutschen Vereins für öffentliche und private Fürsorge, Jg. 2001, S. 247–257.
*Maas, Udo:* Soziale Arbeit als Verwaltungshandeln, Weinheim-München 1996.
*Meinhild, Marianne:* Qualitätssicherung und Qualitätsmanagement in der Sozialen Arbeit – Einführung und Arbeitshilfen, Freiburg i. Br. 1996.
*Mrozynski, Peter:* Die Hilfe im Frauenhaus zwischen sozialpolitischer und sozialrechtlicher Argumentation, in: Beiträge zum Recht der sozialen Dienste und Einrichtungen, Heft 27 (1995).
*Müller, C. Wolfgang*: Jugendamt. Geschichte und Aufgabe einer reformpädagogischen Einrichtung, Weinheim-Basel 1994.
*Oberloskamp, Helga:* Die Idee des Sozialanwalts, in: Lehmann, M. Karl-Heinz (Hrsg.): Recht sozial, S. 275–284.
*Ortmann, Friedrich:* Öffentliche Verwaltung und Sozialarbeit, Weinheim-München 1994.
*Ost, Wolfgang/Mohr, Gerhard/Estelmann, Martin:* Grundzüge des Sozialrechts, 2. Auflage, München 1998.
*Papenheim, Heinz-Gert:* Rechte und Pflichten im Berufspraktikum, Köln 2000.
*Papenheim, Heinz-Gert/Baltes, Joachim/Tiemann, Burkhard:* Verwaltungsrecht für die soziale Praxis, 16. Auflage, Frechen 2002.
*Papenheim, Heinz-Gert:* Zeugnisverweigerungsrechte der Sozialarbeiter und Sozialpädagogen, in: Lehmann, M. Karl-Heinz (Hrsg.): Recht sozial, S. 285–310.
*Proksch, Roland:* Sozialdatenschutz in der Jugendhilfe, Münster 1996.
*Quambusch, Erwin:* Einführung in das Recht, Freiburg i. Br. 2000.
*Rolfes, Stephan/Volkert, Werner:* Aufgaben und Organisation der öffentlichen Verwaltung. Ein Leitfaden für Verwaltungslehre und Verwaltungsrecht, Stuttgart-München-Hannover-Berlin-Weimar 1992.
*Roos, Elke:* zu § 67 ff SGB X, in: von Wulffen, Matthias (Hrsg.): SGB X – Sozialverwaltungsverfahren und Sozialdatenschutz – (SGB X) –, 4. Auflage, München 2001.
*Roscher, Falk:* Außergerichtliche und gerichtliche Rechtsverwirklichung, in: Kreft, Dieter u. a. (Hrsg.): Soziale Arbeit und Recht, Weinheim-Basel 1994, S. 126–179.
*Salgo, Ludwig/Zenz, Gisela/Fegert, Jörg M./Bauer, Axel/Weber, Corina/Zitelmann, Maud (Hrsg.):* Verfahrenspflegschaft für Kinder und Jugendliche. Ein Handbuch für die Praxis, Köln 2002.
*Scholler, Heinrich:* Grundzüge des Kommunalrechts der Bundesrepublik Deutschland. 4. Auflage, München 1990.
*Schöneich, Michael (Hrsg.):* Reformen im Rathaus. Die Modernisierung der kommunalen Selbstverwaltung, Stuttgart 1996.
*Schulin, Bertram/Igl, Gerhard:* Sozialrecht, 7. Auflage, Düsseldorf 2002.
*Schweickhardt, Rudolf:* Allgemeines Verwaltungsrecht, Stuttgart-Berlin-Köln 1995.
*Seifert, Karl-Heinz/Hömig, Dieter (Hrsg.):* Grundgesetz für die Bundesrepublik Deutschland, Taschenkommentar, 6. Auflage, Baden-Baden 1999.
*Straub, Hartmut:* Sozialverwaltungsverfahren. Erläuterungen zum Recht des Verwaltungs- und Widerspruchsverfahrens, Reihe: Wege zur Sozialversicherung Bd. 40, Sankt Augustin 1991.
*Trube, Achim von:* Organisation der örtlichen Sozialverwaltung und Neue Steuerung. Grundlagen und Reformansätze, Frankfurt a.M. 2001.
*Vogelsang, Klaus/Lübking, Uwe/Jahn, Helga:* Kommunale Selbstverwaltung, 2. Auflage, Berlin 1997.
*Wabnitz, Reinhard J.:* Recht der Finanzierung der Jugendarbeit und Jugendsozialarbeit. Ein Handbuch, Baden-Baden 2003.
*Wenner, Ulrich/Terdebge, Franz/Martin, Renate:* Grundzüge der Sozialgerichtsbarkeit. Strukturen – Kompetenzen – Verfahren, 2. Auflage, Berlin-Bielefeld-München 1999.
*Wolff, Hans J./Bachof, Otto/Stober, Rolf:* Verwaltungsrecht, Band 1, 11. Auflage, München 1999; Bd. 2, 6. Auflage, München 2000.

Literaturverzeichnis

***Wolff, Winfried:*** Allgemeines Verwaltungsrecht, Verwaltungsverfahrensrecht, Verwaltungsprozessrecht, Lern- und Übungsbuch, 3. Auflage, Baden-Baden 1999.
***Zimmermann, Walter:*** Betreuungsrecht von A-Z; München 2000.

# Stichwortverzeichnis

Abhilfebescheid 215
Abhören in Wohnungen 168, 203
Ablehnungsbescheid 80
Abschrift 141
Abteilung 82, 129
Adoptionsvermittlung 98, 102, 131
Aktenführung 141, 168
Aktiengesellschaft 70, 124
Alkoholabhängigkeit 221
Allgemeiner Sozialer Dienst (ASD) 159, 187, 200, 220
Allgemeines Gewaltverhältnis 36
Almosen 94
Altenheim 107, 123, 124, 197, 199, 200, 217
Alte Menschen 52
Amtsermittlung, Kosten für 143
Amtsermittlungsgrundsatz, s. Untersuchungsgrundsatz
Amtsgericht 70, 152, 203
Amtshaftung 159, 178
Amtshilfe 169, 170, 228
– freier Träger 175
Amtspflichten 143 ff
Amtssprache 140
Angriffskrieg 170
Anhörungspflicht 140
Anonymisierung von Daten 172, 230
Anschlussfrist 87
Anspruchsgrundlage 25 f, 208
Anspruchsnorm 26
Anstalten 122
– selbstständige 123
– unselbstständige 123
Antrag des Betroffenen 192
Antragsbefugnis 139, 186, 192 f, 220
Antragsformular 194
Antragstellung 138 f
Anwalt des Kindes 157, 160
Anwaltskosten 154
Anwaltszwang 155
Anzeigepflicht von Straftaten 171, 226
Arbeit, zumutbare 195
Arbeitsamt 134, 146, 190, 192, 194, 208
Arbeitsbeschaffungsmaßnahmen 107
Arbeitserlaubnis 96
Arbeitsfähigkeit 196

Arbeitsförderungsgesetz 95 f, 139, 190 f, 211, 223
Arbeitsförderungsmaßnahme 96
Arbeitsgericht 151
Arbeitslosengeld 95, 96
Arbeitslosenhilfe 95, 143, 192
Arbeitslosenversicherung 107
Arbeitsrecht 17
arbeitsrechtliche Konsequenzen 178
Arbeitsrechtsstreitigkeit 152
Arbeitsvermittlung 187
Armenrecht 155
Arzt 179, 181, 185, 198, 208, 217, 228, 234
ärztliche Behandlung 208
ärztliches Gutachten 206
Asylbehörde, Übermittlungsersuchen der 171
Asylbewerber 95, 98, 107, 118
Asylbewerberleistungsgesetz 75
Asylrecht 26 ff, 171
Aufenthaltserlaubnis 150
Aufklärung des Sachverhalts 144 ff, 158, 191
Auflage 85, 108, 198, 214
Auflagenvorbehalt 85
aufschiebende Wirkung bei Versagung einer Neugewährung 151
Aufsicht, Dienst, Fach- und Rechtsaufsicht 118 ff
Aufsichtsbehörde 82, 118
Aufsichtspflicht 60, 186
Auftragsangelegenheit 127
Aufwandsentschädigung 131
Aufwendungen 113, 154
– Ersatz von 113
Ausbildungsförderung 50, 97 f, 119, 138, 143
Ausbildungsversicherung 194
Ausführungsgesetz 116, 125
Ausgleichsfunktion des Rechts 14
Ausgleichszahlung 101
Ausländerbehörde 72, 130, 171
– Übermittlungsersuchen der 171
Ausländerrecht 119
Auslegung von Verträgen 26
– teleologische 29
Auslegungskriterien 74, 85

Stichwortverzeichnis

Aussagegenehmigung 180
Aussagepflicht 143, 180
Aussageverweigerungsrecht 172, 179
Ausschreibung, öffentliche 108
Auswahlermessen 78
auswärtiger Dienst 122
Außenverhältnis 90, 162

BAföG 56, 118, 192
Bagatellangelegenheit 45
Bankkredit 207
Bauaufsicht 118
Baubürgermeister 204
Baurechtsbehörde 72, 197, 199, 200
Beamtenrecht 116
Beamter 36, 50, 162
Beaufsichtigung von Kindern 60
Bedarfsdeckung 111
Bedarfsdeckungsprinzip 217 f
Bedarfsfeststellung 211
Bedingung 85
Bedürftigkeit 98, 211
Befangenheit 140
Befristung 85
Behandlungsbedürftigkeit 215
Behandlungskosten 213
Behandlungspflege 217
Behandlungsschein 212, 215
Behinderte Menschen, Bevorzugung 41
Behindertenhilfe 109, 225
Behindertenrecht 97, 98
Behörde 82, 122, 131, 138, 142, 210, 213, 225, 226
– zuständige 138, 193
Behördenaufsicht 118
Behördenleiter 39, 170
Beihilfe 210
Beistand 140
Beitrag 95, 98, 107
Belegtagegeld 224
Belegung einer Einrichtung 110
Belegungsnachweis 224
Benchmarking 133
Beratung 45, 56, 158 ff, 186, 188, 223
– durch freie Träger 159
– subjektiver Rechtsanspruch auf 158
Beratungsgespräch 233
Beratungshilfe 155 f
Beratungskostenhilfe 160
Beratungspflicht 191, 203
Bereitschaftsdienst, Gericht 154
Berufsausübung, freie 203
Berufsbetreuer 63
Berufsförderung 210
Berufsgenossenschaft 93

Berufshaftpflichtversicherung 60
Berufsstand 93
Berufsunfähigkeit 145
Berufsverband 115
Berufsversicherung 93
Beschaffung von Wohnraum, Anspruch auf 222
Bescheid s. Verwaltungsakt
beschleunigtes Verfahren 153
Beschwerde 147
besonderes Gewaltverhältnis, s. Sonderrechtsverhältnis
Besprechungsraum 168
Betäubungsmittelgesetz 170
Betreuung, rechtliche 62, 158, 171, 205
Betreuungskonzept 216, 217
Betreuungsverein 63
Betriebserlaubnis 102
betriebsnotwendige Anlage 218
Betrug 170
Bettgitter 65
Beurteilungsspielraum 73, 75 f., 199, 208, 209
Bevollmächtigung 140, 205
Bevormundung 198
Bewegungsfreiheit, Einschränkung der 65
Beweisproblem 221
Bewilligung, taggenaue 139
Beziehungsproblem 185, 187
Bezirksregierung 122
Bezirksverband 129
BGB-Gesellschaft 67 ff., 103
Bildungsrecht 116
Bill fo Rights 30
Bindung an das Gesetz 38 ff., 46
Bindungswirkung von Gesetzen 38
Blindenhilfe 224
Bonuspunkte 212
Brandstiftung 170
Brief, eingeschriebener 84
Briefgeheimnis 35
Budgetverantwortung 131, 135
Bund, Zuständigkeit 72, 116
Bundesausbildungsförderungsgesetz s. BAföG
Bundesbehörde, oberste 150
Bundesdatenschutzgesetz 169, 174, 178
Bundesgerichtshof 152
Bundesgesetze 115
Bundeskindergeldgesetz 191
Bundesland 72, 115 f, 119
– Zuständigkeit 116
Bundesrat 115
Bundessozialhilfegesetz s. Sozialhilferecht
Bundesstiftung „Mutter und Kind" 123
Bundestag 115

240

## Stichwortverzeichnis

Bundesverfassungsgericht 152, 195
Bundeswehr 122
Bundeszuschuss 126, 224
Bürger-Bürger-Verhältnis 34, 48
Bürgerantrag 148
Bürgerbegehren 148
Bürgerentscheid 148
Bürgerhaus 123
Bürgermeister 128
Bürgernähe 51, 122
Bürgschaft 218
bürgerschaftliches Engagement 107
Bußgeld 107

Chancengleichheit 45

Darlehen 210
Daseinsvorsorge 33
Dateien, automatisierte 174
Datenabgleich, automatischer 195
Datenschutz 96, 131, 143, 164 ff., 189, 225 ff., 228 ff.
– arbeitsrechtliche Folgen 179
– bei Gefahrenabwehr 172
– bei Strafverfolgung 171
– bereichsspezifischer 167
– Berufspflicht 175, 229
– Dauer 234
– Einwilligung des Betroffenen in Verletzung 169
– Entbindungserklärung 169
– Erhebung von Daten 167, 168
– erziehungsrelevante Daten 181
– Folgebeseitigungsanspruch 179
– Folgen bei Fehlverhalten 176
– freier Träger 174
– Informationsinteressen anderer Behörden 169 ff.
– kirchliche Einrichtungen 174
– Löschung von Daten 179
– Missbrauch 178
– Mitteilungspflichten 177
– Notlage 177
– Nutzung von Daten 168
– Rechte Jugendlicher 180
– Schadenersatz bei Mißbrauch 179
– Schadenersatzanspruch 178 f.
– Strafbarkeit bei Verletzung 176
– übermittelnde Stelle 170
– Übermittlungsbefugnisse 170, 227
– Verarbeitung von Daten 168
– verlängerter 172, 174, 176
– Verwendungsverbot 178 f.
– Zweckbindung 172, 227
Datenschutzbeauftragter 174

Datenschutzgesetz der Länder 174
Datenverarbeitungsanlage 174
Definitionsnorm 28
Deliktfähigkeit 56 f.
Demokratie 23, 134, 148
– Ortsebene 127
Demonstration 115
Deregulierung 39, 133, 134
Dezernat 129
DIN-Norm 134
Diebstahl 170, 171
Dienst- und Sachleistungsprinzip 217
Dienstanweisung 18, 83, 90, 168, 230
Dienstaufsicht 118, 119, 123, 126
Dienstaufsichtsbeschwerde 147, 215
Dienstgeber 180
Dienstleistungsfunktion 46, 134
Dienstpflichten 178
Dienstvorgesetzter 177
Dienstvorschrift 166
Diogenessyndrom 198
Diskriminierung 35, 104, 196
Dispositionsmaxime 192
Disziplinarrecht 162
Diversion 228
Doppelmandat 204
– des Sozialpädagogen/Sozialarbeiters 161, 204
Dreiecksverhältnis, sozialrechtliches 104
Drittwirkung der Grundrechte 34, 165, 196, 203
Drogen 228 ff., 230
duale Struktur 103

eheänliche Lebensgemeinschaft 146
Eheberatung 187, 190
Ehelosigkeit 203
ehrenamtlicher Helfer 219
Eigenbeteiligung 108, 217
Eigeninitiative 199
Eigenleistung 98, 111, 212
Eigentumsrecht 32, 198
Eigentumsschutz 203
Eigenverantwortung 218
Eilverfahren 153, 216
Eingliederungshilfe für Behinderte 51
Eingriff des Staates 32
Eingriff in Grundrechte 37
Eingriffsbefugniss 72, 167
Eingriffsverwaltung 72, 200
Einkommensteuergesetz 191
Einrichtungskosten 110
einseitiges Handeln 80
Einsichts- und Urteilsfähigkeit Minderjähriger 57 f., 232

241

# Stichwortverzeichnis

Einsparung finanzieller Mittel 51
Einspruch, s. Widerspruch
einstweiliger Rechtsschutz 151, 153
Einverständnis, stillschweigendes 188
Einwilligungsvorbehalt 63, 206, 207
Einwohnermeldebehörde 72
Einzelfallgerechtigkeit 23, 42, 43, 44, 77, 145, 163, 177, 194, 211
elektronisches Meldesystem 65
elterliche Sorge 56 ff., 61, 88, 181, 185, 228, 232, 233
– bei getrenntlebenden Eltern 188
– Einschränkung der 187
– Neuregelung 157
– der Mutter 60
Eltern haften für ihre Kinder 57
Eltern-Kind-Verhältnis 181, 188
Entgelt 110, 218
Entgeltvereinbarung 108 ff., 134, 217, 219
Entmündigung 62
Entscheidungsspielraum der Verwaltung 73, 77
Entschließungsermessen 78
Entwicklungsstand Minderjähriger 60, 232
Entzug der Pflegeerlaubnis 150
Erbschaft 107
Ergänzungsnorm 28, 74, 75
Erinnerung 147
Erlass 18
Ermessen 40, 73, 77 ff., 78, 108, 115, 119, 193, 196, 208, 210, 214
– Ausübung 45, 190
– pflichtgemäßes 77, 138, 143, 192 f.
– Überschreitung des 79
Ermessenschrumpfung 186
Ermessensfehler 78 f., 196
Ermessensschrumpfung auf Null 79
Ermessensunterschreitung 79
Ermittlungspflicht, s. Untersuchungsgrundsatz
Ersatzvornahme 198
Erziehungsgeld 97, 98
ethische Orientierung 22, 34
Europäische Union 46, 115 ff., 140
Europäischer Gerichtshof 152
Europäisches Recht 117
Exekutive s. Gewaltenteilung
Existenzminimum 193, 195, 209 f.
Existenzsicherung 33, 138, 150, 200, 209, 214
Exkulpation 60

Fachaufsicht 118, 119, 123, 126, 128
Fachaufsichtsbehörde 119, 150
Fachaufsichtsbeschwerde 147

Fachbehörde 117, 122, 131
Fahrtkostenerstattung 154
Familie 31, 33, 46, 185, 188
Familiengericht 61, 151, 180, 187, 190, 232, 233
Familienkasse 192
Familienlastenausgleich 191
Familienplanung 225
Familienrecht 190, 228
Fehlkalkulation 111, 216
Finanzamt 108, 122, 165, 167, 190
Finanzgericht 151
Finanzierung 72, 214, 216, 217
Finanzierungsformen 112
fisikalisches Handeln 50, 202
Fixierung von Menschen 65
Flucht ins Privatrecht 124
föderatives Prinzip 116
Förderrichtlinien 224
Formfreiheit 85
Formulierungsschwierigkeit 160
Formvorschrift 148
Forschung 172
Fortbildung 119
Französische Revolution 30
Frauenhaus 95, 103, 108, 219 ff.
freie Verwaltung 73
freier Träger 21, 34, 43, 51, 101 ff., 111, 216, 219, 224, 228
– Rechtsformen 103
freies Ermessen s. Ermessen
Freiheitsberaubung 65
freiheitsbeschränkende Maßnahmen 65
Freiheitsrechte 30, 37, 43, 47, 165, 190, 196,
Freiwilligkeit 185, 228
Freizügigkeitssozialrecht 117
Fremdgefährdung 65, 198
Fristbeginn 141
Fristen 141, 148
Fristende 142
Fristversäumnis 142
Fristwahrung 142
Fundraising 219, 224
Funktionen des Rechts 12 ff.
Funktionen des Staats 37

ganzheitliche Hilfe 187
Garantenstellung 162
Gebietskörperschaft 123, 129
Gebührensätze 217
Gebührentabelle 154
gebundene Verwaltung 73
Geburt 54
Geeignetheit s. Verhältnismäßigkeit

242

## Stichwortverzeichnis

Gefahr im Verzug 47, 187
Gefährdung des Kindeswohls 61, 187
Gefährdung 209
– Einschätzung einer 76
Gefährdungshaftung 57
Gefahrenabwehr 172
Gegennorm 28, 74, 75
Gegenstandsbereiche des Rechts 16
Gegenvorstellung 147
Gehaltsstufen 135
Geheimhaltung 167
Gehorsamspflicht des Arbeitnehmers 162
Geistesstörung 62
Geistlicher 179
Geldabhebung durch Geschäfts-
 unfähigen 207
Geldleistung 210, 214
Gelegenheit zur Stellungnahme 140
Geltungsbereich von Gesetzen 16
Gemeinde, s. auch Kommune 46, 115, 117, 123, 124
Gemeindeordnung 127
Gemeinderat 128
Gemeindeverband 117, 123, 124
Gemeindeverwaltung 129, 138
Gemeinnützigkeit 70
Genossenschaft 70
Gerechtigkeit 41
– soziale 45
Gericht 72, 74, 76, 106, 137, 151, 169, 171, 179, 190, 202, 206, 221
Gerichtskosten 154 f.
Gerichtsurteil, Bindungswirkung 18
Gerichtsverfahren 151, 157
– Kosten 154
Gerichtsweg 126, 206
Gerichtszweige 151
Gesamtbudget 133
Gesamtplanung 227
Gesamtschuldner 68
Gesamtverantwortung des öffentlichen Trä-
 gers 102, 130, 131, 186, 223
geschäftsähnliche Erklärung 232
Geschäftsbetrieb 209
Geschäftsfähigkeit 55, 181, 205
– beschränkte 55
Geschäftsführungsbefugnis 205
Geschäftsunfähigkeit 62, 206
Geschäftsverteilungspläne 152
geschlossene Unterbringung 65
geschützter Wohnraum 221
Gesellschaft mit beschränkter Haftung
 (GmbH) 70, 103, 124
Gesellschaft 67, 203
Gesetz über die Freiwillige Gerichts-
 barkeit 154

Gesetzbindung, s. Bindung an das Gesetz
Gesetzesbegriff, unbestimmter 74
Gesetzesbindung 134, 190, 195, 208
Gesetzeskonkurrenz 16
Gesetzeslücke 25, 54
Gesetzesvorbehalt 36, 37, 104, 124, 166, 198, 208, 226
Gesetzgebungskompetenz 115, 116
Gesetzgebungsverfahren 13, 38
gesetzliche Vertretung 60 ff., 187
Gestaltungsfreiheit 38, 78, 196, 216
Gesundheitsamt 130, 167, 197, 198, 231
Gesundheitsgefährdung 66
Gesundheitsstrukturgesetz 211
Gesundheitsvorsorge 94
Gesundheitswesen 129
Gewalt gegen Frauen 219 ff.
Gewalt gegen Kinder 228
gewaltgeprägter Lebensumstand 222
Gewalt im häuslichen Bereich 221
Gewaltanwendung 47, 65, 177, 187, 198, 220, 225, 227
Gewaltenteilung 13, 30, 38, 148, 195
Gewaltmonopol des Staates 47
Gewaltschutzgesetz 57, 220, 223
Gewerkschaft 115
gewillkürte Stellvertretung, s. Stellvertretung
Gießkannenprinzip 41
Glaubhaftmachung 154
Gleichbehandlung 34, 39, 77, 79, 108, 109, 134
– bei Finanznot 42
– im Unrecht 42, 196
– von Männern und Frauen 41
Gleichbehandlungsgrundsatz 46 ff., 77, 102, 104, 190, 195, 196, 214, 223
gleichgeschlechtliche Partnerschaft 33
Gleichheitssatz, s. Gleichbehandlungsgrund-
 satz
GmbH s. Gesellschaft mit beschränkter Haf-
 tung
Grundbedarf 75
Grundgesetz 29 ff., 37, 165
Grundpauschale 110, 218
Grundrecht als Anspruchsnorm 33
Grundrecht auf Arbeit 30
Grundrechte 29 ff., 46, 54, 107, 162, 170, 178, 196, 197, 198, 199, 203, 205, 230
– Abwehrfunktion 101
– Minderjähriger 35
Grundrechte, Abwehrfunktion der 32 ff, 188, 202
Grundrechtsbindung 203
Grundrechtscharta der Europäischen
 Union 30
Grundrechtsträger 37, 181

243

Stichwortverzeichnis

Grundsicherung im Alter, Gesetz über 98
Grundversorgung, soziale 93
Gutachten 209
gute Sitten 26, 203

Haftanstalt 36
Haftung, als Gesellschafter 68
Halbtagsbeschäftigung 95
Handgreiflichkeiten 185
Handlungsfähigkeit 57
Handlungsfreiheit 101
Handlungsmöglichkeit 194
Handwerkskammer 209
harte Daten 226
Hausbesuch des Sozialarbeiters 146, 186, 197
Hausdurchsuchung 190
Hausfriedensbruch 171, 203
Heilbehandlung 211, 217
Heimaufsicht 52 f., 131
Heimbewohner 230
Heimfürsprecher 53
Heimgesetz 52, 104, 216, 217, 230 f.
Heimleiter 198
Heimunterbringung 36
Heimvertrag 217
Hierarchie in der Verwaltung 135
Hilfe in besonderer Lebenslage 208, 211, 222
Hilfe statt Strafe 228
Hilfe zum Lebensunterhalt 186, 191, 208, 222
Hilfe zur Erziehung 56, 76, 188
Hilfe zur Selbsthilfe 46
Hilfeplan 81, 82, 126, 134, 141
Hinterbliebenenversorgung 98
Hochschule 33, 72, 123
Hochschulrecht 116
höchstpersönliche Rechtsgüter 231
hoheitliche Maßnahmen 83
hoheitliches Handeln 21, 47, 80, 113, 137
Hoheitsgebiet 16

Inbetriebnahme eines Heims 217
Individualisierungsprinzip 211, 219
Industrie- und Handelskammer 209
Infektionskrankheiten 171
Infektionsschutzgesetz 197, 198, 231
Information der Presse 115
Information, Recht auf 158 ff.
informationelle Selbstbestimmung, s. auch Datenschutz 165, 167, 169, 230
Informationspflicht 26, 158, 176, 191, 226
– gegenüber den Eltern 181, 232
– gegenüber Kollegen 230

Informationsrecht 229
Inobhutnahme 56
Instanzen 151, 152
Institutionelle Gewährleistung 32
Integrationsamt 97
Interesse, der Allgemeinheit 203
– berechtigtes 192
Interessenkollision 161, 187
Intimsphäre, Schutz der 37, 165
Investitionskosten 110
ISO-Norm 134

Jedermannrecht 36
Judikative s. Gewaltenteilung
Jugendamt 72, 129, 130, 138, 165, 186, 190, 224, 225
– Leiter des 227
Jugendgerichtshilfe 102, 113, 152, 228
Jugendhilfe 50, 77, 94, 97 f., 101, 107, 109, 116, 124, 125, 129, 130, 137, 151, 152, 180, 190, 193, 227, 232
Jugendhilfeausschuss 131, 227
Jugendhilfeplan 131
Jugendhilfeplanung 228
Jugendsozialarbeit 225, 228
juristische Person 67 ff., 122
Justizvollzugsanstalt 172

Kalkulation 219
Kann-Bestimmung 78, 125, 210, 211, 214, 223
kassenärztliche Vereinigung 217
katholische Soziallehre 46
Kennzahlen 134
Kinderfreibetrag 190
Kindergarten 72, 124
Kindergartenplatz 224
Kindergeld 33, 51, 95, 98, 190, 191, 192
Kinderheim 102, 123, 129
Kindertagesstätte 129
Kindesentziehung 170
Kindschaftsrecht 157
Kirche 102, 103, 174
– christliche 43, 123
– Dienst- und Arbeitsrecht 103
Kirchengemeinde 123
Kirchensteuer 102, 107, 219
Klage 213
Kommunalbehörde, oberste 150
Kommunalverband 128
Kommunalverwaltung 122, 127, 130
Kommune 72, 93, 101, 107, 115, 116, 119 ff., 196, 224
Konflikt 56, 159, 166, 228, 233
Konkurrenz sozialer Probleme 186

244

Kontoführungsvertrag 206
Kontrolle, behördenintensive 147
– staatliche 101, 122
– strafrechtliche 174
Kooperationsbereitschaft 187
Kooperationsfähigkeit 194
Körperschaft des öffentlichen Rechts 70, 95, 103, 122 f., 129
Körperverletzung 170, 171
Kosten 148, 215
– erstattungsfähige 154
Kostendeckung 224
Kostenerstattung 105, 109, 110, 113
– für Auslagen 35, 140, 150, 154, 225
Kostenregelung 152
Kostenrisiko 154, 155, 156
Kostenübernahme 215, 216, 224
Kostenübernahmeerklärung 212
Krankenbehandlung 212, 221
Krankenhilfe 211 ff., 212, 215, 225
Krankenkasse 212, 216, 221
Krankenversicherung 93, 107, 192, 208, 211
Krankheit, Definition 211
Kreis 122, 124, 127
Kreisstadt 128
Kreistag 128, 131, 227
Kriegsopferfürsorge 98, 129
Kriminalität 228
Kultusministerkonferenz 116
Kündigung des Wohnraums 205
Kündigung 166, 234
Kündigungsschutz, Heimvertrag 234
kirchliche Angelegenheit 43
Kontrolle über Heime 217
kreisfreie Stadt 223

Land s. Bundesland
Landesbehörde, oberste 122, 150
Landeskriminalamt 122
Landesoberbehörde 122
Landesregierung 122, 128
Landesverrat 226
Landesverwaltung 116
Landeswohlfahrtsverband 129, 223
Landgericht 152
Landkreis 122, 123, 124, 127, 130, 220, 224
Landrat 128, 228
Landratsamt 127
Landschaft 129
Landschaftsverband 129
Landtag 115
Lebensbedarf, notwendiger 45, 75, 222
Lebensgrundlage 209, 211
Lebenssachverhalt s. Sachverhalt

Lebensunterhalt 74, 215
Legalitätsprinzip 38
Legislative s. Gewaltenteilung
Leistungsangebot 72, 111
Leistungsanspruch 19, 199
Leistungsbeginn 139, 192
Leistungsberechtigter 104
Leistungsbescheid 80
Leistungsbeschreibung 109 f., 218
Leistungsbewilligung 144
Leistungsempfänger 109
Leistungserbringer 112
Leistungsträger 112, 193
Leistungsvereinbarung 51, 82, 101, 104, 108 ff., 134, 216, 217, 219, 224
Leistungsvergleich, interkommunaler 133
Leistungsvertrag, s. Leistungsvereinbarung
Leistungsverwaltung 47, 72, 200
Leistungsverweigerung 110
Leitbild 133
Liegenschaftsamt 200
Loyalitätskonflikt 166
Loyalitätspflicht 229

Marktorientierung in der sozialen Arbeit 135, 210
Maßnahmenpauschale 110, 111, 218
Meldewesen 116
Mensch, pflegebedürftiger 62
Menschenraub 226
Menschenrechte 30 ff., 46, 205
Menschenrechtscharta 117
Menschenrechtskonvention 30
Menschenwürde 45, 211
Mietrecht 197, 203, 205, 220
Minderjährige, Rechtsstellung 54 ff., 232
Missbrauch 195, 210
Mitarbeiter, Auswahl der 34
Mitarbeitervertretung 162
Mitwirkung, Folgend fehlende 145
Mitwirkungspflicht 138, 194, 195
– des Sozialleistungsberechtigten 144
Mord 170, 226
Muss-Bestimmung 212, 222

Nachbarschaftshilfe 107
Nachrangigkeit der Sozialhilfe 46, 210, 211, 218
Nachsendeantrag 142
Namensnennung, Pflicht zur 145
Naturereignis 57
natürliche Person 67
Naturrecht 30
Nebenbestimmung 85, 214
Nebenpflicht 174

## Stichwortverzeichnis

neue Steuerungsmodelle 39, 52, 79, 133
Neutralität, religiöse 34
Neutralitätspflicht des Staates 42, 77, 101 f., 130
Nichtöffentlichkeit des Verwaltungsverfahrens 139
Nichtstaatliche Träger s. freie Träger
notarielle Beurkundung 64
Notlage 56, 159, 171, 210, 219, 221, 222, 224
Notstand 47, 65, 171, 176, 177 f., 227, 230, 231
Notwehr 176, 177 f., 230
Nutzungsentgelt 200

Obdachlosigkeit 36, 98, 129, 157, 197, 199
Oberlandesgericht 152
objektives Recht 75, 107, 190
Offenbarungspflicht 176, 230
Öffentlichkeitsarbeit 218
öffentlich-rechtliche Streitigkeit 155
öffentlich-rechtlicher Anspruch 172
öffentlich-rechtlicher Vertrag 51, 104
öffentliche Aufsicht 102 ff.
öffentliche Bekanntgabe 84
öffentliche Förderung 108 ff.
öffentliche Fürsorge 94, 116
öffentliche Gemeinschaft 117
öffentliche Mittel 107 ff.
öffentliche Träger 111, 219
öffentliche Verwaltung, Abhängigkeit von 163
öffentliche Verwaltung 20, 72 ff., 95, 133, 137, 165, 167, 192
öffentlicher Dienst 180
öffentliches Interesse 151, 172, 221
öffentliches Recht 21, 46 ff., 95, 195
öffentliches Recht/Privatrecht, Abgrenzung 51 ff., 202
Opfer von Gewalttaten 57
Opferentschädigungsgesetz 98
Opportunitätsprinzip 45, 186, 194
ordentliche Gerichtsbarkeit 151
Ordnungsamt 130, 197, 198, 199,
Ordnungsgeld 172
Ordnungsrecht 116
Ordnungsverwaltung 47, 124
Organisationsfreiheit der Behörden 39, 125, 126
organisationsrechtliche Eigenständigkeit 82
Ortschaft 129
Ortsteil 129
Outputorientierung 133

Pädagogisierung des Sozialrechts 195
Parteilichkeit in der Sozialen Arbeit 185
Person, Begriff 209
Personalbogen 109
Personalkörperschaft 123
Personalkosten 224
personenbezogene Daten 166, 225
Personensorge 61
Personensorgeberechtigter 56, 139, 233, 186, 188
Personenzusammenschlüsse 67
persönliche Hilfe 97, 222
persönliche Leistung 81
persönliches Erscheinen 138
Persönlichkeit, Entfaltung der 31
Persönlichkeitsrecht 230
Persönlichkeitssphäre 32
Petition 115, 148
Pflege, stationäre 216
Pflegebedarf 217
pflegebedürftiger Mensch 217
Pflegedienst 68, 109, 200
– ambulant 101
Pflegekasse 104, 109
Pflegekosten 216
Pfleger/Pflegschaft 61
Pflegesatz 109, 217, 218
Pflegeversicherung 98, 104, 107, 192, 202, 216, 221
Pflichtaufgabe 125
Pflichten, öffentlich-rechtliche 106
pflichtgemäßes Ermessen s. Ermessen
Pflichtversicherung 93
Pilotprojekte 108, 225
Planungssicherheit 109, 218
Platzverweis 221
politische Parteien 115
Polizei 72, 130, 167, 170, 177, 189, 221, 226, 227
Polizeibehörde 47, 172, 176, 197, 198
polizeiliche Maßnahme 199
Polizeirecht 116, 190
Polizeivollzugsdienst 150
Postgeheimnis 35
primäre Funktion der Grundrechte 32
privater Träger, s. freier Träger
Privatisierung 50
Privatrecht 21, 22, 46 ff., 48, 195, 202 f.
Privatwirtschaft 134
Profitkalkulation 218
Prognoseentscheidung 76, 208 ff.
Projektförderung 107
Prozesskostenhilfe 155, 160, 215
Prozessordnung 152
Psychiatrie 36
Psychiatriegesetz 65

246

## Stichwortverzeichnis

psychische Beeinträchtigung 193
psychischer Druck 65
Psychopharmaka 65
psychotherapeutische Behandlung 211

Qualität 112, 134, 166, 214, 217
- sentwicklung 110, 134
- skontrolle 110, 224
- smerkmal 104
- sicherung 218
- ssicherungsvereinbarung 110, 134
- sstandard 110
- svereinbarung 219
Quotenregelung 154

Rahmenbedingung Sozialer Arbeit 12, 196
Rahmengesetzgebung 116
Rahmenvereinbarungen 111, 219
Rahmenvertrag s. Rahmenvereinbarung
Rathaus 194
Raub 170
räuberische Erpressung 170
Räumung einer Wohnung 198 f.
Rechnungshof 102
Recht als Kulturprodukt 23
Rechte alter Menschen 30
Recht auf Akteneinsicht im Verwaltungsverfahren 141
Recht auf Arbeit 34
Recht auf Beratung 187
Recht auf eine gute Verwaltung 30
Recht auf Erziehung und Ausbildung 34
- Geltungsanspruch des 12
Recht auf Naturgenuss 34
Recht auf Rahmenbedingung 23
Rechte des Kindes 30, 187
Rechte Minderjähriger 180 f.
Recht, Definition 16 ff.
Recht, fomeles 20
Recht, materielles 20
rechtliche Betreuung 37, 205, 207,
rechtlicher Betreuer 199, 206
rechtlicher Grund 207
Rechtmäßigkeitskontrolle 119
Rechts- und Sozialberatung, Trennung von 160
Rechtsanspruch 19, 223 ff., 229
- auf Gleichbehandlung 42
Rechtsanwalt 159, 179, 215
Rechtsanwender 28, 40
Rechtsanwendung s. Subsumtion
Rechtsanwendungskompetenz 11
Rechtsaufsicht 118, 119, 125, 127
Rechtsbegriff, unbestimmter s. unbestimmter R.

Rechtsbehelf 147
- förmlicher 82, 148
- formloser 20, 147
Rechtsbehelfsbelehrung 86 f., 149, 215
Rechtsberatung 137, 158
- behördenunabhängige 156
- unerlaubte 159
Rechtsberatungsgesetz 159, 160
Rechtsdurchsetzung 23, 137, 156 ff.
- Kosten 156
- Unfähigkeit zur 157
Rechtsetzung 38
Rechtsfähigkeit 54 ff., 67
Rechtsfehler 87
- unbeachtliche 88
Rechtsfolge 26, 208, 210
Rechtsformen 67 ff., 103, 204
rechtsfreier Raum 38
Rechtsgebiete 17
Rechtsgeschäft 206
Rechtsgestaltung 213
Rechtsinstitut 32
Rechtskontrolle 76, 147 ff.
Rechtsmittel 149, 154
Rechtsnormen, Hierarchie der 16, 38
Rechtsordnung 54
Rechtspersönlichkeit 54 ff., 70
Rechtspositivismus 25
Rechtsprechung 211, 214, 223
Rechtsschutz 126, 147, 213, 215
- effektiver 38, 153, 160
- vor der Geburt 54
Rechtsschutzversicherung 155
Rechtssicherheit 23, 39, 142
Rechtsstaat 38
Rechtsstaatsprinzip 37 f., 45
Rechtsstreit 152, 202, 215
Rechtssubjekt 106
rechtsunkundige Partei 155
Rechtsverletzung 220
Rechtsverlust 142
Rechtsverordnung 18
Rechtsverwirklichung 137 ff.
- Unzulässigkeiten 156
Rechtsvorschrift 219
Rechtsweg 149
Referat 82
Regelsatz 209
Regelsatzverordnung 75
Regierungsbezirk 122
Regierungspräsidium 122, 128
Regionalverband 129
Rehabilitation 97
Religionsfreiheit 34, 202, 203
Religionsgemeinschaft 43
Religionsmündigkeit 55

247

## Stichwortverzeichnis

Religionsunterricht 43
religiöser Kult 203
Rentenversicherung 139, 142, 145, 191
Repressalien 221
Resolution 115
Ressourcenverwaltung, dezentrale 133
Restfamilie 33
richterliche Anordnung 37
„Richtiges Recht" 22 ff.
Richtlinien 90, 210, 213, 214, 218
Rückerstattungsforderung 150
Rückzahlung 207
Rufbereitschaft, Frauenhaus 224
Rentenversicherung 93
Richter 207

Sachleistung 210
Sachverhalt 26, 76
Sachverständigengutachten 143, 154
Satzung 18, 68, 129
Satzungshoheit 115
Schadenersatz 56 f., 106, 186, 188, 206
– Anspruch auf 190
– bei fehlerhafter Beratung 159
– pflicht 35
Schadensverursachung durch Minderjährige 57
Scheidung 188
Schiedsstelle 111
schlicht hoheitliches Handeln 80, 81
Schulamt 122
Schule 72
Schutz vor Gewalttaten 221
Schwangerschaftsabbruch 181, 232
Schwangerschaftskonfliktberatung 179, 181
Schwarzarbeit 171
Schweigepflicht 169, 229 ff.
– ärztliche 231
– Entbindung von der 181
– s. auch Datenschutz 231
Schweigepflicht der Bank 44
Schweigerecht gegenüber Eltern 180 ff.
Schwerbehindertengesetz 97
Seelsorge 43, 103, 171, 174
Selbstbestimmung 165
Selbstbestimmungsrecht der Kirchen 21
Selbstbestimmungsrecht der Menschen 185
Selbstgefährdung 65, 198
Selbsthilfe 47, 214
Selbstregulierung 51, 135
Selbstverwaltung 117
– freiwillige 125
– kommunale 124
– pflichtige 125

Selbstverwaltungsangelegenheiten 115 ff.
Selbstverwaltungskörperschaft 126
Seuchenbekämpfung 94
sexueller Missbrauch 170
Sicherheit 47, 65, 74, 118, 197, 198, 221
Sicherung der Existenzgrundlage 214, 215
sofortiger Vollzug, Anordnung des 151
– Anspruch auf 154
Soll-Bestimmung 78, 209, 210
Sollensordnung 26
Sonderrechtsverhältnis 36 f.
Sonderschulwesen 129
Sorgeverantwortung 180, 232
– bei Getrenntleben der Eltern 188
Sorgfaltspflichten 178, 234
– Verletzung von 57
Sozialamt 97, 130, 190, 191, 215
Sozialanwalt 160
Sozialarbeiter als Prozessvertreter 160
Sozialbehörde 140, 143, 172, 176, 226, 227
Sozialberatung 158
Sozialbürgermeister 204
Sozialdatenschutz 164, s. auch Datenschutz
Sozialdienst 166, 187, 198, 219, s. auch Allgemeiner Sozialer Dienst
sozial erfahrene Person 215
soziale Wirklichkeit 45
Sozialgericht 150, 151
– Verfahren 155
Sozialgesetzbuch (SGB) 50, 95, 96 ff.
Sozialhilfe 33, 50, 94, 101, 109, 116, 124, 125, 129, 137, 145, 151, 152, 192, 193, 208, 222
Sozialhilferecht 98, 190, 224
Sozialhilferichtlinie 196
Sozialhilfeträger 217
Sozialleistung 18, 40, 41, 138, 191
– Antrag auf 56
– antragsberechtigt 56
– subjektives Recht auf 45
Sozialleistungsbehörde 143, 194, 197, 214
Sozialleistungsmissbrauch 146, 164
Sozialleistungsträger 107, 109, 138
Sozialpädagogen als Prozessvertreter 160
sozialpädagogische Einzelbetreuung 225
sozialpädagogische Familienhilfe 188, 225
Sozialraumorientierung 133
sozialrechtlicher Anspruch 200
Sozialsponsoring 107, 224
Sozialstaatsprinzip 34, 45 f., 91, 199
Sozialtourismus 224
Sozialversicherung 20, 33, 50, 95, 96, 97, 101, 107, 123, 126, 137, 152
Sozialversicherungsträger 83
Spendenaufkommen 224
Spendenbescheinigung 70

## Stichwortverzeichnis

Spielplatz 124
Sponsoring 224
Sportstätte 124
Sprachschwierigkeiten im Verwaltungsverfahren 160
Staat
- Anspruch des 30
- dienende Funktion 30 ff., 46, 194
- Funktionsweise 93, 115
- Kontrolle des 38
- Pflichten gegenüber dem 47
- totalitärer 30
- Verantwortlichkeit des 91
- Verständnis des 20
staatliche Aufgaben 119
staatliche Kontrolle 12, 64
staatliche Leistungen 94
staatlicher Eingriff 198, 202
Staatsangehörigkeit 116
Staatsanwaltschaft 171, 172
Staatsbeamte 128
Staatsbehörde, mittlere 128
staatsfreier Bereich 32
Staatshaftung 60
Staatsverwaltung 122 ff., 127
Staatsverwaltung, mittelbare 122
Staatsverwaltung, überörtlich 129
Staatsverwaltung, unmittelbare 122, 125
Staatszielbestimmung 45
Stadt 115, 117, 124, 130
- kreisangehörige 127
- kreisfreie 127, 128
Stadtrat 131, 227
Stadtteil 129
statistisches Landesamt 122
Stellen, nachgeordnete 118
Stellvertretung 205
Steuer 72, 94, 150, 189
Steuerfreibetrag 191
Steuerungsmodelle 112
Steuervergehen 171
Steuervergünstigung 98
Stiftung 70, 103, 122, 123, 224
Störer 200
Strafanzeige 170, 177
Strafgericht 151
strafrechtliche Verfolgung 188
Strafrichter 231
Straftat 170, 171, 180, 220
- Anzeigepflicht 170
Strafverfahren 152, 171, 175, 176
Strafverfolgung 170, 172, 226
Strafverfolgungsbehörde 165
Strafverfolgungsinteresse 226
Strafvollzug 137
Straßenverkehr 118

Streitschlichtung 26, 202
Streitwert 154
Strukturqualität 134
subjektives Recht 107, 139, 190 ff., 196, 215
Subsidiaritätsprinzip 46 f., 94, 101, 107
Subsumtion 26 ff., 44, 76, 77, 208
Subventionierung 210, 211
Suchtberater 179
Suchtkranker 113
Suspensiveffekt 150
System sozialer Sicherung 91 ff.

Tagesbetreuung 188
Tageseinrichtung 130
Taschengeldparagraph 55
Tatbestand 26, 76
Tatbestandsmerkmale 82, 209
Tatbestandsvoraussetzung 210
Täter-Opfer-Ausgleich 228
Teamverantwortung 131
Teilhabe an staatlichen Leistungen 33
Teilhabe und Rehabilitation behinderter Menschen 97
Teilmündigkeit 232
therapeutische Maßnahme 181, 216 f.
Totschlag 170
Träger der Jugendhilfe 129
Träger der Sozialhilfe 129
Träger, überörtlicher 129, 223
Tuberkulose 197, 198

Übermaßverbot 43
Übersetzung im Verwaltungsverfahren 140
übertragene Angelegenheiten 113, 122
übertragener Wirkungskreis 126
Überwachungsstaat 20, 62
Umkehrschluss 209
unbestimmter Rechtsbegriff 28, 73 ff., 77, 208
Unfallversicherung 93, 107
Unglücksfall 57, 206
unredliches Verhalten 89
Untätigkeitsklage 215
Unterbelegung, Risiko der 218
Unterbringung 65
- im häuslichen Bereich 67
- Kosten 223
Unterbringungsgesetz 65
Unterhaltsanspruch 192, 218, 222
Unterhaltspflicht 192, 222
Unterhaltspflichtverletzung 172
Unterkunftskosten 200
Untersuchungsgrundsatz 88, 143, 164, 186, 190, 194, 203

249

# Stichwortverzeichnis

Untersuchungspflicht 45, 193
Unverletzlichkeit der Wohnung 198, 202, 220
Urkunden, Beiziehung von 143
Urkundenfälschung 170

Verantwortung der Eltern, s. elterliche Sorge
Verbandsklage 20
Verbraucherschutz 117
Verdienstausfall 154
Verein 68 f.
– eingetragener 68 ff., 103
– nicht rechtsfähiger 68
– rechtsfähiger 70
Vereinbarungen, öffentlicher und freier Träger 174 ff.
Vereinigung 101
Vereinsregister 68, 70
Vereinsvermögen 70
Verfahrensdauer 139, 153
Verfahrenskosten 137, 154
Verfahrenspflegschaft 157, 160, 187
Verfassungsbeschwerde 31
Verfassungsgrundsätze 77 ff.
Verfassungsprinzipien 37 ff.
Verfassungsschutz, Landesamt für 122
Verfolgung, politische 27
Verfügung 90
Vergewaltigung 170
Vergleich, außergerichtlicher 202
Vergleich, gerichtlicher 202
Vergütungssätze 218
Verhältnis Bürger-Staat 39, 80, 106, 137
Verhältnismäßigkeitsgrundsatz 29, 37, 43, 46, 77, 146, 169, 226, 230
Verhältnismäßigkeitsprüfung 44, 231
verlängerter Datenschutz s. Datenschutz
Vernehmung, gerichtliche 171
Verpflichtungsklage 215
Versagung von Leistungen 146
Verschließen von Wohnraum 65
Verschulden 142, 178
Verschwiegenheitspflicht s. Datenschutz
Versicherung s. Sozialversicherung
Versicherungsamt 119
Versicherungswesen, privates 92, 194
Versorgungsausgleich 172
Versorgungsvertrag 109 ff., 216
Verständnisschwierigkeiten 160
Vertrag, öffentlich-rechtlich 80
– nichtiger 25
vertragliche Vereinbarung 174
Vertragsauslegung 35, 203
Vertragsfreiheit 25, 38, 48, 52, 67, 203
Vertrauen 38, 167, 171, 206

Vertrauensschutz 81, 89, 167, 176, 214
Vertrauensverhältnis 185, 189, 200, 229, 231, 234
– zwischen Bürger und Behörde 145
Vertretung 64, 67
– gesetzliche 54, 56, 63
– gewillkürte 63
Vertretungsmacht 206
Verwahrlosung 66
Verwaltung, staatliche 127
Verwaltungsabläufe 39
Verwaltungsakt 18, 79, 84, 108, 119, 149, 215
– begünstigender 213, 214
– Bekanntgabe 83, 213
– Bestandskraft 81, 89, 213 f.
– belastender 140
– Dauerwirkung 151
– Definition 81 f.
– Doppelwirkung 88
– fehlerhafter 87 f.
– Rechtskraft 87
– Rücknahme 88 f., 215
– rechtswidrig begünstigend 88
– rechtswidrig belastend 88
– Widerruf 89, 214
– Widerrufsvorbehalt 85
Verwaltungsbehörde 118 ff.
Verwaltungsfachkraft 116
Verwaltungsgemeinschaft 129
Verwaltungsgericht 150, 151, 155, 196
verwaltungsgerichtliches Verfahren 155 f.
Verwaltungsgliederungsplan 129
Verwaltungshandeln 39, 72 ff., 214
– Kontrolle des 81
Verwaltungsprivatrecht 50
Verwaltungsreform 133 f.
Verwaltungsstruktur 117, 131
Verwaltungsverfahren, Beginn 138
Verwaltungsverfahren, sozialrechtliches 81, 96, 137 ff., 149, 152, 190, 192, 193
Verwaltungsvorschrift 18, 77, 90, 162
Völkermord 170
Volksentscheid 148
Volksvertretung 148
Vollfinanzierung 108
Volljährigkeit 62
Vollmacht 64, 67, 206
Vorbehalt des Gesetzes 38
Vorführung, zwangsweise 172
Vorladung durch den Richter 172
Vormundschaft 61
Vormundschaftsgericht 62, 64, 66, 125, 151, 199, 205, 206, 207, 232
Vorrang des Gesetzes 38, 48, 195
Vorsorgevollmacht 64, 66, 206

## Stichwortverzeichnis

vorstaatliches Recht 30
Vorstand 68
Vorverfahren 150

Wächterfunktion 185
Wahlrecht, Bürger 110
Waldkindergarten 103
Weisung 90
Weisungsbefugnis 118, 125, 131
Weiterbildung, Recht auf 116
Weiterleitung von Anträgen 138
Welfare Mix 22
Werbung 110
werdende Mutter 224
Werkstatt für Behinderte 95, 124
wertentscheidende Grundsatznorm 32
Wertordnung 26, 32, 43, 137
Wertvorstellungen 91
Wettbewerb 111, 112, 134, 217, 218
Wettbewerbssozialrecht 117
Wettbewerbsverzerrung 210
Widerspruch 78, 86, 89, 196, 213, 215
Widerspruchsbehörde 119, 126, 149, 151
Widerspruchsbescheid 150, 215
Widerspruchsfrist 90
Widerspruchsstelle 126
Widerspruchsverfahren 81, 126, 149, 150
– aufschiebende Wirkung 150
– Kosten 151
Widerstand des Betroffenen 65
Wiederaufnahme eines Verfahrens 151
Wiedereinsetzung in den vorigen Stand 84, 87, 142
Wille des Betroffenen, mutmaßlicher 66
Willenserklärung 55
Willkür 39
Wirkungskreis der Kommune 115, 125
– übertragbarer 125
Wirtschaftsunternehmen 194
Wohl des Kindes 61, 74, 187
Wohlfahrtsverband 94, 103, 131, 159, 224

Wohlfahrtspflege 109
Wohngeld 33, 51, 97, 98, 118, 171, 199
Wohngruppe 228
Wohnraum, geschützter 198
Wohnraumbeschaffung 197, 199
Wohnungseinweisung 199
Würde des Menschen 31, 74, 195

Zeuge 172
Zeugenaussage 175
Zeugnispflicht 179
Zeugnisverweigerungsrecht 146, 179
– Minderjähriger 232
Zielvorstellung 133
Zivilgericht 151, 221
Zivilprozess 154
Zivilrecht, s. Privatrecht
Zugang zu den Gerichten 151
Zugang von Schreiben 84
Zulassung einer Einrichtung 110, 216
Zumutbarkeit 44, 196
Zusatzleistungen 111, 218
Zusatzversicherung, private 92
Zuschuss 107
Zusicherung 213
Zuständigkeit 192
– kommunale 219
– örtliche 152
– sachliche 152
Zustellung 83
Zustellungsurkunde 84
Zuwendung 107 ff., 109, 217, 224
– projektbezogene 224
Zuwendungsbescheid 82, 107, 108
Zuwendungsvereinbarung 109
Zuzahlung 212
Zwangsmaßnahme 65 f., 198
Zwangsvollstreckung 87
Zweigliedrigkeit des Jugendamtes 131
Zweistufigkeit der Leistungsgewährung 214

Franz Stimmer

## Grundlagen des Methodischen Handelns in der sozialen Arbeit

*2000. 216 Seiten. Kart.*
*€ 20,40*
*ISBN 3-17-015697-7*

Mit diesem Buch liegt eine Einführung in die Systematik (im wesentlichen) klientenbezogenen Methodischen Handelns in der Sozialen Arbeit vor. Dadurch wird es möglich, die vielfältigen Ebenen und Aspekte Methodischen Handelns in einen sinnvollen Zusammenhang zu bringen. Diese Systematik mit ihren wechselseitig aufeinander bezogenen Ebenen integriert Grundfragen der Ethik, bedeutsame Handlungsleitende Konzepte (Empowerment, Case Management), zentrale Interaktionsmedien (Beratung, Begleitung-Unterstützung-Betreuung) ebenso wie spezifische Methoden und Verfahren der Situationsanalyse (Person-in-Environment, Netzwerkanalyse), der Situationsintervention (Klientenzentrierte Gesprächsführung, Psychodrama) und der Reflektion professionellen Handelns (Selbstregulation, Supervision). Zudem werden grundsätzliche Aspekte des Problemlösungsprozesses sowie die Formulierung von Zielen und Hypothesen diskutiert. Die genannten Elemente Methodischen Handelns und ihre Verknüpfung in einem systematischen Rahmen fundieren professionell-methodisches Handeln in der Sozialen Arbeit. Das Buch bietet so eine unverzichtbare Grundlage für das Studium und die Praxis der Sozialen Arbeit.

**Der Autor:**

Prof. Dr. Franz Stimmer lehrt an der Universität Lüneburg (Institut für Sozialpädagogik) die Fachgebiete Methodenlehre und Beratung sowie Suchtforschung und Suchtkrankenhilfe.

▶ www.kohlhammer.de

W. Kohlhammer GmbH · 70549 Stuttgart
Tel. 0711/7863-7280 · Fax 0711/7863-8430